翻译专业本科生系列教材

Chinese Reading and Writing
教师手册

◎ 顾问　徐中玉　齐森华

中文读写教程 第 2 册

◎ 主　编　潘文国

　　编写者　（以姓氏拼音为序）
　　　　　　顾伟列　朱希祥

上海外语教育出版社
外教社 SHANGHAI FOREIGN LANGUAGE EDUCATION PRESS

图书在版编目(CIP)数据

中文读写教程教师手册.第2册 / 潘文国主编. —上海：上海外语教育出版社，2013
(翻译专业本科生系列教材)
ISBN 978-7-5446-3065-8

Ⅰ.①中… Ⅱ.①潘… Ⅲ.①汉语—高等学校—教学参考资料 Ⅳ.①H1

中国版本图书馆CIP数据核字(2013)第040902号

出版发行: **上海外语教育出版社**
（上海外国语大学内）　邮编: 200083
电　　话: 021-65425300（总机）
电子邮箱: bookinfo@sflep.com.cn
网　　址: http://www.sflep.com.cn　http://www.sflep.com

责任编辑: 王冬梅

印　　刷: 上海信老印刷厂

开　　本: 787×965　1/16　印张 9.25　字数 165千字
版　　次: 2013年9月第1版　2013年9月第1次印刷
印　　数: 1 100 册

书　　号: ISBN 978-7-5446-3065-8 / H · 1513
定　　价: 17.00 元

本版图书如有印装质量问题，可向本社调换

翻译专业本科生系列教材

编委会名单

(以姓氏笔画为序)

方梦之	上海大学	李德凤	伦敦大学
王东风	中山大学	杨自俭	中国海洋大学
王宏印	南开大学	杨晓荣	解放军国际关系学院
冯庆华	上海外国语大学	汪榕培	大连外国语学院
仲伟合	广东外语外贸大学	罗选民	清华大学
刘宓庆	同济大学	柴明颎	上海外国语大学
孔致礼	解放军外国语学院	郭著章	武汉大学
庄智象	上海外国语大学	黄振定	湖南师范大学
朱 刚	南京大学	黄源深	上海对外贸易学院
朱振武	上海大学	程朝翔	北京大学
许 钧	南京大学	廖七一	四川外语学院
何刚强	复旦大学	潘文国	华东师范大学
张春柏	华东师范大学	穆 雷	广东外语外贸大学
李正栓	河北师范大学		

序 一

2006年初，国家教育部颁布了《关于公布2005年度教育部备案或批准设置的高等学校本科专业结果的通知》，"翻译"专业(专业代码：0502555，作为少数高校试点的目录外专业)获得批准：复旦大学、广东外语外贸大学、河北师范大学三所高校自2006年开始招收"翻译专业"本科生。这是迄今教育部批准设立本科"翻译专业"的首个文件，是我国翻译学科建设中的一件大事，也是我国翻译界和翻译教育界同仁数十年来勇于探索、注重积累、不懈努力、积极开拓创新的重大成果。2007年、2008年教育部又先后批准了10所院校设置翻译专业；2007年国务院学位办批准了15所院校设立翻译专业硕士点(Master of Translation and Interpretation, 简称 MTI)，从而在办学的体制上、组织形式或行政上为翻译专业的建立、发展和完善提供了保障，形成了培养学士、硕士、博士的完整的教育体系。这必将为我国翻译学科健康、稳定、快速和持续发展，从而形成独立的、完整的专业学科体系奠定坚实的基础，亦必将为我国培养出更多更好的高素质的翻译人才，为我国的改革开放，增强与世界各国的交流和沟通，促进政治、经济、文化、教育、科技和社会各项事业的发展作出更多更大的积极贡献。

上海外语教育出版社(简称外教社)作为全国最大最权威的外语出版基地之一，自建社以来，一直将全心致力于中国外语教育事业的发展、反映外语教学科研成果、繁荣外语学术研究、注重文化建设、促进学科发展作为义不容辞的责任。在获悉教育部批准三所院校设置本科翻译专业并从2006年起正式招生的信息后，外教社即积极开展调查研究，分析社会和市场在目前和未来对翻译人才的需求，思考翻译专业建设问题与对策、学科建设方面的优势与不足、作为外语专业出版社如何更好地服务于翻译学科的建设与发展以及如何在教材建设方面作出积极的努力和贡献。通过问卷调查、召开师生座谈会与专家咨询会等，我们就社会和市场对翻译人才的需求，我国翻译人才培养的目标、培养规格、课程设置、师资队伍建设、教学材料选择、教学方法和手段、教学测试与评估等有了初步的了解，并作了更深入的分析、思考、研究，以期在全面探索翻译专业和学科建设的基础上，承担起翻译专业教材建设的任务，为保证培养目标的实现尽一份力量。

在广泛调研和对社会和市场需求分析的基础上，外教社邀请了全国部分外语院校、综合性大学、师范院校中长期从事翻译教学与研究的近30名教授和专家，组成了"翻译专业本科生系列教材编委会"。编委会先后召开了数次工作会议，就教材的定位、体系、特点和读者对象等进行广泛而深入的讨论；尤其是对翻译作为一门课程与一个专业的异同与特点、翻译专业的定位与任务、人才培养目标与规格、教学原则与大纲、课程结构与特点、教学方法与手段、测试与评估、师资要求与培养等进行了深入的探讨和细致的分析；而后撰写了本系列教材的编写大纲，确定教材的类别，选定教材目录，讨论和审核样稿。经过两年多的努力和辛勤工作，终于迎来了"翻译专业本科生系列教材"的出版。

本系列教材由翻译理论、翻译实践与技能和特殊翻译等数个板块组成，涉及中外翻译史论、中外翻译理论、英汉—汉英互译、文学翻译、应用文翻译、科技翻译、英汉对比与翻译、计算机辅助翻译、汉语文言翻译、同声传译与交替传译、语言学与翻译、文化与翻译、作品赏析与批评等；尤其值得一提的是，在本系列教材中还针对翻译专业学生的现状和未来发展需要，专门设计和编写了汉语读写教程，以丰富和提高翻译专业学生的汉语知识和应用能力。教材总数近40种，可以说比较全面地覆盖了当前我国高校翻译专业本科所开设的基本课程，可以比较好地满足和适应教学需要。

本系列教材的设计与编写，尽可能针对和贴近本科翻译专业学生的需求与特点，内容深入浅出，反映了各自领域的最新研究成果；编写和编排体例采用国家最新有关标准，力求科学、严谨、规范，满足各门课程的需要；突出以人为本，既帮助学生打下扎实的专业基本功，又着力培养学生分析问题、解决问题的能力，提高学生的人文、科学素养，培养他们奋发向上、积极健康的人生观，从而使他们全面提高综合素质，真正成为能够满足和适应我国改革开放、建设中国特色社会主义所需要的翻译专业人才。

本系列教材编委会的委员和承担各教程的主编们，大多是在我国高校长期从事翻译教学和研究的专家和学者，具有相当丰富的教学经验和科研成果，都有多年指导翻译硕士和博士研究生的经历和经验，在翻译实践和理论方面有比较深的造诣。从某种意义上说，本套教材的编写队伍和水平代表了我国当前翻译教学和研究的发展方向和水准。

鉴于本科翻译专业在我国内地是首次设立(我国台湾和香港地区早已设立本科翻译专业)，教学大纲、教材建设、教学方法和手段、师资队伍建设、教学评估和管理等还有待进一步探索和实践，有待于在办学中不断提高和完善。同样，本系列教材在设计和编写中亦不可避免地存在不足和缺陷，有待广大教师和学生在使用过程中帮助我们不断完善，使其更好地服务于我国翻译专业本科生的教学学科建设及翻译人才的培养。

庄智象
2008年4月

序二

当前,国际间跨文化交流中的沟通越来越受到重视。各国要做好每种学问、每个重大问题的研究讨论,都有"内知国情,外知世界"的迫切需要。为此,各国都在加强培养优秀的翻译人才。看清了这种形势,就要做好准备,订出计划,精选师资,编写教材,组织实行。事实上,这方面的工作也受到了大家的高度重视与关切,相关工作也在积极开展中。潘文国教授主编的《中文读写教程》就是一部顺应时代需要的好教材,它的出版自然是我国中文和翻译教育界的一大喜讯。

潘文国教授研究中文语言文字多年,有不少创见,在学术界有很大的影响。他精通英文,有过许多翻译实践,经验非常丰富。这部大而新的《中文读写教程》,是他组织了一个研究力量雄厚的专家班子,深思熟虑,通力合作完成的。我相信这个新的系列教材,一定会受到相关院校师生们的欢迎。

一个优秀的语言翻译人才,必须同时兼备本国语文和至少一种外国语文的理解与表达能力。中文学习有一个循序渐进的过程,初级学习阶段有一些基本的要求,而进入专业院校进行中等程度的中文学习,要求可能就更高些,需要更进一步的实践和锻炼,学生毕业时,可以承担较高难度的语言翻译工作。学生平时应多积累必要的学识,通达人情物理,这样,才能进行明白、清楚的翻译与交流,才能避免出现辞不达意或情理未明的硬伤。

学生进行中等程度的中文学习,应多读各种与本专业相关的书籍,积累有用的知识,并养成自觉运用中文写作的习惯。在学习中,学生应善于提出问题,师生间相互讨论、研究,找到解决问题的办法。教师还可以选择一些翻译得很好的范文,以及一些存在差错的材料,供学生仔细对比、研讨,学习成功的经验,总结出现差错的原因。老师不妨选些不同时代写出的、内容与写法也有差异的短小文章，让学生作为练习，翻译出来，供同学们一道研究，在实践过程中不断提高自己。在此过程中，学习点翻译理论、前人的翻译经验，知道其中甘苦，也有必要，但学习重点和大量时间，还是应放在必要的阅读、思考、讨论，提高语言表达等地方。做好翻译工作，必须勤学苦练，要有这样的思想准备，敬业精神就特别重要。学生做到了勤学苦练，就一定会取得成功。

我国的语文，除了汉族之外，还有一些兄弟民族的语言文字，不仅读音、写法各不相同，而且还有不少其他方面的差异。目前不妨将学习的重点放在汉语、汉字、普通话、语体文、常用应用文写作等方面。古代的文言文，其中如深刻的哲理文、历史资料、声情并茂的文学作品等，能够翻译得好，比较难些，但也可以把握好的。在各国的语言中，都会有一些比较复杂的情况。先解决、做好较易的，积累一些经验，逐步扩展，不必太性急，不必求速成，欲速则不达。

上面这些，只能说是我的一点经验和想法，仅供大家参考，并借此感谢潘文国教授邀我写几句话的盛意。他在所写的《前言》中，已写得很清楚，他的见解很有道理，也切实可行，且有创新的意义。我相信这部大书出版后，一定能得到师生们的欢迎。

全国大学语文研究会名誉会长
徐中玉
2009年7月2日于上海

《中文读写教程》的使用和教学

《"中文读写教程"教师手册》是《中文读写教程》的配套材料,供担任这门课的教师参考之用,也可作为学生的参考资料,以便更清楚地了解这门课的教学目的、意图、重点、难点,以及拓展学习的途径。《教程》共分四册16个单元,采用文选阅读、中文知识和语言实践三结合的原则,其内容如下:

册	单元	文选阅读	中文知识	语言实践
1	(1)	中国现代文学作品	汉语知识(1)	基础写作
1	(2)	中国现代文学作品	现代文学知识	基础写作
1	(3)	中国当代文学作品	汉语知识(2)	应用文写作
1	(4)	中国当代文学作品	当代文学知识	应用文写作
2	(1)	中国古代散文(魏晋至明清)	中国文化常识	文学写作
2	(2)	中国古代散文(魏晋至明清)	中国文化常识	文学写作
2	(3)	中国古代散文(魏晋至明清)	中国文化常识	论文写作
2	(4)	中国古代散文(魏晋至明清)	中国文化常识	论文写作
3	(1)	先秦两汉散文	传统语言文化	古文标点
3	(2)	先秦两汉散文	传统语言文化	古文标点
3	(3)	先秦两汉散文	传统语言文化	古文今译
3	(4)	先秦两汉散文	传统语言文化	古文今译
4	(1)	古体诗	中国古代文学专题	传统应用文
4	(2)	辞赋	中国古代文学专题	传统应用文
4	(3)	骈文	中国古代文学专题	诗律
4	(4)	近体诗、词曲及对联	中国古代文学专题	诗律

由于本书后面将会对各部分、各单元的教学提出非常具体明确的教学建议,这里主要就总体角度谈谈使用这套教材及进行教学的一些意见。

本教材的总体目标是为了提高翻译专业(以及其他高校非中文专业)学生的中文读写水平和人文素养,因而下面所有的意见和建议都将围绕这个目标而展开。

(一) 总课时问题

由于"(读写)水平"和"(人文)素养"都不是一朝一夕可以成就的,因此无论是教者还是学者都应该作好两方面的准备并为之创造必要的条件:一是时间,二是数量。

所谓时间指的首先就是总课时。我们提出这门课要开设两年4个学期,因为从翻译专业的要求与目前学生的实际水平和能力来看,非此不足以使他们对中文有切实的感受。但这个建议在各地落实时会遇到两个方面的问题:一是觉得翻译专业需要上大量的外语和翻译理论技巧方面的课程,不可能有限的总课时里为中文课腾出这么多课时;二是即使要开设中文课程,也不可能一门课接连开设4个学期。这里我们试对这两个问题作出回答。第一,翻译专业花16个课时学中文是不是多了?众所周知,翻译要求打好两门语言、两种文化的扎实功底,对于从事中外翻译的人来说,对中文的要求一点不比外文低,甚至更高。这是在外语专业之外还要设立翻译专业的重要原因之一。《教程》在"前言"中曾经提到翻译专业先驱马建忠对培养翻译人才的意见,这里我们再举几个实际例子,说明高标准的翻译要求高超的母语能力,真正通外文的高手对译文的要求比我们想象的要高得多。第一个例子是魏易,林纾翻译的主要合作者。不少人以为林纾不懂外语,与他合作翻译的人一定是外文很好而中文不怎么样的人,其实不然。魏易不仅外文好,而且因为受的是旧式教育,中文的功底也极好,他曾独立翻译过6部作品,论者以为也可列入"中国第一流的翻译",但他心甘情愿地为林纾作陪衬,这是因为他觉得只有林纾的中文水平才能达到最好的翻译效果[1]。第二个例子是严复。对于严复的中文水平,我们通过《天演论》等已可领略,但我们可能没有想到的是他每译一书,还要向当时的"海内文宗"吴汝纶请益润色,而吴也确实在译体、译例乃至具体文字上提过许多意见,以至有人说,在某种意义上,严复的"这些译著,是他们两人共同完成的"。第三个例子是周作人。周氏的散文水平,在现代文学史上可算首屈一指,又精通多种外文,但我们没想到的是,有一次他想翻译英文本的《邬波尼沙陀》(Upanishad,即《奥义书》),"想拿去口译,请太炎先生笔述"。大约因为他认为这等哲学著作,用章太炎的文字来表述会更合适。这些译界的大家巨匠对中文质量是如此慎重,而多年来我们的习惯思路一直以为,母语是不学就会的,会外语就能搞翻译,对中文不屑一顾,造成译界对中文包括译文优劣的感受能力几乎丧失。在这情况下,如果

---

[1] 不排除林纾的名气大,译稿更容易出版而稿费也更高的因素。

不舍得拿出足够的时间来让学生对中文有充分的感悟，翻译水平的真正提高是困难的。

第二个问题是担心一门课开4个学期在课程设置上不好操作。如果认识到翻译专业要为中文课留出足够时间，则具体安排完全可以采用变通的办法。事实上，在我们建议翻译专业开设"中文读写"课程时，同时也建议要开设为时4个学期的"英文读写"课程，一则与中文相匹配，二则以其综合的特性与目前英语专业开设的"精读"、"泛读"、"写作"等相区别，以体现翻译专业的特色。既然理想中的"英文读写"课程目前是由分拆的"综合"、"阅读"、"写作"等承担的，那么在一时做不到开设独立的"中文读写"课的前提下，也可以将之分拆为几门课，以满足不同地区教学大纲设置的要求。实际上，《教程》编写时，我们已经考虑到这种需要，因此这套教材实际上是可分可合的，既可作为一门综合性课程，又可根据具体需要和可能，分为几门课程，如"中国现当代文学作品选读"、"中国古代散文选读"、"中国辞赋韵文选读"、"中国传统文化常识"、"中文写作"以及"文言阅读与写作"等。也就是说，只要对4册16单元和三大部分的内容进行适当的排列组合就可以了。如果真有地方这么做，我们建议至少要开三门："课中国文学作品选"、"中国文化常识"和"中文写作"。本《教程》的"写作"部分尤其有特色，而且对翻译专业的针对性很强，如要分别开课，这是非常值得抽出来单独使用的。

(二) 量的问题

从数量的角度看，很多人担心《教程》有4大册，数量太多，教不完。这个担心是有一定道理的。我们的想法是，一方面，数量是质量的前提，没有足够的数量就很难保证一定的质量；与浩瀚的中国文学和中国文化经典相比，这里所选的数量简直不足道。即使全部按要求学完了，对于学习中文和中国文化也只是仅尝一脔而已。而另一方面，从课堂教学的角度看，即使给足了4学期16课时，教材内容要全部"教"完"教"好也是很难的。怎么解决这一"多"(从课时的角度)— "少"(从实际提高中文读写水平的角度)的矛盾呢？我们的建议是两条：第一，充分认识"量"对于语文学习的意义。外文学习需要一定的"量"，这是为很多外语和外国文学前辈的实践所证明的；中文的学习由于其文字和文化的特殊性，尤其需要有足够的量，这更是几千年来中国历代成功者的实践所证明的。"执简驭繁"、"一劳永逸"在语文学习中是行不通的。学中文讲究的是"涵泳其间"，是"熟读唐诗三百首，不会作诗也会吟"。因此一定要多读多练，没有捷径可走。第二，真正建立以"学"为中心的意识。教学、教学，学是核心，教是辅助，世上所有本领都是"学"会的，再努力的"教"，如果没有"学"的配合，都无法成功。学好一样东西有三个前提：第一是热爱，第二是兴趣，第三是大量实践。而教师的责任也在三个方面：第一是启发诱导，帮助学生创造这三个前提；第二是以身作则，以自己对课程的热爱与兴趣去影响学生；第三是必要时解疑答难。如果师生都有了热爱与兴趣，我认为"量"不会成为问题，他们会想出法子来增删调整，甚至会嫌四本书都吃不饱呢！只是多年来我们的教育已习惯了以管理为中心，以考试为导向，以分数为目标，把教师和学生都弄得兴趣索然。这样，课程的"量"再少学生也会嫌多。

(三) 文学—文章—文字—文体的渐进原则

《教程》的四册，文选的安排依次是"现当代文学"—"魏晋至明清散文"—"先秦两汉散文"—"骈文与韵文"，这样的安排体现了一个由浅入深、由易及难的过程。但除此之外，还有一个意图，就是隐含了各册教学的重点。如果用一个词来表达的话，则各册的重点分别是"文学"、"文章"、"文字"和"文体"，这些综合起来，就是学习中文读写的最主要内容。

第1册的重点是现代意义上的"文学"，选文实际上是按西方"文学"概念所包含的四大块内容(小说、散文、诗歌、戏剧)来精选的。这一册的内容相当多，可说是肯定教不完的。既然如此，为什么要选这么多呢？这是因为，我们希望集中展示这百年来中国现代文学所达到的成就，展示这百年来用白话文作出的最好的作品，展示用现代汉语可以写出的最好的文字，让学生真正领略现代汉语之美，提高文学鉴赏的能力，也为自己今后的文字运用树立一个标杆。我们的选文意图是，一定要选出这一百年来经典作家的经典代表作(或代表作之一)，以作示范。这个目标是很难的，而我认为，选文基本上达到了这一目标。

第2册的重点是"文章"。"文章"是传统的概念，它包含但不仅仅指现代意义上的"文学"。古人认为，凡用笔写下来的就是文章，而文章必须讲究文采。因此所有文章都有"美"的要求，而不仅仅是所谓的"文学"作品。说理的、叙事的，甚至各种说明文、应用文，都应该是美文。明白这一点，我们才能理解严复为什么要提出"信达雅"的翻译标准。多年来有一个误解，以为"雅"只是对文学翻译的要求，非文学翻译只要"信达"或者"忠实、通顺"就可以了。殊不知严复本人从来没有搞过文学翻译，他提出的"信达雅"实际是传统文章学的标准，是针对所有翻译的。正是因为抛弃了严复的"雅"，亦即抛弃了美文意识，才造成了译文水平的下降。我们需要从重新领略"美文"的角度，提高以美文从事翻译的自觉性。魏晋南北朝是中国美学的自觉阶段，从那时起对美文的追求开始有意识，其后经过唐宋八大家、晚明小品、清代桐城派等的发展，对文章之美的理解和实践达到了很成熟的水平。

第3册的重点是"文字"。先秦两汉是中国文章之源，也是"文学"之源，历史上很多人甚至认为先秦两汉的文章水平要高于后代(因此韩柳欧苏和明代前后七子等都以复古为号召，所谓"文必秦汉"，"诗必盛唐")。但我们今天一般都感到先秦两汉的文章比较难读，其原因盖出于文字的相对艰深。阅读唐宋以后的作品大概不一定需要太多的文字学知识，而读两汉特别是先秦作品一定要有文字学的知识。这里说的"文字学"是广义的，包括了文字、音韵和训诂，亦即"小学"。古人说：

"小学通而经学通"，通小学是读通古籍的基础，也是真正全面了解中国传统文化的起点。我们希望通过第3册的学习粗知小学，为今后更深入地研究传统文化打下基础。文字、音韵和训诂研究的是汉字形、音、义三个方面，从繁体字入手更容易达到这一目标，因此从第3册开始，我们还引进了繁体字。

第4册的重点是"文体"。文体是文章在形式上的分类。世界上各国的文章都有文体的分类，各有其形式上的要求，只是有的要求严、有的要求宽一点而已。中国古代由于文章学发达，对文体的要求比所有国家都严，试将中国的诗词格律与英文的诗律相比就可以知道。要求严而多，肯定会束缚手脚，因此凡有严格形式要求的诗文(如律诗绝句、词曲对联、骈文、特别是八股文)都不容易作。但正如闻一多说的，"越有魄力的作家，越是要戴着脚镣跳舞才跳得痛快，跳得好。只有不会跳舞的才怪脚镣碍事"，我们虽不一定提倡大家再来戴脚镣，但看看前人是怎么戴着脚镣跳出美丽的舞蹈的，对提高我们的鉴赏能力以及领悟驾驭语言文字的技巧，却是不无裨益的。

(四) 知—悟—仿的学习原则

至于中文读写这门课程的具体学习方法，我想提出"知"、"悟"、"仿"三个字供参考。

"知"：每一门课程都有两方面的要求：知识和能力。"知"指的就是"知识"的部分。"中文读写"这门课程包含了许多知识：大到文学文化、历史典章、思想体系，中到各类术语、文体规则，小到典故语词、作家作品名称，无不需要学者记忆，也是一般教者进行"考核"的好材料。但我们对此必须有个清醒的认识。第一，这些知识确实是需要的，如果学了一门课程，查问起有关知识来却一问三不知，那无论如何是说不过去的。然而第二，知识不能代替能力，相对来说还是比较无用的，我们绝不能把知识尤其是人为分解出来的所谓"知识点"作为课程学习的终极目标。明人张岱所说的"夜航船"的时代，即靠熟记琐碎的"知识"来难倒别人的时代毕竟已经过去了。现在要了解一般知识性的东西有非常便利的手段，一上网就可查到了。我们建议的是，要重视知识性的内容，但不要唯知识。要努力把知识内化为能力。而知识的获得不能全靠上课讲解，要加强课内外自学。通过自学和思考，将知识在头脑里网络化，变琐碎的知识为清晰的网络。这样，即使一时记不清细节，需要时马上可以有办法查到。而实用性的知识(如诗律)则可在实践过程中自然地掌握。

"悟"："知识"与"能力"相比，"知识"通常是可以"教"会的，尽管真正的掌握还是要靠"学"；而"能力"基本上是没法"教"会的，只有靠"学"。中文读写能力的获得，更必须通过学习和实践中的"领悟"。说到底，涉及对错的"知识"，还可以有一个客观的判别标准，"教"、"学"都有途径可循；而涉及高低优劣的"能力"，却常常是一种主观的感觉。什么样的文章叫"美"、什么样的叫

"不美"？什么样的写作叫水平"高"、什么样的叫"不高"？标准、原则或者技巧、手法也许可以列出许多，但所有这些标准等等都只能作为参考，真正判别文章是否美以及是否写得好还是要靠自己的感觉。感觉从哪里来？答案是"悟"。怎么"悟"？最重要的方法是"比较"。比较有两种，一种是把别人与别人比，一种是把别人与自己比。前一种方法我们可以以对同一篇文章的不同评价为例。对同一篇文章会有不同评价，有人说好，有人说不好，说好的，有人说好在此，有人说好在彼。把这些都收集起来，进行比较，然后自己去确定，究竟是好还是不好，是好又好在哪里。这类比较做得多了，"鉴赏"能力也就提高了。本《教程》不同于许多语文教材的一个重要特点，是在2—4册的古代作品部分，都安排了一个重要内容："辑评"，这就是列举历史上读者对相关作品的评论。安排这个内容，就是为使用者进行阅读、比较提供素材。这是编写者为帮助"悟"的一点良苦用心，请使用这套教材的老师和同学千万不要轻轻放过。后一种比较，把别人同自己比，是在比较中把自己放进去。看到一篇文章的题目，可以设想一下，这个题目如果我来写，会怎么写？主次怎么安排？详略怎么处理？选字用语又如何进行？会使用什么修辞技巧？等等。甚至可以试写一篇，来与原文作比较。这样一比较，就能比出原文的好与自己的不足来了。写作水平就是在这样"悟"的过程中不断提高的。《教程》"写作"部分安排了不少这类练习，也是本教材特色之一。希望使用者能够注意到。

"仿"："知"和"悟"主要针对"读"，其中后者也部分涉及"写"，而"仿"，却主要是针对"写"的。写作水平究竟怎样才能提高？许多人会不假思索地回答："多读多写"，但很少有人认真想过，"多读"和"多写"之间是什么关系？"多读"了就一定能写吗？"多写"又"写"什么？与"读"又怎么联系起来？因而我们讲了许多年的"多读多写"，实际上是读写分离的：读管读，写管写，读时天马行空，写时却一无依傍；教师苦于难出题，学生面对作文题，却只能愁眉苦脸，不知从何着手，而"多写"以后，也不知长进在哪里。本《教程》主张读写结合，甚至"读"就是为了"写"。因而特别提倡一种方法，就是"仿"。

"仿"是中国传统教学所采用的一个最主要的方法，不仅仅语文，可说各行各业都是如此。书法绘画讲临摹，是最明显的"仿"。中医的师傅带徒弟，徒弟跟着师傅望闻问切，抄单抓药，也是"仿"。各种手工艺人"手把手"地教，也是让徒弟"仿"。而在语文教学上，除了习字要"仿帖"之外，从"对对子"开始的作文训练，无一不是"仿"。"仿"到后来，还"仿"出了一种专门的文体，叫"拟古体"，如苏东坡的"拟陶诗"之类。西式教学法引进之后，这种手工作坊式的教学方法被认为是落后的、不科学的，从而丢失了我们自己的传统。几年前我曾批评说，100年来我们采用的是"外语式"的母语教学，就是指对传统语文教学方法的抛弃。所谓"外语式"的母语教学，包括重音轻字的拼音领先教学、脱离内容的繁琐句子分析、胶柱鼓瑟的思想内容归纳、千篇一律的写作特点总结，当然还有随心所欲的作文命题。外语式的写作教学最典型地表现在造句和作文上。许多人没有注意到,"用下列词语造句"这种命题方式是外来的,莫名其妙地拿几个生词或关联词语,例如"繁琐、千篇一律、当然、从而、或者……或者……"(我是随意从上文找的),然后要一点没有思想准备的小学生马上造出句子来,确实难为他们;而且即使造出来了,语文水平有多少提高也不见得。至于"记一件有意义的事"、"我的亲人"之类不着边际的作文题,我实在不知道它对语文训练有什么意义。同一个题目可以从小学做到大学,由于缺乏从语文上品评的标准,只好把"思想"、"感情"放在第一位,从而脱离了语文课的本意。

与"造句"、"作文"相对的写作训练方法就是"仿",这是传统语文教育行之有效的方法,《教程》在不少地方也积极运用了这种方法。这里我们特别要提出"对对子"的问题。1932年,陈寅恪为清华大学国文入学试卷出了个对对子的题目:"孙行者",引起一些人质疑,他为此专门写了篇文章《与刘叔雅论国文试题书》(1933),指出对对子可以测试"分别虚实字及其应用"、"分别平仄声"、"读书之多少及语藏之丰富"及"思想条理"。几十年后,此兴趣得到语文教育专家张志公(1992)的肯定,认为对对子是"灵活地把语法、修辞、逻辑几种训练结合在一起,并且跟作文密切结合"的方法。在此我还想进一步补充"对对子"的三条好处。第一,这是一种"仿"的写作训练,因为不论是已有上联或已有下联,实际上都已给出了仿作的规范和要求,人人都可按要求去做,而且可以在比较中评出高低。第二,这是一种循序渐进的训练方法,由一字、二字……七字乃至多字,对对子的难度会越来越大,对语文的要求也越来越高。到了七字以上乃至长联,那就更是作文了。这种作文法,对字句的要求和训练是十分扎实的。当今我们写的主要是白话文,白话与文言相比,自然有许多不同,但作文的功夫要从字词练起,其精神还是共通的。第三,对对子不像命题作文那样正式,几乎时时处处可以进行。如果说有什么方法可以将语文学习融入到生活中,引起兴趣,变苦为乐,这可能就是。从汉语的特性来看,几乎没有什么不可用来作对对子的练习,而在练习过程中语文水平的提高是明显的,因而这种训练甚至不必等到学习第4册,从一开始就不妨进行。随便举个例子,毛泽东说:"语言这东西,不是随便可以学好的,非下苦功不可。"我们可以据此拟出个上联:"学好语言非下苦功不可"(格式是"仄仄平平仄仄平平仄",对句要求"平平仄仄平平仄仄平",还要注意到偏正、并列等结构关系),读者诸君不妨试对出下联,并通过比较,对这种学习方法加以评论。

潘文国

目录

第壹部分　【文选阅读】 教学参考　1

一、中国古代散文教学建议　2

二、中国古代散文教学提示及练习参考答案　9

李　密	陈情表	9
陶渊明	五柳先生传	10
刘义庆	《世说新语》二则	12
郦道元	三峡	13
魏　征	谏太宗十思疏	13
元　结	右溪记	15
韩　愈	进学解	16
	送李愿归盘谷序	17
	张中丞传后叙	18
柳宗元	段太尉逸事状	20
	始得西山宴游记	21
	种树郭橐驼传	22
王禹偁	待漏院记	24
欧阳修	五代史伶官传序	25
王安石	读《孟尝君传》	27
苏　轼	留侯论	28
陆　游	跋李庄简公家书	29
归有光	项脊轩志	30
宗　臣	报刘一丈书	32
张　岱	西湖七月半	33
姚　鼐	游媚笔泉记	35

第贰部分

【中文知识】 教学参考　37

一、中国文化常识部分教学建议　38

二、中国文化常识部分参考答案　43

　　服饰　43

　　饮食　44

　　建筑　46

　　园林　48

　　书法　49

　　绘画　51

　　戏曲　52

　　节日　54

　　中国古代哲学　55

第叁部分

【语言实践】 教学参考　59

一、文学写作部分教学建议　60

二、文学写作实践参考答案　74

　　第一讲　文学体裁特征与写作基础　74

　　第二讲　散文练笔　83

　　第三讲　文艺评论的写作　95

三、论文写作部分教学建议　98

四、论文写作实践参考答案　103

　　第一讲　文体特点与类型　103

　　第二讲　论题的确立和资料的收集　114

　　第三讲　结构提纲和研究方法　119

附录

《中文读写教程》(1-4册)总目录　123

XV

第壹部分

【文选阅读】教学参考

中国古代散文教学建议

《中文读写教程》第二册选录魏晋南北朝、唐、宋、明、清散文22篇，第三册选录先秦、两汉散文22篇，合计44篇。要求学生通过对教材所选古代散文名篇的研读，切实提高文言文阅读能力，以及鉴赏与评析古代散文作品的能力；大致了解不同时期不同散文文体的基本特点和写作手法；引导学生规避浮光掠影的"浅阅读"，养成阅读经典入乎其中、"含英咀华"的良好习惯，在领悟历代散文名作篇章结构、遣词造句特点的基础上，提高中文写作能力。

根据上述教学目标，"中国古代散文教学建议"从三个方面为教师提供教学参考。其一，简要梳理中国古代散文的发展线索，教师讲授中可择要提示具体作家作品在古代散文不同发展阶段的创作特色及地位和影响。其二，简要归纳中国古代散文不同文体的主要特点，教师在讲解中可结合具体作品作简要提示。其三，对讲解作品的步骤、方法和要求提出若干教学建议。《孟子》云："大匠能诲人规矩，不能使人巧。"中国古代散文教学目标的实施，既有赖于教师教学，更有赖于学生潜心阅读进而将知识内化为学养和能力。

（一）中国古代散文的发展

诗歌和散文都是中国古代最早的文学样式，有着悠久的历史。商代的甲骨卜辞和铜器上的铭文是古代散文的雏形。春秋战国学派林立，百家争鸣，著述、讲学的言论和说辞纷纷出现，其中影响深远的是儒、墨、道、法四家。《老子》和《论语》篇章短小，多为语录，言约意丰，含义深刻；《墨子》文风质朴，以逻辑严密见长。《孟子》和

《庄子》开始摆脱语录体,《孟子》说理畅达,气势充沛,富于雄辩力量;《庄子》想象奇特,多用寓言说理,思辨与奇幻融于一体。《荀子》和《韩非子》论题集中,说理透彻,《荀子》敦厚严正,法度井然;《韩非子》词锋锐利,峻峭犀利。与诸子散文相辉映的是以记言或记事为主的历史散文。《左传》、《国语》、《战国策》中的优秀篇章,善于将历史事件故事化和情节化,人物性格鲜明,场面和细节描写生动传神。《左传》对战争的叙写,注重叙述双方战前的谋划,描写战争场面简洁生动;《战国策》多记纵横家的游说之辞,铺张辩丽,夸饰恣肆,对西汉政论文和大赋有着直接影响。先秦哲人和史家留下的成就斐然的著作,虽非现代意义上的纯文学作品,但其与时代紧密结合的写作精神,说理、记事和写人的技巧,奠定了后世议论、记叙等文体的基础,具有思想和艺术上的双重魅力。

　　汉代散文以政论和史传成就最高。汉初文人承续战国策士遗风,又值王朝新立,主要作品是与治国相关的政论,代表作家有贾谊和晁错。其文针对现实问题而发,据实设论,切实中肯,铺排渲染,颇具战国策士的纵横之风。东汉的王充、桓谭、仲长统诸家,多清议时政,发愤指弊,为文崇实尚用。代表两汉散文最高成就的是司马迁的《史记》。司马迁本着"究天人之际,通古今之变,成一家之言"的著史理念,以人为经,以事为纬,开创了以人物为中心的纪传体通史的编写体例。从文学的角度看,叙事艺术和写人艺术是《史记》最主要的文学成就。作者对史料作了精巧的剪裁和安排,通过典型场景、细节、人物言行和心理描写,塑造了众多性格鲜明的形象。《史记》刻画人物的高超技巧、谋篇布局的别具匠心、语言的非凡表现力,对后世叙事散文起了示范作用。

　　魏晋南北朝散文也有显著成就。建安魏晋时期的散文注重抒发情怀,言之有物。曹操的散文清峻通脱,简洁平易;曹丕、曹植为文,开始讲究辞采骈偶。正始时期阮籍、嵇康的散文,不仅重抒情,重文采,而且个性鲜明。东晋散文文采趋于平淡,王羲之的《兰亭集序》和陶渊明的《桃花源记》、《五柳先生传》等,都是风格清淡、情旨高妙的佳作。南朝出现了讲究对偶、用典、声律、辞藻的骈体文,骈文刻意追求均衡对称的美文风采,内容贫乏者居多,但也有传诵人口的佳构,鲍照的《登大雷岸与妹书》、孔稚珪的《北山移文》、庾信的《哀江南赋序》等,均为文质兼美的杰作。

　　散文创作在唐代出现繁荣景象。从初唐起,文体和文风的改革已在酝酿之中,即改骈体为散文,变绮靡为质实。中唐韩愈、柳宗元提倡古文运动,主张文以明道,不平则鸣,言之有物,文从字顺,开创了作家自由抒写的文风。韩、柳散文不仅内容丰富深刻,而且艺术上各具特色。韩文或庄或谐,语汇丰富,句式灵活多变，以散句为主，间杂骈俪句法，读来流畅自然，琅琅上口。柳文以寓言和山水游记见称，寓言大多独立成篇，借物讽人，意在言外；山水游记绘景生动，情寓景中，为古代山水游记之冠。唐末社会极度黑暗，针砭时弊的小品文应运而生，主要作家有皮日休、陆龟蒙、罗隐等，他们的小品文大多针对某一问题集中论析，或借题发挥，或纵笔直陈，短小精悍，意尽言完。

宋初王禹偁、范仲淹等作家倡导明道致用和宗唐崇散。宋仁宗时欧阳修主持文坛，发起诗文革新运动。欧阳修与同属"唐宋八大家"的曾巩、王安石、苏洵、苏轼、苏辙，在散文领域均取得突出成就。欧阳修的政论文立意深刻，笔带激情；记人、写景类散文音调和美，唱叹有致，既富情韵，又每含理趣。王安石主张文贵致用，论说文简劲犀利，雄辩有力。苏轼各体散文都有很高造诣，史论长于从常见的史料中提出独到见解，析理透辟，谈锋锐利；书序、书简、题跋、杂记等随笔小品，或记家常琐事，或述文艺见解，或抒人生感慨，信手拈来，随意而写，看似极不经意，但一片真情贯注其间，真知灼见触处皆是。此外，苏洵长于论辩，文笔雄健，结构缜密；苏辙善写游记，笔致洒脱，纡徐曲折；曾巩长于杂记，章法细密，简练淳朴，都体现了各自特色。

明代最重要的散文流派是唐宋派，主张恢复唐宋散文"文道合一"的传统。唐宋派散文以归有光成就最高，其文善写日常生活琐事，笔墨简洁淡雅，感情深挚纯真。稍后的公安派反对拟古，倡导"独抒性灵，不拘格套"，他们的散文以抒情小品、游记和尺牍著称。晚明小品文兴起，袁宏道、张岱的小品散文既活泼生动，又清新洒脱，具有很高的艺术成就。

清初散文有学人之文和文人之文两派。学人之文倡导经世致用，其文言之有物，内容深刻，体现了质实的文风；文人之文继承唐宋散文的醇雅传统，由前代的主情华丽转为文从字顺，古雅严谨。清中叶出现了著名的散文流派"桐城派"，为文讲究"义法"，并在文章体制和作法上形成较系统的散文理论。另有作为桐城派支流的以恽敬、张惠言为代表的"阳湖派"等。清代骈文也呈复兴之势，较有成就的有汪中等。

随着鸦片战争的爆发，中国逐渐沦为半封建半殖民地社会，文风也随之变革。龚自珍等的散文具有议政、求实之风；王韬等的报章体文多写时事政务，为文感情充沛，文笔奔放。梁启超倡导"文界革命"，其文突破传统古文的格局，平易畅达，笔带感情，语言则文、白兼用，富于逻辑性和鼓动性，因此风靡文坛，号称"新文体"，成为文言散文向白话散文过渡的中介。

(二) 中国古代散文的文体

中国古代散文文体多样。从大的方面分类，有有韵之文和无韵之文两类。例如，赋、颂、铭、赞、箴、诔等为有韵之文，其他多为无韵之文。古代文人很早就注意到各种文体的特点，曹丕在《典论·论文》中有"文非一体"之说，他指出：

> 夫文本同而末异，盖奏议宜雅，书论宜理，铭诔尚实，诗赋欲丽。此四科不同，故能之者偏也，唯通才能备其体。

"本"指的是写作上的基本规则；"末"指的是各类文体在写作上的不同特点。"奏议"和"书论"是无韵之文，铭诔和诗赋是有韵之文。"奏议"是"奏启"、"议对"一类的文章，可分为章、奏、表、议等，为下级执事之臣上书送交上级或皇帝的公文，写作上要求肃敬大方，所以说"奏议宜雅"。书论是一般的论说文，要求条理清晰，分析明畅，所以说"书论宜理"。"铭"本指刻在器物上的文章，多为训戒之言或对功德的称颂；"诔"是哀悼死者的文章。"铭诔"要求写得切实而有感情，所以说"铭诔尚实"。

晋人陆机在《文赋》中也谈到文体的分类和不同的写作特点：

> 体有万殊，物无一量。……诗缘情而绮靡，赋体物而浏亮，碑披文以相质，诔缠绵而凄怆，铭博约而温润，箴顿挫而清壮，颂优游而彬蔚，论精微而朗畅，奏平彻而闲雅，说炜晔而谲诳。虽区分之在兹，亦禁邪而制放。要辞达而理举，故无取乎冗长。

绮靡、浏亮、凄怆、温润、清壮、彬蔚、朗畅、闲雅、谲诳等，是对不同文体风格特点的归纳。陆机认为，作家的文学创作既要体现个性特点，又要体现文体的一般特点。例如，碑文记传主家世和生平，应务求质实；诔文抒写哀情，应传达内心哀伤；铭文含义深邃而文字省净，笔调宜温和柔润；论说旨在言理，应分析精微，观点明朗而文句畅达。

齐、梁间的刘勰在《文心雕龙》中把文体分为21种，梁昭明太子的《文选》将诗文分为38体，明代徐师曾所编的《文体明辨》，更把文体分为127体。中国古代文体虽种类多样，但分类过于琐碎繁杂，不利于读者的掌握。所以清代姚鼐编《古文辞类纂》，对文体进行了归类整理，将其分为论辩类、序跋类、奏议类、书说类、赠序类、诏令类、传状类、碑志类、杂记类、箴铭类、颂赞类、辞赋类、哀祭类13种。姚鼐的分类较为简明，所以他的分类法通行一时。

《中文读写教程》选录的文章中，论辩类如第二册苏轼的《留侯论》、第三册《荀子·正名》、《韩非子·说难》。序跋类如第二册韩愈的《张中丞传后叙》、欧阳修的《五代史伶官传序》、陆游的《跋李庄简公家书》、第三册司马迁的《货殖列传序》等。赠序类如第二册韩愈的《送李愿归盘谷序》。奏议类如第二册李密的《陈情表》、魏征的《谏太宗十思疏》、第三册贾谊的《论积贮疏》等。传状类如第二册陶渊明《五柳先生传》、柳宗元的《段太尉逸事状》、《种树郭橐驼传》、第三册班固的《苏武传》。杂记类中游记如第二册元结的《右溪记》、柳宗元的《始得西山宴游记》、张岱的《西湖七月半》、姚鼐的《游媚笔泉记》等。书信类如第二册宗臣的《报刘一丈书》、第三册司马迁的《报任少卿书》、马援的《戒兄子严敦书》等。箴铭类如第三册扬雄的《酒箴》、崔瑗的《座右铭》等。

　　古代各体散文虽因体裁不同而各呈特点，但在长期的发展中仍形成以下的基本特点：

　　首先，中国文学发展史上诗文二体占据了正宗的地位，而在诗文二体中，散文是载道、传道和明道的载体，因此与社会政治关系密切，实用性的功能更显突出，文以载道明道，诗以抒情述志，成为二者在内容上的大体分野。

　　其次，古文在发展中形成注重文气的传统，曹丕在《典论·论文》中说："文以气为主"，所谓"气"，可以理解为贯穿于全文中的气势，包括文章的连贯性、层次性、逻辑性和节奏韵律。

　　第三，古代散文在发展中形成一整套写作技巧和写作理论，包括布局、结构、遣词、造句、字法、章法等。

　　第四，古代作家充分发挥汉语言文字声韵和对偶技巧，许多优秀作品于骈散相间中创造抑扬顿挫的声调之美，读来尤觉琅琅上口。

　　第五，在中国古代散文的发展史上，一代又一代的优秀作家致力于改革文体和革新文风，因此一部中国散文的演进史，始终伴随着规则与自由、模仿与改造、因循与创新、矫饰与真率、共性与个性的双线发展，最终形成推陈出新、百花争艳的大观。例如，传统的创作理论主张文须宗经明道，但在大量的随笔、杂文、日记、书信、游记、序跋、寓言等散文作品中，作家或言志抒情，或叙事写人，或写景状物，文风或幽默诙谐、或庄重肃敬，或闲适空灵，既不严守起承转合、纵横开合之法，也不刻意追求对偶工整和声律规则，而是自由抒写人生感慨，反映社会百态，描绘万千景象。

(三) 中国古代散文的教学

　　第一，提示作品的写作背景。作品的写作背景在教材的"提示"中略有介绍。大体而言，写作背景与一定的时代特征、作家的遭遇处境相关涉。由于优秀的作品大多因事起意，触景生情，因此，不少作品的写作背景又与具体的事件或场景密切关联。了解写作背景，对于学生具体掌握作者写了什么，以及作者为什么要这样写是很有帮助的。对于叙事、写人、写景一类的散文，可以引导学生结合写作背景，发挥合理想象，"披文入情"，走进作者创造的文本世界，将文中情节、细节或意境复现成生动具体的情境或图景，体会文本所展现的形象美、情趣美、生活美和自然美，在身临其境的阅读状态下，进入作者创造的艺术境界，领悟文本的深层内涵，亦即"作者得于心，览者会以意"。

第二，择要介绍作品的文体特点。古代散文文体主要有史论、疏、表、传记、赠序、祭文、书信、游记、寓言、序跋、小品文等，教学中可结合具体作品对文体特点作简要提示，帮助学生在阅读中联系具体作品对不同文体的特点加以区分和理解。

第三，引导学生过好语言关。要求学生对照注释，扎扎实实地阅读课文，要在理解字义、词义的基础上理解句义，这是阅读文言文的基本功夫。古代散文较之于现代散文，难度之一是语言障碍多，所以对难度较大的篇章和段落，学习时不能囫囵吞枣，浅尝辄止，可能要细读三五遍才能真正读懂。本套教材每册的教学目标各有侧重，就古代散文而言，第二册偏重文学理解，第三册偏重语言理解。第二册的古代散文教学应将教学重点放在对文学的理解上，诸如作品中的名言佳句、体现作品思想内容的关键语句、涉及作品主要写作特点的语句，以及典故成语等，尤应特别留意，一字一句地落实和理解它们的含义。

第四，要深入领会作品的中心意旨和深层意蕴。在优秀的古代散文作品中，常见的主题包括忧患国事，体恤民生，提出政见，歌颂统一，反对分裂，表现人格节操，表达志向抱负，抒写壮志难酬，歌颂纯洁爱情，反抗礼教束缚，颂扬友谊，赞扬诚信、正直、善良、仁爱、勇敢、机智、好学、廉洁，热爱乡土和祖国山水，贬斥伪善、残暴、贪婪、奢侈等人性丑恶。虽然每篇课文在"提示"中对作品的思想内容都有简要概括，但学生的主要精力不应花在对提示的死记硬背上。教学中要引导学生根据课文提示，深入体会作品的中心意旨，用课文中的材料对提示性的概括作出自己有理有据的具体阐析。

第五，要准确把握作品为表现主旨、意蕴所采用的艺术手法或语言技巧。作品的艺术表现方法，既与时代的创作风尚、流派的创作倾向、作家的创作个性和擅长手法有关，也与作品的体裁和题材相关。

一般而言，散文中的议论文涉及用什么论据、通过什么论证方法来证明论点，诸如从个别到一般的归纳论证，从一般到个别的演绎论证，类比或对比的比较论证等，都是常用的论证方法。

记叙文中写人的文章可从肖像描写、语言描写、行为描写、心理描写、细节描写等方面去把握。当然，散文作品虽以议论或描写为主，但不少优秀作品又能将议论、记叙、写景、抒情结合在一起，做到理、事、情、景熔于一炉，因此，必须针对具体作品加以准确把握。

具体而言，凡有关表现方法的问题，可从对比、烘托、渲染、铺垫、暗示、象征、白描、夹叙夹议、托物言志、借景抒情、寓情于事、寓情于理等方面去把握。凡有关修辞手法方面的问题，可从比喻、夸张、比拟、对偶、排比、设问、反诘、借代、递进、用典等方面去把握。

散文是一种语言的艺术，语言的情感色彩、音韵之美、语体风格以及谋篇布局和遣词造句，也属于艺术特点范畴，要引导学生在学习中找出课文中的关键词句或语段，以此为例对作品的主要艺术特点进行说明和评析，以提高文学审美能力，丰富对艺术表现规律的认识。指导学生朗读是较有效的学习方法，在诵读文本中感受文辞音韵的美感，感悟文本的情韵。

中国古代散文
教学提示及练习参考答案

陈情表
李 密

教学提示

1. 背景简介。

    李密父亲早亡,母亲何氏改嫁,那时他年仅四岁,体弱多病,全靠祖母刘氏抚养成人。李密以孝闻名,蜀汉亡,晋武帝下诏征他到洛阳任职。他因祖母年高,无人奉养,不肯应命,于是上此奏疏,陈说真情。武帝览后,很受感动,不仅接受他的陈情,而且赐奴婢二人,命郡县供给刘氏饮食。刘氏卒,李密服丧期满即出仕晋朝。

2. 段落大意。

    第一段,陈述自己与祖母相依为命的情状和家中困境,为下文陈述请求铺垫。第二段,述说自己两次辞不赴命的原因,表明自己进退两难的苦衷,以取得晋武帝的谅解,为进一步陈情再作铺垫。第三段,申述自己辞不奉诏只是为了奉养祖母,既不是对新朝存有二心,也没有沽名钓誉的非分之想,以消除晋武帝的猜疑。第四段,明确提出先尽孝后尽忠的请求,把"孝"、"忠"之人伦信条作为暂不奉诏的有力依据。

练习与思考参考答案

一、举例说明本文情理兼胜的写作特点。

(1)以情动人。本文以至真至诚的感情打动人心,无论是叙述与祖母相依为命的情状、因忠孝不能两全而进退两难的苦衷,还是表达对晋王朝的忠诚,都是发自肺腑的至诚之言,所以前人称此文"无一语不委婉动人,固是至性至情之文"。

(2)以理服人。作者在陈情时特意标举"圣朝以孝治天下"为辞不奉诏的依据,既表明不赴命是为了奉养祖母,又用以打消晋武帝的猜疑,使陈情显得有理有据。通篇情深而理足,体现了情理兼胜的鲜明特色。

二、分析本文生动形象的语言特点。

(1)骈散相间、长短错落的句式。本文以四字句为主,行文中使用了大量的对偶句,整齐匀称,和谐可诵;文中又使用了不少长短不齐的散句,骈散相间,长短错落,整齐中富有变化。

(2)语言形象生动。本文的词语选择富于变化,如第二段述说王朝命自己出仕,选用"察臣"、"举臣"、"拜臣"、"除臣"、"责臣"、"催臣"等动词,形象地表达了自己的处境。文中还有许多精彩的比喻,如"乌鸟私情"、"日薄西山"等,都体现了形象生动的语言特点。

三、识记文中的名言成语。

零丁孤苦,茕茕孑立,形影相吊,急于星火,日薄西山,气息奄奄,人命危浅,朝不虑夕。

五柳先生传

陶渊明

教学提示

1. 文体特点。

本文是一篇用史传体写的自传性散文。史传本由史官撰写,用以实录传主的生平行事。本文巧妙地借用史传文体，为自己立传，既用以自况，又借以表达自己所追求的理想人格。

2. 人物形象。

五柳先生可视为陶渊明的人格理想和生活志趣的写照。所以沈约在《宋书·隐逸传》中说："潜少有高趣，尝著《五柳先生传》以自况。"史传类文体一般有"赞"，史官在"赞"中以史官的立场对人物褒善贬恶。本文的"赞"中，作者对五柳先生的两个特点作了归纳：一是不求富贵也不忧患贫贱，二是怡然自乐，返朴归真。这既是作者对五柳先生脱俗人格和高尚品德的赞美，也借以表明自己所追求的人格理想和坚持的生活志趣。

练习与思考参考答案

一、联系陶渊明生平及他所追求的理想人格，简述为何可将此文视为作者的自传文。

陶渊明自29岁开始，屡次出仕又屡次归隐。他在41岁那年担任彭泽令，在任八十多天即辞官归田，从此不再出仕。他厌恶仕途生活，不愿与庸俗官僚为伍，宁愿归隐躬耕，享受精神自由、任情自适的生活乐趣。陶渊明告别官场，躬耕田园，在人性得到充分舒展的同时，难免会受到贫贱的折磨，倘若没有安贫乐道的志向是坚持不了的。本文中的五柳先生几乎赤贫，住房简陋，衣服破旧，饮食不继，却安然自在，这都是陶渊明归隐后生活境遇的真实写照。五柳先生生活虽贫困，但由于远离虚伪丑恶的官场污浊，因此没有精神苦闷和烦恼。他淡漠世事，不爱荣华富贵，文静而不多言谈，鄙视世俗，内心平和；他"好读书"，重在对书中要义的心领神会；他"性嗜酒"，个性真率，任性旷达。可见，陶渊明笔下的五柳先生，是以自己的生活境遇、思想志趣和人格节操为参照的。

二、作者在文末的赞中称颂了五柳先生怎样的品格？

一是安贫乐道，不慕荣利；二是任情自适，返朴归真。

《世说新语》二则

刘义庆

> **教学提示**

1. 《世说新语》简介。

    《世说新语》是中国古代著名的笔记小说，由刘义庆和他的门客杂采众书编撰润色而成。全书分为德行、言语、政事、文学等36门，记载汉末至东晋士大夫的逸事和言谈，比较真实地反映了当时士族阶层的生活和精神面貌。

2. 讲授中重点解析的语句。

    "当共戮力王室，克复神州，何至作出楚囚相对"；"吾本乘兴而行，兴尽而返，何必见戴"。

> **练习与思考参考答案**

一、《过江诸人》运用了哪些手法刻画出两种不同人物的精神面貌？

（1）运用对比手法刻画人物：周侯的颓丧感伤与王导的奋发图强构成鲜明的对比。

（2）通过人物语言刻画人物的精神面貌：同样面对国土沦丧，周侯的感叹表明他徒有伤感而自甘沉沦；王导的慷慨陈词表明他决心以实际行动为国效力。

二、试析《子猷访戴》所反映的东晋名士风度。

任性放达是东晋名士风度之一，具体表现为任由性情所至，超越俗世功利和日常生活常规的束缚。王子猷说他"乘兴而行，兴尽而返"，这里的"兴"就是当时名士所追求和关注的兴味和意趣，其中包含着崇尚自由、摆脱功利束缚的唯美的生活状态，这也是东晋名士所推重的风度。

三、以教材所选二则短文为例，指出《世说新语》的语言特点。

语言精练含蓄，生动传神；人物语言切合其身份和性格。

三 峡

郦道元

> **教学提示**

1. 段落大意。

　　第一段总写三峡两岸山势，二、三、四段按照夏、春冬、秋的季节顺序，描写三峡景色。三峡因季节不同，景色呈现不同特色。作者善于通过具体事物反映三峡不同季节的不同景色特点。

> **练习与思考参考答案**

一、本文选择哪些富于特征性的事物来表现三峡在不同季节的特点？

　　例如，为了表现三峡两岸的山势高峻，以人在三峡中若不是正午或半夜则看不到太阳和月亮来说明；为表现三峡夏季的水势湍急，以夏季三峡中行船，尽管从白帝城到江陵的路程长达一千二百里，但一日之内即可走完来说明；为突出秋季三峡中气氛的肃杀和凄清，以猿声悲啼，在空旷的山谷久久回荡，令人闻之落泪加以表现。作者选择富于特征性的事物，形象地展现了三峡在不同季节的景色特点。

二、举例说明本文语言精练准确和富有表现力的特点。

　　参考课文提示。

谏太宗十思疏

魏 征

> **教学提示**

1. 背景简介。

　　魏征禀性梗直，直言敢谏，无所顾忌。他所处的时代新朝初立，百废待兴。在跟随唐太宗的十余年间，他能针对时弊，直陈己见，所陈二百多条建言，大多立足现实，高瞻远瞩，识见卓著，因此多被太宗采纳。本文作于贞观十一年，当时因国家治理已见成效，太宗在政治上有所懈怠，生活上也渐加奢靡，本文即围绕"居安思危"的中心展开论述。

2. "十思"内容归纳。

本文的重点是作者所提出的"十思"，归纳起来主要涉及以下几个方面：节俭安民，思危反满，宽厚仁慈，慎始善终，虚心纳言，知人善任，拒恶锄奸，赏罚公正。

练习与思考参考答案

一、归纳本文所提出的重要见解，并加以评说。

在政治上主张慎始善终，虚心纳言，知人善任，拒恶锄奸，赏罚公正；生活上主张节俭安民，不轻用民力；品德上主张宽厚仁慈，思危反满。他的主张在客观上使民众得以休养生息，对于国家政治的清明和初唐走向强盛具有积极意义。

二、找出文中的比喻句，并说明喻义。

用树木河流作比，说明国君位高权重，更要成为道德的楷模，"居安思危，戒奢以俭"；用水能载舟、也能覆舟，指出民众是国家长治久安的基础，说明得民心者得天下的道理。

三、本文在句式安排上有什么特点？

本文大量使用排比句，如首段"欲流之远者，必浚其泉源；思国之安者，必积其德义。源不深而望流之远，根不固而求木之长，德不厚而思国之治"。有些排比句还自成对偶，如第二段的"竭诚则吴越为一体；傲物则骨肉为行路"。第三段阐述"十思"的具体内容，基本以排比句连贯而下，具有内在逻辑严密、行文一气呵成的效果。

右溪记

元 结

教学提示

1. 景与情的关系。

　　本文第一段集中写景，第二段抒发感慨，景为情设，情因景生。右溪泉佳林幽，徒有美景而无人赏爱，既表达作者以山水为知音的情趣，又隐约透露出怀才不遇的怅恨。

2. 语言特色。

　　本文篇幅短小，但笔墨省净雅洁，可指导学生在阅读中细加体会本文的语言特色。

练习与思考参考答案

一、本文由右溪美景生发出怎样的感慨？

　　右溪泉清石奇，竹木葱茏，景虽美而无人关注打理，以致"芜秽"丛生，作者由此发出"无人赏爱"的感慨，其中也包含着作者因怀才不遇而抑郁不平的怅恨。

二、为什么说本文可视为柳宗元山水游记的先声？

　　寓情于景是柳宗元山水游记的显著特色。柳宗元的山水游记不是纯客观地描山绘水，而是把自己的人生遭遇和抑郁愤激之情融入山水之中，使笔下的山水成为人格的化身和情绪的物化。其代表作"永州八记"中写得最多的是清泉、奇石、深潭、幽竹等，作者或借西山的高峻表现自己孤高傲世的个性，或借深潭的静寂抒发自己被贬远荒的凄怆之情，或借小丘的无人赏识表达自己流落不遇的不平，或借石城山的磊落瑰奇倾吐贤者被弃的郁愤之感。那些弃置蛮荒、无人赏识的奇绝山水，与作者贬逐远荒、有志难骋的处境，形成异质同构的关系，景与情已如水乳般交织在一起。本文由右溪美景引出无人赏识之慨，景与情交织融合，与柳宗元的山水游记同一机杼，所以可视为柳宗元山水游记的先声。

进学解

韩 愈

> **教学提示**

1. **文体特点。**

    "解"是古代文体之一,内容一般以解释疑难问题为主。明徐师曾《文体明辨》说:"解者,释也,因人有疑而解释之也。""进学解"的字面意思是对增进学业(包括业务学习和自身修养)的分析、解释。

2. **真话与反话。**

    学生的话是作者想说的真话。学生先从四个方面称颂韩愈的"业精"和"行成",再从仕途和生活两个方面,指出尽管先生治学与修养已达到很高境界,但仍怀才不遇,不得重用。这是作者借学生之口,表达不被朝廷重用的牢骚和不平,是作者自己想说的真话。文中韩愈的话是反话正说。他说当下政治清明,实则是说政治腐败,用人不公;他说自己因无德无才而沉沦潦倒,实则是说自己尽管德才兼备,但仍难逃得谤被贬的厄运。所以,文中学生的话是作者要告诉读者的真话,作者的话是反话,这就是前人所指出的本文特色之一:"以怨怼无聊之词托之人,自咎自责之词托之己"。

> **练习与思考参考答案**

一、本文的主题是感叹不遇,自鸣不平,作者是如何运用巧妙的构思,变直书径言为曲传其意的?

本文构思新颖,不落常套。首先,作者创造性地运用辞赋中主客问答对话、相互诘难的形式,以表达不便明说直言的内容。其次,由先生劝学、学生质疑、先生再予解答构成全篇,意脉贯通;借学生之口说真话,以自己之口说反话,感叹不遇的牢骚愤懑之气见于嬉笑调侃之中,意在言外,绵里藏针。

二、《进学解》的"解"有解析、辩解、解嘲等义项,你认为哪两个义项与本文内容相符?为什么?

文章的第三段既是先生的辩解,又用以自我解嘲。作者针对学生的反驳之辞，从三个方面作了辩解：一是野无遗贤，政治清明；二是自己德才并不出众；三是安于现状，对目前处境已很满足。这既是用以自我解嘲，又通过辩解对当权者用人不公作了讽刺。

三、举例说明本文语言精练生动的特点。

参考课文提示。

送李愿归盘谷序

韩　愈

教学提示

1. 段落大意。

全文可分为三个部分。第一段为第一部分，以简洁的笔墨描写盘谷的清净幽邈和得名由来。用笔不多而层层转折，段末点出"隐者"，以盘谷的清幽衬托隐者的脱俗。第二、三、四段为第二部分，详写三种类型人物，这是文章的中心所在，倾注了作者鲜明的爱憎。第五段为第三部分，以极富韵味的诗歌描写李愿隐居地盘谷的宁静幽美，与隐居之乐彼此呼应；本是送李愿，却说自己也因企慕而希望同往，于兴致淋漓中暗露自己因仕途不顺而产生的抑郁不平。

2. 散韵相间的语言特色。

本文在具体描写上多用排比对偶句式，既整齐又长短不一，而且音调响亮和谐，富于节奏感和音乐美，这一特点可通过朗读细加体会。

练习与思考参考答案

一、作者在文中借李愿之口写了哪三种人？表达了怎样的爱憎？

一是声威显赫的权贵，他们趾高气扬，奢侈淫乐，滥用权势；一是高洁不污的隐士，他们与世无争，独善其身，甘于淡泊；一是趋炎附势的官迷，他们利欲熏心，攀附权贵，丑态毕露。三种人物形成正反对照，作者鄙弃权贵和官迷、赞同隐士的爱憎倾向自含其中。

二、文末的歌辞与前文既有呼应又构成对比，请作简要分析。

文末歌辞中描写盘谷"盘之中，维子之宫；盘之土，维子之稼；盘之泉，可濯可沿；盘之阻，谁争子所"等句，与上文描写隐士"穷居而野处，升高而望远，坐茂树以终日，濯清泉以自洁"等句，前后呼应，同时也与上文所写权贵和官迷的腐化污秽形成对比，起到深化文章主题的作用。

三、本文虽是一篇散体文，但描写上多用排比和对偶句式，散韵错落，请在朗读中体会语言特色。

例如，下列文句采用排比对偶手法，具有音节和谐、琅琅上口的特点：

采于山，美可茹；钓于水，鲜可食。起居无时，惟适之安。与其有誉于前，孰若无毁于其后；与其有乐于身，孰若无忧于其心。

足将进而趑趄，口将言而嗫嚅。

盘之中，维子之宫；盘之土，维子之稼；盘之泉，可濯可沿；盘之阻，谁争子所？窈而深，廓其有容；缭而曲，如往而复。

张中丞传后叙

韩 愈

教学提示

1. 背景简介。

本文以唐安史之乱时著名的"睢阳保卫战"为背景，当时叛军以强大攻势长驱直入，唐军节节败退。张巡与许远危难之下率士兵坚守睢阳，以微弱兵力抗击数十万叛军，严守睢阳孤城达十月之久。由于牵制了叛军，江淮地区因此得保。后终因粮尽援绝，城被攻破，张巡等殉难，许远被俘，囚往洛阳，途中遇害。安史之乱平定后，有人诽谤诋毁张、许等困守孤城的做法，说他们造成睢阳城中人吃人的现象。针对这种说法，李翰作《张巡传》呈唐肃宗，为张巡作了有力辩解。然而其后又有人抓住张巡先死而许远后死的问题大做文章，连张巡的儿子也被卷入这场风波中。五十年后，韩愈为进一步说明事实真相，写下这篇文章。

2. **夹叙夹议，有机联系**。

前半部分以议论为主，一是从三个方面驳斥对英烈的诽谤；二是正面颂扬张巡、许远死守睢阳的历史功勋。后半部分以叙事为主，一是叙述南霁云的英勇事迹，一是叙述张巡的博闻强记和就义前的视死如归。两个部分既有分工，也有联系。前半部分的议论是后半部分叙事的纲，后半部分的叙事为前半部分的议论提供了事实依据。

练习与思考参考答案

一、简要分析本文议论与叙事并重的写作特点。

前半部分以议论为主，写法上夹叙夹议。主要线索是针对小人诬陷的谬论展开反驳。从粮草断绝、兵源枯竭、外援不至等方面，论证死守睢阳势在必然，驳斥许远畏死、不必死守和城之陷始于许远的谬论，并肯定张巡、许远死守睢阳对于保障江淮、捍卫全国的重大意义和功绩。在反驳谬论的同时，还对弃城逃遁者和拥有强兵不愿出兵救援者进行谴责，与坚守睢阳的张、许构成对比。作者采用多种方法展开议论，或列举事实加以说明，或用比喻阐述事理，或对照，或反诘，或设问，步步进逼，具有很强的说服力。后半部分以叙事为主，作者精心选择典型细节表现人物的性格特征，南霁云的勇敢刚烈和对正义事业的坚贞，以及张巡的视死如归，都被刻画得细致逼真，光彩夺目。

二、张巡、许远和南霁云是文中三个栩栩如生的人物，具体说明本文刻画人物的特点。

其一，通过典型细节刻画人物性格；其二，通过人物的语言和行动刻画人物的神态和心理；其三，人物之间相互映衬。详见课文提示。

三、本文中有一些文句表达了作者对英雄的称颂和景仰，请找出几例，分析议论风发、义正词严和感情色彩浓烈的语言特点。

（1）守一城，捍天下，以千百就尽之卒，战百万日滋之师，蔽遮江淮，沮遏其势，天下之不亡，其谁之功也！——正面称颂张巡、许远死守睢阳的功绩。用两两相对而又工整参差的句式，造成壮盛摇曳的气势，语气肯定，短促有力。

（2）霁云慷慨语曰："云来时，睢阳之人，不食月余日矣！云虽欲独食，义不忍；虽食，且不下咽！"因拔所佩刀，断一指，血淋漓，以示贺兰。一座大惊，皆感激为云泣下。——这段文字写南霁云慷慨陈词，拒食断指。全用短语，顿挫铿锵，与人物刚烈性格相符。

段太尉逸事状

柳宗元

> **教学提示**

1. **人物的性格特点。**

   段太尉是古代社会一位刚勇、仁爱、廉洁的官吏，他外柔内刚，平易的外表下有着勇敢坚毅的性格。

2. **段落大意。**

   第一部分从开头到"邠州由是无祸"，叙述段太尉的第一件轶事：勇服郭晞。依次写悍吏为所欲为、段太尉自荐平乱、前往郭晞军营陈辞、请求留宿军营，突出段太尉性格中刚勇无畏的一面。第二部分从"先是，太尉在泾州为营田官"到"一夕，自恨死"，叙述段太尉第二件轶事：仁愧焦令谌。通过对段太尉一系列行动的描写，表现段太尉性格中仁慈爱民的一面。第三部分从"及太尉自泾州以司农征"到"其故封识具存"，叙述段太尉的第三件轶事：节显治事堂，展示其为人廉洁，坚持节操。

练习与思考参考答案

一、本文所记三件轶事，没有按时间顺序来写，而是采用先后倒置的手法，作者这样安排对于刻画人物性格、强化艺术效果起到了怎样的作用？

　　　　参考课文提示。

二、本文在记叙三件轶事时，连带描写了三个次要人物，具体说明他们对于主要人物的刻画起了什么作用。

　　　　起了对比与反衬作用。参考课文提示。

三、本文与韩愈《张中丞传后叙》都旨在通过人物刻画以表彰英烈，试比较两文在叙事、写人上的不同之处。

　　　　韩愈的《张中丞传后叙》夹叙夹议，本文不着一字议论，纯用客观记叙的手法，作者的爱憎暗寓其中。

始得西山宴游记
柳宗元

教学提示

1. **"永州八记"简介。**

　　山水游记是柳宗元散文中最具艺术特色的作品，"永州八记"是其山水游记的代表作。八记按游览的时间先后，依次为《始得西山宴游记》、《钴鉧潭记》、《钴鉧潭西小丘记》、《至小丘西小石潭记》、《袁家渴记》、《石渠记》、《石涧记》、《小石城山记》。这组山水记以清新优美的文笔，描绘富有诗情画意的山水景色，展现出一幅幅深幽清奇的画卷，寓情于景是其山水游记的特色。

2. **寓情于景的显著特色。**

　　作者不是纯客观地描山绘水，而是把自己的人生遭遇和抑郁愤激之情融入山水之中，使笔下的山水成为人格的化身和情绪的物化。八记中写得最多的是清泉、奇石、深潭、幽竹等，本文中作者即借游览西山获得的精神感悟，寄寓自己在革新失败贬官永州后仍坚持的特立独行的人格。

练习与思考参考答案

一、作者于文中五次或明或暗地点到"始得",请找出直接写到"始得"及包含"始得"意蕴的文句,并思考本文的题目为什么要加上"始得"二字。

　　文章标题冠以"始得"二字,首先在于本文是"永州八记"的第一篇,其次在于作者虽曾遍游永州山水,但西山是其第一次游览,特别是因游西山而获得新的精神感悟,即困境中更应坚持特立独行的人格。文中五次点到"始得",其中明点的有"而未始知西山之怪特"、"望西山,始指异之"、"然后知吾向之未始游"、"游于是乎始";暗点的有"然后知是山之特立,不与培塿为类"。

二、文章开头写"自余为僇人,居是州,恒惴慄",这三句与本文的中心思想有什么关系?

　　柳宗元是被贬到永州这个边远山区的,所以自称"僇人",而且居于永州常常惊恐不安。这三句交代了柳宗元因革新失败形同罪人的处境,为下文表明身处逆境而坚持独立不屈人格的决心,提供了背景。

三、作者是采用什么手法描写西山之高峻的?

　　对西山的高峻,不作正面描绘,而是采用侧面衬托的手法,即以众山与西山的高下对比,来表现西山的非凡气势。

种树郭橐驼传
柳宗元

教学提示

1. **文体**。寓言性传记散文。

2. **内容解析**。
　　阐述作者关于养民治国的政治主张。文章还蕴含以下哲理:无论是种树还是管理民众,都要尊重客观规律,必须按规律办事,否则就难以达到预想的效果。

3. 段落大意。

　　第一段，说明郭橐驼得名的来由。第二段，概写郭橐驼的种树特长。第三段，通过善与不善两种种树态度与方法的对比，阐述郭橐驼的种树经验，突出"顺木之天以致其性"的重要性。第四段，以种树之道类比治民之道，揭露"长人者好烦其令"的社会弊病，最后以"吾问养树，得养人术"，"传其事，以为官戒"作结，点明全文主旨。

4. 类比法与对比法。

　　类比法是指将性质、特点相同或相近的事物放在一起加以比较，从而证明论点；对比法是指将性质特点不同或相反的事物放在一起加以比较，从而证明论点。本文中，种树与治民的比较是类比法；郭橐驼种树与他植者种树的比较是对比法。

练习与思考参考答案

一、为什么说本文既富于哲理，又体现了鲜明的政治色彩和批判精神？

　　本文包含的哲理启示人们，应该按照客观规律办事。本文所体现的政治色彩和批判精神在于，揭露政苛令烦、民不聊生的弊端，提出与民休息、不生事扰民的政治主张。

二、举例说明本文所采用的类比方法及其论说效果。

　　文中用种树要"顺木之天以致其性"，类比治理百姓不能扰乱其正常的生产和生活规律；用种树"其莳也若子"，类比做官要爱护百姓；用"其置也若弃"，类比治国要让百姓休养生息；用他植者种树"爱之太殷，忧之太勤"，类比"长人者好烦其令"。文章通过层层类比，既阐述了种树的道理，也阐明了为官治民的道理。

待漏院记

王禹偁

教学提示

1. **段落大意。**

    第一段，阐述古代执政者不仅德行高尚，而且勤于职守，作为宰相，更应勤于政务，"勤"是全文立论的依据。第二段，点明待漏院，简述宰相入院待漏的情景，段末点出"思"字，作为下文申论的核心。第三、四段是全文的中心，作者设想宰相在待漏院等待天明朝见君王时的两种状况，一是兢兢业业，励精图治；一是窃位擅权，谋取私利。前者享受优厚俸禄，不是幸运，而是应该；后者即使投狱而死或贬谪远地，不是不幸，也是应该。第五段是总结，说明一国的政治，万人的性命，都悬于宰相之手，必须小心谨慎，如果拥有宰相重位却庸碌无为，备员充数，那么这种人毫不足取。末段明言写作本文的目的是规劝执政的宰相。

2. **结构严密，逻辑性强。**

    全文以"勤"字为理论依据，由"勤"引出待漏院，再由"待"引出"思"，由"思"生发出对贤相、奸相和庸相的评说，最后的总结落在"慎"字上。全文步步深入，条理清晰，结构严谨，具有很强的逻辑性。

3. **对比手法的运用。**

    两类宰相构成鲜明对比：一是贤相，他们勤于政务，励精图治，待遇优厚，实属应该；一是奸相和庸相，他们谋求私利，弄权误国，最终身败名裂，同样应该。两类宰相的作为和结局两两对照，作者的爱憎于对比中得到鲜明的体现。

练习与思考参考答案

一、简述本文的思想意义。

宰相一词意为辅助君王、宰制万端。古代一般都把执掌朝政、统领百官的中枢职官泛称为宰相。宰相之称始于先秦，用以称谓政治权力和地位仅次于帝王的官僚。宰相位处"一人之下，万人之上"，既是君主的最高幕僚，又是百官的首长。本文就封建社会一人之下、万人之上的宰相应该是怎样的人作了论述。作者指出，宰相因位高权重，其为官治民的作为事关国家治乱，因此，能否"勤政"是衡量其人品和官品的重要标准。只有贤相执政，才能使国家政治清明、百姓生活富庶。文章告诫宰相，勤政是为官的第一要务，作者的观点既是对贤相的赞誉，也是对奸相和庸相的谴责，体现了封建社会正直知识分子的良知，表达了对端正官场风气、呼唤政治清明的希望。

二、文章题目为《待漏院记》，实为《宰相论》，作为一篇论说文，其主要的写作特点是什么？

　　本文虽以《待漏院记》为题，实则并非专论待漏院，待漏院只是文章用以借题发挥的引子。全文由"勤"引出待漏院，再从"待"字引出"思"字，由"思"字生发出对贤相、奸相和庸相的评说，论宰相应该是怎样的人才是本文的中心。作为一篇论说文，其写作特点主要有四，其一，观点鲜明，论证充分；其二，构思缜密，脉络清晰；其三，对比鲜明，两两参照；其四，句式整齐，上下呼应。

五代史伶官传序

欧阳修

教学提示

1. **文体**。

　　本文选自《新五代史·伶官传》，是该人物传记前的序文，也是一篇著名的史论。在人物传记前附以发表议论的文字，在《史记》中已有先例。后人称这种文字为传前的"序"，但这种"序"并非独立于传文之外，而是整篇传记的一部分，其内容以评说史实和评价人物为主，所以又称"史论"。

2. **严谨的层次结构**。

　　第一段开宗明义，提出论点，接着点出后唐庄宗始得天下、终失天下的悲剧，照应"盛"、"衰"二字，交代论述史实，说明立论依据。第二段先写后唐庄宗兢兢业业、为父报仇的事迹。行文分二层，一层叙李克用临终遗言，说明得天下并非易事；一层叙后唐庄宗为实现亡父遗愿忧劳国事，自强不息，"忧劳可以兴国"的深意隐含字背。再写后唐庄宗由胜而败、由盛而衰的事迹，行文也分二层，一层写后唐庄宗灭梁破燕得天下的盛况，一层叙后唐失天下的惨况。两层紧扣"盛"、"衰"二字，处处照应论点。第三段总结全文，从后唐盛衰剧变中引出深刻的历史教训。整篇文章围绕盛衰不在天命、而在人事这个中心展开论述，条理清晰而转折跌宕。

3. **深刻的见解**。

　　本文通过论述五代时后唐由盛而衰的历史教训，提出"盛衰之理，虽曰天命，岂非人事哉"的论点，说明盛衰不在天命，而在人事，见解极为深刻。首先，作者摆脱当时流行的天命论的束缚，不仅从一定历史时期的政治现状和社会人事入手，探寻后唐庄宗失国的原由，而且以历史家的严峻和政治家的敏锐，叙史事以鉴今，述往事以讽世，告诫统治者应该以史为鉴，居安思危，免蹈覆辙。其次，作者在感慨后唐盛衰剧变的历史的同时，流露的是对现实的忧患，对通过变革求国力振兴的希望。所以，本文虽属史论，但立足现实，体现了欧阳修议论文内容深刻、立意高远的特色。

练习与思考参考答案

一、本文的中心论点和相关警句名言对我们有何启迪？

　　(1) "盛衰之理，虽曰天命，岂非人事哉"：启示我们大到国家的兴与衰，小到个人事业的成与败，都取决于人事，即人的作为，而不是天命。

　　(2) "满招损，谦得益"：启示我们要反骄破满。

　　(3) "忧劳可以兴国，逸豫可以亡身"：启示我们要居安思危。

　　(4) "祸患常积于忽微，智勇多困于所溺"：启示我们要防微杜渐。

二、以第二段为例，简析作者是如何运用对比手法展开论证的。

本文的对比论证体现在第二和第三段。第二段中后唐庄宗的得天下与失天下形成对比，在对比中有力地证明了成败由人的论点。第三段"满招损，谦得益"、"忧劳可以兴国，逸豫可以亡身"等的理论论证，也都构成对比关系。从全文来看，盛与衰、成与败的对比贯穿始终，有力地论证了文章的中心论点："盛衰之理，虽曰天命，岂非人事哉"。

读《孟尝君传》

王安石

教学提示

1. 春秋战国时期的养士之风。

春秋战国时期诸侯兼并，社会处于剧烈变动中，当时处于贵族和庶民之间的士阶层发生分化，一部分贵族沦落为士，一部分平民则上升为士，他们成为官吏的候补者。当时的士阶层流品不齐，其中既有出将入相的杰出人才，也不乏徒有虚名的鸡鸣狗盗之徒。不少诸侯国为实现霸主之业，纷纷改革，打破世袭制，招募人才，有的实行客卿制，有的则大规模养士。战国时以"养士数千"著称的就有齐国的孟尝君、赵国的平原君、楚国的春申君和魏国的信陵君，合称"战国四君子"，他们都以养士数千而闻名。

2. 孟尝君的历史评价。

孟尝君在中国旧小说和戏曲中一般都作为正面形象出现，但历代史学家、政治家和文学家对他则贬多于褒。如《史记》作者司马迁对他的评价就不无微词，与王安石同时的司马光，在《资治通鉴》卷二中也认为：孟尝君"盗其君之禄，以立私党，张虚誉，上以侮其君，下以蠹其民"，是"奸人之雄"。王安石的这篇短文，也推翻了孟尝君善养士的成说。

练习与思考参考答案

一、评说作者在本文中提出的见解。

　　孟尝君曾以"能得士"而名扬天下，本文对这一成说提出非议。作者认为，"士"应具备经国济民之才，那些鸡鸣狗盗之徒，除了能给孟尝君带来虚名或私利外，于国于民一无足取。既然鸡鸣狗盗之徒充斥于孟尝君门下，那么真正具有杰出才干的"士"就不屑光顾了。如果把本文中所谓的"士"理解为具有出众才干的人才，那么，任何时代对人才都有德与才两方面的基本衡量标准，鸡鸣狗盗之徒既无德也无才，即使在当时也是徒具虚名的"士"。既然孟尝君考量和录用人才的标准存在严重错乱，那么"能得士"的称誉也就失去了基础。

二、划分文章层次，体会转折跌宕的特色。

　　全文可分四层，构成三层转折。第一层为"世皆称孟尝君能得士，士以故归之，而卒赖其力，以脱于虎豹之秦"四句，提出所要驳斥的论点。第二层为"嗟乎！孟尝君特鸡鸣狗盗之雄耳，岂足以言得士"三句，这是本文的第一层转折，指出既然孟尝君是"鸡鸣狗盗之雄"，那么他的门客自然就是鸡鸣狗盗之徒，而非真正的人才。第三层为"不然，擅齐之强，得一士焉，宜可以南面而制秦，尚何取鸡鸣狗盗之力哉"五句，这是本文的第二层转折，指出只有具备雄才大略的人才配得上"士"的称号，从而以"士"的衡量标准来驳倒"能得士"的成见。第四层为"夫鸡鸣狗盗之出其门，此士之所以不至也"二句，这是本文的第三层转折，指出既然庸碌之辈充斥孟尝君门下，那么真正的"士"就望而却步了。全文不足百字，不仅层层推论，具有颠扑不破的逻辑力量，而且层层转折，一波三折，跌宕生姿。

留侯论

苏　轼

教学提示

1. **文体**。史论。

2. **苏轼的史论文**。

　　苏轼从小读书就"好观前世盛衰之迹"，并常有独到之见。他的史论如《留侯论》、《贾谊论》、《范增论》、《晁错论》、《论封建》等，都能利用常见的史料翻出新意，提出新颖的见解。本文以张良辅佐刘邦定天下、被封留侯为史料，重点围绕能忍与不能忍展开论述。张良受书的传说，见于《史记·留侯列传》。这个传说带有浓厚的神秘色彩，因而不少人感到迷惑，认为圯上老人是个"鬼物"。苏轼在《留侯论》中摒弃传说中的神秘成分，推翻旧说，认为圯上老人是秦代的"隐君子"，因见张良才有余而度量不足，难成大事，于是故意折辱张良，使之能忍。后来张良又以此影响刘邦，刘邦也能"忍小忿而就大谋"，终于建立了汉王朝。全文紧扣"忍"字，正反论证，见解新颖，极富雄辩的力量。

练习与思考参考答案

一、简要评说本文的观点。

民间俗语说"退一步海阔天空"，又说"小不忍则乱大谋"。在政治实践和日常生活中，有时"忍"是一种政治谋略或生活哲学，如外交或军事上的"韬光养晦"、"以退为攻"，生活中因顾全大局而甘受委屈等。就一般意义而言，本文所阐述的"忍"对我们有一定的启示意义。就本文而言，作者推究楚、汉之争胜败结局的原由，将能忍与不能忍等个人气质看作导致两大集团或胜或败的决定性因素。事实上，楚、汉之争的最终结局是由错综复杂的主客观因素决定的，作者将刘邦的胜利和项羽的失败归结为能忍与否，并不全面。

二、本文在写法上是怎样紧扣"忍"字，极尽曲折变化之妙的？

参考课文提示。

跋李庄简公家书

陆　游

教学提示

1. **文体**。

"跋"是写在书籍或文章后面的一种文体，也称"后序"，用来说明写作原由、经过或发表评论。

2. **李光其人**。

　　李光在宋高宗时曾任参知政事，因不满秦桧的卖国行为，曾当面斥责，次年被罢职。以后一再被贬，放逐于边远地区，卒谥庄简。李光是陆游父亲陆宰的好友，所以陆游尊称其为"丈"。

3. **段落大意**。

　　第一段，总写李光蔑视权贵的气概。第二段，生动具体地描写李光的性格和节操。第三段，写李光的性格和节操至老不衰。结构布局上注意前后照应，如前面写李光"其英伟刚毅之气，使人兴起"，后面则用"虽徙海表，气不少衰"照应；前面记述李光"青鞋布袜行矣"的豪壮之语，后面再用作者回忆当年李光英伟的神情声态作照应。文章短小，但布局构思一丝不苟，既工巧又严谨。

练习与思考参考答案

一、本文可谓短小精悍，作者是怎样以极精练的语言和传神的描写表现人物英伟刚毅之气的？

　　语言描写如"闻赵相过岭，悲忧出涕；仆不然，谪命下，青鞋布袜行矣，岂能作儿女态耶"，神态刻画如"目如炬，声如钟"等，都能抓住人物英伟刚毅的性格特征。寥寥数语，一个具有爱国热诚和刚正不阿的英雄形象呼之欲出，令读者历久难忘。

项脊轩志

归有光

教学提示

1. **文体**。

　　志同"记"。本文为记叙文，并非一时写成。"余既为此志"以上为完整的一篇。归有光23岁娶魏氏，从"后五年，吾妻来归"一语看，"余既为此志"以上当写于作者18岁时；"余既为此志"以下是以后的补记。

2. 段落大意。

第一段写"居于此"的可喜可乐。行文分两层,先写百年老屋的小、破和阴暗,再写修葺后的明亮和幽静,感情以喜为主。第二段回忆与项脊轩有关联的往事,以思念亲人为重点,感情以悲为主。行文分三层,先写大家庭分家后的杂乱;次写思念慈母的悲哀;最后写对已故祖母的回忆和思念。第三段简叙杂事,庆幸项脊轩四遭火而不焚,感情以喜为主。第四段是作者的议论,既表达自我期许的志向,也表现自得其乐的心情。最后两段写夫妻婚后的恩爱和丧妻后的悲凉生活,前者为可喜,后者为可悲。

练习与思考参考答案

一、为什么说形散神聚是本文的结构特色?

本文所叙之事时间跨度长,而且人事纷繁,初读似觉散乱,实则形散而神聚。首先,文章以项脊轩环境的变化为经,是主干;与项脊轩有密切关系的人物事件为纬,是枝叶;全文主干与枝叶紧密相连,纵横交错,在结构上组成严密的整体。其次,作者思念三代亲人的感情如同一条红线,贯穿于全文始末,结构上具有形散神聚的鲜明特色。

二、分析末段以景结情的表达效果。

文章以"庭有枇杷树,吾妻死之年手植也,今已亭亭如盖矣"三句结尾,表达睹物思人、物在人亡的悲哀,语虽平淡,情却深挚,情寓景中,悱恻动人。具有曲终情在、余音袅袅的艺术效果。

三、分析本文的语言特色。

(1)以平凡语写平凡事。

(2)人物语言与人物的身份性格相符。例如,文中的母亲之语:"儿寒乎?欲食乎",母亲对幼儿的关切宛然如见;祖母之语:"吾儿,久不见若影,何竟日默默在此?大类女郎也"、"吾家读书久不效,儿之成,则可待乎"、"吾祖太常公宣德间执此以朝,他日汝当用之",一位对后代寄予深切期望的老祖母形象呼之欲出。又如,作者转述妻子诸小妹语:"闻姊家有阁子,且何谓阁子也?"小女孩的天真可爱如在目前。

(3)语短情长。本文写人记事往往三言两语,但情意深长,如文末"庭有枇杷树,吾妻死之年手植也,今已亭亭如盖矣"几句,就是语含深情的范例。

报刘一丈书

宗 臣

教学提示

1. **文体**。书信,记叙文。

2. **段落大意**。

   第一段,交代写作缘起,这是一封给师长的复信。第二段,特意引用刘一丈来信中对自己的赞语"上下相孚,才德称位"二句,"上下相孚"意谓上级下级相互信任,这是本文展开描写的核心。第三段,详写干谒者的奴颜婢膝、守门人的骄横无耻和权要的贪婪虚伪,段末反问,表明官场腐败之现状已到令人发指的地步,自己与之格格不入。第四段,表明自己逢年过节对权要避之不及,绝无奉承拍马之想。第五段,对刘一丈的怀才不遇表示劝慰。

练习与思考参考答案

一、本文的内容有何认识价值?

   本文揭露了明代官场腐败的现实。当时严嵩父子把持朝政,炙手可热,一些无耻之徒奔走钻营于严府门下,摇尾乞怜,丑态毕露。忠直之士遭弃,无耻之徒升迁,买官卖官的腐败风气盛行,作者对这种现象作了尖锐的揭露和讽刺。其实,这种现象在封建社会长期存在,因此本文所揭示的官场腐败现象具有典型意义,对于了解封建官场的弊端颇具认识价值。

二、文中的三个反面人物各有什么特征?

   干谒者奴颜婢膝,权要贪婪虚伪,守门人狐假虎威,三个反面人物各有特征。文章通过对三种人物画龙点睛的描写,从不同角度反映了当时官场的腐败与污浊,揭示了所谓"上下相孚"的真实内情和丑恶本质。

三、举例说明作者描绘人物形神兼备的特色。

  本文描绘人物绘声绘色，形神兼备。作者采用漫画式的夸张笔法，如写干谒者的拍马求宠，通过进门难、见面难和送礼难三个层次，充分展示其人格的低下和奴颜婢膝的丑态。再如写权要对于干谒者的求见，迟迟不予理睬，次日南面而坐，对于干谒者送上的贿金坚决不收，最后却"命吏纳之"，充分暴露其虚伪和贪婪的本质。守门人利用看门之权敲诈勒索，对干谒者声色俱厉，而当干谒者拍马成功，则作揖答礼，活画出前倨后恭、狐假虎威的小人之相。

西湖七月半

张 岱

教学提示

1. 段落大意。

  第一段，分别介绍七月半游湖看月的五类人，在描绘其看月情态时暗寓褒贬。第二段，描写二鼓以前杭州人看月的热闹场景，嘲讽俗人看月只是跟风应景，他们感受不到七月半夜游西湖赏月的高雅情趣。第三段，以欣赏的笔墨描绘真正看月者的高雅情趣，夜已深，月高悬，另四类人争相离去，此时文人雅士泛舟月下，相邀同坐，浅斟低唱，直至东方既白而游兴不减。

2. 五类人物和两种看月场景构成映照对比。

  文中高雅之士和另四类人、二鼓以前和二鼓以后的看月场景构成对比映照，作者的褒贬暗寓其中。作者在对比映照中透露出对清雅之士的欣赏，以及对另四类人的不屑。这里既流露出文人的孤高自赏和自得矜持，也再现了明代杭州各色人等七月半夜游西湖的生动场景。

练习与思考参考答案

一、二更前后看月的场景有何不同？这样描写表现了作者怎样的生活情趣？

二更前，杭州人争先恐后而来，听觉上"如沸如撼，如魇如呓，如聋如哑"，人声乐声混杂，到处喧闹嘈杂，西湖月夜的静谧荡然无存。视觉上"大船小船，一起凑岸，一无所见，止见篙击篙，舟触舟，肩摩肩，面看面而已"，唯见拥挤杂乱，看月人的赏月兴致同样荡然无存。二更后，各色人等兴尽而返，西湖恢复了平静，此时明月高悬，湖光山色如美人梳妆一新，清新可人。清雅之士于此时同坐赏月，即便东方将白，依然兴致不减，"酣睡于十里荷花之中，香气拍人，清梦甚惬"。以上两个截然不同的场景构成了对比，作者通过他眼中的俗人与雅士的两个世界，表达了自己崇尚清雅的生活情趣。

二、概括本文所写五种看月人的特点，分析其中的比照关系。

本文所写的五种看月人分别是：假冒风雅的官僚、无意风雅的富豪、刻意表现风雅而流露做作之态的所谓风雅之士、不懂风雅的市井好事之徒、无意标示风雅而真正风雅的文人雅士。前四种人与文人雅士构成对比映照关系。作者通过比照，意在区分雅俗，褒雅贬俗。

三、体会本篇文笔平淡自然、描写细致生动的特点。

本文描写细致生动，例如，"如沸如撼，如魇如呓，如聋如哑"，一连使用六个比喻，形容人声乐声混杂，喧闹刺耳；"大船小船，一起凑岸，一无所见，止见篙击篙，舟触舟，肩摩肩，面看面而已"，描写水中舟船争相靠岸、岸上游人肩摩踵接的杂乱景象，读来逼真如见。

游媚笔泉记

姚 鼐

> **教学提示**

1. 文中有关水的描写。

水是贯穿全文的线索。本文写游媚笔泉的所见所感，溪流和泉水是描写的重点之一。文章由龙溪开头，最后写到媚笔泉，中间穿插"积雨始霁"、"深潭"、"泉漫石上为圆池，乃引坠溪内"、"群泉"等有关水色波光的描写。文章由龙溪之水一路写到溪流源头媚笔泉，行文曲折有致，线索清晰。

2. 文中有关声响和动态的描写。

作者描写媚笔泉，既写了听觉感受，也写了视觉感受。前者如流水声、鸟鸣声、山风声等，或以声响衬托幽静，或以声响烘托竦然的氛围；后者如写石头的千姿百态，将静止的石头化为富于动感的形象，给人以栩栩欲活的生动之感。

> **练习与思考参考答案**

一、姚鼐论文有"阴阳刚柔"之说，你认为本文是否体现了阴阳相融、刚柔相兼的特点？

第二段描写沿溪流西行所见十余里如画美景。阳春三月，久雨初晴，溪流两岸的芳草佳木点染出层次丰富的美色，鸟鸣声和流水声交织成悦耳的美声，色彩明丽，富于诗情画意，具有阴柔妩媚的特点。接着描写奇石，景观则呈阳刚之美，而日暮时山风骤起，"肃振岩壁，榛莽、群泉、矶石交鸣"，色彩一变而暗淡，与上文所写明丽之景形成对照，体现了阴阳相融、刚柔相兼的特点。

二、作者是如何把笔下奇石写得栩栩欲活的?

　　以动态写静态,如"大石出潭中,若马浴起,振鬣宛首而顾其侣","连石若重楼,翼乎临于溪右",写潭中奇石或如骏马"浴起"于深潭,抖动鬃毛;或似楼阁屋檐上翘,似飞鸟展翅。这样的写法赋予静止的石头以生命,因此笔下奇石描绘得栩栩欲活。

三、体会本文语言雅洁清畅而富于声色的特点。

　　第一段写山势连绵,龙溪从山间曲折流出,第三段写由乐而崍,日暮而归,语言简洁明净;第二段描写沿溪流西行所见十余里如画美景,语言有声有色。姚鼐曾将文章的要素分为神、理、气、味、格、律、声、色八种,既强调文章内容,又注重文句雅洁而有声有色,声韵和谐而顿挫铿锵,本文语言即体现了这一特色。

第贰部分

【中文知识】教学参考

中国文化常识部分教学建议

（一）教学目的

本册"中国文化常识"由九个专题组成，包括中国传统物质文化中的服饰、饮食、建筑、园林，民俗文化中的节日，精神文化中的书法、绘画、戏曲、哲学。本册旨在通过九个专题的学习，使学生了解，有着几千年历史的文明古国，曾经创造了具有鲜明特色的民族文化；使学生认识，源远流长的中国文化在传承中不断推陈出新，至今仍呈现鲜活的面貌；使学生理解中国文化所反映的中国人的价值追求、精神旨趣、生活态度和审美情趣。

学生在学习中国语言文学的同时，掌握一定的中国文化常识，有助于在积累具体的中国文化知识的基础上，拓宽知识视野；学生在理解或赏析一种服装样式或饮食习俗、一处历史建筑或园林、一幅书法或绘画名作、一种学术观点或民俗节日的同时，可以真切感受到中国人的生活智慧，品味中国人的艺术情趣，理解中国文化的基本特点，从而有效提高中文素养。

（二）教学建议

1. 课外阅读与知识积累

"文化"是个十分宽泛的概念，广义的中国文化包括中国人在物质和精神领域创造的所有成果。本教材只安排了九个专题，显然不可能涵盖中国文化的方方面面。中国文化犹如浩瀚的大海，我们只是站在海边，舀起一勺海水，希望通过点滴水珠，映现大海的古老、深沉和辽阔。所以教师在教学中要注意激发和发现学生的学习兴趣，鼓励学生根据自己的学习兴趣扩大学习领域,深化学习内容。正如爱因斯坦所言:"兴趣是最好的老师,"文理相通,兴趣可以引导学生由点及面,在阅读面的拓展中深化学习内容。下面列举的是推荐学生课外拓展阅读的部分书目:

(1) "服饰文化专题":《中国古代服饰研究》(沈从文编著,上海书店出版社,1997)、《中国古代服饰史》(周锡保著,中国戏剧出版社,1984)。

(2) "饮食文化专题":《饮食与中国文化》(王仁湘著,人民出版社,1994)、《华夏饮食文化》(王学太著,中华书局,1993)。

(3) "建筑文化专题":《图说中国建筑史》(史建著,浙江教育出版社,2001)。

(4) "园林文化专题":《园韵》(陈从周著,上海文化出版社,1999)。

(5) "书法专题":《中国古代书法史》(朱仁夫著,北京大学出版社,1992)、《美学散步》(宗白华著,上海人民出版社,1981)。

(6) "绘画专题":《中国绘画》(杨振国编著,上海人民美术出版社,2001)、《图说中国绘画史》(崔庆忠著,浙江教育出版社,2001)、《美的历程》(李泽厚著,中国社会科学出版社,1984)。

(7) "戏曲专题":《图说中国戏曲史》(刘彦君著,浙江教育出版社,2001)。

(8) "节日专题":《中国古代节日风俗》(韩养民等著,陕西人民出版社,1987)、《岁时:传统中国民众的时间生活》(萧放著,中华书局,2002)。

(9) "哲学专题":(《论语译注》(杨伯峻,中华书局,1980)、《孟子译注》(杨伯峻,中华书局,1960)、《老子校释》(朱谦之,中华书局,1984)、《庄子集解》(郭庆藩,中华书局排印本,1961)。

教材是课程教学的基本用书,学生在学习中既应重视教材,又不能局限于教材。向学生布置一定量的课外阅读内容,要求在扩大阅读面的基础上撰写读书报告,是处理好知识点和知识面、课时有限和学习内容丰富以及知识积累和能力提高等各种关系的有效方式之一。整个教学过程要充分体现"以学生为主体,教师为主导"的原则,"学生为主体"是强调学生的自主阅读,"教师为主导"是强调教师在精讲要点的基础上引导和指导学生自主阅读。

2. 由点到面和由博返约

"常识"指的是普通的知识,"中国文化常识"的教学目的不是要求学生记忆和背诵多少个概念或名词,而是希望学生由点到面,由博返约,由表层到深层,能独立思考,能够揭示文化现象背后的文化含义,能够提炼传统文化的当代价值。因此教学中应强调在文化知识积累的基础上对中国文化有一定深度的认识和理解,在理解的基础上能够用准确的语言表述我们身边的文化"是什么"和"为什么"。点的深化基于面的拓展,将常识化为能力是培养翻译人才的基本要求之一。

例如，传统中国饮食讲究五味调和。五味之说源于中国哲学中的五行学说，五行说一方面用日常生活中习见的水、火、木、金、土这五种物质来说明各种物质的起源，一方面从口味的属性上将咸、苦、酸、辛、甘这"五味"与五行相对应。由于五行既相互联系又对立统一，因此，中国烹饪讲究五味要在差异中掌握适中的平衡，即对多样而丰富的物质加以增减调配，使其适中，平衡适中，其味必美。这类烹饪原理，渗透着浓郁的中国文化重和谐的色彩。又如，中国宴席是一种集体性的合欢活动，具有构建人际关系网络、传递及强化亲情和友情的功能。从古代朝堂祭祀的宴飨、农村民众的乡饮酒礼，到当今民间的喜庆节日，无不通过饮食合欢活动，来敦睦感情，维系和整合人际关系。中国宴席一般都采用聚食制的方式，尽管分食制更符合卫生要求，但聚食制的方式传承至今，其原因也在于"饮食所以合欢也"的观念已深入人心，认为聚食制更利于情感交流，卫生的考虑则退居其次了。从本质上说，饮食文化不是指个人在餐饮上做出的某种选择，而是指人们在饮食活动中连续重复的群体实践，它以共同的历史背景和民族文化为基础。

中国传统建筑就人文意蕴而言，不仅体现了世俗的理性精神，而且渗透着传统的伦理精神。以四合院为例，其后院与前院相通的门都位于中轴线上，坐北朝南的北房为正房，一般是三开间，供家长起居、会客。正房又称"堂屋"，具有类似古代明堂的功能。明堂是古代天子宣明政教的场所，凡朝会、祭祀、庆赏、选士、养老、教学等大典，均在明堂举行，后世帝王宫殿中所设的正殿或大殿即缘此而来。古代家庭中举行议事、祭祖、婚丧等礼仪活动，都安排在堂屋。正房的核心单位是中堂，一般都供奉有"天地君亲师"的条幅。显然，中国民居的堂屋融汇了尊长、敬老、崇祖、齐家、待友等伦理精神。正房的东西两侧是厢房，厢房用作书房或晚辈的居室。单位的"间"呈东西对称排列，家庭内部的辈分序列便在这不同单位下得到严格的体现。正房和厢房皆有檐下回廊，回廊和中心庭院类似现代公共建筑中的共享空间，它是各房成员亲近自然、融汇亲缘感情的场所。四合院的平实、方正、和谐、理性的布局，恰如其分地昭示了中国文化重伦理秩序及群体和谐的特点。

再如，作为笔墨艺术的中国书法和绘画，追求的是物我合一的意境创造。中国书法那仪态万方的章法布局，似"横看成岭侧成峰"；气脉贯穿的线条，似宇宙气化流行，生生不息。中国传统文化认为天下万物无不有生气贯于其中，古代书论认为笔势、字势、一行之势再到通篇之势，唯有内气贯通，才能真力弥满。线条流衍变化而形成的韵律节奏之美，与宇宙大化之生机运转是相通的。古代书家正是以线的结构、线的流动、线的意味来表现"心中的宇宙"，来传递自己对宇宙生命的体认。

中国绘画追求心物相融，形神兼备，师法自然，心物相契，创造人与自然和谐相通的艺术境界。古代艺术家的师法自然，要求通过对自然的仰观俯察，深切体悟自然宇宙生生不息的内在精神。所谓"心师造化"也就是以造化为师，然后进入构思与命笔，"搜尽奇峰打草稿"。所谓"迁想妙得"也就是在构思的过程中提炼对象的精神气质。在创作过程中，从凝神静思到点画用笔，要求始终"神与物游"，从自然之我出发，回到我的自然，这一过程是熔裁物我、再造一个"宇宙"的过程，这都反映了中国艺术对天人合一的追求以及注重写意的特点。

另如中国传统节日反映了中华民族长期来形成的对丰收富裕、健康长寿、吉庆平安、和谐和顺等的理想和追求，这些理想和追求具有人类普适性的价值。作为集体展示的具有浓郁中国特色的节日仪式和节日习俗，已经成为向世界展示中国文化的重要窗口，它彰显着中华民族的生活方式和精神追求，既反映了中国文化的悠久历史，也集中展示了中国的民间风情。例如春节已被世界许多国家视为中国文化的特有标志，中国年所反映的人与自然、人与社会和人与人和谐的中国精神也被越来越多的海外人士所认同。

3.　文化对比与深入理解

一般而言，翻译专业的学生对外国文化本有更多的接受和认识，并具备较开阔的国际视野和全球意识。讲授中国文化，应该有意识地训练学生进行跨文化比较和跨文化思考，培养学生中国文化国际传播的意识和能力；应该引导学生就某一文化事项进行中外对比，在文化对比中深化对具体知识点的理解和辨析；应该引导学生提炼中国文化的核心价值，思考在当下中国文化国际传播的背景下，我们应该"传播什么"和"怎样传播"。

例如，中国传统建筑崇尚中轴的理念和依恋大地的情结，使建筑布局处处体现出井井有条的秩序感和对称均齐的和谐性。与西方教堂等宗教性建筑相比，它淡化了缘自宗教信仰的神秘与突兀，更偏重于对尘世的依恋和冷静的理性。杜牧《阿房宫赋》云："蜀山兀，阿房出，覆压三百余里。""覆压"一词，传神地表达了中国传统建筑在视觉上给人们的强烈感受。西方以哥特式为主体的教堂类古典建筑，给人的视觉感受是对天空的向往和向天堂的飞升，巴黎圣母院、科隆大教堂等其屋顶似利剑直刺天空。中国传统建筑多为大屋顶，宽屋檐，大到故宫皇家建筑，小到地方民居，完全按照以主轴线为中心的左右分配原则，从而形成和谐的递进层次。它们"覆压"大地，给人的感觉是对大地的依恋和对尘世的难以割舍。

我们可以请学生在对比中西传统建筑的基础上思考下列问题：你认为中西传统建筑在外观上分别给人怎样的视觉印象？有哪些不同？它们分别反映了怎样的人文意蕴？其区别表现在哪些方面？如果请你向外国友人介绍北京的故宫，你有怎样的考虑和设计？

4. 当代意识与普世价值

学习中国传统文化，既旨在了解中国文化源远流长，更着重于由古及今进一步深入地认识中国文化的源流，以及当代中国文化鲜活的生命力。教师讲授中应处理好传统文化与现代文化的关系，引导学生以当代价值观辨析传统文化，将日常生活中的感悟与教材内容有机结合，在古今对比中理解中华民族的文化创造力和中国文化恒久的、普世的价值。下述两个基本点在讲授中可以提示学生予以关注：

其一、民族文化的发展，不能脱离在长期的共同地域、语言、心理等基础上所形成的民族创造精神，一部中国文化史，就是一部中国文化不断扬弃、更新和再生的历史。现代的中国文化植根于传统文化的深厚土壤中，在世界文化史中，中国文化历史悠久、绵延不绝而又不断推陈出新的现象，既令人瞩目，又是不可否认的历史事实。

其二、传统文化并非静止不变，传统文化一经形成，随着历史的发展和时代的变更，其形式和内容都会发生不同程度的变化。传统文化既有流动性的特征，同时又有恒常性的一面，即它的合理内核不可能随时代的发展而消解，而是随着历史的推移被融入到现代文化中，生生不息，并不断自我更新。传统与现代之间本无一条明显的分界线可寻，文化转型也决不意味着文化断裂。实现传统文化向现代文化的转型，必须对两者关系有一个辩证的认识。

中国文化常识部分
参考答案

服 饰

练习与思考参考答案

一、简述中国古代纺织业所取得的辉煌成就。

产生服饰文化的物质基础主要是织物，中国古代的麻织、丝织和棉纺织工艺都达到很高水平。

（1）麻织。中国早期的纺织材料除葛外，还有大麻和苎麻，外域称大麻为"汉麻"，称苎麻为"中国草"，可见早期中国人的创造力。

（2）丝织。中国是世界上最早发明养蚕、缫丝、织绸的国家。丝织工艺发展到明清已精美绝伦，杭州、嘉兴、湖州等地都以丝织品闻名天下。在品种繁多的丝织物中，宋式锦、云锦、织金缎、妆花缎等均为美轮美奂的精品。

（3）棉纺织。例如早在元代中期，中国人已发明了用水力带动的水转大纺车，其发明和应用，比英国人理查·阿克莱于1769年制作成功的水车纺机早了4个多世纪。上海松江乌泥泾的黄道婆是元代民间的纺织技术专家，她改进棉纺织工具和纺织技术，促进了棉纺织业的发展。明代以后，棉纺织业在长江三角洲、渭水平原、华南、华北和东北地区迅速发展，棉布也成为民间百姓服装的主要衣料。

二、以唐代服饰的创新求变为例，说明唐朝对多元文化的兼收并蓄。

盛唐女装款式适体而多样，穿着大胆而新潮，女性还喜着男装，着意展现英姿飒爽之美。唐代男装较多保留传统款式，但有局部变化，圆领袍和胡服是常见的男装。唐代服饰从一个侧面反映了大唐文化开放而大气的特点。

三、为什么说中国服饰至清初又出现一大变迁？

入清后中国服饰又出现变迁。成年男子的发式由梳发束髻变为剃发梳辫。男子服式为开衩长袍，下着长裤，衣袖狭窄，袖口装有箭袖。长袍外常套长不过腰、袖仅掩肘的马褂，款式分为对襟、大襟、缺襟多种。满族妇女穿本族旗袍，外罩马甲。旗袍是满族妇女的传统服装，制作精美，款式为高领、右衽、腕袖、开衩，具有端庄、稳重和雅致的风格。清代女性身着旗袍，头戴大拉翅冠，脚穿足跟部有高跟的花盆底鞋，给人以体态修长的美感。上述服饰与此前传统服饰有较明显的变化，所以说中国服饰至清代出现一大变迁。

四、何谓"五服"？为什么说五服制是中国礼文化的组成部分？

死者亲属为哀悼死者而穿戴的衣帽服饰称"丧服"，中国古代的丧服又称"五服"，指斩衰、齐衰、大功、小功、缌麻五种服制。五种服饰的区分依据，是亲属与死者在血缘关系上的亲疏远近。丧礼是古代礼制文化的重要组成部分，"五服"是丧礼规定的服制，因此它是中国古代礼文化在服饰上的体现。

饮 食

练习与思考参考答案

一、美食家认为中国的美食大体应具备哪些要素？

在美食家的视野中，中国饮食之美首先是色、香、味、形的完美统一；其次美食还要有美的菜名、美的器皿，并伴之以美乐和美的环境，从而给人带来整体的美感。

二、何谓四大菜系，它们各有什么特点？

(1) 鲁菜。鲁菜是山东菜系的简称。鲁菜选料考究，鲁国的孔子曾说："食不厌精，脍不厌细"，清、脆、嫩、鲜、醇是鲁菜的特色。

(2) 川菜。四川自古有"天府之国"的美称，物产丰富。宋代以后其菜肴已自成特色，至清代形成"百菜百味"的风格。川菜取材广博，调味考究，烹饪技法以小煎、小炒、干烧、干煸为特色，或急火速成，或微火慢烹，自然收汁，将咸、麻、辣、酸、鲜、香融汇在一起。

(3) 粤菜。粤菜又称广东菜，它以地方特色为基础，兼容南北中外食法。粤菜选料繁多而奇特，水产海鲜、家养禽畜、野生鸟兽蛇虫均可入馔。烹制方法博采众长，炒、扒、焖、烩、炖、焗、煲等不一而足，以清、爽、鲜、淡、香为风味特色。

(4) 苏扬菜。选料讲究鲜活，食料的季节特征明显。调味讲究保持本味，追求清淡而鲜嫩，爽口而味醇。又讲究刀工、配色和造型，烹制精巧。

三、为什么说中国茶文化中包含有丰富的人文意蕴？

中国是茶叶的故乡，茶是中国人最喜欢的饮品，是中国人"开门七件事"之一。民间有客来敬茶的习俗，以茶待客，茶表敬意。古代称订婚为"受茶"，称结婚为"吃茶"，称订婚的定金为"茶金"，称彩礼为"茶礼"，把茶视为纯洁、忠贞和婚姻恒久牢固的象征。文人与茶更结下不解之缘，在饮茶中感受心清神畅，品位诗意人生。中国人把饮茶当作一门艺术，中国茶道讲究"四观"，观茶叶的色、香、味、形，讲究茶要新，水要活，茶具要雅致，冲泡应考究。

四、中国饮食文化与养生文化关系密切，举例说明这一具有中国民族特色的文化现象。

(1) 中国人不仅把食物作为充饥的物品，还把它作为治病防疾、延年益寿的良药。饮食疗法是中国医学最早的治疗方法。

(2) 食疗主张因人制宜，辩证施食，从而收到治疗或健身的功效；主张因时制宜，根据时令和水土的不同，选择有利于养生的食物。

(3) 饮食有节是古代养生家总结的经验之一，"节"指的是节制、节度，要求饮食的种类合理搭配，不可偏嗜。

建 筑

练习与思考参考答案

一、为什么说中国古建筑的特征在西周已具雏形？试举例说明。

公元前21世纪到秦统一中国前，这时期的先民不仅创造了灿烂的青铜器文化，也进行了大规模的都城、宫室、宗庙、陵墓等土木工程的营建。中国古建筑的特征至少在西周已具雏形。《考工记》所记述的都城布局理论对以后各朝的都城规划产生过重要影响；高台榭的宫殿营造法，对后世的宫殿营造影响很大；四合院的住宅布局以规整的单体围合，组织成整体的建筑组群，平面组合崇尚中轴和讲究均衡对称是中国传统建筑文化的重要特征，这一特征至少在周代已经基本成形。

二、为什么说中国的塔具有本民族的鲜明特点？

塔起源于印度的窣堵坡，其原意是坟墓，为藏置佛的舍利和遗物而建，是僧侣礼拜的对象。塔传到中国后经中国化而体现出鲜明的民族特点。其一，建筑材料多样，有木塔，也有砖石塔。其二，造型多样，有圆塔、方塔、六角形塔、八角形塔等等。其三，中国塔都是多层或高层建筑，可登高凭栏远眺。

三、为什么说明清建筑代表了中国古典建筑文化的顶峰？

（1）北京城是明清两朝的帝都，城市布局之严谨周密、宫殿建筑之雄伟壮丽，均代表了中国古典建筑的杰出成就。规划设计完全按照以宫殿为主体、中轴对称的传统原则，重要建筑布列于长约7.8公里的中轴线上，井然有序又起伏跌宕，纵横开阔中尽显空间与建筑的变化之妙。

（2）紫禁城是世界上现存规模最大、保存最完整的古代宫殿建筑群。中国宫殿建筑从秦汉之雄浑粗放、唐宋之伟岸典雅，发展到明清，其整体设计、工程技术和艺术效果都达到古典的顶峰。

（3）明清是中国园林的辉煌期，北方的皇家园林和江南的私家园林，其造园手法和艺术格调均集前代之大成。

（4）坛庙是中国传统的祭祀建筑，主要有天坛、社稷坛、太庙三种。

这类建筑始自上古，浓缩着东方农业大国重农、隆礼、敬神等文化精髓。北京天坛是中国传统祭祀建筑的杰作。

(5) 明清的传统民居地方特色鲜明，如北京的四合院、皖南的徽州民居、岭南的客家土楼、方正简洁的浙江东阳民居、讲究通透的四川民居和依水傍桥的江南亲水民居等，使明清各地域民居呈现多姿多彩的建筑文化景观。

四、举例说明中国传统建筑崇尚中轴的布局理念。

例如，北京城是15至16世纪世界上最大的城市之一，全城由外城、内城、皇城和宫城4部分组成，总面积达60余平方公里。规划设计完全按照以宫殿为主体、中轴对称的传统原则。许多重要建筑布列于长约7.8公里的中轴线上。以紫禁城为中心，以景山为制高点，由南至北，永定门、正阳门、中华门、天安门、紫禁城、景山、地安门、后门桥、鼓楼、钟楼相次矗立，构成了北京城的脊梁。它的两边，左安门对右安门、广渠门对广安门、东便门对西便门、崇文门对宣武门、朝阳门对阜成门、东直门对西直门、安定门对德胜门，均讲究对称和均衡。皇城左为太庙，右为社稷坛，内城外南设天坛，北造地坛，东筑日坛，西建月坛。整条中轴线犹如宏伟乐章中的主旋律，井然有序又起伏跌宕，纵横开阔中尽显空间与建筑的变化之妙。

五、以四合院布局为例，简述中国传统建筑中包含的人文意蕴。

就人文意蕴而言，中国传统建筑不仅体现了世俗的理性精神，而且渗透着传统的伦理精神。以四合院为例，其后院与前院相通的门都位于中轴线上，坐北朝南的北房为正房，一般是三开间，供家长起居、会客。正房又称"堂屋"，古代家庭中举行议事、祭祖、婚丧等礼仪活动，都安排在堂屋。正房的核心单位是中堂，一般都供奉有"天地君亲师"的条幅。显然，中国民居的堂屋融汇了尊长、敬老、崇祖、齐家、待友等伦理精神。正房的东西两侧是厢房，厢房用作书房或晚辈的居室。单位的"间"呈东西对称排列，家庭内部的辈分及男尊女卑的等级序列便在这不同单位下得到严格的体现。正房和厢房皆有檐下回廊，回廊和中心庭院类似现代公共建筑中的共享空间，它是各房成员亲近自然、融汇亲缘感情的场所。四合院的平实、方正、和谐、理性的布局，反映了中国文化重伦理秩序及群体和谐的特点。

园 林

练习与思考参考答案

一、为什么说明清园林代表了中国园林的最高成就？

明清是中国园林的辉煌期，北方的皇家园林和江南的私家园林，其造园手法和艺术格调均集前代之大成。规模宏大的皇家园林有北京的圆明园、颐和园和河北承德的避暑山庄。如其中圆明园称为"万园之园"，总面积347公顷，圆明、长春、绮春三园呈倒品字形布局。园中山势纵横，湖湾迂回，这里汇萃着江南园林精华、西洋古典楼景，在中国园林史上，堪称空前绝后的旷世杰构。私家园林的建造空前繁盛，江南地区名园荟萃，布局、设计和造园手法丰富精巧。园中室内诸如字画、工艺品和家具等陈设也有很高的品位，中国古典城市园林的细微主义被演绎得淋漓尽致。

二、结合你曾观赏过的园林，试述中国园林的美学特征。

(1) 曲折含蓄之美。中国园林追求曲折含蓄、变化有致的美学品格，尤忌园内景观整齐划一，一览无余。造园手法上善于通过迂回曲折、山水相间的空间序列布局，使园中楼阁掩映，山石错落，曲水逶迤，竹木婆娑。为使重点空间欲露先藏，善于用花木、围墙、假山、漏窗等略阻视线，营造曲径通幽、柳暗花明又一村的意趣。在细部营构上山求奇，水求曲，廊求回，路求幽。

(2) 疏密相间之美。景点布设上通常采用疏密相间的手法，移步换景，张弛有度，景色连绵不断，但和谐中有变奏，流畅中有间歇。空间布置上分主次，讲节奏，重层次，主景密而次景疏，主景与主景之间巧用曲径、曲桥、曲廊连接，使疏密相间，节奏起伏有致，游人徜徉其中，移步换形，景随行异，欣赏节奏有张有弛，始终保持着悠闲的情绪。

(3) 天趣盎然之美。中国园林崇尚"虽由人作，宛自天开"，在自然与人文的关系上讲求"天开"与"人作"的完美融合，人工建筑与自然环境统一成和谐之妙，从而达到再造和浓缩自然美的境界。

(4)诗情画意之美。中国园林既有画的意趣，又满蕴诗的情韵，诗情与画意交融，合构成深邃的意境。园林不仅可览可赏，融入了审美情趣和空间意识，而且可品可思，寄托了精神意趣和人生理想。园林作为物质功能和精神功能兼具的统一体，其意境的特征在于写意化的自然美和诗画一般的空灵美，它使置身其间的人们，获得生命情调的心灵感悟和直觉体味。

书 法

练习与思考参考答案

一、阐述汉字字体的演变过程。

(1)商代甲骨文笔锋雄劲古拙，字形结构疏朗错综，已具有书法意趣。

(2)商代金文用笔方正，粗细划一，周代金文肥笔已很少出现，不露或很少露锋，均匀圆润，规整完满。甲骨文和金文初步具备用笔、结构和章法这三个书法要素。

(3)秦小篆字形长方，线条圆转，结构均衡匀称，用笔瘦劲俊逸。两汉以后篆书的实用功能逐渐丧失，但在艺术和装饰领域仍然代不绝书，如印章上使用的字体大多选用篆书。

(4)隶书变小篆线条的圆转为方折，突破线条结构，改变结字原则，出现了不同的点画用笔，书写时提按轻重讲究变化，为草书与楷书的出现奠定了基础。隶书书写简易疾速，笔法藏锋起笔，厚重而富有内劲；字形多呈方正，结体庄重，点画均匀，舒展大度。

(5)西汉时为书写快捷，隶书结体变为简约，笔画牵带钩连，字与字相对独立，成为草书的最初形态——"章草"。东汉末年在章草的基础上发展出"今草"，字与字之间笔势相连，奔放而富于变化，草书特有的审美意趣和艺术风格开始形成。

(6)东汉至魏晋在隶书和章草的基础上孕育形成了楷书，楷书比汉隶少波磔，形体方正，笔画平整，便于书写，因书写规范、便于辨认而流行应用，至唐代已完全成熟。在楷书的基础上，人们又简化点面，吸收草书的连绵笔势，形成了行书。

二、中国书法在字体类型上可分为哪几个大类？

中国书法在字体类型上分为篆、隶、楷、草、行五类，这些字体在汉代已大体具备，为魏晋以后书法艺术各书体日趋成熟与完美奠定了基础。

三、简述晋代书法的成就。

魏晋是书法史上承上启下的重要时期，篆、隶、楷、行、草诸体渐臻完善。书法家们探索书法的体势、结体和章法之美，自觉追求笔意和笔韵，注重以形写神，通过优美的线条，表现自己对美的理解和对自然的体察和赏悟。晋代是书法史上的黄金时代，代表人物有王羲之、王献之父子及钟繇。王氏父子对于促进楷书、行书、草书的成熟和发展有重要贡献，王羲之的《兰亭序》被誉为"天下第一行书"，灵动流畅，线形多变，运笔提按处有顿挫，有轻重，骨力内蕴，圆润挺秀。王献之擅长行书与草书，传世的行草书《鸭头丸帖》笔致纵放，往往数字一笔通贯，气势酣畅，姿态横生，具有动态之美。

四、唐代有哪些书法名家？其成就如何？

唐代是书法艺术的高峰。欧阳询、虞世南、褚遂良都是初唐书法名家。欧阳询书法世称"欧体"，《九成宫醴泉铭》标志着楷书入唐后已完全成熟。颜真卿的楷书刚健雄厚，大气磅礴，布局紧密，端庄稳重，最能反映大唐文化生气勃勃、厚重稳实的精神风貌。孙过庭、张旭、怀素长于草书，挥毫落纸自由率意，不为法度所拘。孙过庭的草书《书谱》笔势放纵不羁，摇曳多姿。张旭的草书纵逸奔放，用笔刚柔变化，字形跌宕多姿，纯以主观情感和意向为引导来游动笔势、结构点画和变换轻重缓疾的节奏。怀素的狂草《自叙帖》共700多字的篇幅，写来笔无停滞，最能体现其艺术才情和个性。

绘 画

练习与思考参考答案

一、魏晋南北朝时期的绘画创作和绘画理论取得了哪些成就?

在绘画创作领域，魏晋南北朝时流行便于展玩的卷轴画，绘画成为独立的艺术门类。其创作成就表现为：第一，随着人的觉醒和文艺的自觉，绘画中宗教神学色彩淡化，人性色彩日渐突出，人物画臻于成熟。第二，山水画和花鸟画进入萌芽发展阶段。第三，墓室壁画和石窟壁画创作繁荣。

在绘画理论领域，顾恺之提出人物画重在"传神写照"，"以形写神"，山水画贵在"迁想妙得"；宗炳撰有第一部山水画理论文献《画山水序》，提出山水画创作的"畅神"理论；谢赫提出气韵生动、骨法用笔、应物象形、随类赋彩、经营位置、传移模写等六法论。

二、举例说明唐代人物画的成就。

唐代人物画创作繁荣，阎立本有《步辇图》《历代帝王图》、孙位有《高逸图》等。吴道子的画线条转折顿挫，有"吴带当风"之誉。张萱和周昉以仕女画著称，张萱有《虢国夫人游春图》《捣练图》、周昉有《纨扇仕女图》《簪花仕女图》等。五代时周文矩、顾闳中的人物画多以贵族生活为题材，顾闳中《韩熙载夜宴图》是名垂画史的鸿篇巨制。

三、简述宋代的山水画、花鸟画在中国绘画史上的地位。

（1）在山水画方面，宋代水墨山水和青绿山水画都有长足发展。李成长于"平远法"，用如烟的淡墨创造空濛缥缈的意境，咫尺间有千里之势；范宽善用雨点皴，笔墨浓重，精微出于雄健。郭熙有《早春图》，并有画论《林泉高致》，总结了山水画"三远"构图法。米芾、米友仁父子创立"米点山水"画派，以墨点形成墨韵迷离的效果，传达江南烟雨迷濛的景致，米友仁有《潇湘奇观图》。刘松年、李唐、马远、夏圭被称为"南宋四家"，李唐《清溪渔隐图》采用截景式构图和大斧劈皴的画法，代表了南宋山水画的新画风。

(2) 在花鸟画方面，宋代花鸟画鼎盛，注重借花鸟传递人的精神情感和生命力量。赵昌、易元吉、崔白等长于写生花鸟。宋徽宗赵佶是宫廷画院的领袖，花鸟画既有设色浓艳、富丽精工的绚烂之美，如《瑞鹤图》、《杏花鹦鹉图》、《芙蓉锦鸡图》等；又有水墨写意、朴素纯洁的平淡之美，如《柳鸦芦雁图》等。画史上称宫廷专职画家的作品为"院体画"，并称当时的院体画画风为"宣和体"，该体派讲究工细规整，鲜艳富丽，形神兼备，对后世工笔花鸟画影响深远。文人画家中，文同善画墨竹，苏轼喜画枯木竹石，郑思肖有《墨兰图》传世。

四、中国绘画在艺术上有哪些主要特点？任选一个角度作简要分析。

(1) 师法自然，心物相契。古代优秀画家致力于创造人与自然和谐相通的艺术境界，善于通过对自然的仰观俯察，深切体悟自然宇宙生生不息的内在精神，将自己的精神意趣融入笔下形象，如郑燮善画兰、竹、石，尤精墨竹。其画多用墨笔，重在表现景物的清、劲、瘦、节。画面主体突出，竹虽几株，兰仅几丛，但风骨独标，神情逼肖，既是自然造化的艺术再现，也是思想与人品的写照。

(2) 超越形似，以形写神。中国画在艺术上努力表现山水、草木、人物的神采及其内在生命精神，主张超越形似，以形写神，形神兼备。如朱耷是水墨写意花鸟画的巨匠，所画怪石、花草、虬松及虫鱼禽鸟，造型怪诞夸张，笔法雄健，墨色淋漓。如代表作《荷石水禽图》，画中两只水鸭单足而立，一仰头，一缩颈，皆白眼向人，活现出对俗世不屑一顾的孤傲神气。

戏 曲

练习与思考参考答案

一、为什么说中国戏曲是一种综合性艺术？

中国戏曲与西方歌剧不同，中国戏曲集演唱、对白、音乐、舞蹈、武打等多种表演形式于一身，所以说，中国戏曲是一种综合性艺术。

二、中国戏曲的四大声腔系统是什么？京剧和昆曲分别属于哪个声腔？

(1) 明代声腔剧种繁荣，最著名的有昆山腔、弋阳腔、余姚腔和海盐腔，合称"明代四大声腔"。其中的弋阳腔和昆山腔分别发展为高腔和昆腔，昆曲即由"昆腔"发展而来。

(2) 清代中后期，明代四大声腔相互影响，并吸收民间曲调，形成中国戏曲的四大声腔系统，它们是高腔、昆腔、梆子腔和皮黄腔，京剧声腔属"皮黄声腔"系统。

三、中国戏曲的角色行当是什么？

中国戏曲表演有"生"、"旦"、"净"、"丑"四种角色类别，它们叫做四大"行当"。"生行"是戏曲中的男性形象，"旦行"是女性形象，"净行"是指面部勾画脸谱的男性形象，"丑行"是滑稽幽默或相貌丑陋的人物。

四、举例说明中国戏曲虚拟化和程式化的艺术特点。

(1) 虚拟化。虚拟也可称为"写意"，与写实不同，主要是指虚拟化的时空环境。中国戏曲的传统舞台特点是简约，它不同于西方传入的话剧，舞台上可以只有一张桌子和两把椅子，甚至就是空旷的舞台。观众对剧情发生的时间和地点的了解，不是借助舞台布景，而是通过演员的"唱"和"念"，观众可以调动自己的想象和联想去了解剧中的时空境界。例如，表演中地点的变化往往通过演员的"走圆场"来表现，演员在舞台上走半个、一个或多个圆，表示从某地到某地，甚至是十万大军的千里行军，众将士在曲牌的演奏中围着主帅转一圈就表示到达了目的地。

(2) 程式化。程式化是指中国戏曲的"做"和"打"都有严格的表演程式。比如，开门关门、上楼下楼、上船下船、上马下马等，在长期的表演实践中形成了规定动作。如《三岔口》表现两个英雄在黑夜搏斗，环境是虚拟的，但表现人物内心高度紧张和轻手轻脚的动作是真实的，这些动作都有规定的程式。除舞台动作外，演员的装束和道具如蟒袍、长靠、帽翅、靠旗、翎子、水发、水袖、长胡子、厚底靴、兰花手以及各种武器等，在长期的演出中都凝固为程式化。可以说，程式与中国戏曲的历史一样悠久，它已成为中国戏曲特有的艺术美。

节 日

练习与思考参考答案

一、简述中国传统节日的产生与岁时历法、原始崇拜的关系。

(1) 中国的传统节日大都以中国的传统历法为时间节点，古代岁时历法是中国传统节日产生的前提。例如，正月初一的确定是春节形成的基础，清明节与清明节气有着渊源关系，八月十五和九月初九是中秋和重阳的时间节点，端午的起源或认为与夏至有密切关系，那么夏至的确定就为端午的产生提供了条件。

(2) 根据考古发现和文献记载，中国早在远古时期就已流行自然崇拜、鬼魂崇拜、图腾崇拜和生殖崇拜等原始宗教形式。自然崇拜的对象涉及天地日月星辰等，先民祭祀天地的习俗，后来就演变为社日的节日习俗；祭月的习俗演变为中秋拜月的节日习俗；星辰崇拜演变为七夕拜星和乞巧等节日风俗。鬼魂崇拜催生出古代禁忌和鬼神迷信，并形成三月上巳日水边招魂、洗濯去秽、辟邪防疫等节日习俗。祖先崇拜直接促成寒食、清明节通过扫墓以祭奠祖先的风俗。综上所述，原始崇拜与中国传统节日的产生有着密切的关系。

二、以某一中国传统节日为例，简述流行于该节日的民间习俗及其所包含的民众理想。

例如，丰富的春节活动围绕着岁前驱邪除秽和岁后迎新纳福这两大节日活动，其中贯穿着两大浓郁的民族感情和民众愿望：一是浓烈的亲情和友情。祭祖宗和向亲人朋友拜年，表达的是对祖先的怀念和对伦理人情的珍视；祭灶神、挂春联和放鞭炮，表达的是驱邪迎福的愿望和对天地的感恩。亲情、和谐、吉祥是每逢春节中国人心中难以割舍的情结。火红、热闹、喜庆、吉祥是春节特有的节日氛围，大红的春联、震耳的爆竹、吉庆的年画、腾越的舞龙，烘托出盎然的春意。春节团团圆圆是每个中国人最大的节日愿望，"有钱没钱，回家过年"、"一年不赶，赶三十晚"等俗语，折射出春节所负载的厚重的民族感情。

三、2007年，国家法定节假日调整方案的出台曾引起广大民众的关切和热议。你认为我国对节假日制度作出调整有何现实意义？

　　传统节日是民族文化的重要载体，也是彰显民族文化的重要载体。2007年，国家出台了法定节假日调整方案。自2008年起，三大传统节日清明、端午和中秋正式成为国家的法定节日，这是中国历史上划时代的大事。其意义不仅在于民族文化的传承，还在于国民能够在节假日开展各类节日活动，丰富多彩的节日活动承载的是民族文化精神，彰显的是民众的共同愿望。

中国古代哲学

练习与思考参考答案

一、儒家学说是否具有当代价值？请说明肯定或否定的理由。

　　儒家思想中的合理成分在当代世界仍具有现实的价值意义。首先是人本思想。孔子倡导"泛爱众"，孟子主张"民贵君轻"，肯定人的生存价值和意义，认为个人不仅要加强自身的修养，而且要推己及人，关怀群体，关怀天地万物。其次是入世精神。忧国忧民，自强不息，体现了一种强烈的社会责任感。第三是重视道德价值。崇德贵民、孝悌和亲、文质彬彬等儒家道德观，对于新道德体系的构建具有重要价值。

二、中国的和谐文化追求人与人、人与社会、人与自然以及人的身心内外的和谐，试列举儒、道两家相关论点，对此作简要阐述。

　　（1）"天人合一"是儒、道两家都倡导的思想，它强调人与自然要和谐相处，认为人与自然不是截然分离的对立物，人的存在与自然的存在是互为包含的。

　　（2）儒家以"中庸"为最高的价值原则。中庸亦即标准的掌握要适中。中庸或中和并非折中，而是注重事物发展过程中内在的和谐与平衡，有其原则与标准，此即万事万物固有的规律，以及基于这个规律之上的人类社会的和谐秩序。可见，中庸要求坚持一定的标准，这个标准就是万事万物固有的规律,以及基于这个规律之上的人与人、人与社会以及人与自然的和谐秩序。

(3)《老子》第25章说:"域中有四大,而人居其一焉。人法地,地法天,天法道,道法自然。"道家初步认识到宇宙运行有其自身规律,主张人类活动应遵循自然原则,与自然和谐相处。

三、你认为儒学发展到两汉,是否有被神学化的倾向?

董仲舒是两汉经学的代表人物,也是汉朝官方哲学的奠基人,其思想学说代表了汉代儒学神学化的特点。关于王权政治与天命信仰,董仲舒提出了"天人合一"论,认为"天"是宇宙的绝对主宰,"天"有意志和目的、情感和欲望,物质世界同类相应相动,并由"同类相动"推导出"天人同类",由"天人同类"推导出"天人感应"。这都表明,先秦儒学发展到两汉,已出现被神学化的倾向。

四、宋明理学为什么被称为"新儒学"?它对传统儒学有哪些新的发展?

(1)宋明理学吸收佛、道的思想资源和思辨方法,使"三教合流",发展了传统儒学,构建起儒学本体论学说,体现出不同于传统儒学的新面貌,所以称为"新儒学"。

(2)宋明理学对传统儒学的发展表现为通过对三教思想的扬弃,从最高本体性层面确认了传统礼治秩序的合理性。

(3)宋明理学在哲学思辨方面,以精巧的思辨和缜密的论证,构建起以"理"、"心"为轴心,包容多种哲学范畴的逻辑结构体系,思维水平超越前代。

(4)宋明理学在伦理学方面,将传统儒学内圣与外王并重的经世构想,转向以内圣为主,修身养性,使之更具道德理想主义色彩。

(5)宋明理学在伦理与政治的实践层面,将"止观"、"定慧"等宗教修炼方式内化入"主敬"、"立诚"等伦理实践,建构起中国政教合一的统治系统。其"存天理,灭人欲"等说教,强调个人的义务而抹杀了个人权利;"一分为二"、"合二为一"的辩证思维,"涵养德性、变化气质"的精神追求,以及"民胞物与"、"知行合一"等思想,具有一定的合理因素。

五、为什么说缘起论是佛教最基本的世界观？其主要观点有哪些？

缘起论是佛教最基本的世界观。"缘起"即"诸法由因缘而起"，其主要观点为：世界上的一切事物和现象都是互为条件、互为因果、相互依存的。因和缘就是关系和条件，离开了因和缘，就不可能有任何事物和现象的存在。世界是变化的，此即"无常"；变化是有条件的，此即"缘起"；因缘聚则物在，因缘散则物灭，一切都是无常的，因此任何存在都是空幻不实的，真正不变的只有佛性。

六、"禅宗"的主要理论是什么？为什么说禅宗的创立标志着佛教的中国化？

(1) 禅宗是中国创立的佛教宗派之一，是佛教中国化的典型，故禅宗又被称为"中国禅"。禅宗的创建是中国佛教史上带有根本性的变革，繁琐的佛教修行经改造而简便易行。禅宗讲顿悟成佛，秉承了中国传统的注重直觉与顿悟的思维方式；讲人人都有佛性，人人都能成佛，与中国儒学"人皆可以为尧舜"的人性论学说相契合；禅宗破除了偶像和佛经的权威，混同了出世间与世俗间的界限，在一定程度上消解了佛教的神圣性，这些都是中国佛教能够与本土的儒学与道教在相互排斥的同时又相互吸收的内因之一。

(2) 禅是"禅那"的简称，汉译为"静虑"，意思是静中思虑，一般叫"禅定"。其理论主要有四：

1) 主张人人皆有佛性，求佛不假外求，而应直指心性，即到自己内心去找，"即心即佛"，"见性成佛"。

2) 主张顿修顿悟，认为佛性本有，心性本净，无须渐修渐悟，只要顿悟本性，即可"立地成佛"。

3) 提倡不诵经义、不习禅定的简易修持方法，摆脱经典教条和繁琐仪式的束缚，不重偶像崇拜，而尚单传心印，要求个人专注在一法境上一心参究，以期证悟本自心性，这叫"参禅"。

4) 主张即事修行，修行无须出家，"若欲修行，在家亦得，不由在寺"，所谓"悟在刹那间"、"悟在担水砍柴间"。

第叁部分

【语言实践】教学参考

文学写作部分教学建议

(一) 文学写作培养的还是语言的表达能力

这是我们讲授文学写作部分首先要给学生讲清的问题。

讲到文学写作，我们的同学一般会有两种反应：一部分人会感到很兴奋，他们对文学有兴趣，喜爱文学，也有一定的写作基础，想尝试搞搞创作，写自己喜欢的东西；另一部分人会感到为难，他们觉得文学离他们较远，文学写作与他们的翻译专业关系不大，对他们今后的工作和学习帮助也不大。

这些同学的看法都有一定的道理：文学作品有独特的审美价值，它的创作需要作者有特别的兴趣爱好、基础与愿望；文学写作与社会实用的确有一定的距离。

但这两种看法也都有一定的偏颇。因为我们这里的文学写作基本立足于语言实践，也就是说，不是为了培养作家，那是具有特殊天赋与才华的极少部分同学有可能实现的理想，而大学是难以真正培养作家的。我们如果将文学写作也跟一般写作一样，看作是文化人格培养的一部分，那么文学写作的意义就不同一般，也就成为大学生踏入社会必须具备的基本能力与素养了。

因此，我们在"语言实践"部分增设文学写作的内容，其根本的用意，除了从宏观上说的培养文化人格外，主要还是为了提高学生的语言表达能力，因为文学涉及的创新意识、形象思维、修辞手法、情感传递、意蕴意趣等等，都会有助于各类文字表达。

这里提供与我们的情况有点相似的美国电影学专业的信息：

四年多前西方主流报纸《纽约时报》发表文章《电影学位变成新

的工商硕士学位了吗？》介绍，……美国大学的电影院系一直在持续增长，当时已经有600多个——其中最好的是纽约大学、洛杉矶加州大学和南加州大学的电影学院，好莱坞许多大牌导演都毕业于此。这么多大学每年培养成千上万的电影专业毕业生，显然大大超过了传统电影行业所能提供的职位。根据美国劳动统计局的数字，这个电影的超级大国总共也只有10050个电影制片人和导演的工作，也就是说，最好的年景，每年也只有几百个新的职位。那么，大多数学了电影但又不能从事电影专业工作的大学生都去干什么了呢？

文章介绍的第一个这样的电影专业毕业生瑞克·赫布斯特在耶鲁大学上法学院，这并不是因为在好莱坞找不到工作，不得已做出的决定。他上大学学电影时，根本就没打算日后去当职业导演。他认为，电影专业其实是学习、研究社会权力结构的领域，从中可以学习如何运用屏幕形象来影响别人。他说，"拥有社会权力和声望的人能够运用电影和媒体形象，加强他们的权力；而我们要用电影为社会中那些被边缘化的失语人群争取权力。"他相信，电影最重要的本质在于它的集群性，拥有影响广大人群的独特力量，希望将来能用电影技能，从事公共政策工作，因此要把电影专业和法学院的教育结合起来。

南加州大学的电影学院成立于1929年，是全世界最老的大学电影学院，除培养专业电影艺术家外，还为这所综合性大学的全体学生提供服务。全校16500名学生中，有一半人选过至少一门影视课程——大多是实用性课程。全校有60多门课程要求学生在学期论文中须含有视像、音效或网络成分，但电影学院院长伊丽莎白·戴利认为，这还远远不够，希望学校要求所有学生都把多媒体课程作为必修课，因为影视技能的价值实在太大了，决不能把它局限在圈内人士手中，它应该属于所有人；就是在电影学院注册的专业学生，大多也是把影视技能作为一种可以在全社会普遍适用的"基本能力"。

不仅戴利，越来越多的人都意识到，各行各业都离不开现场表演，也都离不开电影剪辑技巧。会议上，进行汇报、评估时，都要放PPT，这是最起码的技能。但在中国，会议PPT的内容多半是文字，辅以图表和照片；而在发达国家，这种技能往往要更进一步，除照片外，还要拍片子、剪辑。不论大学、公司、政府机构，各行各业为了政治、公关、营销等目的，都需要这一技能。这并不意味着让大家都去拍故事片——相比之下，故事片的市场并不太大，电视纪录片的市场也不会很大。需求量最大的工作是，将各种现场表演拍摄下来，再加以剪辑、制作，成为"行业电影"（trade film）。

(孙惠柱《人类表演学与影视的发展》，《文汇报》2010年7月5日。)

这里的"电影"，我们几乎都可以换成"文学"来解读，因此，文学写作技能也同样是"价值实在太大了,决不能把它局限在圈内人士手中,它应该属于所有人","作为一种可以在全社会普遍适用的'基本能力'"。在我国,即便是中文系学生,接触与学习了那么多的文学作品,以后真正从事文学创作的也只是极少数,大部分同学是将文学的写作方式融入到社会其他的文字工作之中。有了这样的认识,我们也就能避免上面谈到的那两种对文学写作的片面理解了。

(二) 文学写作的体裁和范畴不局限于散文和文学评论

　　文学体裁丰富多样,除通常所说的散文、诗歌、小说、报告文学、戏剧、影视剧这些大类外,还可将其细分为叙事文学(童话、寓言、传记、回忆录、故事、科幻、魔幻等)、通俗文学(说唱、传奇、武侠、侦探、惊悚等)、民间文学(神话、传说、歌谣、笑话、谜语、对联、歇后语、谚语、绕口令、戏曲等)。

　　在美国,中小学就开设文学写作课,他们在《文学》教材之外,还配套出版了诸如《个性化写作》、《创造性写作》、《文学创作》、《文学批评》、《比较写作》、《写作技巧》、《写作研讨》、《写作研讨示范评注》、《写作小课堂》等写作资料。[1]

　　以上涉及的文体和范畴,虽然也有交叉与重叠现象,但其样式的繁多、演化的变迁,还是值得我们关注与重视的。本教材为了顾及一般的学生和基础的学习,只选了散文和文艺评论两种体裁。教师在教学中,完全可以按照自己与学生的特长和兴趣,在以上各类文学体裁中选取一两种,进行较为深入的教学与实践。当然,最后的目的还是提高学生语言实践和运用的能力,这一点还是应该强调的。

(三) 课堂和课外的写作实践都是需要的

　　在文学写作中,有时确实可以让学生天马行空、随意想象,"收视反听,耽思傍讯,精骛八极,心游万仞"(陆机《文赋》)。一些抒情性的、幻想性的、思辨性的文学作品可以用这样的方式进行创作。

　　但不管怎么说,文学源自于生活又高于生活的基本原则还是应该遵循的,不能轻易违背。正如鲁迅所说:

　　作者写出创作来,对于其中的事情,虽然不必亲历过,最好是经历过。诘难者问:那么,写杀人最好是自己杀过人,写妓女还得去卖淫吗?答曰:不然。我所谓经历,是所遇,所见,所闻,并不一定是所作,但所作自然也可以包含在里面。天才们无论怎样说大话,归根结蒂,还是不能凭空创造。描神画鬼,毫无对证,本可

---

[1] 王爱娣《美国语文教育》,广西师范大学出版社2007年,第107页。

以专靠了神思，所谓"天马行空"似的挥写了，然而他们写出来的，也不过是三只眼，长颈子，就是在常见的人体上，增加了眼睛一只，增长了颈子二三尺而已。这算什么本领，这算什么创造？

（《且介亭杂文二集》：《叶紫作〈丰收〉序》，1935年）

所以，文学写作也需要课外的实践，即要有一些考察、体验等的经历，也就是所谓的"所遇，所见，所闻，并不一定是所作，但所作自然也可以包含在里面"的经历。

为了说明这一理念，我们再提供一个80后女作家王萌萌创作经历的相关报道：

王萌萌长篇处女作《大爱无声》在2008年获得了读者的青睐，被看作是脱离青春小说的80后转轨之作。她的小说新作《米九》问世，得益于藏北无人区、雅鲁藏布江大峡谷的亲身驻扎采访，同样赢得了作家、评论家的盛赞。

"动人的写作没有另辟蹊径的法门，有了创作的冲动后，只有一步步地去体验和感受生活。"这个26岁新上海人质朴的写作态度和创作观难能可贵。

经历生命险境

王萌萌用1年零3个月的时间写出了《米九》，借这本书为保护生态平衡尽一份力，并以此结识更多关爱动物、重视环保的志同道合的朋友。是对弱小生命的爱心和创作的冲动，驱动着她走进了雅鲁藏布江大峡谷。

为了《米九》小说的创作，她从东部沿海的湿地来到海拔5000多米的藏北草原，再从神秘的雅鲁藏布江大峡谷来到成都郊区的小动物救助站。她的足迹同样留在了国家级珍禽自然保护区，和丹顶鹤养护人员同吃同住；也曾走进平均海拔4500米以上、人迹稀少的藏北羌塘，体验野生动物保护工作者的生活和工作状态；还曾徒步进入被称为人类最后的秘境、但环境极端恶劣的雅鲁藏布江大峡谷，遭遇山体滑坡，经历命悬一线的惊险……

她和一名同伴背着5天的口粮徒步进入原始森林，30公斤的登山包带着帐篷等物品，还没有叫上当地向导做"背夫"。途中碰到铁索桥，铁链上铺了很朽的木板，桥下江水腾腾，悬空几十米。8个小时蹒跚在峭壁边缘，那是进入中心区域的唯一通路，险滩扎营，惊险过夜……王萌萌感叹，缪斯女神是公平的，这些最刻骨的第一手体验，都化为小说中惊险、可看的桥段。

进入实地考察

在大学读书时，王萌萌就对生态保护等方面的知识有所了解，在写作小说前，她对动物故事、科学考察手记、科普读物，甚至像《我们为什么不说话》这类的研究动物心理学的图书都广泛阅读。即便在入藏时，还随身带着外国探险家夏勒的作品《青藏高原上的生灵》。而通过第一手的实地考察，王萌萌解答了很多书中无法获悉的知识，如牧民养着牛羊，但家畜吃草物，和藏羚羊等土著的野生动物争夺栖息地，逐渐破坏着生态环境，迫使牧民和野生动物向海拔更高的无人区迁徙。"一路走来，我曾经为环保现状面临的种种问题和严峻形势而焦虑，也曾经为环保工作者们的全身投入和真情流露而感动流泪，旅程不仅为我的创作提供了丰富的素材和最真切的体验，还影响并改变了我的思想和生活方式。"

矢志探究生活

除了旅途中的困难，资金也有限。王萌萌说，真正的写作者想要探究生活，没有困难能阻碍这种冲动。她的探险装备——帐篷、锅子、登山装备都是向当地农民租来的，路费则是平日里的积蓄。为了写作小说，几乎全部投入。

对仙侠、穿越、玄幻等网络流行的纯虚构创作，王萌萌自认为提不起兴趣，在她看来，当下能触动人心的现实主义作品太少了，这和作家不愿去了解生活、体验生活有关。"我不能容忍自己没有来由的想象，我对真实生活的体验还远远不够。"

已经报名参加世博会志愿者的王萌萌，目前正在构思第三部小说，创作题材想锁定志愿者。"志愿者的境况未必人人皆知。但志愿者行动应该是每个人应尽的本分，我有还原生活的创作冲动。"

（乐梦融《记新上海人80后女作家王萌萌：她为真实写作走进无人区》，
《新民晚报》2010年3月12日）

下面摘录王萌萌长篇小说《大爱无声》的片段，供欣赏与学习：

第一章

亲爱的：

你好！请允许我在信里这样称呼你。虽然我知道实际上你将看不到我现在写的信，因为我永远不会寄出，但我相信，你的心就在我身边，我写下的每个字你的心都看得到，我的感觉、我的情绪你的心都能够感触，能够理解，所以给你写信时我会很满足，很安心。如果在现实生活中，人的行为总要受各种因素的制约，有些话想说却不能说，有些事渴望去做却不能做，那么在思想世界里，人的心应该可以天马行空地自由驰骋，就让我的心通过这封信越过时空的阻隔，和你在心灵的王国自如地交流。

今天，是我到芳草岭白马塘小学支教的第一天。现在是晚上十一点，这个当地海拔最高的山寨已经沉睡在浓雾中了。学校四周很安静但时而又不乏声响。一阵风起，树枝沙沙抖动。云朵散开些许缝隙，几束格外明亮的月光霎时照在树上，惊了栖息的鸟儿扑啦啦飞起、落下。远处时而会隐约传来几声"丁零、丁零"的响声，那是牛晃动了脖子上的铜铃，犬吠声来得突然又随即戛然而止，然后又是一片寂静。我坐在窗前，望着茫茫夜空，没有丝毫睡意。思绪纷飞，想到你，想到宁昊，想到满花阿婆，想到我们的相识以及共同度过的美好时光……想着想着我的眼眶湿润了，离开上海到芳草岭这三个月来，我就是这样度过了许多个难眠的夜晚。原以为离开可以抑制我心中的情感、可以淡化我不现实的渴望、可以分散我的注意力。可是，现在我才发现，离开根本不可能让我逃避现实，因为我现在身处的地方到处都凝结着关于你的回忆，到处都有你的影子，心里对你的思念没有半分削减，反而日益强烈，时刻笼罩着我、梦寐萦怀。那么，就让我在以后的时间里用写信的形式来与你交流。或许这些文字会因为我的思绪混乱、情绪起伏而逻辑不清、词意难达，或许很多观点会有些主观、片面甚至偏激，但我还是抑制不住想写的冲动，因为你是我唯一的知己。只有给你写信，才能慰藉我的心，减弱我的孤独感。

明天，我会正式为这里的学生上课。从此后，我就是这个学校唯一的老师了。我以前没想到会到这里来教书，因为我们第一次来时，这里的艰苦给我留下深刻的印象。

那是前年的九月，上海一家慈善机构和一家国际知名企业共同开展了组织社会各界来云南山区支教、帮扶的公益活动，我们都是通过社会招募，作为志愿者参与活动，然后来到这里的。同行二十多人，有政府机关的领导、报社的记者、大学的教授、企业的老板……还有身为资深外科专家的你和刚刚从大学毕业的我。你是志愿者中年龄最长的，而我是年龄最小的。

临行前，主办方开了一次会，会上请所有志愿者做自我介绍，有人提议从年龄最小的开始。我第一个站起来，说的时候有些紧张。我语速有些快地说："大家好！我叫沙默，今年二十三岁，刚刚大学毕业。虽然我的名字听起来很'冷漠'，但是我做志愿者的热情很高。请各位老师多多指教！"讲完后心里正忐忑时听到一个富有磁性的声音说："小姑娘，讲得不错！"，我循声望去，看见满头银发的你目光炯炯，正对我微笑。看你第一眼时，我便觉得你是个不凡的人，你的样子那时就印在了我心里。

乘三小时飞机到昆明后，还得坐八个小时汽车才能到达目的地红河州云阳县芳草岭。沿途风景优美、林木茂盛、山色苍翠、佳景不断。起初，所有人都兴致高昂，车内笑声一片，只有我们俩很安静。我静静坐在最后一排想心事，你坐在副驾驶的位子上，望着窗外。我只看得到你的背影，一头银发和红色的上衣，这两种颜色配在一起对比很强烈。

汽车行驶越深入山区，路况也就越差，环山路蜿蜒起伏，车子颠簸得很厉害。很多人疲劳加上晕车开始感到难受了，我是不晕车的，但也感觉有点不适。只见你从座位上起身，打开随身带的药箱拿出药给晕车的人吃，然后靠着椅背站在车门边说:"我们一起唱首《喀秋莎》吧,我来起个头。"你用浑厚的男中音唱道:"正当梨花开遍了天涯,河上飘着柔曼的轻纱……"一边唱一边打拍子,大家都被你的关怀和热情感染了,跟着合唱起来,歌声越唱越响。那首老歌我也会唱,记得初中时,一次学校选了三十个女孩子一起排练这首歌,去市里参加大合唱比赛。我当时被选中还很高兴,因为演出服是很帅气的苏联军装式连衣裙配小黑靴。我从此后也特别喜欢这首歌,所以那天唱得很起劲。唱完《喀秋莎》后,每个人都恢复了精神,气氛又变得很热闹。大家都说你唱得最好,要你再来几首,你又唱了几首外国民歌,引得大家掌声不断,赞叹不已。当时我真的好佩服你,没想到气质脱俗的你会有像青年人一样充沛的精神与活力。

也许是从那时起,我就不自觉地开始注意你,你行为里的一些细节深深打动了我。记得我们中午在个旧吃饭时,你坐我旁边,本来我是最年轻的晚辈,该我给大家端菜盛饭,可是还没等我动手,你已经开始操持了。我很不安,站起来抢着要做,你却冲我微笑着说:"没关系,女士请坐。我喜欢做绅士的感觉。"结果在你绅士般的照顾下,我的碗里总有吃不完的菜,汤碗也是你给我盛满的。那天的汤是白菜排骨豆腐粉丝汤,你盛给我的汤里就有一大片白菜、一块排骨、两块豆腐和一点粉丝,好像专门搭配好的,一样都不缺。

饭快吃完时,你向服务员要牙签,服务员给你的牙签外面包了一层纸袋。你递给我一根,我看见你已经把纸袋撕掉一半,把露出来的一头递给我,这样我拿过来就可以直接用另外一头了。我是从来不用牙签的,可那次我接受了,因为你的细心体贴让我很感动。后来,我又发现更令我感动的关于牙签的细节。我看见你总是在饭后默默地把桌上的牙签收集起来,用纸包了再扔到垃圾箱里。我觉得奇怪,问你为什么要这样,你说因为服务员收拾桌子会把桌上的垃圾和残汤剩饭一起倒进泔水桶,如果不把牙签拿出来扔掉,猪吃了会被牙签扎伤肠胃。当时听了你的话,我顿时对你肃然起敬。我自认是爱护动物的人,可是却从来没想到这一点,我也从来没见过别人会考虑得这么周全,很多呼吁保护动物、善待动物的人都想不到,而你却想到了。

饭后上车时,你站在车门边让大家先上,还说要把自己最前面的位置让给晕车的人。大家上了车都不肯坐你的位置,纷纷坐回原位,最后,门边只剩下等在最后的我和让在车门边的你。

我退后一步对你说:"尚老师,请您先上。"

你笑笑说:"不,当然是你先上。"

我说:"不,我年龄最小,我最后上,您先上。"

你冲我眨眨眼说:"你忘了,我是绅士啊!"然后你伸出手优雅地做了个动作说:"Lady first!"我被你逗笑了,只好先上车。

从那之后，我养成了习惯。每到一地，下车先寻你的影子，看到你心里就会觉得很踏实；每次吃饭我总想坐在你的旁边，然后就会吃得很开心；支教时只要有你上的健康卫生课，我都会去听。一次，因为我的课时与你相同而漏听了两节让我遗憾了很久。你的长者之风、你的博学风趣、你的宽厚体贴、你的洒脱大气全部通过你的言行举止展现出来，让我心生敬意，想亲近你。

而我切实感觉到，你对我的关心和爱护有些与众不同。每次我寻找你的时候，总会发现好像你也在找我；我看你时，你也会看我，我们的目光常常交汇在一起，然后几秒钟后才分开；你有照顾别人的习惯，时时都会为别人着想，可是你对我的体贴有时会让我受宠若惊。当时我便隐隐地感觉到我们心里有些东西是相通的，但却说不清是什么，后来，我才渐渐明白。

我们到达芳草岭中心校时是周日的下午，周末回家的同学们陆续返校，每人提着一袋米，排队在伙房门口过磅，负责的老师根据米的斤两换给他们相应数量的饭票。你问接待我们的李校长为什么不让孩子们直接用钱来买饭票。李校长告诉我们，虽然收现金方便，但大多数学生家里都靠自耕自食维持生活，拿不出现金，所以孩子们只好每周返校时背米来学校。政府每月补贴每位同学菜金15元，学校会尽量每周给孩子们安排一顿有肉的菜，那也只是在菜里加一点星星点点的肉丁而已。

晚饭时，学生们端着自己的饭碗，排着长队到食堂打饭。我们特地去看他们的菜盆，里面是没有一点油星的煮白菜。盛饭的老师给每个孩子盛一大勺米饭，一勺煮白菜。孩子们三三两两地在校园的角落里吃饭，有的蹲着，有的干脆席地而坐。有些男孩子吃得口渴了，直接跑到洗漱的地方拧开水龙头咕咚咕咚往嘴里灌。

轮到我们去打饭了，学校为我们安排的伙食很好，有白菜炒肉片、有炒蛋、还有汤。可是看着孩子们碗里的饭菜，我们一点都吃不下，觉得喉咙里像堵了东西，心里充满愧疚。我端着碗找到几位正坐在墙根边狼吞虎咽地吃饭的孩子，想把自己碗里的肉和蛋挟给他们，可他们马上用手捂着自己的碗跑开了。

之后几天，我注意到我上课的班上有个哈尼族的小姑娘，听课很专心，很爱笑，可是每到中午吃饭的时间，别的同学都去打饭了，她却总是消失不见。想到曾经听李校长讲过，一些家境特别困难的同学经常每天只能吃一餐。一天午饭时，我故意走到学生宿舍去看，竟然看见每间宿舍放饭碗的桌子上都放着几个离群的碗，这些碗的主人就是每天只吃一餐的孩子们。想着那些碗，我心里一阵阵难受。

……

(王萌萌《大爱无声》，上海文艺出版社2008年)

经过如此长时间和艰巨的体验与考察而写出长篇小说，一般同学难以做到，但利用一切课余的时间，到力所能及的地方进行一些小型的采访、调查和考察，还不是很困难的事。有时，即使是外出旅游这样的机会，如能充分利用时间，精心准备材料，回来后写一点游记散文或文化散文也还是顺理成章的事。

(四) 结合专业进行文学翻译，由此体验文学艺术的魅力

文学的魅力在于艺术审美，文学写作过程也就是一个愉悦心灵、陶冶精神的过程。

从某种角度审视，我们可将文学翻译也看做是文学创作的一种类型，一个感受异国文化、体验中国语言再创造的过程。联系翻译专业，这样的理解，有助于我们更有效、更广阔地进行文学写作的实践活动。

下面提供两个有关的信息。

一是日本著名作家村上春树作品的中文翻译家林少华的答记者问，其中谈到的翻译中中文与外语的关系、中国文学的审美特点及运用、翻译中的二度创作等问题，与我们的文学写作教学都有直接的关联。

林少华：文学翻译是心的对接

本报记者姜小玲

林少华，20年间翻译38部、出版33部村上春树作品，成为华语世界中最专一、最持久的村上春树文字译者。在这些作品中，已经分不清哪些印记是村上的，哪些是林少华的。有人说，做一件事情容易，一辈子做一件事情却不易。林少华之于村上春树，应该就是如此。

林少华有言："翻译不同于刷锅洗碗，是我比较喜欢的劳动。而像村上这样适合自己脾性和笔调的更让我喜欢。在这个世界上，能从事自己喜欢的劳动的人估计不会很多，因此我感到幸运，感到快乐。"

二十年乐此不疲

问：您最早是怎么开始翻译村上作品的？

答：《挪威的森林》在日本热卖时，我正在大阪市立大学被一个中日古诗比较研究课题缠得长吁短叹，根本无暇他顾。我翻译《挪威的森林》，完全是由于日本文学研究会副会长李德纯老先生的推荐。一次开会他把我领到漓江出版社编辑前，一再强调我的"唯美"文笔如何适合翻译这部很美的小说。由此一发不可收拾，断断续续译了二十年之久。尽管我可能因此失去了日本古典文学研究专家这一更为学术界认同的身份，但我还是要感谢李德纯先生。

问：是什么让您二十年间乐此不疲？

答：论语说"知之者不如好之者，好之者不如乐之者"，我之所以二十年间乐

此不疲,是因为发自内心的喜爱和精神上的认同。文学翻译不仅仅是语法、单词和文体的对接,更是灵魂剖面的对接。说通俗点,如果一个人老让你觉得别扭,你能与之交往二十年吗?进一步说来,或许,较之喜爱村上,我喜爱的更是翻译;较之喜爱翻译,我喜爱的更是中文——也因此给东京大学一位知名教授批评为"中文民族主义"。但不管怎样,如果可能,我还会在译介村上这条路上走一段时间。

问:翻译村上的作品必须把握的关键点是什么?您坚持"村上春树说",还是"林少华的文字表述"?

答:百分之百的"村上春树说"或百分之百的"原装"村上文学,这个世界上无论哪里都不存在,正如《且听风吟》开篇第一句"不存在十全十美的文章正如不存在彻头彻尾的绝望"。任何翻译都必然有译者的理解、感悟或主观创造性介入其中。译作,尤其文学译作,无一不是原作文体同译者文体相妥协相融合的产物。大家看到林译村上作品乃是"村上春树说"和"林少华文字表述"合作的产物。试想,即使如实传达领导讲话都未必如实,何况用中文传达日文呢?

问:您个人最喜欢村上的哪部作品?

答:前期喜欢《舞!舞!舞!》,里面的温情让我为之感动;后期喜欢《奇鸟行状录》,其中的意志让我肃然起敬。

搬回"出租"的脑袋

……

问:您创作并出版了《为了灵魂的自由》,从村上的文字背后第一次现身,这是基于怎样的考虑?

答:转型的阶段性成果有两个,《为了灵魂的自由》与散文集《乡愁与良知》。尽管我晓得"唯美主义"未必全是正面含义,但我还是要承认自己有这种倾向。在"美"——文字之美、意境之美、情思之美——这点上,两本书都留下了明显的痕迹。

问:能跟我们分享一下基本内容吗?

答:《为了灵魂的自由》写的主要是近两三年时间对村上文学的感悟和思考。书是文学评论,但笔法更接近文学创作。我的一个追求,就是以富有亲和力的随笔式文体传达学术性思维,以便在象牙塔和大众之间搭建一道桥梁。我以为,文学批评的最终目的,不是为了验证以至构筑令人目眩的某种文学批评理论,而在于促成一种深度认识和审美体验。体例分长篇、短篇和随笔三类。随笔集以"村上朝日堂"系列为中心品评八部;短篇小说集以《东京奇谭集》殿后品评九部;长篇小说品评十二部,从处女作《且听风吟》、《挪威的森林》到最新的《1Q84》,将村上所有小说类作品一网打尽。另外,我还连续提取了村上较为典型的生活细节和创作思想的变化轨迹。因此,纵向读之,是作家传略和创作谱系;横向读之,又是相对独立的文本解读和作品各论。

力求完美的工匠

问：听说您对文字是很苛刻的？

答：我这人有一种"洁癖"，对文字也是这样。舞文弄墨乃雕虫小技，但雕虫不同于雕龙，很难容下败笔，虫太小了！不是说我的翻译没有败笔，但我主观上的确力争完美。我的原稿（我不用电脑）往往改得"满堂红"，甚至隔一天就不认得了。高手是大处落墨，而我是工匠，不敢掉以轻心。

问：翻译被誉为是二度创作，在"文字美"和"忠实原著"上，您坚持什么原则？

答：二度创作也是创作，大凡创作都需要主观能动性；与此同时，二度创作毕竟不是原作，因此其主观能动性必然受到原作的制约。说到底，还是严复老先生讲的信、达、雅三个字。信即忠实原著，达和雅大体相当于"文字美"。较之语义、语法、语体等表层结构的忠实，我更追求深层次的审美忠实——通过文字转换来传达原作中蕴含的审美信息、启动读者的审美愉悦和想象力。

问：一个好的翻译应该具备哪些素质？具备哪些要素的译文才是好译文？

答：一个够水平的文学翻译者，所需素质简单说来就是：六分母语三分外语一分天赋。人们往往倾向于认为母语天生就会，因而翻译主要靠外语水平。其实不然。文学翻译主要取决于母语表达能力。众所周知，如今外语顶呱呱的人比比皆是，而蹩脚的翻译作品也比比皆是。为什么呢？主要因为母语水平好的人日见其少。此外还需要一分天赋。因为文学翻译是艺术活而不是技术活，需要艺术悟性，好的译作当然与此相关。用一代翻译宗师傅雷先生的话说："译文必须为纯粹之中文，无生硬拗口之病。"

中文是永恒的精神家园

问：教书、翻译、写书，您怎么分配这些工作？

答：以前大体是课余翻译，译余写作。现在多少有些反过来了。但以主次而论，教书当然是主业。自己快要老了，必须把研究生指导上去。当教师一个得天独厚的幸运之处，就是自己的艺术生命、学术生命可以通过学生延续下去。

问：现在的孩子重外语轻母语，您怎么看？

答：非常不可取。我曾专门就这个问题去中学作过讲演。中文是中国人永恒的精神家园：小桥流水、平湖归帆、杏花春雨、秋月霜天、渡头落日、墟里孤烟以至灞桥杨柳、易水风寒……也就是说，中文更关乎心灵和审美，关乎天人之间的信息通道，关乎感性、悟性、天性、灵性——这些微妙元素一旦错过最佳萌芽期和发育期，很可能抱憾终身；外文学习则主要关乎"器"，关乎理性（定义、概念、逻辑、规则），而"器"和理性是任何年龄段都可以掌握的。那么对于青少年尤其娃娃，哪个更珍贵呢？为什么不让一颗刚出土的小苗苗去尽情吸纳植根于本土的母语芬芳中文雨露呢？

问：翻译村上作品20年，有什么特别开心和特别遗憾的事情吗？

答：开心事莫过于接到无数读者朋友的来信和网上留言，让我感到自己前半生终于做了一件有利于社会、有利于人民的好事。遗憾的事就不说了吧。

问：村上的《1Q84》大概何时出简体字版？是否还是由您翻译？

答：山重水复，雾销云笼。《1Q84》，果如其名，彻头彻尾成了Q，成了Question。如之奈何！

问：您现在正在做的是什么？

答：撰写关于《1Q84》的论文，叩问Q的含义，同时校对《1Q84》的"母体"即村上采访东京地铁沙林事件受害者写成的《地下世界》的译稿，追索二者之间的关系。

（《解放日报》2010年3月26日）

另一信息是有关"翻译义工"的。所谓"翻译义工"是指利用业余时间翻译各类国外课程、美剧、历史剧等作品的一些大学生、研究生和白领，他们虽然不是翻译专业和文科专业出身，但他们的翻译活动中涉及到的不少问题与我们要进行的文学写作及中文的其他教学都很有关系，我们翻译专业的学生理应在类似领域中更有所作为。

"现在是科学青年攻占时间！"

这些天，刚结束了暑假学期的清华大学物理系大二学生熊伟，一头扎进耶鲁大学公开课《基础物理》，忙着把它译成中文。在VeryCD网上，这门课程的网友发帖上周就已叠到第279楼，许多人催促"赶快来点新的"。

当国外名校把课程视频送上网，在国内，不少拥有专业背景的理工科网友做起了翻译义工，他们低调地自称为"翻翻"，但受惠的网友们高调地夸赞他们：这个时代"文青"落伍了，"现在是科学青年攻占时间！"

"抢到5分钟就很开心"

今年3月，熊伟加入一个字幕组做翻译义工，因为他迷上了《生活大爆炸》。这部美剧围绕加州理工学院一群智商超过170的科学宅男展开故事，这帮人过日子常拿科学术语做调味品，嘴里不时蹦出"薛定谔的猫"、"宇宙大爆炸"之类，与熊伟的生活有几分相似。

参加字幕组之后，熊伟发现在这里谋个活干可不容易。

字幕组虽由翻译义工自发组成，内部分工却蛮严密：一部剧设一个总监，一般是元老级的"翻翻"；当总监拿到新一集的片源，会在群里"吼"一声：招人啦！翻译、听译、校对、"轴人"、"后期"，大家纷纷应征。原剧有字幕就翻译，没字幕就听译，然后校对，最后"轴人"负责将译好的字幕文稿与画面——对应，"后期"做新字幕贴上画面，再打上字幕组名称和工作人员的名字。

《生活大爆炸》等热门剧，报名要做"翻翻"的人很多，总监只好把一集20分钟拆分成四五段，每人最多给五六分钟。为了确保质量，热门剧的翻译往往是常驻成员，他们彼此熟悉，语言风格比较能相互靠拢。菜鸟翻译只能跟总监预约，争当替补。

今年"五一"，趁着组里不少"大翻翻"休假，熊伟终于抢到了《生活大爆炸》第三季第19集里5分钟的翻译活儿，他说："能抢到5分钟就很开心了！"

译五六分钟的视频要花1小时

每天抽出一段时间搞翻译，已成了熊伟日常生活的一部分。据他说，尽管只是译五六分钟的一小段视频，算起来总要花1小时，许多时间用在了查资料上。

今年4月，耶鲁大学十几门公开课程的翻译启动，这被网友们盛赞为"伟大的义举"。为此，字幕组招募了一批有金融、医学、物理、工程等专业背景的网友，比如生物医学课程的翻译，就集结起不少医生和药业、生命科学专业的研究生；加盟者里面，硕士、博士众多，不少正在海外攻读学位，而年龄最小的今年刚刚高中毕业。

专业是分子药学的研究生刘凯也加入了，如今他是耶鲁公开课《有关食物的心理学、生物学和政治学》的翻译总监，同时参与另一门课程《生物医学工程探索》的翻译。

科学青年，就要有较真的科学精神。在美国攻读化学工程博士学位的小峰酷爱翻译科幻片，当《绿巨人》里出现男主角拿手充当离心器的镜头，小峰有意"违规"，在自己译的字幕后加了一句话："请注意，这不太符合科学原理。"他向记者解释："我每天在实验室就跟这玩意儿打交道，一台好的高速离心机值几十万元，分离液体需要巨大的转速——这哥们用手甩甩两种液体就分离了？实在看不下去。"

当"翻翻"们对有些专业知识吃不准时，就向在线专业词典求助；再不行，就发起圈内讨论。"有时，为一个词的译法大家僵持不下，就查论文找依据。"刘凯告诉记者，由于这些课程专业性强，译者又大多是科学青年，习惯用"科言科语"，往往不够通俗易懂，当然也会词不达意甚至表述有误，所以不少字幕组还搞"内部公测"，即先在组内发布，召集别的"翻翻"们试看。每次公测都是好一场七嘴八舌的争辩，争的是语序、措辞——他们说这样一丝不苟，是出于"对知识的热爱"。

争分夺秒"搬运"信息

翻译也要求"争分夺秒"。热门美剧,从拿到片源到发布上网,最快速度是"3小时以内"。

所以熊伟在学期里接美剧,每天花1小时译出五六分钟的一段;假期里就接历史剧、纪录片,干活时间相对多些。

从4月至今,熊伟参与了历史剧《太平洋战争》、美剧《识骨寻踪》和《迈城急救》、发现频道纪录片《赤裸的科学》和真人秀《英国达人》等的翻译,平均两三天上手一部新作品。如今,他做了耶鲁公开课程《基础物理》、美国历史频道纪录片《高清二战》的翻译总监。为了赶工交活,他最近一次熬通宵是为了翻译前不久在VeryCD上挂出的《基础物理》第二集。

有人把这些"翻翻"比作蚂蚁,他们智慧而勤劳,把新知识、新信息"搬运"给大家分享。

"支撑我们做下去的最大力量,是无数网友的鼓励。"除了耶鲁课程,翻译义工们正尝试翻译德国的一个工业成型课程,这也是源自网友的推荐和呼吁。

(记者 唐闻佳,《文汇报》2010年8月24日)

文学作品内容丰富多彩,文学写作手段无穷,我们的相关教育和教学也一定要为之添彩增色,让学生在美妙与充满情趣的语言感受和践行中融会贯通,挥洒自如。

文学写作实践
参考答案

第一讲 文学体裁特征与写作基础

写作实践操作提示

1. 对文学的各种体裁特征及写作上的一些问题，许多人(主要是作家和学者)有过很精彩的说法，他们往往用比喻的方式，或将散文与小说、诗歌等文体(体裁)以及其他艺术形式作比较，以突出其特点。读一下这些言论，并在课外找一些文学体裁和样式的实例，讨论这些话语对于学习文学写作的意义。

〔提示〕

看这样的语言，我们可学习与收获两点：

（1）对文学的一些体裁特点的把握。如诗歌的情感凝聚、语言精练美妙，散文的闲淡随意，小说需有的故事与人物，等等。比喻、举例、个人体验的表达方式，容易让人理解与记忆。

（2）这样的语言表达本身，就是文学的特征。文学总体需要形象、生动、别致、有趣、意蕴深刻的表现，这些几乎都可在所选作家和学者的语言中感受和领悟到。

2. 鲁迅在谈到文艺是创作，要有虚构，不然要"幻灭"时说："一般的幻灭的悲哀，我以为不在假，而在以假为真。""我宁看《红楼梦》，却不愿看新出的《林黛玉日记》，它一页能够使我不舒服小半天。《板桥家书》我也不喜欢看，不如读他的《道情》。我所不喜欢的是他题了家书两个字。那么，为什么刻出来给许多人看的呢？不免有些装腔。幻灭之来，多不在假中见真，而在真中见假。"(《三闲集》：《怎么写——夜记之一》)你如何看鲁迅的这番话？谈谈你对文艺虚构问题的看法。

〔提示〕

请参阅相关论文：

(1) 朱希祥《真真假假，假中见真——戏中戏欣赏比较》，《艺术家》1991年第4期；

(2) 朱希祥《假中见真：文艺创作的本质体现》，《居巢学刊》1993年第1期；

(3) 其他相关的论文片段：

愈是强调创作的目的和效果愈造成虚假这个道理，鲁迅曾用做梦与说梦之别来加以说明："做梦是自由的，说梦就不自由。做梦，是做真梦的，说梦，就难免说谎。"(《南腔北调集·听说梦》)做梦所以自由，因为它不识不知，没有什么目的，不是要通过什么表现什么，不能有意为之，所以它真，也不能不真。即使是说谎，也是老老实实说谎，决无令人信以为真的企图。说梦，则是有目的、有意识的自觉活动，故难免掺假。所以鲁迅说："与其说所谓真话之假，不如来谈谈梦话之真。"冰心所说的创作就是写出"真中的梦，梦中的真"，也有此意。做梦虽假，却是假中见真，说梦虽真，却是真中有假。而"一般的幻灭的悲哀"，"多不在假中见真，而在真中见假"。(《三闲集·怎么写》)对这一点，鲁迅是有切身体验的："记得年幼时，很喜欢看变戏法，猢狲骑羊，石子变白鸽，最末是将一个孩子刺死，盖上被单，……大概是谁都知道，孩子并没有死，喷出来的是装在刀柄里的苏木汁，……但还是出神地看着，明明意识到这是戏法，而全心沉浸在这戏法中。万一变戏法的定要做得真实，买了小棺材，装进孩子去，哭着抬走，则反索然无味了。这时候，连戏法的真实也消失了。"这些话，生动地说明了"假中见真"与"真中见假"的区别。变戏法所以能"假中见真"，关键是无意求真，故能得真，如果假戏真做，反而失真。在观众那一面，则明知是假，偏要真看，有意求真，反而觉假。鲁迅所讲的是艺术辩证法，也是创作心理学。鲁迅所以"宁看《红楼梦》，却不愿看新出的《林黛玉日记》，它一页能使我不舒服小半天"的道理也就在这里。还有清末学者李慈铭的《越缦堂日记》也使鲁迅非常反感:"我看了却总觉得他每次要留给我一点很不舒服的东西。为什么呢?一是钞上谕。……他提防有一天要蒙'御览'。二是许多墨涂。写了尚且涂去,该有许多不写的罢?三是早给人家看、钞,自以为一部著作了。我觉得从中看不出李慈铭的心,却时时看到一些做作,仿佛受了欺骗。翻翻一部小说,虽是很荒唐、浅陋、不合理,倒从来不起这样的感觉的。"(《三闲集·怎么写》)这当然是因为前者的写作有某种目的,有意作假,却希望别人相信是真,明明是有意欺人;而后者虽假却无意让人信以为真,因而倒有几分真意,并非有意骗人。鲁迅认为,"文人作文,农夫握锄,本是平平常常",出乎自然的事,如果意别有在,有意为之,"若照相之际,文人偏要装作粗人,玩什么'荷锄戴笠图',农夫则在柳下捧一本书,装作'深柳读书图'之类,就要令人肉麻。"(《致郑振铎》1934年6月2日)在评论《二十四孝图》时,他也说,"讽刺和冷嘲只隔一张纸,我以为有趣和肉麻也一样。孩子对父母撒娇可以看得有趣,若是成人,便未免有些不顺眼。放达的夫妻在人面前互相爱怜的态度,有时略一跨出有趣的界线,也容易变成肉麻。老莱子的作态的图,正无怪谁也画不好。像这些图画上似的家庭里,我是一天也住不舒服的。你看这样一位七十多岁的老太爷整年假惺惺地玩着一个'摇咕咚'。"(《朝花夕拾·后记》)孩子对父母撒娇,是出于天真,自己并不意识,也没有什么目的,表现了孩子的童心之美,所以使人"看得有趣";老莱子怀着"不可告人的目的",有意作态,装憨卖傻,尽管动机可嘉,却也只能令人肉麻。

(吕俊华《艺术与癫狂(文艺变态心理学研究)》,
作家出版社2009年,第200页)

3. 同样是针对社会上的某一事件,文学作者会以不同的文体样式来反映和表现,如近年来我国发生了一些大事——抗洪救险、"神舟"上天、非典、雪灾、奥运会等等,事后涌现出大量的散文、报告文学、影视剧本、诗歌等作品。请就其中你感兴趣的一个题材,收集相关的文学创作作品,对其文体的特殊表现和表达手法作一番概括,并在班组中进行交流、讨论和学习。

〔提示〕

(1)同一个题材,不同的文艺样式会选取不同的角度、材料、主题,因此从文本看,其中的篇幅、人物、结构、语言、表现手法等都会有所不同。这些内容与形式有时在同一天的报纸或同一期的杂志上也可看出。当然不仅是文学作品,其他新闻体裁等也同样。如某年在北京某体育场,中国足球队输给了某海外地区队，结果球迷闹得很厉害。于是，电视台、报纸的新闻和通讯很快报道了，作家们的报告文学作品不久也问世，有的作家甚至写了小说来表现这一类事件。比较一下此类文章和作品，对我们了解各种文体特点与写作方法是很有帮助的。

(2)此外，因各类文体和现代媒体的发展，即使是同一作品，都会出现不同的改编版本。例如中国的四大文学名著，就被不断地改编成戏剧、电影(包括动画片、故事片、戏曲片等)、电视剧等样式，有的样式还不止一次地改编与重拍。人们对此也是议论纷纷，因为其中涉及许多文艺创作的基本问题(如忠于原著、郭沫若所说的历史剧创作要"失事求似"、目前盛行的"戏说"等)，可作讨论和议论的东西很多，也很有意义。

4. 文学创作需要作者观察、感受和想象的能力与一般人不同。以坐车为例，著名作家王蒙就说过，一般人坐车就是感到挤不挤，车颠不颠，走得快不快，至多是关注一下车厢里的文明礼貌之类的事(让座、抢座、打架、骂人等)；但对于搞文学创作，这些都还不够，他们更需要感受人与人之间的关系、人的内心活动和情感波折。因此，类似祖慰的微型小说《在浓缩的人群中》、戴晴的散文《一隅》、张抗抗的散文《恐惧的平衡》、刘心武的中篇小说《公共汽车咏叹调》，以及像美国电影《公共汽车站》、《撞车》等表现人际关系、人的性格精神、情感冲突等的文艺作品层出不穷。请查阅或观看一下这些作品，与一般相关内容的文章作对比，理解文学作品的不同写作特点。

〔提示〕

为了讨论与学习的方便，这里再提供祖慰的微型小说《在浓缩的人群中》、戴晴的散文《一隅》、张抗抗的散文《恐惧的平衡》三篇原文，供参考：

祖慰《在浓缩的人群中》

上下班时间的公共汽车是个变形箱。不管你平常多么的神圣不可侵犯，如何庄严矜持，只要到了这个浓缩人类的铁箱里，不怕你不变形。肉体的变形连锁反应为精神变形。

我的精神在变为二元体，既埋怨又憧憬："这一车男女老少紧紧贴在一起，多难受！多造些汽车就好了。会通过工业现代化稀释这过浓的人类的，会的！"

但我还是感到很不好意思，被挤压在一位坐着的女青年肩上。她会想什么呢？

她在潜心看书，似乎什么也没想。可是一个刹车带来了一股冲击力——我狠压了姑娘的肩。糟了！她抬头了，一定要使用很难听的评价道德的词了；可是奇怪，她却歉疚地对我笑着，站了起来，说：

"老同志，对不起，我没注意，请坐。"

我不肯。可她硬让我坐下，眼光里满含着尊敬，让人无法再推。

我的被压瘪的身躯弹回到原形。血畅流了，被加温了，心象个温泉的泉眼，喷射着热流，涌到全身。

我的精神变形着，由丑导致美。联想到一件往事。在那动乱的年月，人们象斗鱼，见面讲斗，特别是浓缩在这铁箱里的人更是视如寇仇。有个病人，脸色煞白，虚汗缀领，摇摇晃晃地站着。在病人旁边，有位戴红袖章的青年心安理得地坐着。我提议请那青年给病人让坐。青年理直气壮地说：

"你能保证他不是地富反坏右、敌特叛臭老九？我不愿犯政治立场错误！"

我被噎得说不出话来。直到他下了车，我把病人安顿好，车刚开动，然后伸头出窗口朝戴红袖章的喊道：

"喂，小伙子，你丢东西了！"

"丢什么？停车！"他喊道："到底丢什么啦？"

"丢了道德！"

他气歪了脸，但鞭长莫及。

想到这儿，不由得我用赞美的眼光看了看给我让座的女青年。她一手扶把，身体变了形，可另一只手还高举着一本《解析几何》，昂着脖子在看。一会，又从上衣口袋里摸出钢笔，艰难地在书上做记号。工作服上几个字弹射进我的眼底："大江汽车制造厂"。她在学高等数学，更需要坐。我怦然心动，毅然站了起来，恳求说：

"坐吧，姑娘。好好学，多造些汽车，早点把这过分浓缩的人群稀释一下。凭这点，我就该让！"

她不肯，我硬把她按下，又钻进浓缩的人群中去。肉体又被挤压变了形，但精神没被挤瘪，反而象宇宙中的星云一样，为了新星的形成而膨胀……

（选自《小说界》1982年第1期）

戴晴《一隅》

你坐在那儿，在那高高的售票员的位子上，用一根显然是随手抬来的什么草棍在剔牙。

"钓鱼台——下车请打开车月票，关俩门。"你用标准的售票员的腔调漫不经心地报着站名，"下一站——"

这种腔调，这一天要重复上百遍的几句话，这短短的车程——不过十几站——，对你这样聪明的小伙子说来，也许用不了两天就全学会了。那么，你剩下的时间、剩下的精力，做什么呢？

你穿了件相当"帅"的针织尼龙衫，头发也留在既不落伍、又不太"匪"的长度上；也许从半夜起就在首都体育馆的铁栅栏外面排队、等着买两张新歌星的票子的年轻人里头有你？

你并不像一些"热心服务车"的主人那样周到地宣传；对几个娇滴滴的小妞和愣头愣脑的外地人也不很客气；你不怎么检票、也不张罗什么，就那么淡漠地、心不在焉地坐在那儿。这神情不像二十一岁，倒像七十一岁。是不是家里住得太挤，从小没少挨爸爸的揍，长这么大也没听过几句熨帖的话，从懂事开始，就在"天天斗"里混……于是，在你的性格里已经失去了亲切、热情地待人的习惯？

就在这时，她上来了。她很年轻，但却抓着扶手，象数着步子一样一阶阶踏上来，跨了两步，站到了我的面前。这是个高高的姑娘，皮肤细嫩得象婴儿，却苍白得像久卧的病人。她的装束——噢，这样装束的姑娘如果说一九六六年夏天满街都是的话，今天却实在是寥寥可数了：一件褪色的军装和斜挎在肩上的军用书包。她微笑着，两根短辫搁在肩上，一双眼睛直直地望着前方。我敢打赌，我们现在已经很少见到这样微笑着的姑娘了，那些总觉得世界对不起她们的年轻女士们大多数是一脸拒人千里的不耐烦——

你从高高的位子上走了下来，走到我对面一个坐着的小伙子面前。

"起来！"你用膝盖拱了他一下。

"什么……"正在看书的小伙子觉得莫名其妙。"让你起来就起来！"你压低了声音说。我开始担心了。难道为了比这还轻得多的几句话就骂起来甚至打起来的事还少么？

"这……"那老实的小伙子虽然依旧不知道怎么回事，但在你那不容置疑的语气下，还是站了起来。

"别——"微笑着的姑娘苍白的脸上升起一片红晕。

"一会儿再跟你说。"对那正从座位上迈出腿来的小伙子，你又低低地补了一句。

"她眼睛……"我背后的两个妇女轻声说。显然，她们是这趟车的老乘客了。我和对面那让座的小伙子，也在一瞬间明白了。

姑娘道着谢，那么拘谨地坐下了。她还是那样微笑着，两只眼睛望着前面。

终点站到了。盲姑娘怎么办呢?也许她应该等到最后下吧,可是她那么心急,几步跨到门口,挤入下车的人流。

"啊,瞧你——"你想过来照顾她,又止住了。

"别——"她朝前挤着,着什么急呢?

"小张!"你朝后座的女售票员嚷起来,"你快扶扶她!"小张没下车但也没拒绝,只是清亮地喊了一声:

"哪位乘客劳驾把这位同志送到366路车站!"

"不用了!"姑娘说着,跟跟跄跄地加快了步伐,一个不稳,落到紧跟在她后面的我的手上。

我扶着她,把手架在她的腋下。不错,她残疾了,也不修饰自己;可她的少女本色并未失去,那么柔嫩、那么温热;她重重地倚着我,不设防、不矜持,只有令人动心的依顺……噢,我似乎明白了,你为什么不来扶她……

"摔过么?"我问。

"没有。"姑娘微笑着说,"磕磕碰碰的倒是常事。"她要去上工了,她不怨恨自己的命运,只对给别人添了麻烦感到歉意。

回头望去,你又那么漠然地爬上了售票员高高的位子,又要拖着标准腔报站名了。谁知道呢,也许街道居委会主任从来没"待见"过你,"优质服务月"的奖状和你也不怎么有缘;对欺负你的人,你也许骂得出不堪入耳的脏话,没准还想动手……可在这样一个姑娘面前,却连"看不见"这种字眼都不肯出口,生怕伤了她;你甚至不好意思碰她一下,虽然你的用意那么纯,纯得就象清晨的雪。你没读过大学,也许除了《大众电影》也不看别的书,可是我知道,你的心并不是粗砺荒漠的一片,那光明的一隅,会永远充满了温情地留给世上无助的弱者,就比如这沉静地微笑着的姑娘。

(选自《光明日报》1981年8月20日)

张抗抗《恐惧的平衡》

这是几年前经历的一件小事。

散了戏,走出剧场发现正在下雨。我因从别处赶来看戏,没像通常那样骑车。丈夫推着自行车过来,说那你就自己"打的"回家吧。

一会儿就驶来了一辆"的"。我不想在雨里呆得太久,拉开车门就往里钻。等坐定了,抬手向车窗外的丈夫招招手。等招完了手,才有工夫来看车子里的情形。车轮已经启动,就在那一瞬,我才发现:车的前排座位上,除了一个年轻司机,竟然还有一条膀大腰圆的壮汉。

那两个人都板着脸一声不吭像是十分阴险。而且,车里的灯很暗,有一种我很陌生的杀气腾腾之感。

我出了一头冷汗。猛地拉开车窗，回过头去人群中寻找我的那位保护者，差点就没喊出声来你快救救我。我觉得他好像也察觉了车里有两个"司机"，他急急地跳上自行车尾随着这辆"的"追了上来，但不幸的是散戏的人流如潮涌来，只一会儿工夫，他就淹没在黑暗之中了。

车速很快。走的是快车道。快得确实令人生疑。

那两人仍是一句话也不说。

我想这回完了。随身的包里还有刚从银行取出来的一笔稿费呢。

我忐忑不安、心慌意乱。我想对他们说停车停车我要下去，可话到嘴边却张不开口。毕竟，他们还没把你怎么着；再揉眼看看窗外，行车的路线也对头啊。看来，今儿我只好豁出去，听天由命了！

"是花园村吗？"那司机没好气地问。

我用颤抖的声音说是。脑子里用最快的速度演习着应急的招数，我差不多已不会说了。然而车又飞快地跑了一阵，按照我说的路线拐了几个弯，竟然悄没声儿地停在我熟悉的那幢楼底下了。

我软软地靠在座位上，长长地松了口气。定定神，用还在哆嗦的手掏出钱包付车费。拉开车门，壮壮胆问了一句：唉，你们怎么两个人开车啊？

"哼，这年月，晚上出车，一个人谁敢哪？要是有劫道的，两个人都架不住！"开车的那个气呼呼地嘟哝。

"你要是两个人，我们还不拉你了呢！"冷冷地，另一个甩过来这么一句。

车掉了头，像来时一样，急吼吼地走了。我在门前淅沥的小雨中默默站了一会，恍然大悟。便如同一个死里逃生的人，头一回觉得这幢隐没在夜幕和雨雾中的红砖楼房，非常非常的可爱和温柔。

然而事情却没有就此了结。我心情愉快地走上楼梯欲进家门时，发现自己根本没带钥匙。

出门忘带钥匙是我常犯的一个错。糟糕的是，此刻我的丈夫还骑着自行车在路上。这就是说，我得坐在楼梯上等他回来。

于是我坐在水泥的楼梯上，百无聊赖。表的指针突然变得懒洋洋的。我一会儿就失去了耐心，便跑到楼下去等。雨已停了，我意外地发现有一位熟悉的邻居家还亮着灯，我想我何不进去同他们聊会儿天呢，这样时间就会过得快些。

他们很友好地接待我，我们谈得很热烈。等我想起来该回家的时候，时针已指着十二点一刻。

我咚咚敲门。门里有大声嚷嚷的声音。过一会门才开。他愣了愣，一把拽住我，莫名其妙地说："警察，这么快就、就找到你了？我，正在、正在报警呢！"

"你说什么呀？报什么警呀？"我也糊涂了。

"几点了你不看看？刚才你上车的时候，我也看见了车里有两个男的，没追上，只好安慰自己不会有事。可你一直没到家，我越想越可疑，越想越不对头，肯定是那辆车的问题。这不，我刚打完电话，警察还让我回忆车号呢……"

我哭笑不得地打断他说，"嗨，你怕那两个司机，人家还怕乘客呢。如今一到晚上，'的'里都带着保镖，是两个司机'联防'，防的就是像你这样的大个儿。人家说了，要是你上车，他们还不敢拉呢，懂不懂？"

他张着嘴一句话也说不出来。我就此顺利地逃脱了一次"声讨"。

不过到我写这篇文章时，"的"里的驾驶座和乘客席之间，早已装上了防盗安全网。有人说这样就井水不犯河水了。也有人说，这是防君子不防小人的。

可每次我"打的"，坐在被铁栏隔开的座位上，望着神色茫然的司机，我总会想：也许我们都是守法之人，然而我们无权彼此信任。我们相互构成了对方的暴力威胁。为了我们双方的生命安全，我们必须互相戒备互相防范。

也许这样很公平。

恐惧虽然暂时平衡，但由于这种平衡，是因许许多多次不能平衡的恐怖事件造成的，所以我们或许还将经常地经历恐惧。

(张抗抗《恐惧的平衡》，华艺出版社1994年)

5. 以动物为题材的文学作品数不胜数，单以猫为主角或作陪衬的就有很多。有人因此还专门编选了以《猫啊，猫》为题的散文专辑(山东画报出版社，2004年)。下面是该专辑编选者写的序，另外还有两位作家用微型小说和散文体裁写的作品。阅读这些文章，再查找一下以猫为题材的其他文学作品，感受不同体裁作品的写作特点和表达的不同主题(思想观念、情感趣味)，并调动自己的想象，写一篇以猫为题材的散文或微型小说。

〔提示〕

写动物的作品，一般的着眼点和主旨在于：

(1)自然的特征，即动物的天性，揭示其动物本性，可有助于我们更真实、更全面、更深刻地了解自然，了解包括人在内的自然的本性。

(2)动物性中的人性。我们通常所说的动物通人性，怎么个"通"法？如何"通"？动物性与人性的比较，等等。

(3)以动物作比喻、象征、寓言，通过动物写人类，写人类社会(经济、文化、政治等)。

我们可以具体的作品讨论以上的问题，再结合新时代和新理念，延伸和拓展以上的问题。

6. 以下是一篇流传较广的当代文章。倘若以这些故事作创作素材，你会采用什么文学体裁来写作？试选择其中你最有感触或体验的一个故事，用一种你喜欢或擅长的文学样式来表达(创作)。

〔提示〕

那篇文章由五个人说的五个故事组成。五个故事涉及的主人公不同：婆婆、父母、母亲、同事、路遇的坏人；五个故事不同：离婚后的婆媳关系、父母为儿子买房、母亲劝女儿和女婿和好、关系不好的同事救别人的女儿、激发坏人内在的善；情感不同，等等。因此，可由这样的素材，再根据各个故事本身的特点(人物单纯或复杂的关系，情感的繁复程度，时空的编排和转移，意蕴的丰厚)，进行情、境、意以及情节、语言、人物、表达等的谋篇、布局、夸张、渲染、修饰、润色的加工，写出散文、小说、戏剧(小品)等不同样式的文学作品。

就这五个故事的情感与情节的状况而言，写成散文或微型小说形式比较好，学生也容易把握和着手。

第二讲 散文练笔

写作实践操作提示

1. 有关散文，法国戏剧家莫里哀的喜剧《醉心贵族的小市民》中有一段有趣的对话(略)，读后谈谈你对散文体裁和语言特点的看法。

〔提示〕

此段剧情与台词虽因喜剧的要求而较为夸张，但其中的内容都与写作有关，特别是与散文(也捎带诗歌)的特点和写作关系密切，用夸张与幽默的语言，将散文的特点和写作手法较全面地表达出来了：

(1) 散文的形式多样，信件(特别是求爱信)也可以用散文的语调和笔法。
(2) 抒情性的文字可用诗，也可用散文。
(3) 散文与诗歌都可体现风雅。
(4) 散文与诗歌都可以表现自己、自我。
(5) 广义的散文，就是除诗以外的所有文章，即不押韵不重视骈偶的文章；那位哲学老师说的散文指的是这一类的散文。
(6) 狭义散文的语言，与诗比较，"应当拉长点儿才好"(哲学老师的话)，就是可以随意一点，散漫一点。但语言的总体要求还是比较简练、高雅，亦像汝尔丹所说的"句子的式样风雅，造句造得漂漂亮亮的"和"造句要时髦，照规矩往好里安排"，等等。
(7) 散文语句的表达可以灵活多样，如那位哲学老师所说的各种各样的写法。

2. 清代文人沈复的著名自传体散文《浮生六记》曾一度在香港被指定为学生课外必读书。所谓"六记"，就是闺房记乐、闲情记趣、坎坷记愁、浪游记快、中山记历、养生记道等，几乎将一般民众的生活经历、事宜和感受、情态都记录和表现出来了。你如有兴趣，可找来读读，体会一下散文取材、叙事、抒情、说明、论理等的特点，再结合自己的生活经历和体验，从闲情、坎坷、浪游(旅游)、养生等中选一项内容，自拟题目，写一篇散文。

〔提示〕
摘录《浮生六记》原文片段，供写作参阅：

卷二 闲情记趣
余忆童稚时，能张目对日，明察秋毫，见藐小微物，必细察其纹理，故时有物外之趣。夏蚊成雷，私拟作群鹤舞空。心之所向，则或千或百果然鹤也。昂首观之，项为之强。又留蚊于素帐中，徐喷以烟，使其冲烟飞鸣，作青云白鹤观，果如鹤唳云端，怡然称快。于土墙凹凸处、花台小草丛杂处，常蹲其身，使与台齐；定神细观，以丛草为林，以虫蚁为兽，以土砾凸者为丘，凹者为壑，神游其中，怡然自得。

一日，见二虫斗草间，观之正浓，忽有庞然大物拔山倒树而来，盖一癞虾蟆也，舌一吐而二虫尽为所吞。余年幼，方出神，不觉呀然惊恐。神定，捉虾蟆，鞭数十，驱之别院。年长思之，二虫之斗，盖图奸不从也。古语云："奸近杀"，虫亦然耶？贪此生涯，卵为蚯蚓所哈(吴俗呼阳曰卵)，肿不能便。捉鸭开口哈之，婢妪偶释手，鸭颠其颈，作吞噬状，惊而大哭，传为语柄。此皆幼时闲情也。

卷三 坎坷记愁

人生坎坷何为乎来哉？往往皆自作孽耳，余则非也，多情重诺，爽直不羁，转因之为累。况吾父稼夫公慷慨豪侠，急人之难、成人之事、嫁人之女、抚人之儿，指不胜屈，挥金如土，多为他人。余夫妇居家，偶有需用，不免典质。始则移东补西，继则左支右绌。谚云："处家人情，非钱不行。"先起小人之议，渐招同室之讥。"女子无才便是德"，真千古至言也！余虽居长而行三，故上下呼芸为"三娘"。后忽呼为"三太太"，始而戏呼，继成习惯，甚至尊卑长幼，皆以"三太太"呼之，此家庭之变机欤？

乾隆乙巳，随侍吾父于海宁官舍。芸于吾家书中附寄小函，吾父曰："媳妇既能笔墨，汝母家信付彼司之。"后家庭偶有闲言，吾母疑其述事不当，仍不令代笔。吾父见信非芸手笔，询余曰："汝妇病耶？"余即作札问之，亦不答。久之，吾父怒曰："想汝妇不屑代笔耳！"迨余归，探知委曲，欲为婉剖，芸急止之曰："宁受责于翁，勿失欢于姑也。"竟不自白。

卷四 浪游记快

余年十五时，吾父稼夫公馆于山阴赵明府幕中。有赵省斋先生名传者，杭之宿儒也，赵明府延教其子，吾父命余亦拜投门下。暇日出游，得至吼山，离城约十余里。不通陆路。近山见一石洞，上有片石横裂欲堕，即从其下荡舟入。豁然空其中，四面皆峭壁，俗名之曰"水园"。临流建石阁五椽，对面石壁有"观鱼跃"三字，水深不测，相传有巨鳞潜伏，余投饵试之，仅见不盈尺者出而唼食焉。阁后有道通旱园，拳石乱矗，有横阔如掌者，有柱石平其顶而上加大石者，凿痕犹在，一无可取。游览既毕，宴于水阁，命从者放爆竹，轰然一响，万山齐应，如闻霹雳生。此幼时快游之始。惜乎兰亭、禹陵未能一到，至今以为憾。

卷六 养生记道

禅师与余谈养心之法，谓心如明镜，不可以尘之也；又如止水，不可以波之也。此与晦庵所言学者常要提醒此心，惺惺不寐，如日中天，群邪自息，其旨正同。又言目毋妄视，耳毋妄听，口毋妄言，心毋妄动，贪嗔痴爱，是非人我，一切放下，未事不可先迎，遇事不宜过扰，即事不可留住，听其自来，应以自然，信其自去，忿惶恐惧，好乐忧患，皆得其正，此养心之要也。

王华子曰："斋者，齐也，齐其心而洁其体也，岂仅茹素而已！所谓齐其心者，澹志寡营，轻得失，勤内省，远荤酒；洁其体者，不履邪径，不视恶色，不听淫声，不为物诱，入室闭户，烧香静坐，方可谓之斋也。诚能如是，则身中之神明自安,升降不碍,可以却病,可以长生。"

余所居室,四边皆窗户,遇风即阖,风息即开。余所居室,前帘后屏,太明即下帘,以和其内映,太暗则卷帘,以通其外耀,内以安心,外以安目,心目俱安,则身安矣。

禅师称二语告我曰,"未死先学死,有生即杀生。"有生,谓妄念初生;杀生,谓立予铲除也。此与孟子勿忘勿助之功相通。

孙真人《卫生歌》云:"卫生切要知三戒,大怒大欲并大醉。三者若还有一焉,须防损失真元气。"又云:"世人欲知卫生道,喜乐有常嗔怒少。心诚意正思虑除,理顺修身去烦恼。"又云:"醉后强饮饱强食,未有此生不成疾。人资饮食以养身,去其甚者自安适。"

又蔡西山《卫生歌》云:"何必餐霞饵大药,妄意延岁等龟鹤。但于饮食嗜欲间,去其甚者将安乐。食后徐行百步多,两手摩胁并胸腹。"又云:"醉眠饱卧俱无益,渴饮饥餐尤戒多。食不欲粗并欲速,宁可少餐相接续。若教一顿饱充肠,损气伤脾非尔福。"又云:"饮酒莫教令大醉,大醉伤神损心志。酒渴饮水并啜茶,腰脚自兹成重坠。"又云:"视听行坐不可久,五劳七伤从此有。四肢亦欲得小劳,譬如户枢终不朽。"又云:"道家更有颐生旨,第一戒人少嗔恚。"凡此数言,果能遵行,功臻旦夕,勿谓老生常谈也。

3. 散文写作很讲究体物入微,即指"一粒沙里见世界,半瓣花上说人情",也就是要求作者善于从事物的细微处,发现能够笼括和统摄事物情貌、寓寄情怀的某种第一感觉或印象(初念)、"怀旧之蓄念"、"思古之幽情"等,铺展成文。下面是作家董桥从信箱"啪的一声"展开联想和思索,写成的一篇短小精美的散文。学习这样的写法,写一篇由你的某一有意蕴的初念构成的散文。

〔提示〕

此练习实际要求学生抓住散文的三大特点:

(1)取材入口小。"一粒沙子"、"半瓣花上"都是小而又小的东西,但如能"见世界"、"说人情",那么就可以成为散文的题材。

(2)第一感觉或印象。因是自己的第一感觉或印象,所以有独特性、时新性,容易写出自己的个性。

(3)要有意蕴。无论是"怀旧之蓄念",还是"思古之幽情",都有"念"与"情"的内涵,让人读后有所思或有所感。

董桥的这篇散文，让我们不仅可以体会以上三大特征，而且在散文的"动情点"的寻找、散漫而又集中的布局、各类材料的有机组织、文化意义的别致与独到等方面，又为我们提供了一个较为经典的个案。

有了这些理性和感性的内容参阅与借鉴，再写一篇自己的散文，应该不会成问题。

4. 巴金说，要把散文当遗嘱来写；朱自清说，游记里都是梦。前者是指抒情散文，后者是讲写景散文。你对这样的说法有什么看法？请看看巴金的《探索集·说真话》，同时搜集几篇游记散文，谈谈"当遗嘱来写"和"都是梦"写法的意义和具体方法，试写一篇抒情散文或写景散文。

〔提示〕

巴金《探索集·说真话》的片段：

说真话

最近听说上海《新民晚报》要复刊。有一天我遇见晚报的前任社长，问起来，他说："还没有弄到房子，"又说："到时候会要你写篇文章。"

我说："我年纪大了，脑子不管用，写不出应景文章。"

他说："我不出题目，你只要说真话就行。"

我不曾答应下来，但是我也没有拒绝，我想：难道说真话还有困难！

过了几天我出席全国文联的招待会，刚刚散会，我走出人民大会堂二楼东大厅，一位老朋友拉住我的左胳膊，带笑说："要是你的《爝火集》里没有收那篇文章就好了。"他还害怕我不理解，又加了三个字："姓陈的。"我知道他指的是《大寨行》，我就说："我是有意保留下来的。"这句话提醒我自己：讲真话并不那么容易！

去年我看《爝火集》清样时，人们就在谈论大寨的事情。我曾经考虑要不要把我那篇文章抽去，后来决定不动它。我坦白地说，我只是想保留一些作品，让它向读者说明我走过什么样的道路。如果说《大寨行》里有假象，那么排在它前面的那些文章，那许多豪言壮语，难道都是真话？就是一九六四年八月我在大寨参观的时候，看见一辆一辆满载干部、社员的卡车来来去去，还听说每天都有几百个参观、学习的人。我疑惑地想：这个小小的大队怎么负担得起？我当时的确这样想过，可是文章里写的却是另外一句话："显然是看得十分满意。"那个时候大队支部书记还没有当上副总理，吹牛还不曾吹到"天大旱，人大干"每年虚报产量的程度。我的见闻里毕竟还有真实的东西。这种写法好些年来我习以为常。我从未考虑听来的话哪些是真，哪些是假。现在回想，我也很难说出是什么时候开始的，可能是一九五七年以后吧。总之，我们常常是这样：朋友从远方来，高兴地会见，坐下来总要谈一阵大好形势和光明前途，他谈我也谈。这样地进行了一番歌功颂德之后，才敢开心来谈真话。这些年我写小说写得很少，但是我探索人心的习惯却没有给完全忘掉。运动一个接着一个没完没了，每次运动过后我就发现人的心更往内缩，我越来越接触不到别人的心，越来越听不到真话。我自己也把心藏起来藏得很深，仿佛人已经走到深渊边缘，脚已经踏在薄冰上面，战战兢兢，只想怎样保全自己。"十年浩劫"刚刚开始，为了让自己安全过关，一位三十多年的老朋友居然编造了一本假账揭发我。在那荒唐而又可怕的十年中间，说谎的艺术发展到了登峰造极的地步，谎言变成了真理，说真话倒犯了大罪。我挨过好几十次的批斗，把数不清的假话全吃进肚里。起初我真心认罪服罪，严肃对待；后来我只好人云亦云，挖空心思编写了百份以上的"思想汇报"。保护自己我倒并不在乎，我念念不忘的是我的妻子、儿女，我不能连累他们，对他们我还保留着一颗真心，在他们面前我还可以讲几句真话。在批判会上，我渐渐看清造反派的面目，他们一层又一层地剥掉自己的面具。一九六八年秋天一个下午他们把我拉到田头开批斗会，向农民揭发我的罪行；一位造反派的年轻诗人站出来发言，揭露我每月领取上海作家协会一百元的房租津贴。他知道这是假话，我也知道他在说谎，可是我看见他装模作样毫不红脸，我心里真不好受。这就是好些外国朋友相信过的"革命左派"，有一个时期我差一点也把他们当做新中国的希望。他们就是靠说假话起家的。我并不责怪他们，我自己也有责任。我相信过假话，我传播过假话，我不曾跟假话作过斗争。别人"高举"，我就"紧跟"；别人抬出"神明"，我就低首膜拜。即使我有疑惑，我有不满，我也把它们完全咽下。我甚至愚蠢到愿意钻进魔术箱变"脱胎换骨"的戏法。正因为有不少像我这样的人，谎话才有畅销的市场，说谎话的人才能步步高升。……

现在那一切都已经过去，正在过去，或者就要过去。这次我在北京看见不少朋友，坐下来，我们不谈空洞的大好形势，我们谈缺点，谈弊病，谈前途，没有人害怕小报告，没有人害怕批斗会。大家都把心掏出来，我们又能够看见彼此的心了。

九月二十日
（巴金《随想录》（散文集），1987，三联书店）

5. 人与天地万物的关系一直是散文作家热切关注的主题，他们用多种形式来表现这样的材料，揭示相关的主旨。下面是两位作家分别用柔和与雄浑风格写成的动物题材的散文。欣赏完两篇作品后，请你也学习写一篇以表现和揭示人与天地万物关系为主旨的散文。

〔提示〕

(1)值得注意和有意思的是，这两位作家的身份、性别和体格与他们所写两篇散文截然不同：写《珍珠鸟》的冯骥才是一位身材高大的男性作家，曾是天津篮球队队员；写《心中的大自然》之一——虎的唐敏则是一个女性。当然，冯骥才也主要是写体现阳刚性的作品，如《神鞭》等，唐敏也有《女孩子的花》这样细微柔美的作品。可见人都有刚强与柔软、粗犷与细腻的两面，只是在不同的场合和对待不同的对象时，表现与凸现不同的感受与风格。《珍珠鸟》是冰心特别喜欢与推荐的作品，因其描绘的真切动情和立意的新颖深刻，而被编入过中学的语文课本；《心中的大自然》和《女孩子的花》也被编入过中学语文和大学语文教材中。所以，只要观察仔细、感情真挚、笔调自然，各种旨趣和意蕴的散文写作也并非难事。

(2)我们再选载这两位作家的与教材所选的散文不同风格的、写自然景物的两篇小散文，供欣赏与学习：

冯骥才《黄山绝壁松》

黄山以石奇云奇松奇名天下。然而登上黄山，给我以震动的是黄山松。

黄山之松布满黄山。由深深的山谷至大大小小的山顶，无处不在，无处无松。可是我说的松只是山上的松。

山上有名气的松树颇多，如迎客松、望客松、黑虎松、连理松等等，都是游客们争相拍照的对象。但我说的不是这些名松，而是那些生长在极顶和绝壁上不知名的野松。

黄山全石峰，裸露的巨石侧立千仞，光秃秃没有土壤，尤其是那些极高的地方，天寒风疾，草木不生，苍鹰也不去那里，一棵棵松树却破石而出，伸展着优美而碧绿的长臂，显示其独具的气质。世人赞叹它们独绝姿容，却很少去想在终年的烈日下或寒风中，它们是怎样存活和生长的。

一位本地人告诉我，这些生长在石缝里的松树，根部能分泌一种酸性物质腐蚀石头的表面，使其化为养分被自己吸收。为了从石头里寻觅生机，也为了牢牢抓住绝壁，以抵抗不期而至的狂风的撕扯与摧折，它们的根日日夜夜与石头搏斗着，最终不可思议地穿入坚如钢铁的石体。细心便能看到，这些松根在生长和壮大时常常把石头从中挣裂！还有什么树木有如此顽强的生命力？

我在迎客松后边的山崖上仰望一处绝壁，看到一条长长的石缝里生长着一株幼小的松树。它高不及一米，却旺盛而又有活力。显然曾有一颗松子飞落到这里，在这冰冷的石缝间，什么养料也没有，它却奇迹般地生根发芽，生长起来。如此幼小的树也能这般顽强？这力量是来自物种本身，还是在一代代松树坎坷的命运中磨砺出来的？我想，一定是后者。我发现，山上之松与山下之松很不一样。那些密密实实拥挤在温暖的山谷中的松树，干直枝肥，针叶鲜碧，慵懒而富态；而这些山顶上的绝壁松却是枝干瘦硬，树叶黑绿，矫健而强悍。这绝壁之松是被恶劣与凶险强化出来的。它强劲和富于弹性的树干，是长期与风雨搏斗的结果；它远远地伸出枝叶是为了更多地吸取阳光……这一代代艰辛的生存记忆，已经化为一种个性的基因，潜入绝壁松的骨头里。为此，它们才有着如此非凡的性格和精神。

它们站立在所有人迹罕至的地方。那些荒峰野岭的极顶，那些下临万丈的悬崖峭壁，那些凶险莫测的绝境，常常可以看到三两棵甚至只有一棵孤松，十分夺目地立在那里，它们彼此姿态各异，也神情各异，或英武，或肃穆，或孤傲，或寂寞。远远望着它们，会心生敬意；但它们——只有站在这些高不可攀的地方，才能真正看到天地的浩荡与博大。

于是，在大雪纷飞中，在夕阳残照里，在风狂雨骤间，在云烟明灭时，这些绝壁松都像一个个活着的人：像站立在船头镇定又从容地与激浪搏斗的艄公；战场上永不倒下的英雄；沉静的思想者；超逸又具风骨的文人……在一片光明晴空的映衬下，它们的身影就如同用浓墨画上去的一样。

但是，别以为它们全像画中的松树那么漂亮。有的枝干被狂风吹折，暴露着断肢残干，但另一些枝叶仍很苍郁；有的被酷热与冰寒打败，只剩下赤裸的枯骸，却依旧尊严地挺立在绝壁之上。於是，一个强者应当有的品质——刚强、坚韧、适应、忍耐、奋取与自信，它全都具备。

现在可以说了，在黄山这些名绝天下的奇石奇云奇松中，石是山的体魄，云是山的情感，而松——绝壁之松是山的灵魂。

唐敏《女孩子的花》

相传水仙花是由一对夫妻变化而来的。丈夫名叫金盏，妻子名叫百叶。因此水仙花的花朵有两种，单瓣的叫金盏，重瓣的叫百叶。

"百叶"的花瓣有四重，两重白色的大花瓣中夹着两重黄色的短花瓣。看过去既单纯又复杂，像闽南善于沉默的女子，半低着头，眼睛向下看的。悲也默默，喜也默默。

"金盏"由六片白色的花瓣组成一个盘子，上面放一只黄花瓣团成的酒盏。这花看去一目了然，确有男子干脆简单的热情。特别是酒盏形的花芯，使人想到死后还不忘饮酒的男人的豪情。

要是他们在变化成花朵之前还没有结成夫妻，百叶的花一定是纯白的，金盏也不会有洁白的托盘。世间再也没有像水仙花这样体现夫妻互相渗透的花朵了吧？常常想象金盏喝醉了酒来亲昵他的妻子百叶，把酒气染在百叶身上，使她的花朵里有了黄色的短花瓣。百叶生气的时候，金盏端着酒杯，想喝而不敢，低声下气过来讨好百叶。这样的时候，水仙花散发出极其甜蜜的香味，是人间夫妻和谐的芬芳，弥漫在迎接新年的家庭里。

刚刚结婚，有没有孩子无所谓。只要有一个人出差，另一个就想方设法跟了去。炉子灭掉、大门一锁，无论到多么没意思的地方也是有趣的。到了有朋友的地方就尽兴地热闹几天，留下愉快的记忆。没有负担的生活，在大地上遛来逛去，被称做"游击队之歌"。每到一地，就去看风景，钻小巷走大街，袭击眼睛看得到的风味小吃。

可是，突然地、非常地想要得到唯一的"独生子女"。

冬天来临的时候开始养育水仙花了。

从那一刻起，把水仙花看作是自己孩子的象征了。

像抽签那样，在一堆价格最高的花球里选了一个。

如果开"金盏"的花，我将有一个儿子；如果开"百叶"的花，我会有一个女儿。用小刀剖开花球，精心雕刻叶茎，一共有6个花苞。看着包在叶膜里像胖乎乎婴儿般的花蕾，心里好紧张。到底是儿子还是女儿呢？我希望能开出"金盏"的花。

从内心深处盼望的是男孩子。

绝不是轻视女孩子。而是无法形容地疼爱女孩子。

爱到根本不忍心让她来到这个世界。

因为我不能保证她一生幸福，不能使她在短暂的人生中得到最美的爱情。尤其担心她的身段容貌不美丽而受到轻视，假如她奇丑无比却偏偏又聪明义善良，那就注定了她的一生将多么痛苦。

而男孩就不一样。男人是泥土造的。苦难使他们坚强。

"上帝"用泥土创造了男人，却用男人的肋骨造出了女人。肋骨上有新鲜的血和肉，只要轻轻一碰就会痛彻心肠。因此，女子连最微小的伤害也是不能忍受的。

从这个意义来说，女子是一种极其敏锐和精巧的昆虫。她们的触角、眼睛、柔软无骨的躯体，还有那艳丽的翅膀，仅仅是为了感受爱、接受爱和吸引爱而生成的。她们最早预感到灾难，又最早在灾难的打击下夭亡。

一天和朋友在咖啡座小饮。这位比我多了近10年阅历的朋友说:"男人在爱他喜欢的女人的过程中感到幸福。他感到美满是因为对方接受他为她做的每件事。女人则完全相反,她只要接受爱就是幸福。如果女人去爱去追求她喜欢的男子,那是顶痛苦的事,而且被她爱的男人也就没有幸福的感觉了。这是非常奇妙的感觉。"

在茫茫的暮色中,从座位旁的窗口望下去,街上的行人如水,许多各种各样身世的男人和女人在匆匆走动。

"一般来说,男子的爱比女子长久。只要是他寄托过一段情感的女人,在许多年之后向他求助,他总是会尽心地帮助她的。男人并不太计较那女的从前对自己怎样。"

那一刹间我更加坚定了要生儿子的决心。男孩不仅仅天生比女孩能适应社会、忍受困苦,而且是女人幸福的源泉。我希望我的儿子至少能以善心厚待他生命中的女人,给她们的人生中以永久的幸福感觉。

"做男人最大的缺点就是,没有办法珍惜他不喜欢的女人对他的爱慕。这种反感发自真心一点不虚伪,他们忍不住要流露出对那女子的轻视。轻浮的少年就更加过分,在大庭广众下伤害那样的姑娘。这是男人邪恶的一面。"

我想到我的女儿,如果她有幸免遭当众的羞辱,遇到一位完全懂得尊重她感情的男人,却把尊重当成了对她的爱,那样的悲哀不是更深吗?在男人,追求失败了并没有破坏追求时的美感;在女人则成了一生一世的耻辱。

怎么样想,还是不希望有女孩。

用来占卜的水仙花却迟迟不开放。

这棵水仙长得结实,从来没晒过太阳也绿葱葱的,虎虎有生气。

后来,花蕾冲破包裹的叶膜,象孔雀的尾巴一样张开来。

每一个花骨朵都胀得满满的,但是却一直不肯开放。

到底是"金盏"还是"百叶"呢?

弗洛伊德的学说已经够让人害怕了,婴儿在吃奶的时期就有了爱欲。而一生的行为都受着情欲的支配。

偶然听佛学院学生上课,讲到佛教的"缘生"说。关于十二因缘,就是从受胎到死的生命的因果律,主宰一切有形和无形的生命与精神变化的力量是情欲。不仅是活着的人对自身对事物的感觉受着情欲的支配,就连还没有获得生命形体的灵魂,也受着同样的支配。

生女儿的,是因为有一个女的灵魂爱上了做父亲的男子,投入他的怀抱,化作了他的女儿;生儿子的,是因为有一个男的灵魂爱上了做母亲的女子,投入她的怀抱,化做她的儿子。

如果我到死也没有听到这种说法，脑子里就不会烙下这么骇人的火印，如今却怎么也忘不了了。

回家，我问我的郎君："要男孩还是女孩？"

"女孩！"他毫不犹豫地回答。

"男孩！"我气极了！

"为什么？"他奇怪了。

我却无从回答。

就这样，在梦中看见我的水仙花开放了。

无比茂盛，是女孩子的花，满满地开了一盆。

我失望得无法形容。

开在最高处的两朵并在一起的花说："妈妈不爱我们，那就去死吧！"

她俩向下一倒，浸入一盆滚烫的开水中。

等我急急忙忙把她们捞起来，并表示愿意带她们走的时候，她们已经烫得像煮熟的白菜叶子一样了。

过了几天，果然是女孩子的花开放了。

在短短的几天内她们拼命地放开所有的花朵。也有一枝花茎抽得最高的，在这簇花朵中，有两朵最大的花并肩开放着。和梦中不同的，她们不是抬着头的，而是全部低着头，像受了风吹，花向一个方向倾斜。抽得最长的那根花茎突然立不直了，软软地东倒西歪。用绳子捆，用铅笔顶，都支不住。一不小心，这花茎就倒下来。

不知多么抱歉，多么伤心。终日看着这盆盛开的花。它发出一阵阵锐利的芬芳，香气直钻心底。她们无视我的关切，完全是为了她们自己在努力地表现她们的美丽。

每朵花都白得浮悬在空中，云朵一样停着。其中黄灿灿的花朵，是云中的阳光。她们短暂的花期分秒流逝。

她们的心中鄙视我。

我的郎君每天忙着公务，从花开到花谢，他都没有关心过一次，更没有谈到过她们。他不知道我的鬼心眼。

于是这盆女孩子的花就更加显出有多么的不幸了。

她们的花开盛了，渐渐要凋谢了，但依然美丽。

有一天停电，我点了一支蜡烛放在桌上。

当我从楼下上来时，发现蜡烛灭了，屋内漆黑。

我划亮火柴。

是水仙花倒在蜡烛上，把火压灭了。是那支抽得最高的花茎倒在蜡烛上。

和梦中的花一样,她们自尽了。

蜡烛把两朵水仙花烧掉了,每朵烧掉一半。剩下的一半还是那样水灵灵地开放着,在半朵花的地方有一条黑得发亮的墨线。

我吓得好久回不过神来。

这就是女孩子的花,刀一样的花。

在世上可以做许多错事,但绝不能做伤害女孩子的事。

只剩了养水仙的盆。

我既不想男孩也不想女孩,更不做可怕的占卜了。

但是我命中的女儿却永远不会来临了。

6. 散文写作很重要的是抓住心灵中瞬间和细微的感受和思索,无论是抒情性的还是议论、说明性的散文,有了这些,就像古人说的,山不在高,有仙则名;水不在深,有龙则灵。试读以下两篇散文,你是否有这样的审美感受?如果你也有类似的独特心情和心态,请写出来,让大家共同欣赏一下。

〔提示〕

幸福与快乐,是近年来我国各个层次的民众都喜欢探讨的问题,因为我们无论何人都要处理好在生活普遍有所提高的状况下,"幸福与快乐"和亲情、生活、家庭、收入、住房、婚姻、金钱、职业、兴趣、理想、追求、心态等许许多多有关矛盾与和谐的问题。以此为主题和题材的文艺作品(以长篇小说及其改编的电视连续剧为代表),也因此而层出不穷。散文自然不能用太复杂的人物关系和情感,较长篇幅地表现与揭示这些事件和问题,而只能选取生活中容易被人忽略的一个小情景、小情绪、小感受、小境遇、小体验等来显现这些事件和问题的内在意义与情趣。把握住这一点,写好此类散文就比较容易了。

7. 早年,夏丏尊和刘熏宇在《文章作法》(中华书局2007年重版)一书中,特别提出练习写小品文(简短散文)的基本方法——从写日记和书札开始。下面摘录其中的一部分,供学习和练笔参考。

〔提示〕

(1)一般情况下,我们都将日记与书札(书信)作为实用性的文体进行写作,而实际上,这两种文体也都兼有文学的性质,因为其中含有不少情感性、心灵性、精神性、情节性、景观性的内容,如要抒发一下自己心中的各种喜怒哀乐、烦恼郁闷等的感情,介绍一下自己亲历的景色风光,等等,此时,自然要调动文学的笔法和笔调,来加以倾述和描绘,以感动和愉悦自己和他人。

(2)提醒学生,我们不要把写作与日常生活截然分开,如是那样的话,就会觉得写作是一个额外的沉重负担。倘若我们将学习与生活、精神享受与社会应用结合在一起,那么写日记和书信,就是一种既可以自由随意地抒发内心情感、交流信息、增进友谊,又可用于日常练笔、语言实践的好形式、好手段。

第三讲 文艺评论的写作

写作实践操作提示

1. 一些经典的文艺作品引发了无数的评论,这些评论一般都是选择一个角度(一种艺术和审美特色)展开议论的。以下是对钱锺书的《围城》的评论。你觉得写得如何?如让你来评论该作品,你会有什么新的思路和视角?

〔提示〕

一般的文艺评论,主要是从作品的体裁样式、题材内容、主旨立意、情节结构、人物形象、语言特色、风格个性、修辞艺术、美学价值、民俗特质以及作家、艺术家的生活背景、社会经历、思想意识、流派传承、性格爱好等方面,寻找一个切入点或视野、视角,展开评论与批判。

除此之外,文艺评论的写作还特别需要注意以下三点:

(1)不要人云亦云,步他人后尘。别人评论过的角度、材料、内容和形式,除非你在这些相同的问题上,有比已发表过的评论更深刻、更新颖的见解,不然就不要在这些方面花功夫,而要尽量避开这些方面的重复评论。所以,在写评论前,先做一个收集整理的工作,即将他人的评论梳理一下,以免"英雄所见略同",撞车重复,做无用功。

(2)一定要精读、细读作品,直到读出自己的艺术和审美的感受——与一般感受不相同的艺术和审美的感受,才可下笔。当然,这样的感受是否真的与众不同并具有评论价值,仍需要做前面提到的工作——与他人已有的评论做一番比较,从而找到自己评论的切入点或视野、视角。

(3)要与时俱进。这是文艺评论有新意的基础。现在的形势发展很快,艺术、审美、文艺欣赏者(观众、读者等),甚至技术、市场等原先与文艺似乎不相干的因素，有时也会影响文艺的批评，更何况新理念、新思想、新语言、新表达，都在日新月异地变化与演进之中。所以我们也要与时俱进，不断学习，不断进取，不被时代所淘汰。

从这几个方面看，教材所选的那篇谈《围城》讽刺艺术的文章，就显得新意不够，角度不巧，手法一般。

这篇评论如果是《围城》刚出版时发表的，那就另当别论——基本写法也还较为清晰简练；如果我们的学生从来没有看过《围城》和相关评论，那这篇文章也可作初级的启蒙式的学习资料。

但现在人们早已熟悉钱锺书的幽默与讽刺，学术界已基本形成"钱学"，那么再一般性地谈《围城》的讽刺艺术，就有点老调重弹，让人觉得"卑之无甚高论"了。

2. 下面是一篇电影评论。有人认为这样的写法很新颖，很时尚；有人却认为这种只是复述影片故事情节且像观后感的写法不值得提倡。你的看法呢？如让你来写，你会怎样落笔呢？

〔提示〕

如此类型的写法，目前还比较盛行。这样写的好处是生动优雅、轻巧休闲，一方面适应了人们在紧张和快节奏的社会压力下，希望能轻松散淡一下心情与心态的文化需求；另一方面也切合了原作品那散文般、诗意式的叙事与抒情的笔调和风格。它很符合当下人们对故事和图像视觉的追求和接受的心理。因此，许多报纸杂志喜欢登载这样的文艺评论，一般读者也愿意阅读这样的文字。

但不够的是，文艺评论需要感性欣赏与理性分析的结合，类似的评论在理性分析上较为欠缺。这一篇电影评论，还属于故事介绍性和解读性的感受文章。

对于即将播映或刚播映的影视作品，在一般人还没观看过、抑或只有较少的观众看过的时候，这样的文章还是有价值的。等到大家对其情节比较了解和熟悉后，我们的评论就需要比较深入的分析和批评了。

3. 请就席慕容的微型小说《回家》写一篇文艺评论。字数800左右。

〔提示〕

这是一篇写得极其精练和隽永的作品。我们的评论可以从以下一些方面着眼：

(1)"他"的行动、行为与心情、心态的赏析。

一是他写信、粘信、取款等的动作与心情。如"洒洒落落地签下他的英文名字","以泪和吻舔封了袋口,黏贴了航空邮票,然后再取笔,在支票记录簿上记载……"中的"洒洒落落"和"以泪和吻",既显风度与性格,又含感情与意蕴;

二是"他"对邻居、父亲、初恋爱人间的了解、熟悉与亲密的关系。请注意作者的用词与修饰。

(2)"他"对家乡土特物产、地区地理、人情世故、风俗环境的了如指掌与饱含深情。

(3)语言和叙事的简洁与细腻。三百余字的短短篇幅,其中的主体部分——信件只有两百五十字左右。各处的交代,用的都是叙述与描写相结合的方法,因而粗中有细,既让人知道了到家乡的基本途径和景象,又使读者如身临其境般地随着"他"(实为作者)的笔触,曲曲拐拐地走在回乡的路上;因为场景的有声有色,读者也似乎真切地遇见了阿伯、老王、阿朗伯仔和邻居妇人。景、境、物、情都融入在这一表面简单实质复杂的过程之中了。

4. 文艺作品中的英雄人物一直是个热门话题,以下是从较宏观的角度对影视剧中的英雄人物展开的评论。读完后,请你选择一部新近的文艺作品,写一篇评论其中英雄人物形象的文章,字数1000左右。

〔提示〕

英雄及对英雄人物的评论的复杂性主要是以下情形所造成,我们可就此结合文艺作品展开讨论和写作:

(1)在中国,不同时期,对英雄概念的理解是不同的。当然,也有人认为英雄观不能与时俱进。人民中那些最早觉悟、最为勇敢、牺牲最为坚决的人,无论何时何地,都是英雄。

(2)现实中的英雄人物问题,社会上已是争论不休了,何况文艺作品中或真实或虚构的英雄人物。

(3)中西方对英雄的认定、评价和艺术表现的标准和形式,有着较大的差距。

论文写作部分教学建议

因教材对论文写作的意义这一点讲得比较简单,此处再具体阐释一下,实际也是一些教学的建议。

1. **总结和延伸课程的学习。**

    一般的课程学习,被动性的比较多,也就是基本以老师的讲授为主,学生则以听课为主,讨论、复述、考评、课外学习等,主要是围绕教师的上课内容或相关教材的内容进行。这从每一个课程(科目)的试卷就可看出:无论是客观题还是主观题,一般都不离课程与教材的基本框架和内容。论文写作却不同,它更重要的是学生的主动学习,是一种总结和延伸课程的学习。原先的课程,只是一个研究基础、起点或课题的引头,原先的课程内容只相当于论文开头的一个部分——相关研究的综述或研究的基础之一。论文主要内容决不能再重复课程内容,一定要讲课程中较为欠缺、论述不够、没有深入展开的一些值得再探讨和研究的问题。所以这里的"总结"是基础,"延伸"才是论文写作的主要目的。

2. **开展与规范科学研究。**

    文科的科学研究形式就是学术论文。以往学生的一般作业、考试、练习等,都有自己的(主要是老师的)要求,主观性比较强,虽也具有某些科学性、规范性的要求,但总体而言,这样的文字形式并不是严格意义下的科研和学术。只有写论文,我们才会接触到真正的科学研究,才会知道并体会到相关的规范、严谨、创见、创新以及不能抄袭、剽窃、造假等的科研与治学的基本要求和操作实践。

以前，有一个流传较广而不见出处的故事，用幽默夸张的手法，描写了世界上几个主要国家的不同研究方法。现在再读后，我们对各种所谓方法会有新的认识，也会对如何采用正确而科学的研究态度和方法有自己的见解。那个故事是这样的：

偶然从一本外文书上看到一则故事，觉得有趣，译出以飨读者。

一个法国人，一个英国人和一个德国人各自进行一项对骆驼的研究项目。

法国人去到约旦，在那里花了半个钟头时间，对守卫人进行询问，扔面包给骆驼，用伞尖捅捅它，然后回到家中，写了一篇论文，其中充满犀利和机智的评论。

英国人带上他的茶具和一大堆装备去到东方，搭起帐篷，住了两三年回来，带回厚厚一大卷调查成果，其中充满了原始的、未经整理的、没有结论的事实材料，但还不失为有真实的文献价值。

至于那个德国人，既瞧不起法国人的浅薄，又蔑视英国人的缺乏思想，他把自己锁在房间里，起草了多卷本的著作，题为：《从自我的概念推导出骆驼的理念》。

译完以后，觉得这个故事还缺乏中国人，未免不足，于是续写了一个尾巴：

"文革"期间，中国人得知西方学者正在研究骆驼的消息，立即成立一个大批判组，首先做准备工作，把法国、英国、德国人的有关骆驼的著作翻译出来（内部发行），同时编辑一本《马恩列斯毛论骆驼》。然后，这个大批判组用了三个月时间，写出一篇摆事实、讲道理、引经据典、头头是道、立场鲜明、火药味十足的文章：《西方资产阶级骆驼学是帝国主义的工具》。

3. 培养与体现创新精神。

这是论文写作最重要的意义。如前所述，论文的写作过程，也就是综合运用摄取、分析、概括、评判、联想、表达等能力的过程。这是学校中其他作业、考试等方式所不能替代的最具创新意识与精神的实践过程。而创新精神、创新意识和创新能力，是我国学生最欠缺的，而在论文的写作过程中，即从开题、收集资料、构思、落笔、修改，一直到答辩的长达数月的时间中，如何学习、总结与分析国内外的相关论述，如何展开自己的思路，亮出自己的观点，进行缜密的论证，等等，都与发现、独见、批判等的创新性思维有关。所以说，论文写作是学生创新的主要实践和有效实践。在我国大中小学的课程、考核和评价体系中，学生基本上都是复述、回顾、认知教师和教科书上的东西，较少有能够表达自己的见解、观念、想法、创造等的机会和形式。而论文写作，则能有意无意、让学生自觉性或强制性地有这样表达自己创造或创见的机会与形式。发达国家学生独立提出问题、分析问题和解决问题的能力普遍比我们的学生强，与从小进行论文写作不无关系。他们课上敢于与老师唱对台戏，课后又忙于社会调查、奔波于图书馆，较为自觉或兴致勃勃地进行各项实践与理论性的研究，也都是与对论文写作的重视有关。

4. **改变与提升思维方式**。

这里说的改变与提升思维方式有几层意思：

(1) 拓展与提高以往一般的议论思维。

我们中小学的一般议论思维主要是形式逻辑的方法和论点、论据、论证的三要素组合方法。在论文的写作中，这是远远不够的，所以有必要引入一般的哲学方法、辩证逻辑方法和议论的其他方法。

一般的哲学方法是指用处理现象与本质、形式与内容、可能与现实、一般与个别、必然与特殊等的关系的方法来理解与分析所要研究的问题。

所谓辩证逻辑主要是指：规律（表现思维从抽象上升到具体的对立统一的思维规律）、方法（分析和综合、演绎和归纳、抽象上升到具体、逻辑方法和历史方法的辩证结合）、形式（概念的潜在辩证因素、概念辩证法、概念的上升、具体概念、概念向判断的过渡）[1]；而议论的其他方法是指除一般讲的论点、论据和论证的三要素外，还要引入包括评判性（critical）、一致性（consistent）、简洁性（concise）、清晰性（clear）和完整性（complete）等的思维原则和阐释、论辩、评论与分析等议论方法。[2]

例如，我们从列宁于1908年至1911年所写的一系列评论托尔斯泰的论文中，就可明显地看出内含的辩证和辩证逻辑的思路和方法。列宁高度评价托尔斯泰，将他称之为"伟大艺术家"和具有世界意义的思想家，同时指出了他的作品、观点、学说中的矛盾："一方面，是一个天才的艺术家"，以其"最清醒的现实主义"精神和无与伦比的作品，"对社会上的撒谎和虚伪作了非常有力的、直率的、真诚的抗议"，"无情地批判了资本主义的剥削"，揭露了沙皇制度的罪恶；另一方面，是一个发狂地笃信基督的地主，"狂热地鼓吹'不用暴力抵抗邪恶'"，鼓吹宗教，"是一个颓唐的、歇斯底里的可怜虫"。这种矛盾根源于阶级、社会、时代等多方面，这些矛盾"是19世纪最后三十几年俄国实际生活所处的矛盾条件的表现"，它们由"1861年以后到1905年以前"这个时期社会从农奴制度往资本主义制度过渡的性质所决定，集中体现了"俄国千百万农民在俄国资产阶级革命快到来的时候的思想和情绪"。列宁进而指出这些矛盾、矛盾着的思想和作品反映了人民的"一切弱点"和"一切有力的方面"，俄国工人阶级从中会更清楚自己的敌人，俄国全体人民从

---

[1] 章沛主编《辩证逻辑基础》，湖南人民出版社1982年，第18页。
[2] 参见【旅美】祁寿华《西方写作理论、教学与实践》相关章节，上海外语教育出版社，2000年。

中会了解自身的弱点,因此,它们是反映革命中的力量和局限性、反映农民在俄国革命中的历史活动所处的各种矛盾状况的镜子。正是在这些意义上,列宁高度赞扬"托尔斯泰是俄国革命的镜子"。[1]

论文写作中还可运用其他的议论方法,还有文化方法(文化视野、文化市场、文化管理等)、自然科学方法(系统、信息、控制、突变、协同、耗散结构、模糊逻辑、模糊集合、全息等)、文艺新学科方法(传播、结构主义、符号学、心理学、社会学、语言学、民俗学、经济学、比较、接受、实验、解释、阐释、叙述、现象、修辞等)。[2]

(2)在论文的写作中,加深对"鱼"、"渔"的内涵及现代延伸的认识。

在第1册中,我们已谈过这一问题。"授之以鱼,不如授之以渔",此话意思很明确,给人以现成的东西(知识),不如给人以获得这一东西(知识)的方法。由此引申出如何处理和吸收知识与培养动手能力及加强方法训练等的问题。中小学教育和教学在努力这样做。针对大学的教育和教学,特别是这里强调的论文写作,我们除了重温"授之以鱼,不如授之以渔"的这一基本道理外,还需要对"鱼"和"渔"的现代意义进行再认识,在此基础上延伸其内涵,扩大论文写作的视野与眼光。

近年来,各个高校都产生这样的问题:一方面是学生和用人单位不重视论文写作。学生忙于求职时,正是写论文当口,他们无心写论文;用人单位既看不见论文成绩,也不看重此成绩。另一方面,学生匆忙应付的论文,许多是平时作业或考试型的复述,也就是一些现成"鱼"的拼凑(包括大量抄录或网上下载他人的成果)。这样的做法,不要说具有专业性的广阔视野和独特眼光,就连"渔"的层次都没达到。实际上,大学论文的写作,从选题、立意、资料收集、提纲安排到文字表达,都需要前面所说的几个方面的知识和能力,并充分体现学科专业和跨学科专业的开放视野和个性化的眼光。

再看连接大学和社会的公务员考试,如果说试题之一的公共基础知识考试主体内容重在复述"鱼"的话,那么其中的案例分析和论述题却需要"渔"的功夫,而公务员考试中的申论,则完全与传统作文考试不同,是分析驾驭材料的能力与表达能力并重的考试(要求对所提供的多条材料进行概括、分析和提出对策和建议,并对所涉及的问题开展评论),已是论文的雏形或者说是一篇小论文,它体现的是考

---

[1] 参见:列宁的《列夫·托尔斯泰是俄国革命的镜子》(1908年9月24日)、《列·尼·托尔斯泰》(1910年11月29日)、《列·尼·托尔斯泰和现代工人运动》(1910年12月11日)、《托尔斯泰和无产阶级》(1910年12月31日)、《列·尼·托尔斯泰和他的时代》(1911年1月22日)等论文,《列宁论托尔斯泰》,中外出版社,1952年。

[2] 参见林骧华等主编的《文艺新学科新方法手册》,上海文艺出版社,1987年。

生较为全面而完整的知识体系和分析问题解决问题的能力。

　　因此，从整体而言，无论什么样的学校和学科，"鱼"、"渔"和视野、眼光都应顾及，但相对来说，一般的职业学校和各类初中级学校比较重"鱼"和"渔"，即重"术"（具体的方法技巧和实用技能）的教育和教学，普通高校，特别是重点的研究型大学等则更应重视科研性的"学"的探讨。具体地说，就是在安排论文的写作时，要在形而下的"器"和"术"的基础上，再强调形而上的"气"和"学"（宏观、抽象和理性的认识视野与能力）的培养。

　　论文写作的教学中，还需要注意一个实际的问题——写作基础和专业论文教学的结合。因为我们往往在大学低年级时，讲一般论文写作的基础内容，此时学生还没有实践的体验。而学生则是在中高年级时，才真正接触专业课写的论文和学年论文、毕业论文，才开始体验论文写作，但那时他们又有可能忘了已教过的内容，而这时写的专业论文本身又有着各自的特殊性。所以一般的论文写作教学教师与专业论文写作指导教师要相互衔接通气，不要互相埋怨和指责，从实际出发，多为学生考虑。两部分教师相互配合、协同工作，才会使学生既掌握论文写作的一般规律，又能驾驭专业性比较强的论文写作。

论文写作实践参考答案

第一讲 文体特点与类型

写作实践操作

1. 眼下，一些大学生热衷于考各类证书而不重视诸如毕业论文写作和毕业设计那样的基本训练和考核。有人甚至提出大学可以取消论文写作和毕业设计。你认为大学论文写作的重要性在哪里？

〔提示〕

这里提供两个相关的材料，供讨论和写作参考。

(1) 有关取消大学本科论文写作的报道：

四成人赞成取消本科毕业论文 滥竽充数不如不做

原载2007-12-17《中国青年报》

"眼下找工作要紧，写什么论文！找个好工作幸福一辈子，毕业论文写得再好也不能当饭吃，能过就得了！"北京某高校大四的小冯对笔者说："网上找点资料，拼凑一下就行了。大家都是这么干的，再说老师也会体谅我们的！"

几天前，小冯所在的学院开始进行本科生论文开题工作，一年一度的本科毕业论文写作拉开了序幕，同时，每年年底也正是毕业生找工作的黄金时期。

2004年3月，本报记者撰写的题为《本科毕业论文掺水严重能否取消》的文章就引起了高教界的大讨论。随着就业压力逐年增加，今年，这个话题再次成为关注焦点。

上周，中国青年报社会调查中心与某网站教育频道联合开展了一项调查，2243名参与者中，71.3%的人认为本科毕业生对毕业论文不重视，42.5%的人认为本科毕业论文应该取消。

"复制、粘贴、删几个字，把名字一改，我的毕业论文就完成了。"采访中一位已经毕业的同学坦承："老实说我也想好好完成毕业论文，可确实是没时间也没这个心情呀！"小冯所在的学院，目前找到工作的同学寥寥无几，大多数同学每天都在为将来的饭碗而奔波。

调查显示，本科毕业论文的写作中确实存在很多问题，例如：抄袭现象严重(31.8%)，论文写作缺少创新(25.1%)，写作功底薄弱(19.8%)，选题过大或过宽，本科生根本无法驾驭(18.1%)和论文格式不符合标准(5.1%)。

"与其滥竽充数，东拼西凑，不如干脆取消本科毕业论文。"华中师范大学涂艳国教授这样表达过他的观点，其理由是："本科毕业论文并非必不可少。在美国，不仅本科生不写毕业论文，连硕士生都不用写毕业论文。高等教育日益大众化，取消本科毕业论文可能是大势所趋。"

2007年6月，中国人民大学、北京师范大学、北京外交学院、中国农业大学、中央财经大学、北京语言大学、华中科技大学七所大学取消了"研究生毕业必须发表论文"的硬指标。这就表示，研究生期间即使没能发表论文，学生也能毕业。

研究生都已经不再被要求必须发表论文了，那么，本科生必须提交毕业论文的要求是否过于苛刻了呢？调查中，24%的人认为撰写本科毕业论文"没什么收获"，23.1%的人认为"不仅没用，还耽误了找工作的时间"。

据笔者了解，学生们对毕业论文产生抵触情绪是有原因的。"大学四年，没有人认真系统地给我们讲过，大学的论文和高中的作文有什么不同。我们也知道，毕业论文是本科学习成果的检验，需要认真对待，可怎么写这样的研究型论文，很多同学都是一头雾水。"有调查参与者留言道。

调查中，公众选出的影响本科毕业论文撰写的因素依次是：平时缺乏写作训练(17.8%)、自己认真写的反而不如别人抄袭的分数高(17.2%)、老师指导不力(16.1%)、与找工作时间冲突(15%)、缺乏论文/实验经费(14.6%)和确定合适的选题比较困难(11.6%)等。

也有31.5%的人不赞成取消本科毕业论文。调查显示，半数以上的人(52.9%)肯定了毕业论文的作用，其中，15.3%的人认为撰写本科毕业论文"收获很大"，37.6%的人认为"有点收获"。

"我是个老大学生，大学毕业论文写作让我受益终身。无论毕业以后从事什么工作，基本的论文写作能力是必不可少的。"调查中，有人这样留言。

2004年，教育部的有关规定指出："毕业设计(论文)的质量是衡量教学水平、学生毕业与学位资格认证的重要依据。各省级教育行政部门(主管部门)和各类普通高等学校都要认真处理好毕业论文与就业工作等的关系，从时间安排、组织实施等方面切实加强和改进毕业设计(论文)环节的管理，决不能降低要求，更不能放任自流。"

据了解，国外的许多一流大学虽然没有本科生毕业论文，但自始至终非常重视本科生的科研能力，甚至设立了科研学分。如美国麻省理工学院在1969年就创设了"本科研究机会计划"；加州大学洛杉矶分校在20世纪80年代设立了"本科生研究中心"等。此外，有学者表示，美国的学生虽然没有毕业论文的硬性要求，但是他们的很多课程都是通过学期论文或研究综述来考核的，他们的研究能力和论文写作量可能比国内的学生还多。

北京某高校教务处副处长王老师在接受本报采访时表示，"我反对取消毕业论文，但我同时也认为，在决定一个学生能否顺利毕业时，可以给学生更多的自主选择权。"

王老师提到，论文可以根据具体学科和专业选择不同的形式来替代，"比如新闻系的学生可以发表新闻稿，社会学专业的学生可以撰写社会调查报告等"。本次调查显示，27%的人认同这一说法，认为是否取消毕业论文"不能一概而论，要看具体学校具体专业"。

调查中，44.1%的人支持修满学分即可毕业，32.3%的人则希望，毕业的考核能够在专业范围内，自由选择写论文或是独立完成一件作业(设计)。

本科生提交毕业论文的初衷是为了检测学生在本科阶段是否学到了应该具备的知识和能力。不过，对什么是成功的本科教育，不同的人有不同的理解。

77.8%的调查参与者认为，如果学生具备了专业知识，可以独立生活，成为合格公民，那么本科教育就是成功的。18.8%的人认为，找到一份满意的工作，也是成功的一种。不过，对什么是成功的本科教育，不同的人有不同的理解。

(作者：何志坚)

(2) 2009年4月19日百度网有关英国大学论文写作的问答：

问：我今年秋将开始在英国读本科，因为我是在国内上完大一才申请的，并没有在英国当地读预科，所以我想知道英国大学对 essay, report 等的写作要求是什么，请尽可能详细地解释。最好是附上论文范例。谢~

答：要求都在你学校发的入学手册上。英国的大学论文非常非常非常非常非常重要。基本上从国内来的同学如果按照国内的套路来写的话全都得不了高分。不得高分的主要原因就是格式不对；引用著作时并没有附到后面的 references 或 bibliography 中从而构成抄袭、跑题等等。写的过程基本上是这样，按照老师给的书目读，读的你认为差不多了你的观点基本上就已经形成了，然后写出来(这感觉没法用文字表达)。如果你把看到的东西都总结到论文中，及格的可能性就很大了，但是得高分的可能很小。如果你能合理地提出一些新的创意，那就很有可能拿到高分。不过也不用过于担心，一般来说大学第一年的论文都不计入总分中，你可以好好利用这个机会来适应一下英国的论文写作方式，好好和老师交流，认真理解老师的反馈，等到了计分的论文就可以游刃有余了。论文范例的话你们老师给你们的参考书目就是最好的范例。引用 reference 分为 footnotes 和 Harvard 格式，一般两种格式都被接受，个人认为 Harvard 格式方便一些。具体的参照你们学校的手册。如果还想找些范例，可以去这个网站 http://www.coursework4you.co.uk/，上面都是质量较高的论文，不过要花钱买，但是个人觉得买1到2篇看一看还是不错的，不过不要抄袭，学校都有检测抄袭的软件，都能检测出来。

2. 在美国，论文写作从小学就开始实践了。读一下黄全愈的《素质教育在美国》一书中的有关叙述，联系我国的实际情况和论文的写作特征等问题，谈谈你的看法。

〔提示〕
引文之所以很长，是因为其中几乎涉及了论文写作的方方面面和所有问题：
(1) 从孩子开始的独立研究是美国教育的一个特点；
(2) 对研究的基本要求：问题意识和篇幅限制；
(3) 对参考资料的要求：来自不同的地方；
(4) 论文文本制作规范：打印、格式(开头、分段论述、研究结果和自己的见解、参考资料来源与出处)等；
(5) 研究的步骤：收集资料、阅读、找观点、组织文章；
(6) 研究结束前教师的工作：不对选题及研究过程发表任何意见，只在学生要求时，提供收集资料的意见；
(7) 议论(论证)的独立性和个性化；
(8) 完稿后论文的处理和应用：展览和推荐；
(9) 研究的深入：从资料收集到问题研究；

(10) 美国研究报告的三个基本因素：研究前人的看法，提出问题、发现问题、提出新的研究课题，确定研究方法、实施研究计划；

(11) 中学阶段的研究要求（自选课题，两个半月独立完成，时间规定等）；

(12) 实验性的课堂研究过程（以"测试小老鼠的决策能力"为个案）；

(13) 正正规规的研究报告和美国专业学术论文的特定格式；

(14) 各类研究课题的展示与评价、评奖。

3. 著名学者、散文家董桥在《创新与反调》一文中，谈了很多有关创新和写学术论文的看法(略)。董桥的这些说法是否概括了论文写作的特点？你对这样的说法有什么看法？请找一些论文实例来作印证。

〔提示〕

(1) 创新确实是论文写作的重要特点，唱反调也是创新的一种重要手段。当然，这两者还不能概括论文写作的所有特点和内容，例如，学术性、规范性等特点和创新的其他各种方法（如用已有理论与方法，解决新问题；将其他学科方法引入到本学科，解决本学科中有意义的问题；采用了新的方法和手段，获得新的结果；在人们所谓熟知的内容上见到他人忽视的问题，等等）。

(2) 要唱好反调也不是一件容易的事。主要是要找准他人的问题（偏颇、学术硬伤、谬误、忽略点等），还要自圆其说，将自己的观点讲准确、讲深刻、讲透彻。

(3) 先可看看董桥这篇文章的原文，其中就创新与唱反调举了不少的例子，如《文心雕龙》、金圣叹评《水浒》、胡适的论文、李希凡、蓝翎论《红楼梦》、王尔德、鲁迅杂文、蒲松龄，以及一些西方的物理学家、侦探作品、论旅游的文章等等。还可就创新与唱反调的一些基本原则，找其他的作品和作家来作印证。

4. 下面是一位喜欢"唱反调"的学者的两篇论文(论著)的开头。你认为这是论文写作所提倡的创新或创见吗？如觉得是的，那么就接着该开头试写下去；如不同意，就另外拟一个题目，写一篇能自圆其说的小论文。写完后，可以找一下该作者的论文全文，对照自己的文章，寻找差距，理解论文写作的一些特点。

〔提示〕

学术上的"唱反调"是需要有充分的理论和论证基础的，也就是要拿出足够的证据来驳倒别人的所谓错误和偏颇，树立自己的观点和观念。教材提及的学者李劼的那两篇文章还是比较典型的，我们再看一下他在提出观点后的部分论证内容，以讨论相关的问题：

淤泥与莲花(全文)

我总喜欢对一些人们认为是常识的命题提出质疑，比如"出淤泥而不染"之类。人们认为品行高洁，就得有这种莲花般的纯净。

我并不以此为然。因为一个很明显的事实就是，假如没有淤泥，莲花又开在哪里呢？而假如莲花是因为淤泥才有了美丽的姿容，那又何来染不染呢？君子可以远庖厨，但莲花能够远淤泥么？

显然不能。因为莲花一远淤泥，那么莲花就成为子虚乌有之物了。也许有人会以为这是莲花的不幸，我却认定此乃莲花的品格：把根深植于大地，把花开向了天空。当人们把莲花比作佛花时，他们总是忘记，没有芸芸众生，又何来佛祖菩萨？众生像淤泥，菩萨乃是绽开的莲花。菩萨不会对众生说，他们出淤泥而不染，相反，他们会把莲花的花瓣重新扔回淤泥里。所谓普度众生，大概就是这个意思吧。

但人们也不要急着得出结论说，没有泥哪有花？一如有一首歌里唱的，没有家哪有我？不，这里的逻辑关系正好倒过来，没有花哪有泥？淤泥的意味不是因为它们仅仅是淤泥，而恰恰是由于从它们之中具备了开发出莲花的可能。没有莲花的淤泥就好比不会生育的女人。同样道理，没有莲花的淤泥或者说不会开出莲花的淤泥只是一堆死的烂泥，而不是一片充满活力的土地。莲花赋予了淤泥以生命的意味，从而使淤泥成了人们称颂为母亲的大地。如果可以把莲花比作文化，比作精神，那么淤泥就是人们最日常的吃喝拉撒。人之所以为人，不是因为他们具备吃喝拉撒的能力，而是由于他们具有天然的文化品质和精神指向。

由此可见，出淤泥而不染其实是指莲花对大地的超越，并不是意指莲花对大地的不屑一顾。正如人们不想看到花瓣上染有淤泥一样，人们也同样不能把美丽仅仅归结于来自天空的阳光和雨露。如果人们明白了莲花与淤泥的这种关系，那么学者们争论不休的所谓人文精神与商品经济的关系也就一目了然了。高扬精神的人，要看看他们脚下有没有淤泥，或者说活得怎么样；热衷于商品经济的人，得看他有没有精神的向度，有没有文化的品质。社会的进步在于经济和文化这两个轮子的同时滚动，从而使莲花具有开放的基础，淤泥获得生命的意义。

林黛玉的爱情期待(片段)

当年鲁迅曾感慨说，一部《红楼梦》，"悲凉之雾，遍被华林，然呼吸领会者，独宝玉而已"。我不想在此贬低鲁迅的判断是否偏颇，但可以肯定的是，《红楼梦》中领会悲凉之雾者不仅独宝玉而已，而且首先不是宝玉，而是作为无望的爱情期待者林黛玉。是林黛玉在《葬花辞》中率先感受到生存的紧张，是林黛玉在《五美吟》中大胆颠覆了昏暗的历史，又是林黛玉在《桃花行》中深切领悟到大观园世界的末日将至，更不消说这位少女以泪洗玉的艰苦行程，使贾宝玉得以一步步趟过尘世的污泥浊水，完成向天空的最后飞跃。除了因为天性善良，这位少女在薛氏母女的兰言爱语下曾经蒙受过伪善者的欺骗，她在整个故事中始终不合流俗，傲岸卓立。在省亲场面上，她写出"一畦春韭熟，十里稻花香"的清新诗句；在杯光斝影中，她于行酒令的当口脱口而出的是《牡丹亭》和《西厢记》的词文。她会不加思索地随手扔掉皇上经手的赐物；而面对薛宝钗的"珍重芳姿昼掩门"，她就是展示出"半卷湘帘半掩门"的风流潇洒。她从不人云亦云，随波逐流；她更不趋炎附势，如同薛宝钗那样审时度势地朝贾母说上句把中听的话，或者点上一出老太太爱听的戏文之类。她的副本形象晴雯尚且身为下贱而心比天高，更何况她自身在爱情追求上的执着连同与此相应的对自由的渴望。她不是不明白她的爱情期待究竟有无希望，但她抱定"质本洁来还洁去"的人生宗旨，心甘情愿地走向无望的天空，"一抔净土掩风流"。可见，她那红拂般的卓然识见，来自她不畏赴死的决心和不入浊流的心胸。毋庸置疑，这意味着她将付出什么样的生存代价，然而，人的维度就是这样建构起来的。这里不再奉行什么好死不如赖活的苟活原则，而是昂然宣布：不自由，毋宁死！

当然，因为唱反调不是那么容易做到的，所以我们一般写论文，没有也不必要完全用唱反调的方式确立论题和进行论述，而较多地是对一些容易混淆、存在疑义的学术术语、概念、问题等进行辨析、商榷，以此展开自己的论说，以厘清分歧，辨明是非，显示价值。下面这一篇小论文，谈的就是与我们翻译专业密切相关的一些术语、概念的正确辨析问题，阅读并理解一下它的内容，对我们写相关的专业论文一定会有启发：

一些国际问题术语的曲解

庞中英

早在1995—1996年之间，笔者几乎是最早指出，国内的"外宣"中把中国的"五十六个民族"翻译为"56 nationalities"是荒谬的，有着严重的政治外交后果。所幸的是，毕竟进步了，今天，"56个民族"被正确地翻译为"56 ethnic groups"。

下面这篇文章，主要也是为了确切地理解一些外来语，避免产生更多的诸如"56个民族"长期错译（尽管是从中文译为外文，与从外文译为中文还不同）之类的误解、扭曲。

"地区"为什么比"区域"好

后者最大的缺陷不在于"域"，而在少了"地"。少了"地"，就失魂落魄。"地"字与国际政治最为相关。主权之依托的"领土"以及国际权力斗争的对象"资源"都与"地"有关。"地缘政治学"和"地缘战略学"，这类经久不衰的学科，以及后来发展出来的"地缘经济学"，都是因为"地"。

我原来也是用"区域"（西方学界对应的词是"area"），觉得"区域"似乎比"地区"要宽一些。因为在国际政治中研究的"区域"当然比"国家"在范围上大，用"域"字会更确切，但后来仔细一想，觉得不妥，"区域"少了"地"字，就是致命的缺失，所以还是用"地区"合适。要不，就干脆用"地域"。日本学界就用了"地域主义"或者"地域研究"。

与国内政治、地理研究等联系在一起，"地区"或者"地域"从来是指两个东西，一个是国内中央政府之下的"地区"，或者联邦制（如瑞士）下的各个组成部分，一个是国家之外的地区，即国际（世界）地区，我们常说的中东、欧洲、东南亚、北美、非洲，就是这样的地区。今天的国际研究和外交政策研究不是不研究国内的地区，国内的地区也越来越成为研究对象。

"战略"为什么没有"策略"高明？

如今，生硬模仿美国人，"大战略"（grand strategy）研究在中国成为"显学"。但如此显学却败笔在一个"战"字上。与"战争"等军事事务相关的叫做"战略"毫无疑问，很正确，但是，把与战争关系不大的也叫做"战略"，从一开始就是一个不确切的使用。"战略"太"硬"了。

实际上，中国文化中，更讲究、更柔性的词语是"策略"，而非"战略"。"战略"与"策略"在许多情况下是同义词，但"策略"更包容，更智慧。

不过，"战略"也罢，"策略"也罢，关键在"略"字。在"略"的前面加上"战"，有人才以为够劲，显示其关键性、长期性等。其实，在我看来，"策"字加到"略"的前面，特别传神，而且与中国文化更加贴近。

今日，公共政策中的"策略研究"主要不是关于"战争"的。也就是说，"策略研究"越来越不是用来"战"的，而是为了"运筹"的。"战"字恰恰有些不"策略"的意味。

"软实力"不能战胜"软力量"

美国哈佛大学教授约瑟夫·奈(Joseph Nye)的"softpower"被译介到中国,差不多快20年了。一开始,政治学和国际问题学者难以在中文中找到对等的词汇来翻译。因为中西在"power"问题上不仅是一个语言和文化的转换问题,而且是一个历史和政治问题。

"Power"在中国有几种理解:"强权"、"权力"、"力量"和"实力"。近代以来,软弱的中国把西方的"power"叫做"强权"。但是,到21世纪开端不久,中国官方强力介入这种学术交流,中国要贯彻"软实力战略"了,于是,行政权力钦定下的"软实力"战胜了其它任何翻译,包括"软权力"、"软力量"、"软强权",而一统天下,因为"实力"这个词在中国的世俗社会中具有强大的民间吸引力。但需要说明的是,"软实力"之译,已经强硬地夺去了原来"softpower"的政治学、社会学和历史学本意。正因如此,国内对"软实力"的讨论,大多言不及义。

不能容忍估计连翻译者本人也看不懂的扭曲:"社会连带主义"

猛一看这个词,别说外行不懂,就是越来越多的中国的画地为牢的"国际政治"、"国际关系"、"外交学"三大专业的学生也不知所云。"社会"还要"连带","连带"什么?

国际关系理论的"英国学派"的核心概念之一是"国际社会"。这是一个格劳秀斯意义上的概念(Grotian conception),意指国家之间广泛的"一致和团结"(consensus and solidarity)。"Solidarism"指的就是有关的主义,而"solidarist"是信奉和坚持这种主义的人(学者)。当下不是经常讲"和而不同"吗?其实,solidarism说的正好与此不同,是"和而同"。又"和",又"同",就是solidarism。在英语中,"solidarity"是"一致"、"同一"、"团结"的意思。根据牛津大学AndrewHurrell教授的观点,"solidarism"区分为共识性的和强制(胁迫)性的两种。我理解,常说的经济政策上的"华盛顿共识",实际上,就是Hurrell教授指出的两者兼具的"solidarism",尤其是后者,许多发展中国家接受"华盛顿共识",其实不是因为美国官方主张的经济模式是"软实力",有吸引力,而是美国要求这些国家必须按照"华盛顿共识"的标准和美国在经济政策上一致。同理,关于充满麻烦的美国和日本同盟体系,日本和美国的共识,其实是强制性的,美国用日本在安全上的深刻弱点来迫使日本接受事实上不平等的美日同盟。西方的"安全共同体"等都是"solidarism"的例子和这个概念的适用。

"Solidarism"是和另外一个西方政治学的核心概念"pluralism"相对而言的,二者组成一组概念(可看作一个"二分")。用如今再次"被流行"的儒家意识形态说,"pluralism"就是"和而不同",即各个国家和社会共存、共处,但却在许多方面(包括在道德、规则和制度上)存在差异性。

所以,我把solidarism就简单翻译为"(和而同)团结主义",而pluralism就是我们说的(同床异梦、和而不同之)"多元主义"。

"联合国维和运作"还是"联合国维和行动"?

"维持和平运作"(peacekeeping operations),不知为什么在中国就变成了"维持和平行动"。《联合宪章》第七章《对于和平之威胁和平之破坏及侵略行为之应付办法(行动)》(CHAPTER VII: ACTION WITH RESPECT TO THREATS TO THE PEACE, BREACHES OF THE PEACE, AND ACTS OF AGGRESSION)是"国际维和"的主要国际法依据。据此把"维和"广义地看作行动,没有错。但是,"运作"是对《宪章》"行动"规定的落实,所以,我的观点是,要区别它们,把"维和运作"翻译为"维和行动"是不严谨的。如果一个没有国际政治知识的译者,要把这中文回译为英文,可能就是"peacekeeping action",这当然也不能说错,却失去了联合国为之奋斗和努力了半个世纪的"维和"进程之细节。

"公众"还是"公共"?

面对一个英文单词,比如,"the American public",英语普及的中国人可能毫无困难地把其翻译为"美国公众",绝对不会写为"美国公共",因为中文读者,谁也不知道,"美国公共"是如此地别扭。

在外交上,"公共"和"公众"这一字之差导致对"public diplomacy"的理解与应用差别很大。重视个体及个体的集合(如"集体行动")的西方,"public diplomacy"中的"public"本来就是"公众"的意思,与"民意"、"选民"等十分相关。主要因为世界变得越来越小,外交政策和外交活动日益受到民意的影响,"公众"深入介入外交,每个国家的外交都要考虑两种民意、对付两类公众:有权利决定国内政治进程的本国选民和外国选民。外国选民通过影响其本国的政治决策过程而影响该国(如美国)的政策。如果把"公众"理解为"公共",对"public diplomacy"本质和意义的理解能力就降低了。即不知道

"public diplomacy"的对象到底是什么：这类外交工作的对象不是官官接触、沟通、交涉、谈判，而是官民，是政府（比如外交部和其它政府部门）与鲜活和具体的"公众"，尤其是外国公众（至于是"公众"的哪个群体，这些公众的重要性，这些公众分属的团体、机构是另外的问题）之间的关系。总之，僵硬、抽象的"公共"不利于"公众外交"。

"在中国"怎么就变成了"中国"？

许多本来在英文中表达得特别清楚的东西，比如"inChina"，中文中不知为什么就不假思索地变成"中国"。最典型的例子是"made in China"。在中国尚未成为"世界工厂"时，这样说，没有太大的问题。但是，当中国成为"世界工厂"后，再如此使用，就有问题。此种讹误居然阿Q了许多人，鼓舞了民族士气，以为这么多"中国制造"啊！直到最近，人们才开始意识到这种理解带来的后果：与韩国等在中国大规模设厂的国家保持贸易逆差，而与美国则保持贸易顺差，韩国等在中国生产的国家逃避了美国的压力，中国则不得不面对美国的选民、政客、工会组织的不满矛头。美国与中国的贸易问题不仅是双边问题，也是美国与亚洲和其它国家（日韩尤其）的多边问题。中国大包大揽地把人家的"在中国制造"叫做"中国制造"，对应付美国的贸易压力并无好处。除这个例子外，有许多类似的理解。比如，"国内学者"，"国外学者"，实际上，就是可能导致荒唐性的身份区别。如今许多美国人在中国教书和著书，那些以北大教授身份发表观点的外籍教授越来越多了，他们算不算"国内学者"，或者"中国学者"，他们可是"在中国"啊！"国外学界"也是如此，许多中国人在国外教书和著书，他们用英语思考，用英文发表，其知识创造属于英语知识体系，除了来中国调研的时候讲中国话，他们到底算是"外国学者"还是"国内学者"？

其实，在"外资"——跨国公司那里，人家从来都把"在中国"和"中国"区分得一清二楚。比如，2009年12月，"谷歌"全球副总裁、大中华区业务总经理刘允说，"我们不是 Google China，而是 Google in China。"对于那些把跨国公司当作"中国的"公司看的人来说，这句话就是一本教材。

（《文汇报》，2010年9月3日）

第二讲 论题的确立和资料的收集

写作实践操作

1. 以下是某高校本科毕业班同学初报的一些论文题目。请仔细阅读，分析各条的优缺点，指出哪些论题比较有意义；哪些还只是论题范围，而不是真正的论题；哪些题目过大而不适合本科生写作等等，并加以修正，以符合学术论文论题的要求。

〔提示〕
下面分别对这些题目作一点评：

萨满教与东北民间文化
选题可以，但"东北民间文化"范围太大，还可缩小一点，如东北民间文化中的某一部分，说唱、戏剧、曲艺等。

从广告看当下大众文化倾向
此题可以。

从皮影戏看清末民众心理
此题不错。

文学创作中的受众
题目太大。"文学创作"可缩小为文学或艺术的某一种体裁和类型，如武侠小说、文化散文、魔幻电影等。"受众"后可加"观赏心理"、"审美心态"，使之明确化。

中国酒文化与中国文人
"中国文人"范围太大，可缩小到中国古代(或现代)诗人(或小说家、戏剧家等)。

从晋商看中国传统商业文化中的诚信原则
此题可以。

从酒、饮酒方式、饮酒态度等在几个典型城市的差异看地域文化差异
基本可以，但需有实证的、考察调查性的材料作基础。

中日茶文化比较
"茶文化"大了点，如取比较茶艺与茶道、茶具文化、茶文艺或再小一点的题目，则更容易着手。

日本文化中的虚实观
不错，但难度较高。可选日本文化中的某一类型，如绘画、电影、广告等，谈相应的虚实观。

名人与上海民居

可以。

儿童英语教学中中西文化的渗透

"英语教学"改为"英语语言教学",题目会更准确一些。

中西警察文化对比

可以,政治性较强,有难度。

从中国古代"正名"思想看跨文化交际翻译中的"词汇空缺"和"所指分裂"问题

可以,学术性较强。

语义翻译和交际翻译适用于不同文化下的研究

可以。"交际翻译"要做解释和界定。

浅谈文化差异对翻译的影响

用意可以。只是"文化"概念大了点,可改为"饮食文化"、"政治文化"、"审美文化"等。

汉语新生词汇产生方式及影响归纳分析

可以。

汉语拆词现象的分析

可以。

汉语成语的性别文化研究

不错。

陈子昂孤独心态的文化阐释

不错。

李贺的诗歌艺术魅力

"艺术魅力"范围较大,如改为"抒情艺术的魅力",则更集中,研究也可更深入一些。

从《春香传》看中国文化对韩国文化的影响

不错。但如研究两个文化的互动或相互影响,似更有意义,因为该剧后来又传回中国并带有浓烈的韩国味。

汉服在当代中国的地位及如何推广

"如何推广"可改为"国际推广策略(研究)"

《诗经》中的民俗

可以。

《罗摩衍那》与《荷马史诗》中人物形象对比

可以。

东西方童话原型研究

可以。

萨特的《禁闭》

不明确，不像研究课题。对该作品中的什么内容与形式进行研究要明确，如叙事艺术、哲学意味等。

外国文学作品中的多余人形象

"外国文学"太泛，明确一个国家或某位作家更好些。

西方文化中的蛇

可以。

西方狼文化

可以。

《圣经》中梦的研究

不错。

2. 论文中的资料内容很广，有文本、背景材料、他人论述等等。下面是一篇较规范而完整的论文，请关注其中各类资料的引用及分析的状况。

〔提示〕

该论文共有引文注释13条，总体看来是比较规范的，大部分运用得恰到好处。但若细细考察，还会发现一些可以改进和修正的地方：

(1) 评论与论述对象《扶桑》本体的引文。这是一般论文容易忽视的注释。该文也相对比较笼统。严格地说，应注明每条引文的出处。如是同一本书，除第一条详细注释外，其余可只注页码。

(2) 理论、观念借用的引用。该文主要引用了王岳川的相关理论与观念，内容都集中在他的一篇论文中，共有6条。相对而言，这些引文太集中于一人，引文也多了一点。据作者说，这是她第一次运用后殖民主义理论写的论文，因此，借用他人的内容较多，有些地方也有点生硬(如每段开头均是引用)。

3. 请从英汉对比与翻译或中国文化与文学中确立一个论题，并从不同途径收集不同性质的有关资料，为以后的正式论文写作做好准备。

〔提示〕

下面选登2002年在华东师范大学召开的"汉英对比与翻译国际研讨会暨中国英汉语比较研究会第五届学术研讨会"上的一些论文(后选入杨自俭主编、潘文国、傅惠生执行主编的上海外语教育出版社2002年版的《英汉语比较与翻译(5)》一书中)题目，供参考。

莫娜·贝克	翻译研究中的对待问题评议
屈承熹	功能语篇观的对等研究
孔慧怡	合作翻译——或我们能从中国翻译传统中学到什么？
徐通锵	字的语法化的"阶"和汉语语义句法的生成
刘宓庆	关于翻译学性质与学科架构的再思考

英汉语言对比研究

李长忠、尚新	试论《马氏文通》的语言比较思想
严辰松	论"字"对汉语词汇和语法的影响
王骏	"字本位"理论和汉英词语理据性比较
王寅、李弘	中西语义理论对比的再思考
许余龙	语言差异与阅读能力的形成和发展
马秉义	英汉/g//k//h/音变比较
许曦明	英语节奏和汉腔英语
周国辉	论汉英语法化的不同发展趋势
牛保义	汉语被动结构的语法化
卢卫中、张辉	汉英词序的认知基础
司显柱	关于汉英语言结构比较研究的思考
邵志洪、惟韠	英汉平行结构对比研究
蔡基刚	英汉抽象名词对比
赵娟	"上下前后"时空概念英汉表达之对比
刘英凯	英汉词汇上下义关系：逻辑学与语用学运用的异同
赵宏	英汉第三人称代词对比研究
施栋琴	结果性情状在英汉语中的表达与翻译

中西文化对比研究

连淑能	再论关于建立英汉文化语言学的构想
张后尘	从文化对比到跨文化对话
刘锦明	CULTURE 和"文化"的等值翻译
葛林	关于空间语言的心理阐释
于薇	英语多元文化与汉语文化的冲突与融合
潘建	中西女性研究特点对比
李国南	数量夸张的汉文化特征
唐德根	跨文化在线交际与第二语言教学

语篇对比研究

黄振定	英汉语篇异同概论

黄国文	汉英语篇对比研究的语言学尝试——对唐诗《芙蓉楼送辛渐》及其英译文的功能分析
鞠玉梅	英汉学术论文摘要语篇对比

翻译研究

萧立明	中国译学论
方梦之	20世纪下半叶我国翻译研究的量化分析
吕俊	翻译学应该从解构主义那儿学些什么
贺显斌	翻译过程的多视角阐释
邓红风	语言文本的二重性与翻译
王晓元	文化研究与翻译研究
张保红、刘士聪	文学翻译中的跨文化互文
王宏印、吕洁	佛经译论中的文质不同于今天的直译意译
潘文国	严复及其翻译理论
黄琼英	论林纾和鲁迅翻译的文化语境与翻译策略
李文革	从意译到直译——鲁迅翻译手法变因探析
穆雷、诗怡	翻译主体的发现与研究
王东风	变异还是差异——文学翻译中文体转换失误分析
李占喜	语用综观论：文学翻译的一个新视角
张南峰	Delabastita 的双关语翻译理论及其应用
洪涛	《红楼梦》的双关语和翻译方法
柴梅萍	电影翻译中文化意象传递的得与失
刘忠等	英汉汉英机器翻译的对等协同研究
吴大明	电脑辅助翻译的概念和应用

典籍英译研究

郭著章	译诗三味与五见
傅惠生	《周易》乾坤卦英译语篇分析
蒋骁华	文化翻译与文化生态平衡
钱雅欣	《鹿柴》翻译批评
郑颖	从李清照《声声慢》的四个译本看译者的角色
卓振英、柳莘	试论典籍译者的必备条件

第三讲 结构提纲和研究方法

写作实践操作

1. 以下是三篇学生论文的写作大纲，请分析一下其结构形式和优缺点。

（写作大纲略）

〔提示〕

论文一：该论文选题不错，但提纲较一般化，主要是重点不突出，即多媒体课件在汉语学习中的"优势及作用"这一重点被掩盖在一般的多媒体教学的介绍中。

具体而言，提纲应专列一部分阐述视、听、说多媒体课件在汉语学习中的"优势及作用"问题。要紧抓住汉语教学的视、听、说的特征（除古诗外，其他的如汉字、成语、文学的各种体裁等都要关注）；其次是注意与其他学科（如理工科、一般人文社会学科）的多媒体教学相比较，以突出多媒体在汉语教学中的特殊优势与作用。

原提纲中的"汉语多媒体教学课件的运用可以提高学生对学习的兴趣"是一般多媒体教学的问题，开头提一下即可，不必单列一节进行论述。

最后一部分的标题："多媒体课件的制作也有要注意的问题"可改为"多媒体课件制作的技术与艺术问题"，使所论述的内容更明晰一点。

〔提示〕

论文二：该提纲基本是按时间发展的进程与演化来安排论述的，思路比较清晰。但这样的安排相对也比较容易，平铺直叙，缺少问题意识。

倘若采用历史与问题相结合、历史与逻辑相结合的方法，那么，一方面可以将本论中三个方面（前两个也是阶段）的内容充实化，即抓住中韩两国茶文化中的几个关键点（如"艺"和"礼"、不同的茶人精神、茶文化节俗等）展开历史与现实的回顾与思考。

另一种结构安排，则可以上述中韩两国茶文化中的关键点（如"艺"和"礼"、不同的茶人精神、茶文化节俗等）作为各段重点，具体的论述中，可再细分内容，采用历史演进思考和特点归纳分析相结合的方法。

〔提示〕

论文三：这是一篇结构较为完备和严整的论文提纲，主要的特点是纵横交错,点面结合,即既有面的拓展铺陈,如各大部分(一节标题)的谋篇布局,也有点的逐步深入,如各大部分内容的分别安排(二节标题)。

缺点是国内外相关研究的综述在提纲中没有体现或遗漏了,这是每篇学术论文必备的。当然,这一内容可以单列,也可放在绪论中或融于整体内容之中;但我们一般的学生的学年论文和毕业论文,还是单列比较好。

2. 请分析以下论文节选中论述的方法以及取材、论辩、结构等方面的写作特色。

〔提示〕

该论文实质是谈文学中的人物塑造的价值和时代与民族心态的揭示与表现问题。其结构既以时间的推演为线索,又以对作家和作品人物的深入剖析为主题,构成了论文较为复杂的渐进式的结构形态。

论文选取的都是世界文坛上一流的经典作家和作品以及相关的代表性的批评论文,颇具典型性和概括意义。

论文不人云亦云,跟着他人的思路和观念走,即便是较有权威性的一些评论与分析,作者也能从自己理解的角度,对其质疑与反驳。在此同时,作者又表现出自己的具有独到见解的理念和深刻的评判。如前半部对阿Q形象的再评论与认知,极具个性和理性。

论文最后的归纳与结语,很有宏观和现代意义,因为民族个性文学如何体现自己的民族特色,走向世界,是近年来文艺界最关注的问题。

因为教材所选的是该论文的片段,所以难以看出作者整体的思维主旨和论文的精神灵魂,单看这些片段,觉得结构上的衔接与照应作得还不够,层层相扣、成为一个有机的整体方面也较欠缺。

3. 有关汉语成语的研究文章很多,莫彭龄的《汉语成语新论》是其中一篇。你觉得该文的研究方法是什么?有什么特点?如让你写一篇有关成语的论文,你会采用什么研究方法?请自拟一个题目,写一篇相关的小论文。

〔提示〕

(1)该论文的研究方法和写作特点。

论文主要运用了哲学和文化学的研究方法。

哲学一般要求追问"是什么"、"为什么"、"做什么"三个问题。对汉语成语的哲学研究也就集中在:成语是语言文化的精华,成语为什么是语言文化的精华，成语文化的多面、多向、多方的研究及多种编写出版方式等问题的探讨上。

该论文的重点是成语文化的研究。具体的论述则是从形式、内容、形成、特征等方面进行的，内容全面，层次清楚。

论文时时顾及对传统和以往的研究的阐释与超越。这既表明研究的基础的扎实和起点的不凡，也凸显了作者自己观念的新颖与独到。

(2)成语再研究的思路：一方面可以将该论文提及但没有展开和深入的一些内容展开进一步的专业研究，如该文第3部分提到的应用、动态、比较等的研究；另一方面则可在新的、边缘性的领域进行拓展性的研究，例如民俗、教学、修辞、审美、翻译等方面，以往人们涉及类似的研究还不多，余地和空间都较大。

附录

《中文读写教程》(1-4册)总目录

第一册

第一单元

【文选阅读】

中国现代文学作品（一）：小说、诗歌

鲁　迅　　孔乙己
废　名　　桃园
沈从文　　萧萧
郁达夫　　迟桂花
施蛰存　　梅雨之夕
林徽因　　九十九度中
杨　绛　　璐璐，不用愁！
老　舍　　月牙儿
张爱玲　　花凋
郭沫若　　炉中煤
冯　至　　我是一条小河
徐志摩　　再别康桥
戴望舒　　寻梦者
卞之琳　　断章
艾　青　　我爱这土地

【中文知识】

汉语知识（一）

第一讲　汉语概说
第二讲　汉语与汉字
第三讲　汉语与中国文学(上)

【语言实践】

基础写作（一）

第一讲　序言：作为现代技能的写作

第二讲　听写与缩写

第二单元

【文选阅读】

中国现代文学作品(二)：散文、戏剧

鲁　迅　　《呐喊》自序
丰子恺　　给我的孩子们
茅　盾　　卖豆腐的哨子
周作人　　闭户读书论
林语堂　　谈牛津
叶公超　　门
钱锺书　　一个偏见
梁实秋　　衣裳
萧　红　　回忆鲁迅先生
朱光潜　　文学的趣味
朱自清　　文学的标准和尺度
曹　禺　　北京人(存目)

【中文知识】

现代文学知识

第一讲　什么是现代文学
第二讲　中国现代文学的特征

【语言实践】

基础写作(二)

第三讲　掌握多套笔墨
第四讲　谋篇布局的基本方法和技巧

第三单元

【文选阅读】

中国当代文学作品(一)：小说、诗歌

宗 璞	红豆
王 蒙	春之声
汪曾祺	大淖记事
张承志	绿夜
阿 城	棋王
莫 言	拇指铐
食 指	相信未来
绿 原	重读《圣经》
穆 旦	有别
北 岛	古寺
舒 婷	双桅船

【中文知识】

汉语知识(二)

第四讲　汉语与中国文学(下)
第五讲　汉语与中国文化(上)
第六讲　汉语与中国文化(下)

【语言实践】

应用文写作(一)

第五讲　一般书信和专用书信
第六讲　行政公文

第四单元

【文选阅读】

中国当代文学作品(二)：散文、戏剧

傅 雷	翻译经验点滴
巴 金	怀念萧珊
贾平凹	秦腔
柯 灵	遥寄张爱玲
李赋宁	我在耶鲁的时候
季羡林	法门寺
王佐良	燕卜荪
史铁生	我与地坛
余秋雨	道士塔
常 风	回忆朱光潜先生
老 舍	茶馆

【中文知识】

当代文学知识

第一讲　什么是"当代文学"
第二讲　"当代文学"概念的反省

【语言实践】

应用文写作(二)

第七讲　事务文书
第八讲　说明书和广告词

附　　录

现当代文学教学建议及推荐阅读书目
汉语知识教学建议及推荐阅读书目
基础写作教学建议及推荐阅读书目

第 二 册

第一单元

【文选阅读】

中国古代散文(一)

李 密	陈情表
陶渊明	五柳先生传
刘义庆	《世说新语》二则
郦道元	三峡
魏 征	谏太宗十思疏
元 结	右溪记

【中文知识】

中国文化常识(一)

第一讲　服饰
第二讲　饮食

【语言实践】

文学写作(一)

第一讲　文学体裁特征与写作基础
第二讲　散文练笔

第二单元

【文选阅读】

中国古代散文(二)

  韩　愈 进学解
       送李愿归盘谷序
       张中丞传后叙
  柳宗元 段太尉逸事状
       始得西山宴游记
       种树郭橐驼传

【中文知识】

中国文化常识(二)

  第三讲 建筑
  第四讲 园林

【语言实践】

文学写作(二)

  第三讲 文艺评论的写作

第三单元

【文选阅读】

中国古代散文(三)

  王禹偁 待漏院记
  欧阳修 五代史伶官传序
  王安石 读《孟尝君传》
  苏　轼 留侯论
  陆　游 跋李庄简公家书

【中文知识】

中国文化常识(三)

  第五讲 书法

  第六讲 绘画

【语言实践】

论文写作(一)

  第一讲 文体特点与类型
  第二讲 论题的确立和资料的收集

第四单元

【文选阅读】

中国古代散文(四)

  归有光 项脊轩志
  宗　臣 报刘一丈书
  张　岱 西湖七月半
  姚　鼐 游媚笔泉记

【中文知识】

中国文化常识(四)

  第七讲 戏曲
  第八讲 节日
  第九讲 中国古代哲学

【语言实践】

论文写作(二)

  第三讲 结构提纲和研究方法

附　录

古代散文教学建议及推荐阅读书目
文化常识教学建议及推荐阅读书目
文学/论文写作教学建议及推荐阅读书目

第三册

第一单元

【文选阅读】

先秦两汉散文(一)

  《左传》 郑子产相国
  《国语》 叔向贺贫
  《战国策》 庄辛说楚襄王

  《论语》三十二章
  《孟子》 有为神农之言者许行
       《尽心篇》二十八章

【中文知识】

传统语言文化(一)

  第一讲 汉字的起源、结构及流变

第二讲　　古今词义的异同

【语言实践】

古文标点(一)

第一讲　　古书的句读与标点
第二讲　　标点古书应注意的地方

第二单元

【文选阅读】

先秦两汉散文(二)

《老子》十六章
《庄子》　逍遥游
　　　　　马蹄
《荀子》　正名(节选)
《韩非子》说难
《礼记》　学记

【中文知识】

传统语言文化(二)

第三讲　　双声叠韵与古音通假
第四讲　　古代的姓氏、名字和称谓

【语言实践】

古文标点(二)

第三讲　　标点古书应注意的地方(续)

第三单元

【文选阅读】

先秦两汉散文(三)

贾　谊　　论积贮疏
司马迁　　货殖列传序
　　　　　报任少卿书
扬　雄　　解嘲
　　　　　酒箴

【中文知识】

传统语言文化(三)

第五讲　　古代的历法与纪时
第六讲　　阴阳　五行　八卦

【语言实践】

古文今译(一)

第一讲　　识字要真　选义要切
第二讲　　酒须醇正　瓶要更新
第三讲　　意仍其旧　序作调整

第四单元

【文选阅读】

先秦两汉散文(四)

马　援　　诫兄子严敦书
桓　谭　　雍门周以琴见孟尝君
班　固　　苏武传(节选)
王　充　　论衡·自纪(节选)
崔　瑗　　座右铭

【中文知识】

传统语言文化(四)

第七讲　　古代的科举制度
第八讲　　古代的职官制
第九讲　　常见工具书及其使用

【语言实践】

古文今译(二)

第四讲　　移情写真　更贵传神
第五讲　　减其宜减　增其必增
第六讲　　或述大意　或径搬用

附　　录

先秦两汉散文教学建议及推荐阅读书目
传统语言文化教学建议及推荐阅读书目
标点与翻译教学建议及推荐阅读书目

第四册

第一单元

【文选阅读】

古诗

《诗经》

  君子于役

  蒹葭

古体诗

汉乐府	十五从军征
《古诗十九首》	迢迢牵牛星
曹操	短歌行
陶渊明	归园田居(其一)
张若虚	春江花月夜
陈子昂	登幽州台歌
高适	燕歌行
岑参	走马川行奉送封大夫出师西征
李白	宣州谢朓楼饯别校书叔云
杜甫	兵车行
白居易	长恨歌

【中文知识】

中国古代文学(一)

  第一讲 《诗经》的文化解读

  第二讲 屈原作品的"神性"和"人性"

  第三讲 《庄子》散文的诗性精神

  第四讲 史家之绝唱,无韵之《离骚》——司马迁《史记》

【语言实践】

传统应用文(一)

  第一讲 传统尺牍的特点、作用和意义

  第二讲 敬谦表达

第二单元

【文选阅读】

辞赋

《楚辞》

屈原	湘夫人

赋

曹植	洛神赋
王粲	登楼赋
江淹	别赋
欧阳修	秋声赋
苏轼	前赤壁赋

【中文知识】

中国古代文学(二)

  第五讲 人的觉醒,文的自觉——《古诗十九首》

  第六讲 "建安风骨"与三曹诗歌

  第七讲 陶渊明诗歌"自然"的三个层面

  第八讲 优美与壮美——盛唐山水田园诗派与边塞诗派

【语言实践】

传统应用文(二)

  第三讲 中国传统称谓及其运用

第三单元

【文选阅读】

骈文

孔稚珪	北山移文
庾信	哀江南赋序
王勃	滕王阁序
骆宾王	代李敬业传檄天下文
李华	吊古战场文

【中文知识】

中国古代文学(三)

  第九讲 "豪放飘逸"与"沉郁顿挫"——李、杜诗风比较

  第十讲 白居易与新乐府运动再认识

  第十一讲 以复古求革新——唐代古文运动

  第十二讲 杨、刘风采,耸动天下——杨亿及西昆体再认识

【语言实践】

诗律(一)

  第一讲 诗体和诗律
  第二讲 词律

第四单元

【文选阅读】

近体诗、词曲及对联
 近体诗
  王 维 山居秋暝
  王昌龄 从军行(青海长云暗雪山)
      出塞(秦时明月汉时关)
  杜 甫 登高
      蜀相
  李商隐 锦瑟
  黄庭坚 登快阁
  龚自珍 咏史
 词曲
  李 煜 虞美人(春花秋月何时了)
      乌夜啼(林花谢了春红)
  苏 轼 卜算子(缺月挂疏桐)
      浣溪沙·徐门石潭谢雨道上作五首
  秦 观 鹊桥仙(纤云弄巧)
  李清照 永遇乐(落日熔金)
  张孝祥 念奴娇(洞庭青草)
  辛弃疾 贺新郎(老大那堪说)
  纳兰性德 金缕曲(德也狂生耳)
  关汉卿 【南吕】一枝花·不伏老
  马致远 天净沙·秋思
  刘时中 【正宫】端正好·上高监司(前套)
  王 磐 【中吕】朝天子·咏喇叭
  王实甫 西厢记·长亭送别
  汤显祖 牡丹亭·惊梦(节选)
 对联
  名胜联
  励志联
  居室联
  题赠联
  格言联及其他

【中文知识】

中国古代文学(四)

  第十三讲 文理自然，姿态横生——苏轼的散文创作
  第十四讲 "新天下耳目"的东坡词
  第十五讲 马致远神仙道化剧的社会意义
  第十六讲 清代常州词派生成的文化动因

【语言实践】

诗律(二)

  第三讲 对仗

附　录

古代韵文教学建议及推荐阅读书目
中国古代文学专题教学建议及推荐阅读书目
传统诗文写作教学建议及推荐阅读书目

参 考 文 献

[1] [美]保罗·萨缪尔森. 经济学. 10版. 高鸿业，译. 北京：商务印书馆，1981.
[2] [美]曼昆. 经济学原理. 5版. 梁小民，梁砾，译. 北京：北京大学出版社，2009.
[3] [美]斯蒂格利茨. 经济学小品与案例. 王则柯，译. 北京：中国人民大学出版社，1998.
[4] 梁小民. 经济学是什么. 北京：北京大学出版社，2002.
[5] 梁小民. 微观经济学纵横谈. 北京：生活·读书·新知三联书店，2002.
[6] 高鸿业. 西方经济学. 5版. 北京：中国人民大学出版社，2011.
[7] 刘华，李克国. 经济学案例教程. 大连：大连理工大学出版社，2007.
[8] 徐美银. 经济学原理. 北京：高等教育出版社，2008.
[9] 徐兆辉. 西方经济学. 北京：首都经贸大学出版社，2010.
[10] 陈学忠. 经济学基础. 北京：电子工业出版社，2015.
[11] 关剑，王鸣华. 经济学基础教程. 北京：电子工业出版社. 2014.
[12] 郑健壮，王培才. 经济学基础. 2版. 北京：清华大学出版社，2009.
[13] 卢进强. 应用经济学. 北京：北京交通大学出版社，2009.
[14] 黄泽民. 经济学基础. 北京：清华大学出版社，2010.
[15] 胡田田. 经济学基础与应用. 上海：复旦大学出版社，2010.
[16] 邹伟，谭少杰. 经济学基础. 广州：华南理工大学出版社，2009.
[17] 陈福明. 经济学基础. 北京：高等教育出版社，2011.
[18] 陈国栋，赖文燕. 经济学基础. 北京：经济科学出版社，2009.
[19] 唐树伶. 经济学基础. 北京：高等教育出版社，2012.
[20] 陈文汉. 经济学基础. 北京：中国铁道出版社，2012.

续表

中文术语	英文术语
总产量	total product, TP
总不变成本	total fixed cost，TFC
总可变成本	total variable cost，TVC
总成本	total cost，TC
总收益	total revenue, TR

续表

中文术语	英文术语
外部性	externalities
外部经济	external economies
外部不经济	external diseconomies
微观经济学	microeconomics
无差异曲线	indifference curve
物价稳定	stabilization of price
显成本	explicit cost
效用	utility
消费	consumption, C
消费可能线	consumption possibility line
消费者均衡	consumer equilibrium
消费者剩余	consumer's surplus
消费者价格指数	consumer price index, PPI
信息不对称	asymmetric information
需求	demand, D
需求函数	demand function
需求曲线	demand curve
需求的变动	shift of the demand curve
需求量的变动	shift in the demand curve
需求价格弹性	price elasticity of demand
需求收入弹性	income elasticity of demand
需求交叉弹性	cross-price elasticity of demand
序数效用论	theory of ordinal utility
隐成本	implicit cost
隐性失业	recessive unemployment
资本边际效率	marginal efficiency of capital, MEC
自然失业	natural unemployment
正常品	normal goods
政府购买	government purchase, G
中间产品	intermediate goods
周期性失业	cyclic unemployment
最高限价	price ceiling
最低限价	price floor
最终产品	final goods
总效用	total utility, TU

续表

中文术语	英文术语
净出口	net exports
均衡	equilibrium
均衡价格	equilibrium price
均衡数量	equilibrium quantity
会计成本	accounting cost
劣等品	inferior goods
垄断市场	monopoly market
垄断竞争市场	monopolistic competition market
摩擦性失业	frictional unemployment
逆向选择	adverse selection
平均不变成本	average fixed cost, AFC
平均可变成本	average variable cost, AVC
平均总成本	average cost, AC
平均产量	average product, AP
平均收益	average revenue, AR
平均消费倾向	average propensity to consume, APC
平均储蓄倾向	average propensity to save, APS
社会基础资本	social foundation capital
奢侈品	luxury goods
生产者价格指数	producer price index, PPI
生产要素	factors of production
生产函数	product function
市场	market
市场经济	market economy
市场失灵	market failure
失业	unemployment
收入效应	income effect
私人产品	private goods
弹性	elasticity
替代效应	substitution effect
停滞性通货膨胀	stagflation
通货膨胀	inflation
投资	investment, I
投资乘数	investment multiplier
完全竞争市场	perfect competition market

续表

中文术语	英文术语
等产量线	isoquant curve
等成本线	isocost line
点弹性	point elasticity
恩格尔系数	Engel's coefficient
恩格尔定律	Engel's law
菲利普斯曲线	Phillips curve
个人收入	personal income, PI
个人可支配收入	disposable personal income, DPI
公共产品	public goods
供给	supply, S
供给函数	supply function
供给曲线	supply curve
供给的变动	shift of the supply
供给量的变动	shift in the supply
供给价格弹性	price elasticity of supply
寡头垄断市场	oligopoly market
国内生产总值	gross domestic product，GDP
国内生产净值	net domestic product，NDP
国民生产总值	gross national product，GNP
国民收入	national income，NI
国际收支平衡	balance of international payment
宏观经济学	macroeconomics
弧弹性	arc elasticity
行业	industry
货币政策	monetary police
机会成本	opportunity cost
基数效用论	theory of cardinal utility
基尼系数	Gini coefficient
计划经济	planned economy
价格	price, P
经济利润	profit
结构性失业	structural unemployment
经济停滞	stagnation
经济增长	economic growth
经济周期	business cycle

附录 A

常用经济学术语中英文对照表

表 A.1　常用经济学术语中英文对照表

中文术语	英文术语
必需品	necessities
边际成本	marginal cost, MC
边际收益	marginal revenue, MR
边际产量	marginal product, MP
边际效用	marginal utility, MU
边际效用递减规律	marginal utilities decreasing
边际替代率	marginal rate of substitution，MRS
边际技术替代率	marginal rate of technical substitution，MRTS
边际消费倾向	marginal propensity to consume, MPC
边际储蓄倾向	marginal propensity to save, MPS
财政政策	fiscal policy
长期总成本	long-run total cost, LTC
长期平均成本	long-run average cost, LAC
长期边际成本	long-run marginal cost, LMC
沉没成本	sunk cost
充分就业	full employment
储蓄	saving
道德风险	moral hazard

讨论重点

1. 在国民经济保持稳定增长的条件下,用 SWOT 分析法分析该产品在竞争中的优势、劣势以及可能面对的机遇和挑战。
2. 分析影响经济增长的因素能给企业的经营带来哪些启示?
3. 分析在出现经济波动,企业受到负面影响时,企业应该如何应对?

11.5.4 分析宏观经济政策对产品供需的影响

以小组为单位,选定某一产品作为分析对象,结合当前的宏观经济政策,分析当前的财政政策和货币政策的实施,对该产品的需求和供给产生的影响,完成表 11.10。

表 11.10 宏观经济政策对产品供需的影响

经 济 政 策	对产品需求的影响	对产品供给的影响	对产品的总体影响
财政政策			
货币政策			

讨论重点

1. 了解当前的财政政策及走向。分析在当前的财政政策趋势下,该产品受到的影响及应对措施。
2. 了解当前的货币政策及走向。分析在当前的货币政策趋势下,该产品受到的影响及应对措施。

表 11.7 失业对产品供需的影响

就业现状	对产品需求的影响	对产品供给的影响	对产品的总体影响
充分就业时			
失业率较高时			

讨论重点

1．经济衰退对哪些行业企业的产品需求影响较大，哪些影响较小？

2．大学生就业目前面临哪些困境？为了今后能更好地就业，大学生现在应该做好哪些准备？

3．如果你在一家公司的人力资源部门工作，公司在招聘新员工时遇到了公司岗位空缺和应聘者不熟悉相应岗位的难题（即国内常见的"结构性失业"），你会给公司在人才引进和人才培养方面提出哪些建议？

11.5.2　分析通货膨胀对产品供需的影响

以小组为单位，选定某一产品作为分析对象，结合当前的物价水平，分析在通货膨胀或者通货紧缩的情况下，对该产品的需求和供给产生的影响，完成表 11.8。

表 11.8　物价水平对产品供需的影响

物 价 水 平	对产品需求的影响	对产品供给的影响	对产品的总体影响
通货膨胀时			
通货紧缩时			

讨论重点

1．分析当前物价情况，如果存在通货膨胀（或通货紧缩）情况并且可能持续较长时间，将会对该企业产品的盈利前景产生哪些方面的影响？

2．公司应采取哪些措施来应对接下来有可能出现的通货膨胀（或通货紧缩）？

11.5.3　分析经济增长对产品供需的影响

以小组为单位，选定某一产品作为分析对象，结合当前国民经济增长情况，分析国民经济稳定增长或经济波动时，对该产品的需求和供给产生的影响，完成表 11.9。

表 11.9　经济增长或经济波动对产品供需的影响

国民经济状况	对产品需求的影响	对产品供给的影响	对产品的总体影响
经济稳定增长			
经济波动			

11.4.1 市场类型的判定

以小组为单位,选定某一厂商或产品作为分析对象,结合各市场类型的特征,分析所选产品属于哪种类型的市场,完成表 11.6。

表 11.6 市场类型判定

厂商数目	产品差异程度	个别厂商控制价格程度	厂商进入该行业的难易程度	市场类型

11.4.2 分析市场中其他厂商的市场行为

在完成"11.4.1"节任务要求的基础上,在小组确定的市场结构下,了解和分析该市场中其他厂商有哪些市场行为和竞争策略,并作为自身决策的参考。

11.4.3 做出厂商的市场竞争策略

在完成 11.4.1 节和 11.4.2 节任务要求的基础上,团队对自身和竞争对手的情况都有了比较清晰的认识。在此基础上,对该厂商(或产品)的市场竞争策略进行详细分析,完成该厂商(或产品)市场竞争策略的可行性报告(1 500~2 000 字)。

任务 11.5　宏观经济因素对产品决策的影响分析

【任务背景】

对宏观经济中影响产品决策的因素(失业、通货膨胀、经济增长、财政政策和货币政策)进行分析。

【实训目标】

1. 能分析失业对产品供需的影响,并针对讨论重点提出自己的见解。
2. 能分析通货膨胀对产品供需的影响,并针对讨论重点提出自己的见解。
3. 能分析经济增长对产品供需的影响,并针对讨论重点提出自己的见解。
4. 能分析宏观经济政策对产品供需的影响,并针对讨论重点提出自己的见解。

11.5.1 分析失业对产品供需的影响

以小组为单位,选定某一产品作为分析对象,结合当前的就业现状,分析在充分就业或者失业率较高的情况下,对该产品的需求和供给产生的影响,完成表 11.7。

表 11.5　生产成本核算

产品名称	显 成 本	隐 成 本	沉 没 成 本	经 济 成 本

11.3.2　短期成本及其曲线分析

步骤 1：短期总成本分析

根据 11.3.1 节的数据，结合所学知识，分别求出短期固定成本（SFC）和短期可变成本（SVC），再根据短期总成本的定义求出短期总成本（STC），并在同一坐标系中画出 SFC 曲线、SVC 曲线和 STC 曲线。

步骤 2：短期平均成本分析

在完成步骤 1 的基础上，结合平均成本的定义，分别求出平均固定成本（AFC）、平均可变成本（AVC）和短期平均成本（SAC），并在同一坐标系中画出 AFC 曲线、AVC 曲线和 SAC 曲线。

步骤 3：短期边际成本分析

在完成以上步骤的基础上，结合边际成本的定义，求出短期边际成本（SMC），并画出相应的 SMC 曲线。

分析以上 7 条短期成本曲线之间的数量和图形关系。

11.3.3　长期成本与规模报酬

根据长期成本的定义，结合 11.3.2 节的数据，画出长期总成本（LTC）、长期平均成本（LAC）和长期边际成本（LMC）的粗略图；结合所学知识和相关数据，分析该产品在长期是否存在规模报酬问题，并进一步确定该产品生产的最优规模。

任务 11.4　产品的市场竞争策略分析

【任务背景】

分析某厂商或产品属于哪种类型的市场，并对厂商的市场行为和竞争策略进行分析。

【实训目标】

1．掌握产品所处市场类型的判定方法。
2．能分析市场中其他厂商的市场行为。
3．能对产品的市场决策提出建议。

续表

资本投入量 K	劳动投入量 L	劳动投入增量 $\triangle L$	总产量 TP_L	边际产量 MP_L	平均产量 AP_L

11.2.3 产品的长期产量决策

根据 11.2.1 节和 11.2.2 节的数据，结合所学知识，分析当劳动和资本两种生产要素都变化时，厂商的生产决策。请写一份 800 字左右的决策建议书，对该厂商的长期产量决策提出合理建议。

任务 11.3 产品的成本分析

【任务背景】

选定某一产品，对该产品的生产成本、短期成本及长期成本进行分析。

【实训目标】

1．掌握产品生产成本的核算方法。
2．掌握产品短期生产成本曲线的推导及分析。
3．了解产品的长期成本趋势，确定该产品生产的最优规模。

11.3.1 生产成本的核算

步骤 1：显成本核算

以小组为单位，选定所熟悉的某一产品，计算其生产过程中的各种显成本。

步骤 2：隐成本核算

针对选定的产品，计算其生产过程中的各种隐成本。

步骤 3：沉没成本核算

针对选定的产品，计算其生产过程中的各种沉没成本。

步骤 4：经济成本核算

在以上三个步骤完成的基础上，请正确计算在该产品生产过程中产生的经济成本，填写表 11.5。

表 11.2 市场需求影响因素分析

影响因素							
影响需求量因素							
影响需求因素							

11.1.3 市场需求弹性分析及预测

结合 11.1.2 节推导的市场需求曲线，求出相应的需求价格弹性，并判断该厂商如果要增加收益，应该实行怎样的价格策略。在此基础上，各小组完成一份厂商营销策划书。

任务 11.2 产品的产量决策分析

【任务背景】

选定某一产品或某一厂商，分析四大生产要素（劳动、资本、土地、企业家才能）对该产品产量的影响。

【实训目标】

1. 能分析各生产要素对产品产量的影响。
2. 掌握利用市场信息推导短期产量曲线的方法。
3. 能根据所掌握的信息，对厂商的长期产量决策提出合理建议。

11.2.1 产品生产要素分析

选定某一产品或厂商，以小组为单位，在调查与分析的基础上，完成表 11.3。

表 11.3 产品生产要素分析表

生产要素	劳 动	资 本	土 地	企业家才能
优势				
不足				

11.2.2 产品的短期产量决策

结合 11.2.1 节分析的数据，选取资本为不变要素，分析只有一种生产要素（劳动）变动的情况下，该厂商的产量决策。试结合所学知识，根据表 11.3 的调查数据，填写表 11.4，并在坐标系中画出短期产量曲线。

表 11.4 劳动投入变动下的生产函数

资本投入量 K	劳动投入量 L	劳动投入增量 ΔL	总产量 TP_L	边际产量 MP_L	平均产量 AP_L

任务 11.1　产品的市场需求分析

【任务背景】

选定某一产品,对该产品的市场数据进行收集,然后根据市场数据分析这种商品的市场需求及影响其市场需求的因素,并提出相应的对策。

【实训目标】

1．掌握通过市场调研获取数据并提取市场需求信息的方法。
2．掌握利用市场需求信息推导需求定理和需求曲线的方法。
3．能对影响产品市场需求的因素进行分析。
4．掌握需求价格弹性的计算,并能对产品的价格决策提出建议。

11.1.1　市场数据收集

步骤 1:编制调查计划

市场调查与预测是进行数据搜集、整理的基本方法。将学生分成若干小组,由组长组织全体组员编制调查计划,应具体考虑调查人员分工、调查经费预算和调查进度日程等细节。

步骤 2:设计调查问卷

问卷调查是实地调查的重要形式,调查问卷的设计具有较为严格的要求和规范。要求各组在自学的基础上,设计一份关于某产品的消费者市场调查问卷。

11.1.2　市场需求及影响因素分析

步骤 1:推导需求曲线

根据 11.1.1 节获得的市场数据,分析商品价格与需求量之间的关系,推导出正常商品的需求曲线,填写表 11.1,并在坐标系中绘出需求曲线。

表 11.1　商品价格与需求量之间的关系

价　格（元）								
需求量（个）								

步骤 2:市场需求影响因素分析

结合小组调研的项目背景,理解和运用所学知识,判断哪些因素可以影响市场对这一产品的需求,并具体分析这些影响因素是如何作用于需求曲线的变动的,完成表 11.2。

项目导图

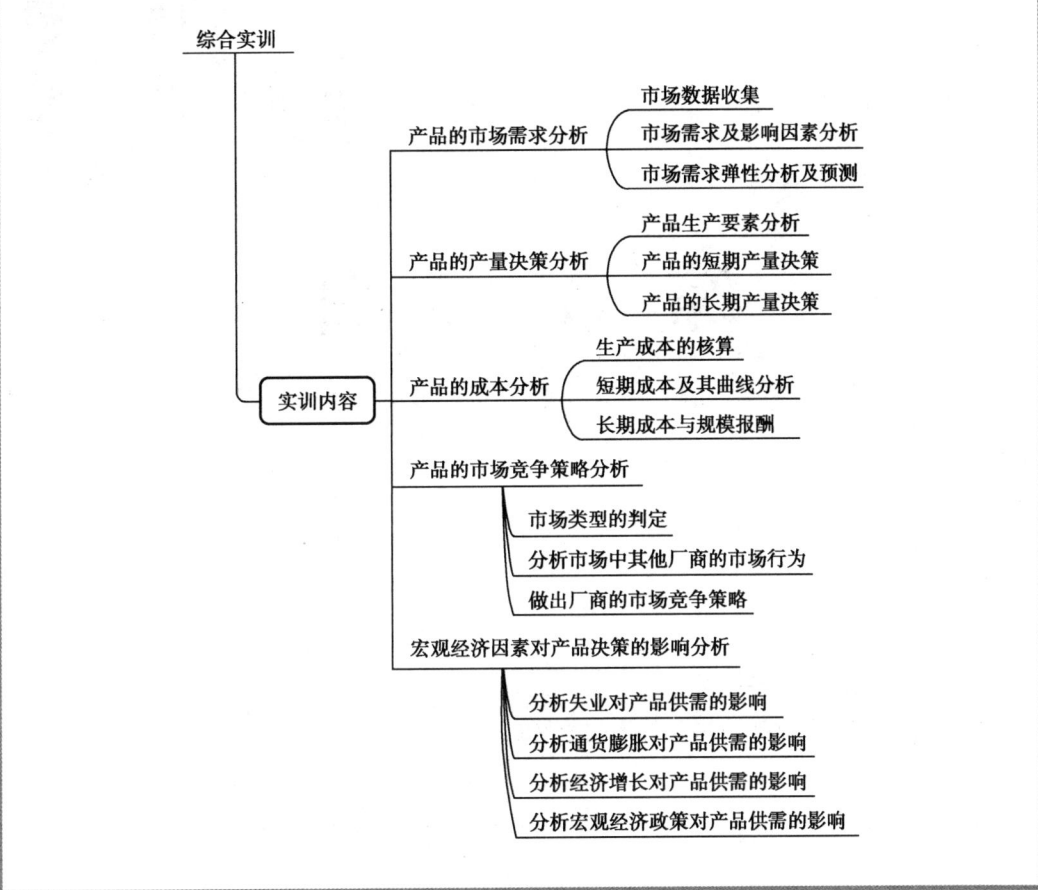

项目 11

综合实训

学习目标

- ▲ 产品的市场需求分析;
- ▲ 产品的产量决策分析;
- ▲ 产品的成本分析;
- ▲ 产品的市场竞争策略分析;
- ▲ 宏观经济因素对产品决策的影响分析。

A．法定存款准备金率　　　　　　　B．再贴现率
   C．公开市场业务　　　　　　　　　D．发行国债
（3）财政政策包括（　　　）。
   A．维持货币供给稳定
   B．用消费产品安全法规提高消费者信心
   C．管理银行业和证券业以鼓励有效的投资
   D．用政府开支和税收改善宏观经济运作
（4）中央银行提高再贴现率会导致（　　　）。
   A．货币供给量的增加和利率的提高
   B．货币供给量的减少和利率的提高
   C．货币供给量的增加和利率的降低
   D．货币供给量的减少和利率的降低
（5）中央银行在公开市场卖出政府债券是试图（　　　）。
   A．收集一笔资金帮助政府弥补财政赤字
   B．减少商业银行在中央银行的存款
   C．减少流通中的基础货币以紧缩货币供给
   D．通过买卖债券获取差价利益

3．分析讨论题

2018年5月15日，国家统计局公布了4月份的经济运行数据。数据显示，2018年4月份国民经济稳中有进、稳中向好，呈现生产需求稳中有升，就业、物价总体稳定，经济结构优化升级，质量效益持续改善的良好发展态势。

1．居民消费价格涨幅小幅回落

4月份，全国居民消费价格同比上涨1.8%，涨幅比上月回落0.3%，环比下降0.2%。分类别看，食品烟酒价格同比上涨1.1%，衣着上涨1.1%，居住上涨2.2%，生活用品及服务上涨1.5%，交通和通信上涨1.1%，教育文化和娱乐上涨2.0%，医疗保健上涨5.2%，其他用品和服务上涨0.9%。1～4月份，全国居民消费价格同比上涨2.1%。

2．工业品价格涨幅略有扩大

4月份，全国工业生产者出厂价格同比上涨3.4%，涨幅比上月扩大0.3%，环比下降0.2%。1～4月份，全国工业生产者出厂价格同比上涨3.6%。4月份，全国工业生产者购进价格同比上涨3.7%，环比下降0.3%。1～4月份，全国工业生产者购进价格同比上涨4.2%。

请用你所学的宏观经济学理论分析：
（1）4月份CPI的同比上涨主要是因为供给、需求还是宽松的货币政策？
（2）PPI的环比涨幅扩大传递了哪些有关未来宏观经济趋势的信息？
（3）请根据相关数据阐释目前有无必要抑制物价上涨。

2008 年以来美国的量化宽松货币政策

量化宽松货币政策主要是指中央银行在实行零利率或近似零利率政策后，通过购买国债等中长期债券，增加基础货币供给，向市场注入大量流动性资金的干预方式，以鼓励开支和借贷，也被简化地形容为间接增印钞票。量化宽松货币政策所涉及的政府债券，不仅金额庞大，而且周期也较长。一般来说，只有在利率等常规工具不再有效的情况下，中央银行才会采取这种极端的做法。

以 2008 年美联储实施的量化宽松货币政策为例，其实施可以大致分为四个阶段。

1. 零利率政策

量化宽松货币政策的起点，往往都是利率的大幅下降。利率工具失效时，央行才会考虑通过量化宽松货币政策来调节经济。从 2007 年 8 月开始，美联储连续 10 次降息，隔夜拆借利率由 5.25%降至 0%～0.25%之间。

2. 补充流动性

2007 年金融危机爆发至 2008 年雷曼兄弟破产期间，美联储以"最后的贷款人"的身份救市，收购一些公司的部分不良资产、推出一系列信贷工具，以防止国内外的金融市场、金融机构出现过分严重的流动性短缺。美联储在这一阶段，将补充流动性（其实就是注入货币）的对象，从传统的商业银行扩展到非银行的金融机构。

3. 主动释放流动性

2008—2009 年期间，美联储决定购买 3 000 亿美元的长期国债，收购房利美与房地美发行的大量的抵押贷款支持证券。在这一阶段，美联储开始直接干预市场：出资支持陷入困境的公司；充当中介，面向市场直接释放流动性。

4. 引导市场长期利率下降

2009 年，美国的金融机构渐渐稳定，美联储渐渐通过公开的市场操作购买美国长期国债，试图通过这种操作，引导市场降低长期的利率，减轻负债人的利息负担。到这一阶段，美联储渐渐从台前回到幕后，通过量化宽松的货币政策为社会的经济提供资金。

复习与思考

1. 名词解释

财政政策；扩张性财政政策；紧缩性财政政策；货币政策；扩张性货币政策；紧缩性货币政策

2. 选择题

（1）在下列选项中，（　　）不是宏观经济政策的主要目标。

  A．充分就业　　　　　　　　　　B．国际收支平衡
  C．政府财政盈余　　　　　　　　D．稳定的实际 GDP 增长率

（2）不属于货币政策工具的是(　　)。

通过以上比较分析，我们可以得出两点重要启示：一是应对金融危机措施要及时、果断。金融危机最先冲击美国，对其影响最大，英国受金融危机影响仅次于美国。在应对金融危机的过程中，美国最先采取扩张的财政政策以及货币政策来缓解金融危机对金融市场、实体经济的冲击。美国、英国采取反金融危机措施非常及时、果断，这一点有很好的借鉴意义。随着全球一体化进程的不断加快，金融危机的国际化趋势越来越明显，爆发金融危机时，各国要正确判断危机对本国金融市场、实体经济的影响程度，根据本国经济状况，及时果断的采取应对金融危机各种措施，从而有效地减少金融危机对本国金融市场以及实体经济的影响，保障金融市场的安全，促进经济的平稳快速增长。二是完善财政、货币政策，协调联动机制。财政政策、货币政策是对一国经济进行宏观调控的两大主要工具，是现代宏观经济政策的核心，也是各国政府应对金融危机、促进经济增长的首选措施，单靠其中任何一种工具都难以有效的调节宏观经济。目前中国市场化经济体制不健全，利率市场化程度不高，财政政策和货币政策协调配合机制的建立和完善显得尤为重要。

单项实训

实训目标

1．分析我国 2008 年以来的财政政策与货币政策协同使用情况，评述其对于我国经济增长的作用。

2．了解 2008 年以来美国量化宽松货币政策的实施过程以及量化宽松政策退出的经济背景，分析美国加息和缩表（缩减美国政府资产负债表）政策对中国经济的影响。

实训背景与要求

单项实训 10.1　交流讨论：我国 2008 年以来的财政政策与货币政策协同使用情况

实训要求：

1．此次实训项目以个人形式完成。

2．注明资料、数据的来源。

3．撰写书面分析报告。内容应包括我国 2008 年以来的宏观经济政策及相应宏观经济指标，并分析我国财政政策和货币政策协同使用产生的效果。

单项实训 10.2　案例分析：美国量化宽松货币政策及对中国经济的影响

实训要求：

1．此次实训项目以团队形式完成。

2．简要说明 2008 年以来美国量化宽松货币政策的实施过程以及量化宽松政策退出的经济背景，分析美国加息和缩表（缩减美国政府资产负债表）政策对中国经济的影响。

实行了扩张性货币政策，主要采取低利率（降息）政策、流动性支持政策，缓解市场流动性不足问题。

中外财政货币政策主要有以下几个不同点。

1. 实施税收优惠政策涉及的税种不同

美、英等国主要是降低个人所得税、企业所得税税率，延长税收优惠期限，减少居民、企业税收负担，提高居民消费水平，增加企业可用资金，促进经济复苏。美国提高节能减排、新能源等方面的税收优惠，鼓励发展新能源，促进节能减排，从而抢占经济制高点，促进经济复苏。此外，美、英等国在实施减税政策的同时，提高特定税种的税率，如美国提高大型公司企业及高收入人群的所得税税率，英国提高燃油消费税单位税额。中国主要提高出口企业的出口退税率，降低证券印花税率、免征储蓄存款利息所得的个人所得税。中国连续多次提高出口退税率的目的是降低产品的出口成本，提高国际竞争力，促进对外贸易发展，从而促进经济的快速增长。

2. 货币政策转向时点不同

2007 年爆发次贷危机以来，为应对金融危机对本国金融市场、实体经济的冲击，美国、英国实施宽松的货币政策，频繁降息，实施低利率政策，同时向市场大规模注资，增强市场流动性。美国、英国一直都在实施宽松的货币政策，货币政策方向没有改变。中国货币政策则由从紧的货币政策变为宽松的货币政策，2008 年上半年实施从紧的货币政策，控制通货膨胀，曾经连续 5 次提高存贷款利率、8 次提高存款准备金率，2008 年 9 月货币政策出现方向性大转折，开始实施宽松货币政策，降低存贷款利率以及存款准备金率，扩大信贷范围，提高信贷额度，通过公开市场操作向市场注入流动性，维护金融市场的稳定，促进经济增长。

3. 降息程度、低利率政策持续时间不同

美国、英国降息频繁，比较集中，并且降息幅度非常大，各国基准利率屡创新低。美国联邦基准利率维持在 0%～0.25%，英国基准利率降至最低水平 0.5%，美国低利率政策长时间内不变。中国于 2008 年下半年才开始降息，相对来说，降息次数少，降息幅度小，利率最低水平远远高于美、英等国，而且随着中国经济开始复苏以及通货膨胀预期的加强，可能会提高利率。

4. 流动性支持规模及方向不同

这次金融危机对各国的金融市场、实体经济的影响程度不同，各国注资规模及其侧重点不同。但是总体上来说，美、英等国注资频繁，注资规模大，注资期间比较集中，资金投放侧重于金融领域。美国、英国投入大量资金救助受困的金融机构，维持金融体系的稳定。与美、英等国相比，金融危机对中国的影响较小，主要冲击我国的实体经济，因此救助规模相对来说比较小，资金投放侧重于实体经济。放宽信贷政策，提高贷款额度，主要解决中小企业贷款难的问题，增加企业流动性资金，促进经济增长。此外，中国还投入大量资金用于支持灾后重建和解决"三农"问题，保障和提高人民生产、生活水平。

"双紧政策"很快见效,经济增长速度从 20%左右跌至 5%左右,社会消费需求大幅下降,通货膨胀得到遏制,1990 年第三季度物价涨幅降到最低水平,不到 1%。

第二阶段(1990 年 9 月至 1991 年 2 月),"紧财政,松货币"的一紧一松政策。在"双紧政策"之后,中国经济又出现了新的失衡,表现为市场销售疲软、企业开工不足、企业资金严重不足、三角债问题突出和生产大幅下降。

针对上述情况,从 1991 年年初开始,政府实行了宽松的货币政策,中央银行陆续多次调低存贷款利率,以刺激消费和鼓励投资。这些政策在实施之初效果并不显著,直到 1991 年下半年,市场销售才转向正常。

第三阶段(1992 年 1 月至 1993 年 6 月),"松财政,松货币"的双松政策。1992 年,财政支出 4 426 亿元,其中财政投资 1 670 亿元,分别比年初预算增长 107%和 108%。信贷规模也大幅度增长,货币净投放额创历史最高水平。

"双松政策"的成效是实现了经济的高速增长,1992 年 GDP 增长 12.8%,城市居民人均收入增长 8.8%,农村居民人均收入增长 5.9%。但是"双松政策"又带来了老问题,即通货膨胀加剧,物价指数再次超过两位数,短线资源再度紧张。

第四阶段(1993 年 7 月至 1996 年年底),适度从紧的财政与货币政策。这一政策的具体措施为控制预算外投资规模、控制社会集资搞建设、控制银行同业拆借和提高存贷利率等。与 1988 年的紧缩相比,财政没有大动作,但货币紧缩力度较缓。

适度的"双紧政策"使我国的宏观经济终于成功实现了"软着陆"。各项宏观经济指标表现出明显的改善,1996 年 GDP 的增长率为 9.7%,通货膨胀率降为 6.1%;外汇储备达到 1 000 多亿美元。这次政策配合实施被认为是中国治理宏观经济成效较好的一次,为中国以后实施经济政策积累了正面的经验。

第五阶段(1997 年至今),适度的货币政策和积极的财政政策。从 1997 年到 1998 年,中国经济发展经受了亚洲金融危机和国内自然灾害等多方面的冲击。经济问题表现为通货紧缩式的宏观失衡,经济增长的力度下降,物价水平持续下降,失业增加,有效需求不足,出口不振等。面临新形势,中国政府实施了较有力度的财政扩张政策,其措施是大量发行国债,投资于基础设施方面的建设;实施适当的货币政策,连续下调人民币存贷款利率,改革商业银行体系等。这些政策使中国经济成功地应对了亚洲金融危机的挑战,保持了国民经济的持续增长。

经典阅读

中、美、英等国应对金融危机财政货币政策比较

2008 年次贷危机爆发后逐渐演变成全球性的金融、经济双重危机,资产严重缩水,居民可支配收入大幅度减少,消费信心急剧下降,经济增长放缓。中国、美国、英国等国家积极采用扩张性财政政策,提高居民消费水平,促进企业投资,扩大内需,保持市场稳定并促进经济增长。扩张性财政政策主要包括税收政策和增加政府投资。与此同时,金融危机导致大规模的信贷紧缩,市场流动性严重不足,中国、美国、英国等国家央行

在这样的形势下，美国央行——联邦储备系统连续采取行动：2001年1月3日，把联邦基金利率即银行拆借存款准备金的利率从6.5%降到6.0%，1月3日、4日把贴现率从6.0%降到5.75%，再从5.7%降到5.5%；1月5日，又实行临时性公开市场操作的政策，3天内净买进55亿美元政府债券、联邦机构证券和抵押贷款证券，以扩张货币供给。1月31日，再把联邦基金利率从6.0%降到5.5%，把贴现率从5.5%降到5.0%。

美联储的行动在股票市场上迅速得到了反映。1月初美联储宣布降息后，道—琼斯30种工业股票平均价格指数当天上升299.60点，纳斯达克综合指数当天也上升324.83点。1月底再次宣布降低贴现率后，股票市场反映就不及月初那样强烈。但人们还是预料，在美联储调控下，美国经济有可能避免衰退。

正如宏观经济政策的基本理论所说，扩张的货币政策在反衰退方面作用有限。美联储几次降息并未能有效刺激经济，这使美联储不得不再次降息，从2001年年初到6月底，美联储6次降低利息，降幅达2.75个百分点。分析家们普遍认为，在美联储如此大幅降息动作刺激下，从2000年下半年开始进入疲软状态的美国经济在当年下半年应当出现明显好转，但事实并非如此，美国6月、7月份经济继续处于低增长甚至停滞状态。尤其使人不安的是，制造业的衰退开始波及其他部门。造成这样疲软的原因，一是企业投资下滑。由于绝大多数企业盈利状况没有改善，不得不裁员，投资继续减少；二是美国经济疲软波及其他国家，日本经济恢复无望，欧洲经济开始放缓，拉美和亚洲一些国家形势仍旧恶化，再加上美元坚挺，美国出口受到严重打击，2001年上半年出口比2000年下半年下降2.3%；三是华尔街股市萎靡不振，失业上升，使消费支出增势减缓。正是在这样的背景下，美联储8月21日再次宣布降息，累计降低利率3个百分点，使利率达到了自1994年春以来的最低水平。

这次降息，表明了格林斯潘为首的美联储决心运用利率杠杆促使美国经济走出疲软困境。1991年，为了促使经济走出衰退阴影，美联储曾一口气降息9次。这次从2001年1月到8月，又一次连续降息7次，力度可谓不小。

自从20世纪50年代以来，联邦储备系统一直就是这样对美国经济进行调节：在经济趋于高涨时，实行适当的收缩，以防止经济过热；在经济趋于衰退时，实行适当扩张，以防止经济过冷。自2003年以来，美国经济逐渐走出衰退，消费者信心逐步恢复，企业盈利能力增强，需求逐步上升，加上国际原油价格大幅上涨，物价水平开始上升。这样，美联储认为，可以逐渐调整刺激性货币政策，转而采取加息的紧缩性货币政策。

2. 中国的宏观经济政策搭配实践

第一阶段（1988年9月至1990年9月），"紧财政，紧货币"的双紧政策。从1988年年初开始，中国经济进入过热状态，表现为经济高速增长（工业产值增幅超过20%）、投资迅速扩张（1988年固定资产投资额比1987年增长18.5%）、物价上涨迅速（1988年10月物价比上年同期上升27.1%）、货币回笼缓慢（流通中的货币增加了46.7%）和经济秩序混乱。在这种形势下，中国于1988年9月开始实行"双紧"政策，具体措施为收缩基本建设规模、压缩财政支出、压缩信贷规模、严格控制现金投放和物价上涨、严格税收管理等。

在图 10.5 中,曲线 IS_0 与曲线 LM_0 相交于点 E_0,决定了国民收入为 Y_0,利率为 i_0。政府实行扩张性财政政策后,IS 曲线从 IS_0 移动到 IS_1,与曲线 LM_0 相交于点 E_1,决定了国民收入为 Y_1,利率为 i_1。这说明,扩张性财政政策使国民收入增加,利率上升。这时,如果再配合运用紧缩性货币政策,即减少货币供给量,则可以使曲线 LM 从 LM_0 移动到 LM_1。LM_1 与 IS_1 相交于点 E_2,决定了国民收入为 Y_2,利率为 i_2。显然,i_2 利率高于 i_1,这样,可以在刺激总需求的同时避免经济过热。

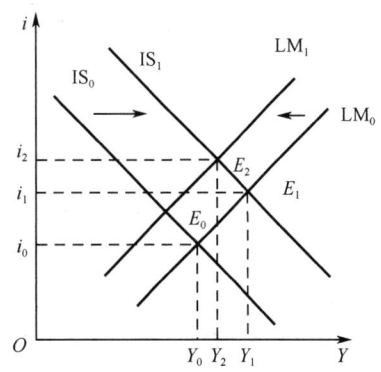

图 10.5 "松紧"政策配合

松财政的目的是刺激总需求,但随着总需求的增加,通货膨胀往往会随之发生,并有可能不断加剧。因此在实行松财政的同时实行紧货币,其目的就是为了抑制伴随总需求增长而出现的通货膨胀。很明显,这种政策组合是以财政政策作为刺激总需求的主要手段,尽管可使公共支出增加,但私人支出会减少,故会出现一定程度的"挤出效应"。

4)"紧松"的政策搭配

"紧松"的政策搭配是指紧缩性财政政策与扩张性货币政策的配合使用。这样的政策搭配,既能降低利率刺激投资,又能减少政府支出,稳定物价水平。"紧松"政策搭配的作用过程如图 10.6 所示。

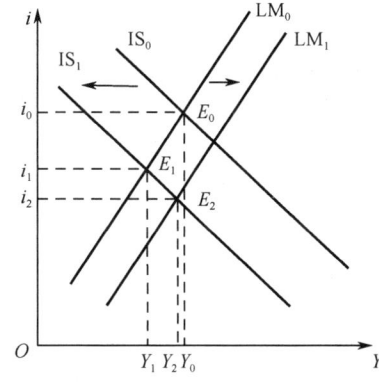

图 10.6 "紧松"政策配合

在图 10.6 中,曲线 IS_0 与曲线 LM_0 相交于点 E_0,决定了国民收入为 Y_0,利率为 i_0。政府实行紧缩性财政政策后,曲线 IS 从 IS_0 移动到 IS_1,与曲线 LM_0 相交于点 E_1,决定了国民收入为 Y_1,利率为 i_1。这说明,紧缩性财政政策使国民收入减少,利率下降。这时,如果再配合运用扩张性货币政策,即增加货币供给量,则可以使曲线 LM 从 LM_0 移动到 LM_1。LM_1 与 IS_1 相交于点 E_2,决定了国民收入为 Y_2,利率为 i_2。这样,既能降低利率刺激投资,又能减少政府支出,稳定物价水平。

10.4.2 宏观经济政策运用实例

1. 美联储 2001 年的多次降息

20 世纪 90 年代,美国经济在克林顿政府时代经历了长达 8 年高涨以后,从 2000 年下半年开始出现衰退迹象,国内生产总值以年率表示的季度增长率从第一、第二季度的 4.8%、5.6%下降到第三、第四季度的 2.2%、1.4%。制造业存货从 2000 年 4 月开始连续 9 个月增加,而制造业活动指数和纳斯达克综合股票价格指数则逐月连续下降。

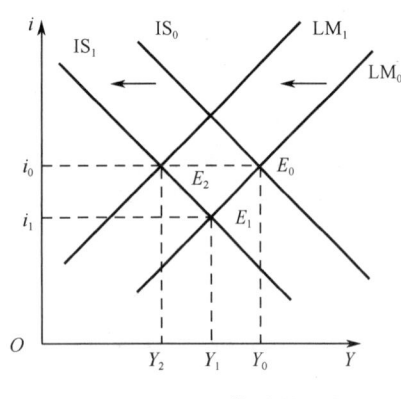

图 10.3 "双紧"政策配合

在图 10.3 中,曲线 IS_0 与曲线 LM_0 相交于点 E_0,决定了国民收入为 Y_0,利率为 i_0。政府实行紧缩性财政政策后,曲线 IS 从 IS_0 移动到 IS_1,与曲线 LM_0 相交于点 E_1,决定了国民收入为 Y_1,利率为 i_1。这说明,紧缩性财政政策使国民收入减少,利率下降。这时,如果再配合使用紧缩性货币政策,即减少货币供给量,则可以使曲线 LM 从 LM_0 移动到 LM_1。LM_1 曲线与 IS_1 曲线相交于点 E_2,决定了国民收入为 Y_2,利率为 i_0。这说明,紧缩性货币政策与紧缩性财政政策的配合使用,可以在抑制总需求的同时,保证利率不下降,更为有效地抑制经济。

紧的财政政策通过减少政府支出及增加税收来限制消费与投资,抑制社会的总需求;紧的货币政策通过提高法定准备金率和提高利率来减少货币供应量。这种政策组合适用于严重的通货膨胀,但可能会带来经济停滞的后果。

2)"双松"的政策搭配

如果经济十分萧条,总需求严重不足,则可以采取"双松"政策,即同时采取扩张性财政政策和扩张性货币政策,较为猛烈地刺激总需求,避免经济过分衰退。"双松"政策配合的作用过程如图 10.4 所示。

图 10.4 也称为 IS-LM 模型,曲线 IS_0 与曲线 LM_0 相交于点 E_0,决定了国民收入为 Y_0,利率为 i_0。政府实行扩张性财政政策后,曲线 IS 从 IS_0 移动到 IS_1,与曲线 LM_0 相交于点 E_1,决定了国民收入为 Y_1,利率为 i_1。这说明,扩张性财政政策使国民收入增加,利率上升,而利率的上升会产生挤出效应,不利于国内生产总值的进一步增加。这时,如果再配合运用扩张性货币政策,即增加货币供给量,则可以使曲线 LM 从 LM_0 移动到 LM_1。曲线 LM_1 与曲线 IS_1 相交于点 E_2,决定了国民收入为 Y_2,利率为 i_0。这说明,在扩张性货币政策与扩张性财政政策配合使用时,可以使利率保持不变,消除挤出效应,使国民收入有较大增加,更为有效地刺激经济。

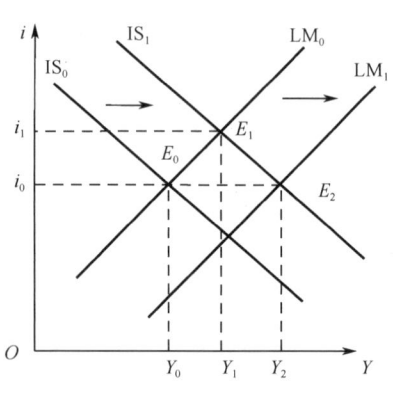

图 10.4 "双松"政策配合

"双松"政策的结果必然使社会的总需求扩大,这在社会总需求严重不足,生产能力和生产资源未得到充分利用的情况下,可以刺激经济的增长,扩大就业,即这种政策组合适用于严重的经济衰退或萧条,但却会带来通货膨胀的风险。

3)"松紧"的政策搭配

"松紧"的政策搭配是指扩张性财政政策与紧缩性货币政策的配合使用。这样的政策搭配,可以在刺激总需求的同时,保证不会引起比较严重的通货膨胀。"松紧"政策搭配的作用过程如图 10.5 所示。

10.4.1 宏观经济政策的协调运用

1．相机抉择

相机抉择是指政府在运用宏观经济政策调节经济时，可以根据市场实际状况和各项调节措施的特点，机动地决定和选择应该采取哪一种政策措施或哪几种政策措施的组合。

财政政策与货币政策各自具有不同的特点，这些特点具体体现在以下四个方面。

（1）政策的猛烈程度不同。政府增加支出和调整法定准备金率对经济的影响比较猛烈，而政府税收的改变和公开市场业务的影响则比较缓和。

（2）政策的时滞效应不同。从政策手段执行到收到预期效果之间往往存在时间间隔，这种时间间隔称为政策的时滞效应。财政政策直接调节总需求，而货币政策则需要通过利率间接调节总需求；因此，财政政策的时滞相对较短，而货币政策的时滞则相对较长。

（3）政策的影响范围不同。每项政策措施都有其发挥作用的领域，即政策的影响范围不同。例如，政府财政支出变化的影响面就大一些，而公开市场业务的影响面则小一些。

（4）政策的阻力不同。每项政策措施都对人们的经济利益产生影响，有的政策影响大一些，而有的政策影响则小一些；因此，不同政策实施的阻力会有所不同。例如，增加税收与减少支出通常遇到的阻力较大，而货币政策则通常遇到的阻力较小。

因此，在需要对经济进行调节时，究竟应采取哪一项政策，或者如何对不同的政策措施进行搭配使用，没有一个固定不变的范式，政府应该根据不同的情况，灵活地决定。

对政策的配合关键在于要根据不同的经济形势采取不同的政策。例如，在经济发生严重的衰退时，就要运用作用较为猛烈的政策，如紧急增加政府支出，或开展公共工程建设，或增加转移支付水平；相反，当经济刚开始出现衰退的苗头时，则要采用一些温和的政策，如有计划地在公开市场上买进债券以便缓慢地增加货币供给量，或降低利率，或刺激投资和消费。

相机抉择的实质是灵活地运用各种政策。例如，在什么情况下不需要采取政策措施，可以依靠经济本身的机制自发地调节；什么情况下必须采取政策措施等。

2．政策的配合

政府宏观经济政策具有"逆风向行事"的特点，经济形势"紧"（即失业率上升，经济萧条）时，就采取"松"的政策；经济形势"松"（即通货膨胀，经济繁荣）时，就采取"紧"的政策。但这也不是绝对的，还是要看具体情况。政策配合的可能形式如下。

1）"双紧"的政策搭配

如果经济出现严重通货膨胀，可以采取"双紧"政策，即同时采取紧缩性财政政策和紧缩性货币政策，以便有效地抑制总需求，避免经济过热。"双紧"政策搭配的作用过程如图 10.3 所示。

2. 繁荣时期

在繁荣时期，总需求大于总供给，为了抑制总需求，就要运用紧缩性货币政策。这些紧缩性货币政策通常包括在公开市场上卖出有价证券，提高再贴现率并严格贴现条件，提高法定准备金率等。这类政策可以减少货币供给量，提高利息率，抑制总需求。

从美国的实际情况来看，在20世纪50年代侧重于运用财政政策刺激经济，运用货币政策则注重稳定物价，制止通货膨胀，所以货币供给量增加并不快；在20世纪60年代之后，则注意运用扩张性的货币政策来刺激经济，从而使货币供给迅速增加，以致引起了20世纪70年代初期严重的通货膨胀。在20世纪70年代中期以后，则实际上放弃了凯恩斯主义的货币政策，而代之以货币主义的货币政策。

 案例欣赏 10.2

央行行长易纲：2018年实施好稳健中性的货币政策

央行行长易纲2018年3月出席中国发展高层论坛时表示，当前中国经济总体形势稳中向好，中国经济社会发展取得了举世瞩目的成就。一是主要指标好于预期，GDP增速回升，就业形势向好，物价稳定，2018年经济开局延续了好的态势。二是供给侧改革初见成效，规模以上的工业企业利润增长21%，经济质量和效益提高。三是人民生活水平持续提升，扶贫攻坚超额完成目标，重点城市的环境污染有了明显减少。

2018年要实施好稳健中性的货币政策，为供给性结构性改革营造适宜的货币环境，总体上要松紧适度，管好货币供给的总闸门，维护银行体系流动性合理稳定，保持M2信贷和社会融资规模的合理增长。今年的政府工作报告中没有对M2和社会融资规模提出预期数量的目标，这体现了高质量发展要求的新变化。

在控制好总量的前提下，我们结构上将更加注重质量的提高，适当地、有针对性地支持经济中的薄弱环节，更好地为实体经济服务。对社会资本参与比较少的重点领域和薄弱环节适度地采取"精准滴灌"，加大对扶贫、小微企业、三农、双创等普惠金融和绿色金融的支持，尤其是向深度贫困地区做一些倾斜，助力打好精准脱贫，治理污染的攻坚战。

（资料来源：网易财经 http://money.163.com/18/0325/14/DDOIPN2K002581PP.html.）

任务 10.4　宏观经济政策的运用

财政政策与货币政策的协调配合，是国家在市场经济中调控社会供需总量和结构不可或缺的工具。而两大政策对社会供需总量和结构的调整是通过不同的作用途径与效果体现的。

利率水平根据货币政策调控、引导市场利率的需要等综合确定。

常备借贷便利以抵押方式发放,合格抵押品包括高信用评级的债券类资产及优质信贷资产等。其主要特点有:一是由金融机构主动发起,金融机构可根据自身流动性需求申请常备借贷便利;二是常备借贷便利是中央银行与金融机构"一对一"的交易,针对性强;三是常备借贷便利的交易对象覆盖面广,通常覆盖存款金融机构。

2. 中期借贷便利(Medium-term Lending Facility,MLF)

中期借贷便利于2014年9月由中国人民银行创设,是中央银行提供中期基础货币的货币政策工具,对象为符合宏观审慎管理要求的商业银行、政策性银行,可通过招标方式开展。发放方式为质押方式,并需提供国债、央行票据、政策性金融债、高等级信用债等优质债券作为合格质押品。

中国人民银行相关报告显示,2015年累计开展中期借贷便利(MLF)操作金额为21 948亿元,向金融机构投放中期基础货币,引导其加大对小微企业和"三农"等重点领域和薄弱环节的支持力度。2015年各季度分别开展MLF操作金额为10 145亿元、5 145亿元、3 600亿元和3 058亿元,期末MLF余额为6 658亿元。上半年,操作期限均为3个月,利率为3.5%。下半年,将期限延长至6个月,利率为3.35%。为引导金融机构降低贷款利率和社会融资成本,2015年11月又将其利率下调至3.25%。

3. 短期流动性调节工具(SLO)

公开市场短期流动性调节工具以7天期以内短期回购为主的一种公开市场操作。该工具操作在七天期等品种工具之后,继续构建隔夜等超短期品种,作为指引市场基准利率,为利率市场化进程打下更好的基础,但未作为优先的常规性制度安排。该工具操作对象为公开市场业务一级交易商中具有系统重要性、资产状况良好、政策传导能力强的部分金融机构。

中央银行可根据本国货币调控需要,综合考虑银行体系流动性供求状况、货币市场利率水平等多种因素,灵活决定该工具的操作时机、操作规模及期限品种等。

短期流动性调节工具的即时启用,预示着正、逆回购将成为人民银行调节流动性的主流工具,使其在流动性调控上更趋精准,此举也意味着未来存款准备金率的使用频率将减少甚至逐渐淡出。

10.3.2 货币政策工具的运用

在不同的经济形势下,中央银行要运用不同的货币政策工具来调节经济。

1. 萧条时期

在萧条时期,总需求小于总供给,为了刺激总需求,就要运用扩张性货币政策。这些扩张性货币政策通常包括在公开市场上买进有价证券,降低再贴现率并放松贴现条件,降低法定准备金率等。这类政策可以增加货币供给量、降低利息率、刺激总需求。

要的准备金就可以了。在现代银行制度中,这种准备金在存款中起码应当占的比率是政府(具体由中央银行代表)规定的。这一比率称为法定准备金率。按法定准备金率提留的准备金称为法定准备金。法定准备金一部分是银行库存现金,另一部分存放在中央银行的存款账户上。

中央银行有权决定商业银行和其他金融机构的法定准备金率。通常中央银行是逆对经济风向改变准备金率的。当总支出不足因而失业有持续增加的趋势时,需要增加货币供给,中央银行就可以降低银行准备金率。准备金率的下降,使商业银行能够按更低的准备金率也就是按更多的倍数扩大贷款。反之,当总支出过多因而价格水平有持续上涨的趋势时,可以提高银行准备金率。准备金率的提高,使商业银行必须按更高的准备金率也就是按更低的倍数扩大贷款数量。

可见,降低法定准备金率,实际上等于增加了银行超额准备金;而提高法定准备金率,就等于减少了银行超额准备金。从理论上说,变动法定准备金率是中央银行调整货币供给最简单的办法,然而,中央银行一般不愿轻易使用变动法定准备金率这一手段。这是因为,银行去向中央银行报告它们的准备金和存款状况时有一个时滞,因此今天变动的准备金率一般要过一段日子(如两周以后)才起作用。同时,变动法定准备金率的作用十分猛烈,一旦准备金率变动,所有银行的信用都必须扩张或收缩。因此,这一政策手段很少使用,一般几年才改变一次准备金率。如果准备金率变动频繁,会使商业银行和所有金融机构的正常信贷业务因频繁受到干扰而感到无所适从。

上述三大货币政策工具常常需要配合使用。例如,当中央银行在公开市场操作中出售政府债券使市场利率上升(即债券价格下降)后,正如上面说过的那样,再贴现率必须相应提高,以防止商业银行增加贴现。于是,商业银行向它的顾客的贷款利率也将提高,以免产生亏损。相反,当中央银行认为需要扩大信用时,在公开市场操作中买进债券的同时,也可降低再贴现率。贴现率政策和公开市场业务虽然都能使商业银行准备金变动,但变动的方式和作用还是有区别的。当中央银行在市场出售证券时,一般地讲,能减少银行准备金,但究竟哪个银行会减少以及减少多少却无法事先知道,因而究竟会给哪些银行造成严重影响也无法事先知道。原来超额准备金多的银行可能没有什么影响,即使其客户提取较多的存款去购买证券,也只会使超额准备金减少一些而已。然而,那些本来就没有太多超额准备金的银行马上会感到准备金不足,因此,其客户提取存款后,准备金就会降到法定准备金率以下。在这种情况下,中央银行之所以还大胆地进行公开市场业务,是因为有再贴现政策作为补充。当中央银行售卖证券使一些银行缺乏准备金时,这些银行就可向中央银行办理贴现以克服困难。

 知识链接 10.3

我国其他货币政策工具

1. 常备借贷便利

常备借贷便利是中国人民银行正常的流动性供给渠道,主要功能是满足金融机构期限较长的大额流动性需求,对象主要为政策性银行和全国性商业银行,期限为 1~3 个月。

以比较准确地预测出来,如一旦买进一定数额的证券,就可以大体上按货币乘数估计货币供给增加了多少。

 知识链接 10.2

中国公开市场操作

中国公开市场操作包括人民币操作和外汇操作两个部分。自 1999 年以来,公开市场操作已成为中国人民银行货币政策日常操作的重要工具,对于调控货币供应量、调节商业银行流动性水平、引导货币市场利率走势发挥了积极的作用。

中国人民银行从 1998 年开始建立公开市场业务一级交易商制度,选择了一批能够承担大额债券交易的商业银行作为公开市场业务的交易对象,目前公开市场业务一级交易商共包括 40 家商业银行。这些交易商可以运用国债、政策性金融债券等作为交易工具与中国人民银行开展公开市场业务。从交易品种看,中国人民银行公开市场业务主要包括回购交易、现券交易、发行中央银行票据和国库定期存款招标。

1. 回购交易

回购交易分为正回购和逆回购两种。正回购为中国人民银行向一级交易商卖出有价证券,并约定在未来特定日期买回有价证券的交易行为。正回购为央行从市场收回流动性、减少货币供应量的操作,正回购到期则为央行增加货币供应量的操作。逆回购为中国人民银行向一级交易商购买有价证券,并约定在未来特定日期将有价证券卖给一级交易商的交易行为。逆回购为央行向市场上投放流动性、增加货币供应量的操作,逆回购到期则为央行减少市场上货币供应量的操作。

2. 现券交易

现券交易分为现券买断和现券卖断两种,前者为央行直接从二级市场买入债券,一次性地投放基础货币,进而增加货币供应量;后者为央行直接卖出持有债券,一次性地回笼基础货币,进而减少货币供应量。

3. 中央银行票据

中央银行票据即中国人民银行发行的短期债券。央行通过发行央行票据可以回笼基础货币,减少货币供应量。央行票据到期则体现为投放基础货币,增加货币供应量。

4. 国库定期存款招标

国库定期存款招标是国库资金管理的一种方式,也是人民银行向商业银行直接投放货币的一种手段。国库定期存款可以直接增加商业银行的资金来源,增加货币供应量。国库定期存款到期减少商业银行的资金来源,减少货币供应量。

(资料来源:中国人民银行)

3. 变动法定准备金率

活期存款是指不用事先通知就可随时提取的银行存款。虽然活期存款可随时提取,但很少会出现所有储户在同一时间里取走全部存款的现象。因此,银行可以把绝大部分存款用来从事贷款或购买短期债券等营利活动,只需要留下一部分存款作为应付提款需

3. 中央银行与金融媒介机构

金融媒介机构中最重要的是商业银行,其他还有储蓄和贷款协会、信用协会、保险公司、私人养老基金等。

10.3.1 货币政策工具

货币政策一般分为扩张性货币政策和紧缩性货币政策。前者通过增加货币供给来带动总需求的增长。货币供给增加时,利息率会降低,取得信贷更为容易,因此经济萧条时多采用扩张性货币政策。反之,紧缩性货币政策通过削减货币供给的增长来降低总需求水平,在这种情况下,取得信贷比较困难,利率也随之提高,因此,在通货膨胀严重时,多采用紧缩性货币政策。

中央银行运用哪些工具来变动货币供给量呢?西方主要国家运用工具的具体方式并不完全相同,但是在基本原则上,却是大体一致的。

1. 再贴现率政策

再贴现率政策是指中央银行通过变动商业银行及其他存款机构的贷款利率来调节货币供应量的政策。贴现率提高,商业银行向中央银行的借款就会减少,从而货币供给量也会减少;贴现率降低,商业银行向中央银行借款就会增加,从而货币供给量也会增加。

贴现窗口主要用于满足银行临时准备金不足,银行和其他存款机构一般都尽量避免去贴现窗口借款,只将它作为紧急求援,平时少加利用,以免被人误认为自己财务状况有问题。每个储备银行的贴现窗口也执行中央银行关于银行和存款机构可以借款的数量和次数的规定。另外还需要指出,通过变动贴现率控制货币供给本身也存在一些问题。例如,当银行十分缺乏准备金时,即使贴现率很高,银行依然会从中央银行贴现窗口借款。可见,通过贴现率变动来控制银行准备金的效果是相当有限的。事实上,再贴现率政策往往作为补充手段与公开市场业务政策结合在一起执行。正如下面将要介绍的那样,当公开市场业务成功地把利息率提高或降低到某一水平时,中央银行也必须把贴现率提高或降低到与该水平相协调的数值。

2. 公开市场业务

公开市场业务是目前中央银行控制货币供给最重要和最常用的工具。公开市场业务是指中央银行在金融市场上公开买卖政府债券以控制货币供给和利率的政策行为。

目前公开市场上操作的有价证券主要是国债。国债或政府债券是政府为筹措弥补财政赤字资金而发行的支付利息的国库券或债券,这些被初次卖出的政府债券可在居民、厂商、银行、养老基金、保险公司以及债券经纪人等单位和个人之间反复不断地被买卖。

公开市场业务有四个优点:第一,中央银行可通过买卖政府债券把银行准备金控制在自己所希望的规模内;第二,这种手段具有主动性,中央银行可根据自己的意愿进行;第三,这种手段具有灵活性,中央银行可以灵活地改变货币供给变动的方向,从而主动增加或减少货币供给;第四,这一手段具有可预测性,即这一业务对货币供给的影响可

性经济政策使用。"财政部财科所所长刘尚希认为,这些大力度的投入,都具有较强针对性,兼顾改善民生和拉动投资、促进经济增长。

数据显示,随着积极财政政策的有效落实,经济运行基本平稳,GDP增速连续两个季度保持7%,与预期目标相符,同时结构调整步伐加快,经济发展的活力动力进一步增强。

(资料来源:崔文苑.积极财政政策全面护航稳增长.经济日报,2015-09-08.)

任务10.3 货币政策

货币政策是指国家根据既定的经济发展目标,通过中央银行运用其政策工具,控制货币供给量和利率,以影响宏观经济活动水平的政策。同财政政策一样,货币政策也是国家调节和干预经济的主要政策之一。

 知识链接 10.1

银 行 制 度

1. 商业银行

商业银行的主要业务有负债业务、资产业务和中间业务。负债业务主要是吸收存款,其中包括活期存款、定期存款和储蓄存款。资产业务主要包括放款和投资两类业务:放款业务是为企业提供短期贷款,如票据贴现、抵押贷款等;投资业务就是购买有价证券以取得利息收入。中间业务是指代为顾客办理支付事项和其他委托事项,从中收取手续费的业务。商业银行之所以称为商业银行,是因为早先向银行借款的人都经营商业。后来,工业、农业、建筑业、消费者也都日益依赖商业银行融通资金,故其客户已经遍及经济各部门,业务也多种多样,而仍称为商业银行,只是沿用旧称呼罢了。

2. 中央银行

货币政策是一国货币当局进行金融调整的核心内容。要了解一国中银行是如何运用货币进行宏观调控的,必须先了解什么是中央银行,以及中央银行的职能、作用等。中央银行是一国的最高金融当局,它统筹管理全国金融活动,实施货币政策以影响经济。当今世界除了少数地区和国家,几乎所有已独立的国家和地区都设立了中央银行。中央银行在美国是联邦储备局,在英国是英格兰银行,在法国是法兰西银行,在德国是联邦银行,在日本是日本银行。

中央银行具有三大功能:第一,作为发行的银行,发行国家的货币。第二,作为银行的银行,既为商业银行提供贷款(采用票据再贴现、抵押贷款等办法),又为商业银行集中保管存款准备金,还为商业银行集中办理全国的结算业务。第三,作为国家的银行,代理国库,一方面根据国库委托代收各种税款和公债价款等收入作为国库的活期存款,另一方面代理国库拨付各项经费,代办各种付款与转账;提供政府所需资金,既用贴现短期国库券等形式为政府提供短期资金,也用帮助政府发行公债或直接购买公债方式为政府提供长期资金;代表政府与外国发生金融业务关系;执行货币政策,监督、管理全国金融市场活动。

消除经济衰退；在通货膨胀时期，社会总需求过度，价格水平持续上涨，政府采取增税政策，减少个人和企业的可支配收入，以抑制过度需求，消除通货膨胀。因此，减税是反衰退的重要措施，增税是反通胀的重要措施。

2. 改变政府购买水平

通过改变政府购买水平实施宏观财政政策的基本做法是：在经济萧条时期，提高政府购买水平，增加政府对商品和劳务的购买支出，如政府可以兴办大量的公共工程，修筑铁路、公路、水利工程等，以扩大社会总需求，消除经济衰退；当需求过度时，政府应降低购买水平，减少政府对商品和劳务的购买，以抑制社会总需求的增长。

3. 改变政府转移支付

在经济衰退时期，应增加政府转移支付，以增加社会有效总需求；在通货膨胀时期，应减少政府转移支付，以抑制过度需求。通过这些措施可以实现反衰退和反通货膨胀的目标。

在20世纪50年代，美国等西方国家就是采取了这种"逆经济风向行事"的财政政策，其目的在于实现既无失业又无通货膨胀的经济稳定。20世纪60年代以后，为了实现充分就业与经济增长，财政政策则以扩张性的财政政策为基调，强调通过增加政府支出与减税来刺激经济。特别是在1962年的肯尼迪政府时期，曾进行了全面的减税。个人所得税减少20%，最高税率从91%降至65%，公司所得税税率从52%降至47%，此外还采取了加速折旧、投资减税等变相的减税政策。这些政策的实施对经济起到了有力的刺激作用，造成了20世纪60年代美国经济的繁荣。20世纪70年代之后，在财政政策的运用中则强调了微观化，即对不同的部门与地区实行不同的征税方法，制定不同的税率，个别地调整征税范围，以及调整政府对不同部门与地区的拨款和支出政策，以求得经济的平衡发展。在20世纪80年代，里根政府上台之后，制定了以供给学派理论为依据的经济政策，其中最主要的一项就是减税。

综上所述，政府应根据经济发展的具体状况交替使用扩张性的财政政策和紧缩性的财政政策。

 案例欣赏10.1

中国积极财政政策全面护航稳增长

2015年以来，国内外经济形势错综复杂，我国经济增长新动力不足与旧动力减弱的结构性矛盾依然突出，经济下行压力较大。在这种形势下，积极财政政策通过增加支出、加快支出进度保障重点领域投入，通过推动结构调整培育新增长点，通过优化支出结构保障百姓享受稳增长带来的红利。

"中国将继续实施积极的财政政策。预计全年中央财政支出增速在10%左右，高于年初预算财政收入7%左右的增速。"时任财政部部长楼继伟在日前召开的G20财长和央行行长会议上表示："积极财政政策要兼顾经济和社会两方面，而不是单纯当作扩张

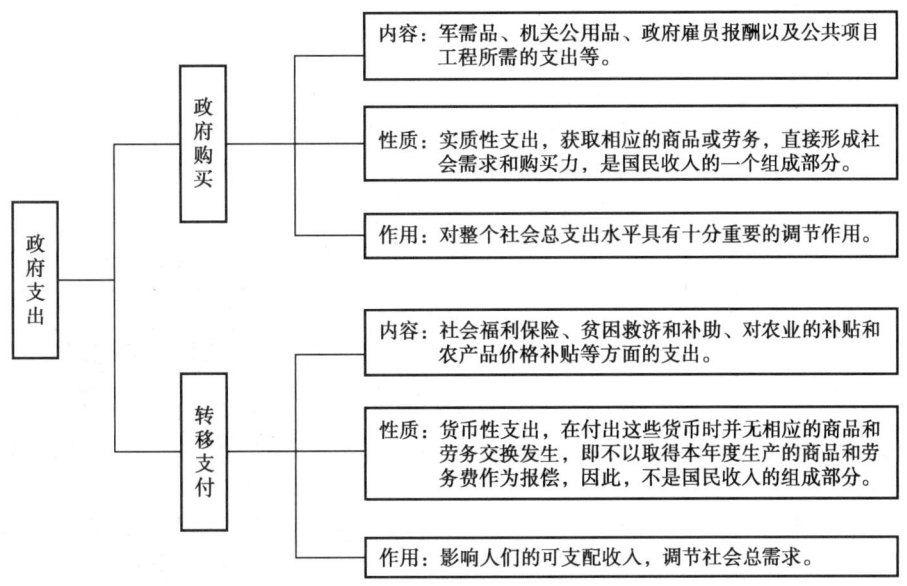

图 10.2　政府支出的主要构成

当社会总需求不足时，政府可以提高购买和支出水平，如加大公共建设工程，提高就业水平，抑制经济衰退；同时，政府也可以进一步增加转移支付款项，调整转移分配对象，如根据需要给予更多的补贴给发生灾难的社会群体，稳定社会秩序。相反，当社会需求过高时，政府可以采取减少购买支出，以此来抑制通货膨胀。可见，政府支出项目是需要根据社会经济发展与人文环境变化进行调整的，而各项目的相对重要性也是变化的。

失业补助与其他福利性支出这类转移支付，有其固定的发放标准。当经济萧条时，由于失业人数和需要其他补助的人数增加，这类转移支付会自动增加，从而抑制了消费与投资的减少，有助于减轻经济萧条的程度。当经济繁荣时，由于失业人数和需要其他补助的人数减少，这类转移支付会自动减少，从而抑制了消费与投资的增加，有助于减轻由于需求过大而引起的通货膨胀。

10.2.2　财政政策工具的运用

财政政策是指运用政府开支与税收来调节经济。具体来说，在经济萧条时期，总需求小于总供给，经济中存在失业，政府就要通过扩张性的财政政策来刺激总需求，以实现充分就业。在经济繁荣时期，总需求大于总供给，经济中存在通货膨胀，政府则要通过紧缩性的财政政策来抑制总需求，以实现物价稳定。

财政政策工具主要有改变税率、改变政府购买水平和改变政府转移支付水平。

1. 改变税率

在西方国家政府的财政收入中，所得税在税收中所占比重较大，因此，改变税率主要是改变所得税税率。其基本做法是，在经济萧条时期，有效需求不足，失业率上升，政府采取减税政策，降低所得税税率，给个人和企业多留一些可支配收入，以增加有效需求，

1. 政府收入

政府收入是指整个国家中各级政府收入的总和。政府收入由许多具体的收入项目构成，对社会需求起着重要的调节作用，如图 10.1 所示。

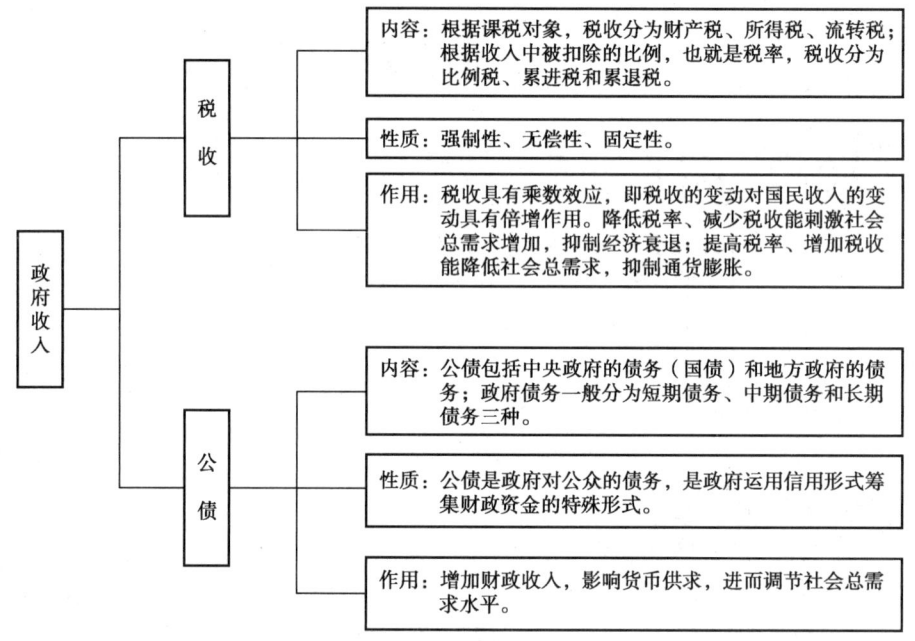

图 10.1　政府收入的主要构成

（1）税收。政府要实现自身的职能，必须有钱来偿付它的支出，如进行投资、公共设施建设和兴办教育等。政府收入的主要来源是税收，政府通过税率调节税收水平，以影响和调节总需求，故税收是具有内在稳定器作用的财政政策。税收主要包括个人所得税、公司所得税，以及各种转移支付。个人所得税与公司所得税有其固定的起征点和税率。当经济萧条时，由于收入减少，税收也会自动减少，从而抑制了消费与投资的减少，有助于减轻萧条的程度。当经济繁荣时，由于收入增加，税收也会自动增加，从而就抑制了消费与投资的增加，有助于减轻由于需求过大而引起的通货膨胀。

（2）公债。当政府税收不足以弥补政府支出时，政府就会发行公债。公债成为政府财政收入的又一个组成部分。公债的发行能增加财政收入，因此，公债发行属于财政政策工具；同时，公债的发行、回收以及在资金市场上的流动能影响货币供求，发挥对货币市场和资本市场的扩张或紧缩作用，进而调节社会总需求水平。因此，公债也是实施宏观调控的经济政策工具。

2. 政府支出

政府支出是指整个国家中各级政府支出的总和。政府支出由许多具体的支出项目构成，如图 10.2 所示。

1. 需求管理

需求管理是通过调节总需求以实现一定政策目标的宏观经济政策工具。这也是凯恩斯主义所重视的政策工具。凯恩斯主义产生于20世纪30年代经济大危机时期。这时经济资源严重闲置,总供给不是限制国民经济增长的主要因素,经济中的关键问题是总需求不足。凯恩斯主义的国内生产总值决定理论,是在假定总供给无限的条件下来说明总需求对国内生产总值的决定作用的。因此,由这种理论所引出的政策工具就是需求管理。

需求管理是通过对总需求的调节,实现总需求等于总供给,达到既无失业又无通货膨胀的目标。在总需求小于总供给时,在经济中会由于需求不足而产生失业,这时就要运用扩张性的政策工具来刺激总需求。在总需求大于总供给时,在经济中会由于需求过度而引起通货膨胀,这时就要运用紧缩性的政策工具来抑制总需求。需求管理包括财政政策与货币政策。

2. 供给管理

20世纪70年代初期,石油价格的大幅度上升对全球经济产生了严重影响,使经济学家认识到了总供给的重要性。总需求—总供给模型分析了总供给对国内生产总值和价格水平的影响。这样,宏观经济政策工具就不仅包括需求管理,而且包括供给管理。

供给管理是指通过对总供给的调节,实现一定的政策目标的宏观经济政策工具。在短期内影响供给的主要因素是生产成本,特别是生产成本中的工资成本。在长期内影响供给的主要因素是生产能力,即经济潜力的增长。因此,供给管理包括控制工资与物价的收入政策、指数化政策、改善劳动力市场状况的人力政策以及促进经济增长的增长政策。

3. 对外经济管理

宏观经济政策目标不仅要实现国内均衡,还要实现国外均衡,这就需要采取必要的措施对国际收支进行调节。对外经济管理是指通过对国际贸易、国际资本流动、劳务国家的输出和输入等的管理和调节,实现国际收支平衡的目标。在对外经济管理政策中,主要包括对外贸易政策、汇率政策、对外投资政策和国际经济关系协调政策等。

任务10.2　财政政策

财政政策是指国家为促进就业水平的提高,减轻经济波动,防止通货膨胀,实现稳定增长而对政府支出、税收和借债水平所做出的决策。财政政策是国家干预经济的主要政策之一。

10.2.1　国家财政的构成

国家财政由政府收入和政府支出两方面构成,其中政府收入主要包括税收和公债,政府支出主要包括政府购买和转移支付。

的稳定程度。当一国国际收支处于失衡状态时，就必然会对国内的经济形成冲击，从而影响国内的就业水平、价格水平及经济增长。

5．四个目标之间的关系

（1）稳定物价与充分就业。20世纪70年代以来，西方许多资本主义国家发生"滞涨"的事实，说明降低失业率与稳定物价不能兼顾。在失业率和物价上涨率之间可以有三种选择：第一，追求低失业率而忍受较高的通货膨胀率；第二，追求物价稳定而忍受较高的失业率；第三，在两者之间相机抉择，把失业率和通货膨胀率均控制在社会可接受的水平。很显然，第三种方式比较切合实际。

（2）稳定物价与经济增长。在有效需求不足的经济中，产出水平取决于需求水平，采用扩张性的财政与货币政策，刺激需求增长可以促进经济增长，并且不会引起物价水平上涨。但是在充分就业的经济中，采用扩张性的财政与货币政策，虽然可以促进经济增长，但同时也会引起总需求超过总供给，导致通货膨胀。

（3）稳定物价与国际收支平衡。稳定物价与减少国际收支逆差是一致的。采取紧缩性的经济政策，抑制国内需求，一方面可以降低通货膨胀率，同时也可以减少进口，扩大出口；另一方面采取紧缩政策可使国内价格水平下降，利率水平上升，这样就可以吸引外资流入，改善国际收支。

（4）充分就业与经济增长。高速经济增长与降低失业率二者相辅相成，不存在矛盾。如果资源大量闲置，失业率很高，当然不可能有高速度的经济增长，也不能不断地提供更多的就业机会。

（5）充分就业与国际收支平衡。就业人数增加，收入水平提高，会使进口的增加超过出口的增加，从而使国际收支恶化。国际收支出现逆差，可以采用紧缩性财政与货币政策解决，但是紧缩政策将导致失业率上升。

（6）经济增长与国际收支平衡。从短期看，这两个目标之间存在冲突。高速度的经济增长需要增加进口国外的机器设备、先进技术及原材料，而扩大出口则不可能在短期内达到，这会使国际收支趋于恶化。

可见，宏观经济政策的四大目标是相互联系与相互制约的完整统一。充分就业保证了社会的稳定，人力资源的最大投入，需要建立在经济持续稳定增长的基础上。通货膨胀带来各种负面效应，引起实际收入下降，严重破坏了经济的稳定，因此，在追求经济增长的同时，务必加强宏观调控，防止经济过热引起恶劣的通货膨胀。同时，伴随国际化进程，进出口贸易状况与国际结算对一国财政政策与货币政策的实施将不断加深影响，由此引起的货币价格浮动、结构性调整失业和进口成本增加推动通货膨胀等现象都将对国内经济形成冲击。

10.1.2 宏观经济政策工具

宏观经济政策工具是指用来达到政策目标的手段。在宏观经济政策工具中，常用的有需求管理、供给管理和对外经济管理。

任务 10.1　宏观经济政策目标

宏观经济政策是指国家或政府为了增进社会经济福利而制定的解决经济问题的指导原则和措施。它是政府为了达到一定的经济目的而对经济活动有意识的干预。

10.1.1　宏观经济政策目标

任何一项经济政策都是根据一定的经济目标而制定的。宏观经济政策目标是政府有意识、有计划地运用一定的政策工具，调节控制宏观经济运行所要达到的政策目标。从西方国家战后的经济实践来看，国家宏观调控的政策目标，主要包括充分就业、物价稳定、经济增长和国际收支平衡。

1．充分就业

充分就业是指一切生产要素（包含劳动）都有机会以自己愿意的报酬参加生产的状态。需要指出的是，充分就业不是 100%就业，充分就业并不排除像摩擦性失业这类失业情况的存在。摩擦性失业是指在劳动力正常流动过程中所产生的失业，是由于各行业、各部门与各地区之间的劳动需求经常发生变动，以及劳动者根据本人的偏好与能力发生转换职业的行为等原因引起的。摩擦性失业在任何动态市场中都是必然存在的。但不论属于哪种类型，失业总是会给社会及失业者本人和家庭带来损失和痛苦，也使社会损失了本来可以得到的产出量。严重的社会失业不可避免地会带来社会动荡和混乱，因此，降低失业率，实现充分就业，就常常成为宏观经济政策的首要或重要目标。

2．物价稳定

物价稳定是宏观经济政策的第二个目标，是指价格总水平的稳定。由于各种商品价格变化的繁杂和统计的困难，一般用价格指数来表示。国际上当今的通行做法是测算居民消费价格指数（CPI）。CPI 计算包括了城镇居民日常消费的生活用品和劳务的价格变动。大部分国家都会按月度和年度向市民公布 CPI 变动情况。物价稳定体现为 CPI 的相对稳定，轻微的 CPI 上涨，也被看作正常的经济现象。

3．经济持续均衡增长

宏观经济政策的第三个目标是经济的持续均衡增长。经济增长是指一定时期内经济社会的人均产出和人均收入的持续增加，通常用一定时期内实际国内生产总值年均增长率来衡量。第二次世界大战后，西方国家的经济增长经历了一个从高速增长到低速增长的过程。增长和充分就业是相互关联的，因此，如何维持较高的增长率以实现充分就业，同样是一国宏观经济政策追求的主要目标。

4．国际收支平衡

国际收支平衡对于一个现代开放性经济国家是至关重要的。随着国际间经济交往的密切，如何平衡国际收支已成为一国宏观经济政策的重要目标之一。西方经济学家认为，一国的国际收支状况不仅反映了该国对外经济交往的情况，而且还反映了该国经济改革

项目 10　逆向行事的宏观经济政策

导入案例

积极的财政政策和稳健的货币政策

作为 2018 年中国宏观经济政策走向"风向标"的 2017 年中央经济工作会议于 2017 年 12 月 20 日在北京闭幕。会议定调 2018 年中国经济工作，明确继续实施积极的财政政策和稳健的货币政策。

会议指出，2018 年是贯彻党的十九大精神的开局之年，是改革开放 40 周年，是决胜全面建成小康社会、实施"十三五"规划承上启下的关键一年。

2018 年经济工作怎么做？会议提出，坚持稳中求进工作总基调，坚持新发展理念，紧扣中国社会主要矛盾变化，按照高质量发展的要求，统筹推进"五位一体"总体布局和协调推进"四个全面"战略布局。

坚持以供给侧结构性改革为主线，统筹推进稳增长、促改革、调结构、惠民生、防风险各项工作，大力推进改革开放，创新和完善宏观调控，推动质量变革、效率变革、动力变革，在打好防范化解重大风险、精准脱贫、污染防治的攻坚战方面取得扎实进展，引导和稳定预期，加强和改善民生，促进经济社会持续健康发展。

此前，中国高层已明确把"稳中求进"定为治国理政重要原则。"稳"和"进"要作为一个整体来把握，统筹各项政策，加强政策协同。

会议提出，2018 年积极的财政政策取向不变，调整优化财政支出结构，确保对重点领域和项目的支持力度，压缩一般性支出，切实加强地方政府债务管理。

稳健的货币政策要保持中性，管住货币供给总闸门，保持货币信贷和社会融资规模合理增长，保持人民币汇率在合理均衡水平上的基本稳定，促进多层次资本市场健康发展，更好地为实体经济服务，守住不发生系统性金融风险的底线。

分析人士认为，作为宏观经济政策最重要的两个部分，继续实施积极的财政和稳健的货币政策有利于保证政策的延续性和稳定市场对政策环境的预期，为当前中国经济转型升级，深入推进改革筑牢了扎实稳固的基础。

（资料来源：中国新闻网 http://finance.chinanews.com/cj/2017/12-20/8405377.shtml.）

❖案例讨论❖

在宏观调控政策取向上，我国已经连续八年采取"积极的财政政策+稳健的货币政策"这一组合。财政政策与货币政策是如何协调实施以促进经济平稳增长的？

宏观经济学的研究是在理论分析基础上提出一系列政策措施，来解决经济发展中出现的各种问题，以保证经济平稳、健康的运行。美国著名经济学家、诺贝尔经济学奖获得者 J. 托宾指出："宏观经济学的重要任务之一就是要表明如何能够运用中央政府的财政工具和货币工具来稳定经济。"可见，经济政策问题在宏观经济学中占有十分重要的地位。

项目导图

逆向行事的宏观经济政策

- 学习目标
- 学习内容
  - 宏观经济政策目标
    - 宏观经济政策目标
      - 充分就业
      - 物价稳定
      - 经济持续均衡增长
      - 国际收支平衡
      - 四个目标之间的关系
    - 宏观经济政策工具
      - 需求管理
      - 供给管理
      - 对外经济管理
  - 财政政策
    - 国家财政的构成
      - 政府收入
      - 政府支出
    - 财政政策工具的运用
      - 改变税率
      - 改变政府购买水平
      - 改变政府转移支付
  - 货币政策
    - 货币政策工具
      - 再贴现率政策
      - 公开市场业务
      - 变动法定准备金率
    - 货币政策工具的运用
      - 萧条时期
      - 繁荣时期
  - 宏观经济政策的运用
    - 宏观经济政策协调运用
      - 相机抉择
      - 政策的配合
    - 宏观经济政策运用实例
      - 美联储2001年的多次降息
      - 中国的宏观经济政策搭配实践
- 经典阅读
  - 中、美、英等国应对金融危机财政货币政策比较
- 单项实训
  - 单项实训10.1 交流讨论：我国2008年以来的财政政策与货币政策协同使用情况
  - 单项实训10.2 案例分析：美国量化宽松货币政策及对中国经济的影响
- 复习与思考

项目 10

逆向行事的宏观经济政策

学习目标

知识目标：
- ▲ 了解宏观经济政策的目标；
- ▲ 理解财政政策和货币政策。

能力目标：
- ▲ 能够分析经济政策；
- ▲ 综合应用财政政策和货币政策解决实际问题。

重点难点：
- ▲ 财政政策和货币政策的不同配合形式。

（2）当某一社会经济处于经济周期的扩张阶段时（　　）
　　A．经济的生产能力超过它的消费需求
　　B．总需求逐渐增长，但没有超过总供给
　　C．存货的增加与需求的减少相联系
　　D．总需求超过总供给
（3）导致经济周期波动的投资主要是（　　）
　　A．存货投资　　　　　　　　　　B．固定资产投资
　　C．意愿投资　　　　　　　　　　D．重置投资
（4）下列各项中，（　　）项不属于生产要素供给的增长。
　　A．劳动者教育年限的增加　　　　B．就业人口的增加
　　C．人才的合理流动　　　　　　　D．发展教育事业
（5）为提高经济增长率，可采取的措施是（　　）。
　　A．加强政府的宏观调控
　　B．抑制消费水平
　　C．减少工作时间
　　D．推广基础科学及应用科学的研究成果

3．分析讨论题

试说明下列因素如何提高或降低平均劳动生产率：
（1）教育制度改革的成功；
（2）大学生进入职场；
（3）提前退休；
（4）在萧条时期的失业率提高。

丹尼森和库兹涅茨对经济增长因素的分析，在一定程度上描述了资本主义经济发展的事实，因而为我们研究西方经济提供了可供参考的资料。对社会经济问题采取综合分析的方法，对我们也有一定的启示，特别是强调知识进步在经济增长中的重要作用，对于我们认识现代化生产的特点，尤其是对于发展中国家制定正确的经济发展战略，都具有重要的借鉴意义。

单项实训

实训目标

1．通过网络查询 1978 年以来我国经济增长率等相关指标，分析我国在不同历史阶段经济增长的原因。

2．通过网络查询相关资料，根据所学知识分析 2008 年世界金融危机的深层次原因以及中美应对措施的异同点。

实训背景与要求

单项实训 9.1　资料分析：1978 年以来我国经济增长因素分析

实训要求：

1．此次实训项目以团队形式完成。

2．分工收集 1978 年以来我国经济增长情况的相关资料。

3．阐述影响不同阶段推动我国经济增长的主要因素。

单项实训 9.2　课堂讨论：对"李克强经济学"的认识与探讨

实训要求：

1．此次实训项目以团队形式完成。

2．分析"李克强经济学"的内涵和作用。

3．财经字典里还有了"欧猪五国""希腊脱欧""安倍经济学"等术语，查找资料，分析解释上述术语的含义。

4．分析"安倍经济学"与"李克强经济学"的差异。

复习与思考

1．名词解释

经济增长；经济周期；朱格拉周期；康德拉捷夫周期；库兹涅茨周期

2．选择题

（1）经济波动周期的四个阶段依次是（　　）

　　A．扩张、峰顶、衰退、谷底　　　　　　B．峰顶、衰退、谷底、扩张

　　C．谷底、扩张、峰顶、衰退　　　　　　D．以上各项均对

知识进展包括的范围很广，既包括技术知识、管理知识的进步和由于采用新的知识而产生的结构和设备的更有效的设计，还包括从国内外的有组织的研究、个别研究人员和发明家简单的观察和经验中得来的知识。丹尼森所谓的技术知识是指关于物品的具体性质和如何具体地制造、组合以及使用它们的知识。他认为，技术进步对经济增长的贡献是明显的，但是只把生产率的增长看成大部分是采用新的技术知识的结果则是错误的。他强调管理知识的重要性。管理知识是指广义的管理技术和企业组织方面的知识。在丹尼森看来，管理和组织知识方面的进步更可能降低生产成本，增加国民收入，因此它对国民收入的贡献比对改善产品物理特性的影响更大。总之，丹尼森认为，技术知识和管理知识进步的重要性是相同的，不能只重视前者而忽视后者。

2. 库兹涅茨对经济增长因素的分析

库兹涅茨对经济增长因素的分析运用的是统计分析方法，通过对国民总收入及其组成部分的长期估量、分析与研究各国经济增长的比较，从各国经济增长的差异中探索影响经济增长的因素。他认为经济增长的因素主要是知识存量的增长、劳动生产率的提高和结构方面的变化。

知识存量的增长。库兹涅茨认为，随着社会的发展和进步，人类社会迅速增加了技术知识和社会知识的存量，当这种存量被利用的时候，它就成为现代经济高比率的总量增长和迅速的结构变化的源泉。但知识本身不是直接生产力，由知识转化为现实的生产力要经过科学发现、发明、革新、改良等一系列中间环节。在知识的转化过程中需要一系列中介因素，这些中介因素是：对物质资本和劳动力的训练进行大量的投资；企业家要有能力克服一系列从未遇到的障碍；知识的使用者要对技术是否适宜运用做出准确的判断等。在这些中介因素作用下，经过一系列知识的转化过程，知识最终才会变为现实的生产力。

劳动生产率的提高。库兹涅茨认为，现代经济增长的特征是人均产值的高增长率。为了弄清什么导致了人均产值的高增长率，库兹涅茨对劳动投入和资本投入对经济增长的贡献进行了长期分析。他得出的结论是，以人均产值高增长率为特征的现代经济增长的主要原因是劳动生产率的提高。

结构变化。库兹涅茨认为，发达的资本主义国家在它们经济增长的历史过程中，经济结构转变迅速。从部门来看，先是从农业活动转向非农业活动，后又从工业活动转移到服务性行业。从生产单位的平均规模来看，是从家庭企业或独资企业发展到全国性甚至跨国性的大公司。从劳动力在农业和非农业生产部门的分配来看，以前要把农业劳动力降低50%，需要经过几个世纪的时间，现在在一个世纪中，由于迅速的结构变化，农业劳动力占全部劳动的百分比能够减少 30%~40%。库兹涅茨强调，发达国家经济增长时期的总体增长率和生产结构的转变速度都比它们在现代化以前高得多。库兹涅茨把知识力量因素和生产因素与结构因素相联系起来，以强调结构因素对经济增长的影响。制造业结构不能满足现代经济增长对它提出的要求，需求结构变化缓慢、消费水平低，不能形成对经济增长的强有力刺激。

大萧条时期，罗斯福政府实行了扩张性的财政政策；而国际金融危机初期，美国虽然也实行了扩张性的财政政策，但是不久就因债务风险过大而转向财政紧缩。第三，大萧条时期美国产业政策的特点是直接干预和挽救已有产业，而国际金融危机中的产业政策特点则是间接调控市场供求和重点培植新兴产业。第四，两次大危机后均出现贸易保护主义上升势头，但在国际金融危机中，国际社会协调力度有所加强，对保护主义抬头有所警惕。第五，大萧条后美国开始实行积极的社会政策，而国际金融危机中高福利制度已经让美国等发达国家不堪重负，压缩政府开支成为形势发展的主要趋势。

5. 影响比较——两次大危机都对世界政治经济格局产生了极其重要而深远的影响

大萧条重创了世界经济，国际贸易体系和国际货币体系先后坍塌，国际协调的失败使得危机进一步加剧。民粹主义的蔓延，导致某些危机国家的民粹主义等极端势力上台，并最终走向世界大战。而国际金融危机对世界政治经济格局也产生了重要而深远的影响，国际经济秩序面临重新调整，国际政治格局调整步伐加快。民粹主义蔓延导致危机国家社会动荡，改革受阻，极左或极右等极端势力上台的可能性进一步增大。

两次大危机的不同点在于：大萧条时期，危机的影响主要局限于发达国家内部；而国际金融危机爆发后，新兴经济体虽然也受到了一定的冲击，但是总体上看，发达经济体和新兴经济体之间在一定程度上出现了此消彼长的新局面。

 经典阅读

丹尼森和库兹涅茨对经济增长因素的分析

经济增长是一个复杂的经济和社会现象。影响经济增长的因素很多，正确地认识和估计这些因素增长的贡献，对于理解和认识现实的经济增长和制定促进经济增长的政策都是至关重要的。因此，经济增长因素分析就成为现代经济增长理论的重要研究部分，很多西方学者都投入到这一研究中来。下面介绍两位美国经济学家丹尼森和库兹涅茨对经济增长因素的分析。

1. 丹尼森对经济增长因素的分析

在经济增长因素分析中首先遇到的问题是经济增长因素的分类。丹尼森把经济增长因素分为两大类：生产要素投入量和生产要素生产率。关于生产要素投入量，丹尼森把经济增长看成是劳动、资本和土地投入的结果，其中土地可以看成是不变的，其他两个则是可变的。关于要素生产率，丹尼森把它看成是产量与投入量之比，即单位投入量的产出量。要素生产率主要取决于资源配置状况、规模经济和知识进展。具体而言，丹尼森把影响经济增长的因素归结为六个：劳动、资本存量的规模、资源配置状况、规模经济、知识进展和其他影响单位投入产量的因素。

丹尼森进行经济增长因素分析的目的，就是通过量的测定，把产量增长率按照各个增长因素所做的贡献分配到各个增长因素中去，分配的结果用来比较长期经济增长中各个因素的相对重要性。

丹尼森的结论是，知识进展是发达资本主义国家最重要的增长因素。丹尼森所说的

却依然维持着原有的分业监管体制不变，结果导致金融风险的快速聚集，并迅速蔓延。

另一方面，从短期看，货币政策本应分清真实需求和虚假需求，并采取审慎政策及时遏制虚假需求。然而，美国在两次大危机前的货币政策却一味追求短期繁荣，长时间实行过度宽松的货币政策，导致房地产泡沫与股市泡沫的双重叠加，从而使泡沫破裂时的经济调整幅度大大高于一般的周期性经济危机。所不同的是，大萧条之前是先有房地产泡沫，后有股市泡沫；而国际金融危机之前是先有股市泡沫，后有房地产泡沫。

泡沫经济的危害不仅导致金融风险的不断积累，而且也导致了社会风险的快速聚集。在泡沫形成时期，拥有股票和房地产的人一夜暴富，而那些没有股票和房地产的人则陷入相对贫困，从而拉大了财富差距，加大了社会矛盾。当泡沫破裂时，股票和房地产价格大幅跳水，导致拥有股票和房地产的人一夜之间一贫如洗，而没有股票和房地产的人也因经济下滑而减收或失业，从而进一步加剧了社会矛盾，甚至引发社会动荡。

3. 发展过程比较——两次大危机都是由银行业系统性风险引爆金融危机并导致经济危机

两次大危机的发展过程，既展现了一定的共同特征，又由于危机起因、历史环境、应对措施等方面的不同而表现出一定的差异。

两次大危机的相似之处在于：首先，两次大危机前均暴露了一些风险迹象，但是政府部门大都熟视无睹，没有及时采取有效的预防措施并予以提前化解。其次，两次大危机初期都是由银行业的系统性风险引爆全面的金融危机。再次，两次大危机爆发后都是由金融危机迅速向经济危机蔓延，虽然采取了应对措施，但危机依然持续发酵和不断深化。最后，大萧条时期世界经济陷入长期衰退，国际金融危机致使世界经济存在着"二次衰退"的风险。

两次大危机的不同点在于：首先，大萧条时期，金融危机主要表现为美国的银行业危机，三波倒闭浪潮共有数千家银行破产。而国际金融危机，危机的性质已经从2007年的"美国次贷危机"扩展到2008年的"国际金融危机"，至2009年转变为"主权债务危机"，进而演变为"欧洲货币危机"。因此，此次危机持续的时间会更长，波及的范围会更广，影响的程度会更深。其次，大萧条时期，危机的重灾国主要是美国，而国际金融危机的重灾国从美国转移到了欧洲，进一步蔓延至日本等其他国家，最糟糕的情形可能是整个发达经济体均陷入危机和停滞之中。

4. 应对措施比较——两次大危机之后美国都启动了一系列重大改革措施

在危机应对措施方面，两次大危机最大的相似之处在于：两次大危机之后，美国政府都启动了前所未有的改革措施。大萧条时期的一系列改革始自"罗斯福新政"，美国先后建立了存款保险制度、分业监管架构和社会保障体制。而国际金融危机爆发后不久，奥巴马政府排除阻力，首先启动了金融改革和医疗改革，然而财政改革却由于两党之争日趋激烈而步履维艰。

两次大危机在应对措施方面的不同点在于：第一，大萧条初期，美联储的货币政策应对相对迟缓且犹豫不决；而国际金融危机爆发之后，美联储的应对则较为积极。第二，

进而导致物质资本投入对经济增长的贡献率达到 83.51%，能源贡献率则下降至 21.62%，与人力资本相关的经济增长率为 3.17%，全要素生产率所带来的经济增长率为-1.25%。环境问题依旧严峻，与其相关的经济增长率为-3.31%。

综上所述，与全要素生产率相关的经济增长率逐渐下降并变为负值，中国经济对物质资本等要素投入的依赖程度也逐渐增强，环境污染对中国经济的阻碍作用也日益增强，中国经济整体呈现出"高投入、高能耗、高排放、低效益"的粗放式发展特征。因此，要想实现我国经济的可持续发展，关键在于改变经济增长的模式，将经济增长的主要动力源泉从物质资本、能源等要素投入转变为制度变革、结构优化和要素升级。

9.3.2 2008 年国际金融危机与 1929 年经济大萧条对比分析

2008 年国际金融危机可以形容为"百年一遇"，其持续时间之久、影响程度之深、波及范围之广，唯有 1929 年经济大萧条能够与之相比。现将两次大危机的时代背景、形成原因、发展过程、应对措施以及其对世界政治经济格局的影响进行研究，从中既能够得到宝贵的经验教训，又可以得到丰富的重要启示，对于中国今后的危机应对和长期发展，都具有十分重要的指导作用。

1. 时代背景比较——新技术革命和经济全球化是两次大危机时代背景的主要特征

两次大危机相似的地方是，在两次大危机爆发之前，都曾发生过一轮新的技术革命。同时，经济全球化也都步入了一个全新的发展阶段。

两次大危机不同的是，在新技术革命方面，1929 年经济大萧条之前，第二次工业革命的巨大成功直接推动了美国制造业的兴起与繁荣，显著提高了劳动生产率，形成了以制造业为主的产业结构。而 2008 年金融危机之前，以计算机与信息技术为主要特征的科技革命，极大地推动了美国金融业的发展，并且使得以美国为代表的发达国家，其产业结构表现出很强的"去工业化"和"虚拟化"的特点。在经济全球化方面，受"一战"影响，大萧条爆发时，那一波经济全球化浪潮在危机前已处于调整之中。而 2008 年国际金融危机前，经济全球化方兴未艾，其影响程度之深、影响范围之广，均前所未有。在国家内部和国家之间，新技术革命和经济全球化两大动因的驱动，导致其国家的经济社会发生了巨大而深刻的变化。

2. 形成原因比较——体制改革滞后和宏观政策失误是两次大危机形成的基本成因

两次大危机的成因虽然十分复杂，但最大的相似之处在于，在新技术革命浪潮和经济全球化步入新阶段的历史背景之下，相关国家的经济社会结构发生了巨大而深刻的变化。

一方面，从长期看，这些国家的经济社会管理体制本应及时进行相应的变革，以适应变化了的经济社会基础，然而危机前这种体制变革一直迟迟没有发生。以美国的金融业为例，大萧条之前，美国的金融业快速发展，但是金融监管体制几乎处于空白；而国际金融危机之前，美国的金融业纷纷以金融控股集团、资产证券化和金融衍生产品等方式快速突破已有的分业经营限制，混业经营发展势如破竹。然而在金融监管方面，美国

10亿美元，如果乘数是2，则国民收入增加20亿美元。产量或销售额增加了，厂商会增加设备或建造新厂房，即要增加投资。如果增加1单位产品生产需要增加1单位资本品，则投资与产量增量之间这一比率就称为加速数，现在加速数就是1。于是，国民收入增加20亿美元，就会使投资增加20亿美元。投资增加20亿美元，又会使产出或收入增加40亿美元。产出的增加又会使投资再增加，并进一步使收入或产量再增加。

当然，经济并不会无限扩张下去，因为终究会遇到约束因素。例如，一些生产要素的短缺就会使经济的扩张受到限制。一旦经济停止扩张或增长速度放慢，投资就会下降，经济开始走向衰退，从而出现周期性波动。

任务9.3 经济周期与经济增长理论的运用

9.3.1 改革开放以来我国经济增长的动力

依据我国发生的一些重大经济事件，从1991—1997年、1997—2002年、2002—2012年三个阶段对我国经济增长的动力做分解研究。

1. 1991—1997年期间

1992年我国经济增长率为14.24%，虽然在接下来几年有所下降，但是仍然高于1991年的水平。在此期间，与物质资本投入相关的经济增长率为6.84%，与全要素生产率相关的经济增长率为1.93%，与能源投入和人力资本相关的经济增长率分别为1.93%和1.64%，而与环境相关的经济增长率为-0.43%。这表明在1991—1997年期间，推动我国经济增长最主要的动力是物质资本，全要素生产率、能源投入和人力资本也发挥了一定的作用，而伴随着经济的增长，我国的环境状况开始恶化。

2. 1997—2002年期间

由于受亚洲金融危机的冲击，该期间我国经济处于相对波谷的位置，经济增长率从1996—1997年的9.3%跌落至1997—1998年的7.8%。在此期间，我国经济平均增长率为8.25%，而资本投入仍然是拉动我国经济增长的主要动力，其贡献率达到61.48%，与人力资本相关的经济增长率也有所上升，其对经济增长的贡献率达到22.14%，能源投入对经济增长的贡献率为13.44%。

3. 2002—2012年期间

在此期间，我国国内生产总值平均增长率为10.44%，在入世后与次贷危机爆发前这段时间内，资本对经济增长的贡献率为76.86%，能源消耗和人力资本对经济增长的贡献率分别为49.56%和17.64%。入世后我国经济增长的主要动力是资本投入，其次是能源投入和人力资本投入，而与环境相关的经济增长率为3.22%，与全要素生产率相关的经济增长率为0.29%。可以看出，我国环境状况持续恶化，且有不断加剧的趋势，仍需要采取相应措施提高全要素生产率。2008年次贷危机爆发后，政府实施了积极的财政政策，

动。过度投资理论又可分为货币过度投资理论与非货币过度投资理论。前者用货币因素说明生产结构的失调以及由此引起的经济波动,主要代表人物有哈耶克和米塞斯。后者用新发现、新发明及新市场的开辟等因素,说明生产结构的失调以及由此引起的经济波动,主要代表人物有卡塞尔、威克塞尔和斯皮托夫等。

6. 太阳黑子理论

太阳黑子理论认为太阳黑子的出现会引起气候反常,造成农业减产,进而影响工商业的发展,工资、购买力、投资等各个方面都会间接地受到影响,从而形成衰退。太阳黑子的出现是有周期性的,一般为9～11年,与一个经济周期的时间大致相符。这种理论的主要代表人物是杰文斯。

7. 政治性周期理论

政治性周期理论认为,自凯恩斯时代以来,由于政策制定者掌握了调控经济的工具,政府就可以根据政治需要交替地执行扩张性政策和紧缩性政策,从而造成了经济上扩张与衰退的交替出现。根据这一观点,许多资本主义民主政体的国家政治节奏比较明显,一个突出的例证就是选举的周期性变化。选举的周期性会导致经济也发生相应的周期性变动。因为选举的时间往往对失业率、实际可支配收入的增长率、通货膨胀率以及宏观经济政策的制定等都产生决定性的影响。这个影响过程是这样运行的:选举刚结束之后,政府通常用一至两年时间来紧缩经济,提高失业率以减轻通货膨胀的压力;然后在下一届大选之前的一年多时间中,改为执行扩张性政策,刺激经济,通过减税、增加政府开支、促使联邦准备制度压低利率等措施,来实现高就业以及实际可支配收入的增加,以此来赢得选民,从而使政治家们达到连选连任的政治目标。这种理论的主要代表人物有卡拉斯基和诺德豪斯等。

除了以上理论对经济周期成因做出了不同解释,有的经济学家还用星相、战争、政治事件、金矿的发现、人口和移民的增长、新疆域和新资源的发现等来诠释经济周期。例如,诺贝尔经济学奖获得者、美国经济学家萨缪尔森用"乘数—加速数相互作用原理"来说明经济周期,并因此成为现代经济周期理论的代表人物之一。

 知识链接 9.1

乘数—加速数模型

"乘数—加速数相互作用原理"是一种经济周期理论。这种理论认为,经济波动的根源在于经济自身,因而是内生的。具体地说就是,投资的变动会引起收入或消费若干倍的变动(乘数作用),而收入或消费的变动又会引起投资若干倍的变动(加速数作用),正是乘数和加速数的交互作用,造成了经济的周期性波动。因此,这种理论又称为乘数—加速数模型。

例如,假定经济起初由于某种原因使自发支出(投资,或政府购买,或出口)增加

扩张并不是无止境的。当经济活动达到高峰以后，伴随着经济的快速发展，货币与信贷所承受的压力也日渐扩大，通货膨胀产生，由弱而强直至危及整个经济体系的有序运行。这时，银行体系被迫收缩信用，利率上升，投资减少，生产下降，继而引起经济衰退。这种理论的主要代表是霍特里和弗里德曼。

2. 创新理论

创新理论认为，经济出现周期性波动的主要原因是由于创新的存在。因为创新会打破经济中旧的均衡，并在此基础上建立起新的均衡，而这种新的均衡必然又被后来的创新所打破。如此新旧更迭，经济会随着一轮又一轮创新的出现而呈现周期性波动。而社会正是在这种新旧均衡不断被打破和创新的过程中才得以前进，因此，他们认为经济周期是正常的。由创新所引起的经济周期的过程是：创新为创新者带来了超额利润，受超额利润的诱惑，其他企业也纷纷效仿，于是掀起了"创新浪潮"。这时，经济活动对银行信用和生产资料的需求不断增加，引起经济进入扩张阶段，继而形成高峰。当大部分企业掌握了这种创新之后，随着创新的普及，创新所带来的超额利润逐渐消失，引起对银行信用和生产资料需求的日益减少，导致经济衰退。这一理论的主要代表是熊彼特。

3. 心理理论

心理理论强调心理预期对经济周期各个阶段形成的决定作用，认为经济周期性波动的原因在于公众心理反应的周期性变化。当任何一种原因刺激了投资引起经济进入扩张阶段以后，人们对未来的乐观预期总是超过合理的经济考虑下的应有程度，导致投资进一步扩大，形成高峰。而当这种过度乐观的情绪所造成的错误被觉察以后，就形成了不合理的过度悲观预期，由此导致衰退。这一理论的主要代表人物有庇古、凯恩斯和巴奇霍特等。根据凯恩斯的观点，衰退的产生是由于资本边际效率的突然崩溃，而造成这种崩溃的原因正是人们对未来的悲观预期。

4. 消费不足理论

消费不足理论认为，经济衰退的原因在于收入中用于储蓄的部分过多，用于消费的部分不足，从而使社会对消费品的需求赶不上消费品的增长，形成过剩。而这种消费不足的根源主要在于国民收入分配不均所造成的富人储蓄过度，因此，解决的办法就是要实行收入分配均等化政策。这种理论的早期代表人物有马尔萨斯和西斯蒙等，近代的代表人物有霍布森。

5. 过度投资理论

过度投资理论认为，经济衰退的原因不在于投资太少，而在于投资过多。在经济扩张阶段，投资的增加首先引起对投资品需求的增加，以及投资品价格的上升，这样就进一步刺激了投资。在这一过程中，因为需求与价格的增加都首先表现在资本品上，因此投资也主要集中于生产资本品的产业。而生产消费品的产业没有得到足够重视，生产资本品的产业的发展超过了生产消费品的产业的发展，经济中出现结构失衡，从而引起波

动现象,并根据经济周期波动的时间把经济周期划分为不同的类型,即短周期(短波)、中周期(中波)和长周期(长波)。

1. 中周期——朱格拉周期

法国经济学家朱格拉(C. Juglar)认为,危机与恐慌并不是一种孤立的现象,而是经济社会不断面临的三个连续阶段中的一个。这三个阶段是繁荣阶段、危机阶段与清算阶段。这三个阶段的反复出现即形成了周期现象。平均每一周期的长度为 9~10 年,以国民收入、失业率和大多数经济部门的生产、利润和价格的波动为其标志。这便是所谓的"朱格拉周期"(Juglar Cycles),又称中周期(Intermediate Cycles)。

2. 短周期——基钦周期

美国经济学家基钦(Joseph Kitchen)提出,经济周期实际上有大周期和小周期两种。小周期平均长度约为 40 个月,大周期则是小周期的总和。一个大周期可包括两个或三个小周期。这里的大周期相当于朱格拉所论的中周期。这种小周期也可称为短周期,因为它是由基钦提出的,所以又称"基钦周期"(Kitchen Cycles)。短周期的长度大致为中周期的一半,两个周期的高峰经常出现于两个中周期的高峰之间。

3. 长周期——康德拉捷夫周期

苏联经济学家康德拉捷夫(N.D.Kondratief)认为,经济有一种较长的循环,平均长度为 50 年左右。这种 50 年左右的长周期,是以各时期的主要发明、新资源的利用、黄金的供求等作为其标志的。这种长周期也跟提出者的名字相联系,被称为"康德拉捷夫周期"(Kondratief Cycles)。

4. 长周期——库兹涅茨周期

1930 年,美国经济学家库兹涅茨(S.Kuznets)在一项有关生产和价格长期运动的研究中,着重分析了美、英、法、德、比等国从 19 世纪初叶和中叶到 20 世纪中 60 种工农业主要产品的产量和 35 种工农业主要产品的价格波动的时间序列资料以及有关序列的长期过程,提出了主要资本主义国家存在周期长度从 15~22 年不等,而平均长度为 20 年的论点。这也是一种长周期,被称为"库兹涅茨周期"(Kuznets Cycles)。

9.2.4 经济周期的成因

现代西方经济学中解释经济周期形成原因的理论很多,下面介绍几种比较著名的理论。

1. 货币理论

货币理论认为,经济周期是一种纯粹的货币现象,周期的产生归结于货币和信贷的扩张与收缩的交替进行。货币和信贷的扩张意味着利率下降,信贷条件放宽,从而投资增加,使收入也不断增加,经济走向繁荣,经济活动步入扩张阶段。由于货币与信贷的

（1）每一个经济周期都包括谷底、扩张、峰顶和衰退四个阶段。扩张与衰退是相互交替的，在交替中有两个不同的转折点。如果经济是由扩张转向衰退或者收缩，则转折点是峰顶；如果经济由衰退或者收缩转向扩张，那么，转折点就是谷底。由于扩张和衰退是相互交替的，谷底与峰顶也是相互交替的。

（2）虽然经济周期的四个阶段从逻辑上按这个顺序排列，但它们在每次周期中的长度和实际形态会有很大的差异。例如，一次周期的谷底或峰顶可能仅仅持续几周，也可能持续几个月。

（3）在一定时期内，存在着生产能力的增长趋势。所以，在某一谷底阶段，其实际的生产和就业水平，有可能出现比以前周期的峰顶时期还要高的状况。如图 9.1 所示，可能第四个谷底时的经济活动水平要比第一个峰顶时期高。

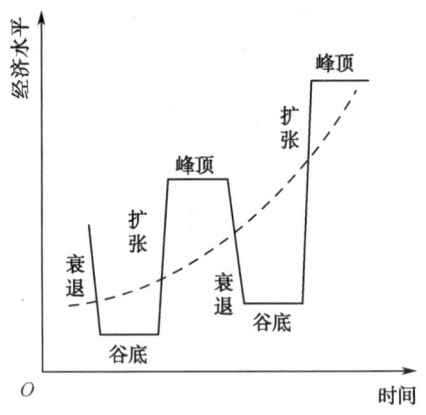

图 9.1 经济周期的四个阶段

案例欣赏 9.3

美国 1990 年的经济衰退

当 1993 年克林顿总统入主白宫时，美国才从开始于 1990 年的最近一次经济衰退中恢复过来。失业率从 1990 年 6 月的 5.1%上升到了 1992 年 6 月的 7.7%。虽然按历史标准来看并不严重，但这次衰退是决策者极为关心的。高失业率贯穿整个 1992 年，经济状况便成为那一年总统竞选的中心问题。

衰退的一个早期原因是货币供给引起的 *LM* 曲线的紧缩性移动。20 世纪 80 年代后期失业率低于自然率，而且，通货膨胀看来在上升。这导致美联储放慢了货币增长。短期利率从 1988 年中期的 6%，上升到一年后的 9%，这就压低了投资支出，从而压低了总需求。

在美联储实施紧缩政策之后不久，1990 年夏季伊拉克入侵科威特，消费者信心下降，消费支出减少。此外，多种因素引发的"信用危机"使得银行"惜贷"，企业贷款变得更为困难，从而减少了投资品需求。这两方面对 *IS* 曲线的冲击加剧了衰退。

为了遏制衰退，美联储降低了利率，短期利率在 1992 年降到 3%左右。但是，美联储采取这种政策太晚，以致衰退已经无可避免。

1990 年的经济衰退表明短期稳定政策所面临的一些困难。由于决策者只能在相当长的时滞之后才能认识并抵消对经济的冲击力量，所以，其稳定经济的能力是有限的。

（资料来源：徐美银. 经济学原理. 高等教育出版社，2008.）

9.2.3 经济周期的类型

西方经济学家不仅分析经济周期波动的阶段，而且还分析经济活动中长短各异的波

在经济的扩张期，就业增加，产量上升，投资增加，信用扩张，价格水平上升，公众预期乐观，生产要素和资源越来越被充分利用。当繁荣达到顶点时，就业和产量水平也达到极限。经济繁荣开始让位于经济萧条。

在经济的收缩期，股票价格下跌，存货增加，信用关系中断，一些企业倒闭，国民收入、就业水平和生产水平下降，价格和利润跌落，工人失业，公众预期悲观，就业和产量跌至谷底。随着时间的推移，经济进入恢复期，开始新一轮的循环。

扩张和收缩是经济周期的两个大的阶段。如果更细一些，则可以把经济周期分为四个阶段，即繁荣、衰退、萧条和复苏。其中，繁荣阶段与萧条阶段是两个主要阶段，衰退与复苏是两个过渡性阶段。

关于经济周期的长度，美国经济学家阿尔文·汉森（A.Hansen）通过对第二次世界大战前的经济周期长度所做的分析，得出结论：主要经济周期的平均长度大致为 8 年。例如，1895—1937 年，共有 17 次经济周期，其平均长度为 8.35 年。

经济周期的存在，意味着即使是在经济繁荣期间，人们也注定要为失业和生活水平的下降担惊受怕。也就是说，有的人在经济繁荣期间腰缠万贯，但当经济萧条到来时，则可能变得一无所有。

9.2.2 经济周期的阶段

经济周期也称为经济波动，是指总体经济活动的扩张和收缩交替反复出现的过程。对于经济周期，有两种不同的解释。早期经济学家对经济周期的定义建立在实际 GDP 或总产量绝对量的变动基础之上，认为经济周期是指 GDP 上升和下降的交替过程。这一定义被称为古典的经济周期定义。现代关于经济周期的定义建立在经济增长率变化的基础之上，认为经济周期是经济增长率上升和下降的交替过程。根据这一定义，衰退不一定表现为 GDP 绝对量的下降，只要 GDP 的增长率下降，即使其值不是负数，也可以称之为衰退，所以，在西方经济学中有增长性的衰退之说。

1．经济周期的四个阶段

西方经济学家一般把经济波动的周期分为四个阶段，即繁荣、衰退、萧条和复苏，经济周期始终都遵循这个变化周期，呈螺旋式上升发展。也有经济学家把经济波动周期分为两个阶段和两个转折点，即扩张和衰退两个阶段以及谷底和峰顶两个转折点。扩张阶段是总需求和经济活动的增长时期，通常伴随着就业、生产、价格、货币、工资、利率和利润的上升；而衰退阶段则是总需求和经济活动的下降时期，通常伴随着就业、生产、价格、货币、工资、利率和利润的下降。至于谷底和峰顶则分别是整个经济周期的最低点和最高点，也是用来表示衰退与扩张的转折点，经济周期的四个阶段如图 9.1 所示。

2．经济周期的三个特点

若以虚线表示经济的长期稳定的增长趋势，实线部分则表示经济活动围绕"长期趋势"变化的实际水平。从图 9.1 中可以看出，经济周期的波动具有三个特点。

$$\text{产量的增长率} = \left[\text{劳动收入占总收入的份额} \times \text{劳动力增长率}\right] + \left[\text{资本占总收入的份额} \times \text{资本增长率}\right] + \text{技术水平}$$

上述公式为人们对经济增长源泉的研究提供了分析条件。这方面早期有名的研究是由美国麻省理工学院的诺贝尔经济学奖得主罗伯特•索洛利用美国1909—1949年的数据做出的。索洛得出的令人惊奇的结论是：在这段时期每劳动小时产量的增长，超过80%以上的部分是由于技术进步带来的。

案例欣赏 9.2

东亚"四小虎"的经济增长

也许现代史上最惊人的经济增长经历是发生在东亚的这些"小虎"，即中国香港地区、新加坡、韩国和中国台湾地区身上。从1966—1990年，当美国的实际人均收入每年约增长2%时，这些"小虎"的实际人均收入每年都增长7%以上。在这一代人中，实际的人均收入增长了5倍，使这些"小虎"步入了世界最富的国家与地区之列。虽然在20世纪90年代末，显著的金融动乱损坏了某些国家与地区的声望，但这只是短期问题，它远远没有泯灭亚洲"四小虎"所经历的惊人的长期业绩增长。

是什么造就了这一经济增长奇迹呢？一些评论家认为，这四个国家与地区的成功很难与索洛增长模型这样的基本增长理论相一致，因为这一模型认为技术按一个不变的外生的速率增长。他们提出，这些国家与地区的迅速增长源自它们模仿国外技术的能力。推理是，这些国家与地区通过采用国外发展起来的技术在相对较短的时期内大大改善了它们的生产函数。如果这种推理正确的话，这些国家与地区就应该能够迅速提高全要素生产率。

最近的一项研究通过详细考察这四个国家与地区的数据阐明了这个问题。该研究发现，这些国家与地区的超常的经济增长可以追溯到可衡量的要素投入的大幅度增加：劳动力参与率的提高、资本存量的增加以及教育程度的提高。例如，在韩国，投资/GDP比率从20世纪50年代的5%提高到了20世纪80年代的30%左右；受过高中教育的工作人口的百分比从1966年的26%上升到了1991年的75%。

一旦我们对劳动、资本和人力资本的增长都做了说明，产出增长中剩下来要解释的就不多了。这四个国家与地区中没有一个有过空前迅速地全要素生产率的提高。实际上，东亚"四小虎"全要素生产率的平均增长几乎与美国完全相同。因此，尽管这些国家与地区的迅速增长的确惊人，但仍然很容易用基本增长理论的工具来解释。

（资料来源：徐美银. 经济学原理. 高等教育出版社，2008.）

任务9.2　经济周期

9.2.1　经济周期的含义

经济周期是指国民收入与经济活动有规律地经历扩张和收缩的周期性波动。

在新资本品上大量投资；在大多数的经济高速发展的国家，10%~20%的产出都用于净资本的形成。

说到资本，不应该仅局限于对计算机和工厂等进行投资，还应该包括许多为新兴的私人投资部门提供基础设施的投资。这些投资被称作社会基础资本（social foundation capital），包括大规模的先于贸易和商业的工程，其中重要的项目有公路、灌溉和引水工程、公众医疗保健事业等。这里所涉及的各类大型投资一般都是整体性的、不可细分的，有时还具有规模效应。这些工程一般都具有外部经济或溢出效应，私人公司无法投资经营，所以政府必须介入，以保证这些社会基础设施投资能够有效进行。

4．技术

除上面讨论的三个传统因素之外，一个国家人民生活水平的快速提高，还依赖于第四个重要因素，即技术的进步。历史上，一个国家经济发展从来不是一种简单复制的过程，如像增加钢铁厂或电厂的数目那么容易。事实上，之所以欧洲、北美和日本的生产力能获得巨大的提高，正是因为永无止境的技术变革和技术进步。

技术变革（technological change）是指生产过程中的技术发明或者新产品、新服务的引进。蒸汽机、发电机、内燃机、巨型喷气式发动机、复印机和传真机等作业流程方面的发明极大地提高了劳动生产率。对当今社会最有影响的技术进步发生在计算机领域。如今，一台小巧的笔记本电脑的性能已远胜于20世纪60年代速度最快的计算机，这是技术进步中最伟大的事件。实际上，技术变革由一系列或小或大的技术进步组成。以美国为例，政府每年颁发十万多个专利许可证，在经济日常运行中则还有成千上万的细微之处的革新。

技术进步更主要的是以一种无声的不为人察觉的方式，不断地以微小的改进来提高产品质量和产出数量，偶尔也会有些技术进步产生了划时代的影响，给人们留下难以磨灭的印象。

由于技术进步对于提高生活水平十分重要，长期以来经济学家们一直都在考虑如何促进技术进步。人们日益明确地认识到，技术进步并不只是简单、机械地找到更好的产品和工艺流程，相反，快速的技术进步需要培育一种企业家精神。以当今的计算机工业为例，在该领域，即使是业内人士也都难以做到时刻跟上硬件和软件飞速更新的步伐。

9.1.3 经济增长率的分解式

在研究总量生产函数时，若不考虑自然资源 R 这一因素，则生产函数公式可变为

$$Y=Af(K，N)$$

若进一步假定生产函数公式具有生产规模报酬不变的特征，即以相同的比例增加两种投入导致产量也增加相同比例，则可以证明下列关系式成立

$$\frac{\Delta Y}{Y}=(1-Q)\frac{\Delta N}{N}+Q\frac{\Delta K}{K}+\frac{\Delta A}{A}$$

式中：$(1-Q)$ 和 Q 分别为生产中的劳动力份额和资本份额。

上式的经济含义用文字表示是

济发展的基本机制都是一样的,当初它们成就了英国和日本,如今也开始适用于中国和印度这样的发展中国家。事实上,研究经济增长的经济学家已经发现:经济增长的发动机必定安装在相同的 4 个轮子上,无论是穷国还是富国。这四个轮子,或者说经济增长的影响因素就是:人力资源(劳动力的供给、教育、纪律、激励);自然资源(土地、矿产、燃料、环境质量);资本(机器、工厂、道路);技术(科学、工程、管理、企业家才能)。

通常,经济学家使用总量生产函数(aggregate production function)来表明这些因素之间的关系。总量生产函数将国民总产出、总投入和技术联系在一起,其数学表达式为

$$Y=Af(K, N, R)$$

式中:Y 为产出,K 为资本存量,N 为投入的劳动力,R 为投入的自然资源;A 为经济中的技术水平。

随着资本、劳动力和资源等投入要素的增加,可以预计产出也会增加。下面分析这四个因素对经济增长分别做出的贡献。

1. 人力资源

劳动力投入包括劳动力数量和劳动力的技术水平。很多经济学家认为,所投入的劳动力的质量,如劳动力的技术、知识和纪律性,是一国经济增长的最重要的因素。一个国家可以购买最先进的通信设备、计算机、发电装置和战斗机,但是,这些先进设备只有那些有技术、受过训练的劳动力才能使用,并使它们充分发挥作用。提高劳动力的知识水平、健康程度和纪律意识以及提高劳动力的计算机操作技能,都将极大地提高劳动生产率。

2. 自然资源

影响产出的第二大传统因素是自然资源。这里所指的自然资源主要包括耕地、石油或天然气、森林、水力和矿产等。一些高收入国家,如加拿大和挪威,就是凭借其丰富的资源,在农业、渔业和林业等方面获得高产而发展起来的。与它们类似,美国因拥有广阔的良田,所以才成为了当今世界最大的谷物生产和出口国。

然而在当今世界上,自然资源的拥有量并不是经济发展取得成功的必要条件,美国纽约的繁荣主要源于它高度发展的服务业。许多几乎没有自然资源可言的国家,如日本,通过大力发展劳动密集型和资本密集型的产业而使得经济昌盛。再看看中国的香港地区,其面积和资源与俄罗斯无法相比,但在国际贸易中所占的份额却远远高于俄罗斯。

3. 资本

经济学说史中最典型的故事常常涉及资本的积累。19 世纪,横跨北美大陆的铁路将工商业引至美国的心脏地带。而在此之前,那里还处在与世隔绝的状态。20 世纪以来,对汽车、公路和电厂的投资浪潮大大提高了生产率,而且还为创建整个新工业体系提供了基础设施。许多人都认为,计算机和信息高速公路对 21 世纪的作用,将如同铁路和高速公路在当年曾起过的巨大作用一样。

从经济学角度看,积累资本需要牺牲许多当前消费。经济快速增长的国家,一般都

100多年前,日本并不是一个富国,1890年日本人均GDP为842美元,远低于当时的阿根廷的水平。但是,1890—1990年,靠着GDP 3%的速度增长,日本已成为当今的经济超级大国。到1990年,日本人均GDP已达16 144美元,远高于阿根廷1987年人均GDP 3 302美元的水平。

我国作为发展中国家,要赶上发达国家的经济水平,经济增长尤为重要。

(1)现在我国与资本主义发达国家在国民生产总值的总量和人均量方面均存在很大的差距,只有实现较快的经济增长,才能赶上并最终超过它们。

(2)我国人民现在的生活水平不高,生活质量比较差,只有实现较快的经济增长,才能较快地增加人民群众的收入,提高人民群众的生活水平。

(3)我国目前也面临着一系列的社会问题,如失业、社会保障、环境污染等,没有较快的经济增长则难以从根本上解决这些问题。

 案例欣赏 9.1

中国经济稳健增长惠及全球

2016年中国国内生产总值达到74万亿元,2012—2016年年均增长率为7.3%,领跑全球主要经济体。这五年时间,中国对世界经济增长的年均贡献率达到30.2%,同期美国贡献了17.8%,欧元区贡献了5.3%,日本贡献了3.8%——中国超过美国、欧元区和日本贡献的总和,是推动世界经济增长的关键力量。

IMF亚太部主任李昌镛说,中国经济转型和中产阶层崛起为亚洲经济体提供了众多机遇,中国经济稳健增长正是亚洲经济多年来保持高速增长的主要原因之一。美国《华尔街日报》评论说,如果没有中国经济的强劲增长,过去五年全球经济会少增1/3。

经济总量稳居世界第二,带来政府财政实力、企业财富以及居民收入的增长。2016年全国一般公共预算收入为15.96万亿元,与2012年相比增加了4.23万亿元。我国人均国民总收入由2012年的5 940美元提高到2016年的8 260美元,高于中等偏上收入国家的平均水平。

随着国民收入和财富的积累,内需消费成为中国经济增长的主要动力,消费从物品向服务升级,这进一步推动中国经济走向良性循环的路径。中国人在全球"买买买"、出境游不断创新高等现象,都是居民收入增长、消费升级的重要表现。

9.1.2 经济增长的影响因素

经济增长的源泉是什么呢?首先,需要说明的一点是,成功的国家并非经由同一条发展道路。例如,英国最早开始进行工业革命,包括发明蒸汽机、修建铁路和强调自由贸易等,并在19世纪成了世界经济的领导者。日本则相反,它加入经济增长竞赛的时间较晚,最初通过模仿外国技术,限制进口,保护和发展国内工业,然后大力发展自己的制造业和电子业,最终成功地发展了本国经济。

虽然发展途径各不相同,但所有曾经快速发展的国家都有一些共同点,经济增长和经济增长是年复一年累积而成的。这一概念可以通过下面的例子来说明。

假定现在有两个国家，分别为 A 国和 B 国，而且每个国家的实际 GDP 均为 1 000 亿美元。但是，A 国每年经济增长率为 3%，而 B 国每年经济增长率为 2%。一年之后，A 国实际 GDP 为 1 030 亿美元（1 000 亿美元×1.03），B 国实际 GDP 为 1 020 亿美元（1 000 亿美元×1.02）。又过一年之后，A 国实际 GDP 为 1 060.9 亿美元（1 030 亿美元×1.03），而 B 国实际 GDP 仅为 1 040.4 亿美元（1 020 亿美元×1.02）。应该注意的是，第二年两国实际 GDP 的差距比第一年的差距大，因为每一个后来的年份都为 A 国提供了一个更高的 GDP 增长水平。在 25 年里，A 国和 B 国分别以 3%和 2%的速度增长所导致的两国不同的实际 GDP，如表 9.1 所示。每年 B 国和 A 国的差距都在加大。正如表 9.1 所示的那样，24 年后 A 国经济总量已经增加了一倍多。

表 9.1 不同的增长率对长期经济业绩的影响比较

单位：亿美元

年　份	A 国（年经济增长率为 3%）	B 国（年经济增长率为 2%）
1	1 000.000	1 000.000
2	1 030.000	1 020.000
3	1 060.900	1 040.400
4	1 092.727	1 061.208
5	1 125.509	1 082.432
6	1 159.274	1 104.081
7	1 194.052	1 126.162
8	1 229.874	1 148.686
9	1 266.770	1 171.659
10	1 304.773	1 195.093
11	1 343.916	1 218.994
12	1 384.234	1 243.374
13	1 425.761	1 268.242
14	1 468.534	1 293.607
15	1 512.590	1 319.479
16	1 557.967	1 345.868
17	1 604.706	1 372.786
18	1 652.848	1 400.241
19	1 702.433	1 428.246
20	1 753.506	1 456.811
21	1 806.111	1 485.947
22	1 860.295	1 515.666
23	1 916.103	1 545.980
24	1 973.587	1 576.899
25	2 032.794	1 608.437

（资料来源：高鸿业. 西方经济学学习与教学手册. 中国人民大学出版社.）

❖ **案例讨论** ❖

3/4 以上的世界人口生活在发展中国家,但他们只享受了不到 1/5 的世界收入,所以经济增长对于发展中的国家尤其重要。那么,中国作为最大的发展中国家,怎样才能实现经济的持续增长呢?增加投资是扩大生产、促进经济发展所必需的手段和渠道。但我国已经步入经济新常态,要确保我国经济实现可持续发展,必须转变固有的粗放式经济发展方式。从需求来看,应从"双轮(投资+出口)驱动"转向"三驾马车(消费、投资、出口)"共同拉动经济增长。

如果毕业时间可以选择的话,那么你肯定会选择经济快速发展,每个行业都在扩大生产的年份毕业,因为在那些年份就业机会增加,找到一份好工作比较容易;而你肯定不愿意选择在经济萧条,企业削减生产的年份毕业,因为在那些年份就业机会减少,找一份好工作要花很长时间。那么,为什么有些年份整个社会的经济相对繁荣,而有些年份整个社会的经济却相对萧条呢?这就是我们这一模块要讨论的内容:经济增长与经济周期。

任何国家的宏观经济运行都存在经济增长与经济周期波动这两大现实问题。经济增长是在经济的循环交替中实现的,经济波动是围绕着经济增长这一逐渐上升的趋势线而展开的。因此,在西方经济发展史上,国民经济的长期增长与短期波动是两个主要特征。经济增长理论主要研究影响经济增长的因素、经济增长的实现与保持经济稳定增长的条件,以及增长的潜力等问题;经济波动理论即经济周期理论,主要研究经济周期的长短、类型,以及产生的原因等问题。

任务 9.1 经济增长

经济增长是指一个国家一定时期内社会经济产量的持续增加,通常以实际 GDP(国内生产总值)或实际人均 GDP 的持续增加来表示。对于经济增长理解,要注意把握以下几点。

(1) 经济增长是指经济产量在一定时期内的持续增长。由于社会经济发展过程是周期性波动的,在经济周期的扩张阶段产量增加,在其收缩阶段产量减少,所以,经济增长中的时间含义至少应是一个完整的经济周期。如果经济产量从一个经济周期的高峰到另一个经济周期的高峰保持不变,则这一个经济周期内的经济增长为零。所以,经济周期中的扩张阶段,虽然有产量增加,但并不表示经济增长,只有当下一个高峰超过了上一个高峰,经济才表现为增长。

(2) 衡量经济产量的尺度是实际 GDP,即以不变价格计算的 GDP。因为经济增长的基本含义是经济产量的增加,所以必须排除物价变动对 GDP 的影响。

(3) 经济增长还必须考虑人口的影响,即以人口增加情况来校正实际国内收入。按人口数量平均计算的 GDP 的增长是最重要的经济增长,即在衡量经济增长时,必须剔除人口增加的因素,以人均实际 GDP 来衡量经济增长。

9.1.1 经济增长的重要性

当今在经济增长率上的细小差别会在未来转变为经济活动水平的巨大差异,因为经

导入案例

"结构性"减速下的中国经济增长

自1979年以来,中国经济已经连续高速增长了近40年,特别是改革开放的前几年,更是保持了8%以上的高增长率。伴随着我国经济多年来的快速发展,我国的经济总体也得到了快速的积累。我国的经济总量在2010年达到世界第二的水平,成为仅次于美国的经济体。然而,随着近年来全球经济增速放缓,我国经济也处于转型期。我国GDP增速也处于下滑的状态,2015年我国GDP的增速为6.9%,这与改革开放后我国经济长期保持两位数的增长速度相比有了明显的下滑。未来中国的经济还会高速增长吗?中国原有的经济增长模式还能持续下去吗?

靠"资源高消耗,环境高污染,人工低成本"的粗放式高投资来拉动经济增长,在过去十多年也许是一种必然的合理选择,并且也确实为实现我国GDP持续多年的10%左右的高增长率立下了汗马功劳,然而,今后持续走这条路可能难以为继了。专家预测未来数年中,中国的经济将呈现L型走势。其原因如下。

第一,国际环境变了。西方发达国家经过债务危机和金融危机,对中国产品的需求大幅萎缩,还用贸易保护主义棒打中国出口。显然,外需收缩必然使国内投资扩张受阻。

第二,资源容忍度变了。多年以来,我国包括矿产资源、土地资源、水资源等大量资源被过度消耗,如果以后再像过去那样,恐怕所有资源都无法容忍。

第三,生态环境变了。我国以往持续多年大规模投资使生态环境受到了破坏,空气、河流、湖泊、近海以及土地都受到了不同程度的污染。如果再像过去那样靠拼资源、拼环境来带动增长,自然环境实在不堪承受。

第四,人口红利变了。所谓人口红利是指一个国家由于生育率的迅速下降,造成人口老龄化加速的同时,少儿抚养率也迅速下降,劳动年龄人口比例上升,在老年人口比例达到较高水平之前,将形成一个劳动力资源丰富,老人和少儿的抚养负担较轻,从而对经济发展创造有利"黄金时期"的这种情况。20世纪90年代起至21世纪初,我国人口年龄结构就处于人口红利阶段。每年劳动力供给增加总量约1 000万人,保证了劳动力的足够需要。同时由于改革开放后国家允许农民到城市务工,大量农民工流入城市,不仅本身工资要求低,而且使原来的城市普通工人的工资也无法与经济发展同步提高。这种劳动供给充裕和低工资格局十分有利于投资扩张拉动经济增长。然而,这种格局现在已开始变化:老龄化过程加速,许多本来是劳动者年龄的人步入老年人队伍;尽管现在已经放开二胎政策,但由于目前养育孩子的成本提高,人们一般也不愿意多生。因此,我国人口红利开始消失。这表明,要想再像过去那样靠低工资吸收劳动者以满足扩大投资规模,进而快速发展经济的路已经走不通了。

第五,投资效率下降。我国的高投资主要是政府主导的,投资的资金主要是银行信贷而不是通过自身积累。投资效率也可以用增量资本产出率来衡量。发达国家的增量资本产出率一般为2~3元,即1元钱的GDP增加值需要2~3元钱来投资。而我国目前的投资效率只有发达国家的1/3到1/2。投资缺乏效率会使银行坏账概率上升,加剧金融风险。

项目导图

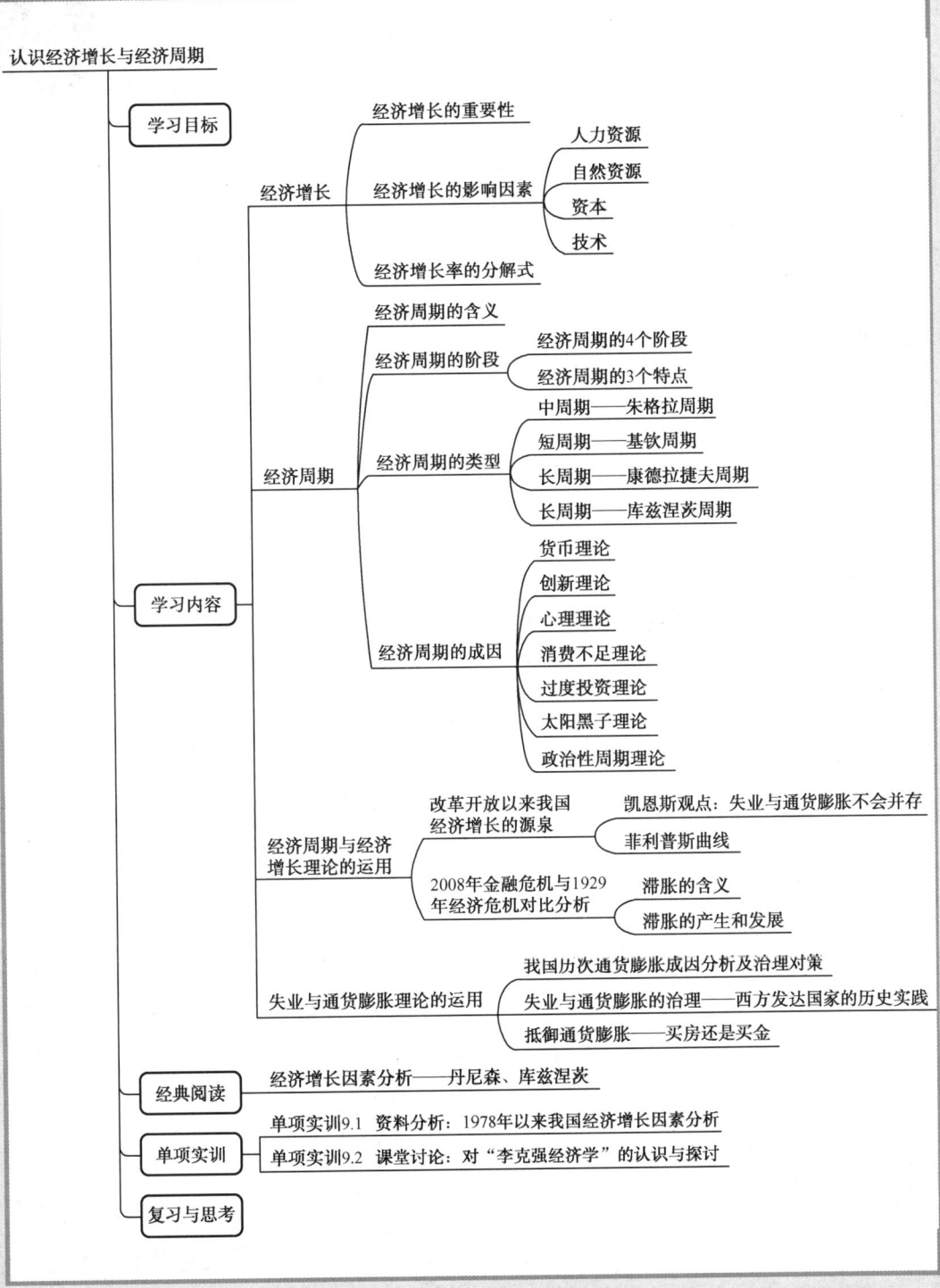

项目 9

认识经济增长与经济周期

学习目标

知识目标：
- ▲ 理解经济增长和经济周期的内涵；
- ▲ 了解经济增长的因素和经济周期的分类；
- ▲ 认识经济增长对经济社会的重要性。

能力目标：
- ▲ 能够分析影响经济增长的要素；
- ▲ 能够正确对待经济的周期性波动和经济危机。

重点难点：
- ▲ 经济增长的源泉；
- ▲ 经济周期的阶段和特点；
- ▲ 经济周期的成因。

那么，这是属于需求拉上还是成本推进的通货膨胀？如果某店主说："可以提价，别愁卖不掉，店门口排队购买的人多着呢。"那么，这又属于什么类型的通货膨胀？

（2）已知某国的人口及就业情况如下：人口 2 500 万人，就业人数 1 000 万人，失业人数 100 万人。求：

① 该国的劳动力人数是多少？

② 该国的失业率是多少？

③ 如果摩擦性失业和结构性失业人数为 60 万人，自然失业率是多少？

④ 在实现了充分就业时，该国应该有多少人就业？

⑤ 如果在失业人口中有 10 万人是由于嫌弃工作不好而不愿就业，那么真正的失业率应该是多少？

⑥ 如果该国有 10 万人为失业工人，这些人包括在失业者之中吗？这些工人的存在对真正的失业率有什么影响？

⑦ 如果有 10 万人实际上只有部分时间工作，但其中仍有 5 万人正在寻找全日制工作，这时真正的失业率应该是多少？

3．形成书面分析报告。

单项实训 8.2　课外实训：分析 2013 年以来我国消费者物价指数（CPI）、生产者价格指数（PPI）的走势及相互关系

实训要求：

1．此实训项目以团队形式完成。

2．通过国家统计局网站或其他权威媒体网站，查询我国 2013 年以来的 CPI 和 PPI 数据，分析 CPI 与 PPI 之间是否具有联动关系。

复习与思考

1．名词解释

失业；自然失业；周期性失业；失业率；充分就业；通货膨胀；菲利普斯曲线

2．选择题

（1）失业率是指（　　）。

　　A．失业者占就业者的比例
　　B．就业者的数量减去非劳动力队伍的人数
　　C．劳动力队伍中，没有工作且在积极寻找工作的人所占的比重
　　D．总人口中没有工作的人所占的比重

（2）一名大学毕业生在毕业后的夏天寻找工作，该毕业生应算作（　　）。

　　A．不属于官方统计的劳动力队伍的一员　　B．是结构性失业者
　　C．是经济周期性失业者　　D．是摩擦性失业者

（3）与经济衰退相联系的失业是（　　）。

　　A．摩擦性失业　　B．结构性失业
　　C．经济周期性失业　　D．季节性失业

（4）在下列引起通货膨胀的原因中，哪一个最可能是成本推进的通货膨胀的原因？（　　）

　　A．银行贷款的扩张　　B．预算赤字
　　C．世界性商品价格的上涨　　D．投资增加

（5）需求拉上的通货膨胀（　　）。

　　A．通常用于描述某种供给因素所引起的价格波动
　　B．通常用于描述某种总需求的增长所引起的价格波动
　　C．表示经济制度已调整过的预期通货膨胀率
　　D．以上都不是

3．分析讨论题

（1）如果你的房东说："工资、公用事业及别的费用都涨了，我也只能提高你的房租。"

一系列优惠政策，鼓励消费增长、科技创新、小额贷款，扩大国内需求，支持小微企业的发展和自主创业，刺激促进经济发展。

（2）学校重视人才培养，大学生要树立正确的择业观。一方面，学校要确立面向社会、面向市场的办学方针，根据社会经济发展和人才需求状况，不断调整、优化专业结构，修订、完善人才培养方案，为社会培养适销对路的人才。另一方面，大学生要有正确的就业择业观。先就业后择业，升学业缓就业，变就业为创业。要善于根据自身实际条件确立比较合理的就业期望值，不可好高骛远。

（3）健全社会保障体制，建立公平有序的竞争环境。就长远而言，政府必须要为大学生参与就业市场的公平竞争创造良好的社会环境与就业制度，这是对大学生就业的最大支持与最好保护。如果能制定这一政策并落实到具体的实践中，受益的将不仅仅是大学生，而是所有的劳动者。建立公平竞争的就业环境，最根本的是要改进社会保障制度，打破资源向垄断企业、公务员集中的倾向，做到兼顾公平。尽快推进基本养老保险制度全国统筹，不仅有利于实现劳动者的自由流动，也有利于大学生公平就业的政策取向，同时也是扩大就业覆盖面的前提条件。实际上，建立健全的社保体制是一箭多雕的。它是实现国民共享发展成果的基本途径，不仅能给国民以安全感，同时还能刺激消费、促进经济增长模式的转型。

（资料来源：http://news.sina.com.cn/z/shyedxs/.）

单项实训

实训目标

1. 通过课外实地调查，了解 2013 年以来我国新增就业的情况，并分析原因和提出进一步提高就业质量的政策措施。
2. 利用所学知识分析 CPI 和 PPI 之间是否具有联动关系。

实训背景与要求

单项实训 8.1　市场调查：2013 年以来我国新增就业情况分析

实训要求：

1. 此实训项目以团队形式完成。
2. 我国新增就业与经济增长关系调查表如表 8.1 所示，完成表 8.1，并记录资料的来源。

表 8.1　我国新增就业与经济增长关系调查表

年　份	经济增长率与新增就业	
	经济增长率（%）	新增就业人数（万人）

常剧烈,且黄金以美元计价,因此其实际涨幅还会因人民币升值造成扣减,因此不确定性较大。综合来看,黄金对于突发的政治和经济危机来说,避险的作用较为突出,否则也是一种风险不小的投资产品。

刘小姐如果只是想抵御通货膨胀,可以直接投资一些低风险的金融产品来实现。具体操作如下:当实际存款利率低于通货膨胀率时,可购买新股申购类的银行理财产品,该产品年化收益率一般为7%~20%;当经过一轮加息后,存款利率接近或超过通货膨胀率时,可以购买国债或债券基金进行保值。

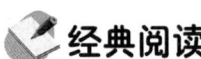
经典阅读

失业大学生为什么有业不就

据专业数据机构麦可思公司发布的《2012年中国大学生就业报告》,在2011年毕业的大学生里,有将近57万人处于失业状态,而其中有10多万人选择"啃老";即使工作一年的人,对工作的满意率也只有47%。与之相悖的是,一份关于"用工荒"的调查报告《2011年中国企业家生存环境指数研究》调查结果表明:仅有29.4%的民营企业家认为引进人才比较容易,超过一半(51.9%)受访企业预计在未来1~2年会遭遇"用工荒"。

1. 失业大学生为何填补不上用工缺口

(1)"用工荒"单位多为劳动密集型企业,缺的是廉价劳动力,大学生"低不就"。从改革开放至今,我国劳动密集型企业的劳动主体都是农村劳动力,但随着农村劳动力的数量逐年下降,经济规模和企业数量却在不断增大。因此,企业缺工实际上最缺乏的是廉价劳动力。这些劳动密集型企业工人的工作大多为流水作业,没有什么技术含量,与之相对应的薪金待遇也不高。但就算企业招不到工人,也不会招大学生去做一线操作工,因为企业知道他们根本留不住人,也开不出与大学生学历相对应的工资。

(2)技术性人才缺乏,折射出大学课程与社会需求脱节的问题。有报告显示,本科就业红牌警告的专业有:动画、法学、生物技术、英语、国际经济与贸易等。我们可以看出,在这些红牌专业中,有一些是前几年的热门专业。而相对的,地质工程、港口航道与海岸工程、船舶与海洋工程这些前几年比较冷僻的专业,现在成为就业率最高的专业。以法学专业为例,全国至少有400多所高校设立了该专业。可想而知,每年将有多少法律专业的学生面临就业难的问题。这不但是人才的浪费,也是对教育资源的浪费。

(3)追求铁饭碗,折射出社会保障的焦虑。哈尔滨市曾经招聘457名清洁工,引来1万多人报名,其中近3 000人拥有本科学历,25人拥有统招硕士研究生学历。"事业编制"是此次招聘的最大亮点。同样,2013年"国考"报名再次出现"井喷",报名人数接近200万人。面对众多的岗位,不少大学生正是抱着追求"铁饭碗"的心理和对生存的"惶恐情绪",始终找不到合适的工作。

2. 解决大学生就业难必须多管齐下

(1)根本是靠发展经济,扩大内需。缓解大学生就业压力,首要的也是最根本的,是要靠经济的发展。因为,只有经济发展了,规模扩大了,对劳动力的需求增长了,才能创造更多的就业机会,提供更多的就业岗位。如何刺激经济发展?国家要通过制定并出台

产技术,坚持进行技术革新,以此推动高效率的、新的社会供给能力的形成。另外,日本政府还对低效率的部门加以扶持,推行农业效率化、流通部门合理化,促进劳动力的有效实行。

(5) 货币政策和财政政策的合理配合。货币政策和财政政策都是政府干预经济、抑制通货膨胀的重要手段,二者的传导途径、作用时效等方面有很大不同。合理配合使用货币政策和财政政策,能够最大限度地发挥政策的综合效能。日本政府十分重视货币和财政政策的合理使用,货币政策主要包括:调整贴现率、法定存款准备率、公开市场业务等。财政政策主要包括:压缩财政预算,抑制社会投资、增加税收等。一般来说,西方国家采用松紧搭配的货币政策和财政政策组合,也就是说,在财政扩张时实行紧缩性货币政策,在财政紧缩时实行扩张性货币政策,或者是同时扩张或收缩两种政策。

(6) 必要的价格管制。市场经济条件下,价格一般是由市场决定的,但是对一些垄断性行业、国有企业的产品和劳务价格,国家在通货膨胀严重时可以实行一定程度的管制,制止价格的飞速上升。美国在尼克松政府时期,一方面制定了工资上涨幅度的标准;另一方面,为了保障通货膨胀时期人们的生活稳定和社会稳定,实行工资指数化政策,使通货膨胀率和工资率处于同一上涨幅度。英国政府对国有企业职工的工资涨幅实行一定限度的控制。一般来说,西方国家对价格的限制是在通货膨胀严重时期不得已采取的对策,在经济稳定之后,政府一般会及时取消价格限制,让劳资双方通过谈判自行解决工资问题。

8.4.3 抵御通货膨胀——买房还是买金

对资产规模不大的家庭而言,买房和买金两者皆非最佳选择,或可投资一些低风险金融产品来实现对通货膨胀的抵御。

刘小姐和先生今年 30 多岁,家庭年收入在 20 万元左右。有一个才 10 个月大的宝宝;现有一套住房,已还清贷款;家中大约有 17 万元的存款,其中 6 万元买了一只股票基金;另外,每月定投 1 000 元作为宝宝未来的教育基金。全家都已买了保险,一年的保险费用大约 1.3 万元。

刘小姐原本打算贷款购买第二套房产作为长期投资,进行保值。但现在房价这么高,贷款利率一直涨,而且听说房子的折旧率很高,也只有 70 年的使用权,所以现在又在考虑放弃房产投资,进行黄金投资。刘小姐问:这种理财方式是否合理?房产和黄金哪个更能抵御通胀?

由于居民收入不断提高和人民币持续升值等因素,中国房地产长期升值的预期比黄金更加确定一些,长期升值的空间也更大一些,因此房产投资应该是首选。当然,如果客户的资产量非常大,除了配置房产,也可以适当投资黄金分散风险。

但就刘小姐目前的实际情况,仅从抵御通胀来看,两者对她来说都不是最佳选择。房产投资需要长期占用大量的资金,如果家庭资产规模不大,则会造成房产长时间占家庭资产的比重过大,影响家庭资产的稳定性和灵活性;从近年来看,黄金价格的波动非

失业人员接受联邦政府和州政府资助的再就业培训。这些措施无疑在一定程度上缓和了劳动力对产业结构不适应的问题，有利于失业者再就业。

2. 西方发达国家治理通货膨胀的政策措施

西方国家治理通货膨胀的发展历程大致经历了三个阶段：一是以凯恩斯需求管理政策为主要手段的阶段；二是以货币主义政策为主的阶段；三是凯恩斯需求管理和货币主义政策混合并用的阶段。这三个阶段的发展同经济理论和各国治理通货膨胀的实践的发展密不可分。西方国家治理通货膨胀的主要政策措施主要有以下几点。

（1）紧缩的财政政策。按照凯恩斯经济理论，扩张性的财政政策能够促进就业，但长期执行扩张性财政政策的结果是造成大量的财政赤字。财政赤字的增加只有通过两种办法来弥补：一是增加税收；二是通货膨胀。长期财政赤字不但降低了国家宏观调控的能力，而且存在着通货膨胀的倾向。因此，西方国家在治理通货膨胀时都把紧缩财政支出作为治理通货膨胀的一个重要手段。如英国政府规定，从1980—1984年压缩公共部门开支4%，使公共部门的借款需求占国内生产总值的比重由6%降至2%。美国里根政府时期的《经济复兴计划》制定的政府支出削减规模是：1982年削减352亿美元，1983年和1984年再分别削减440亿美元和514亿美元。法国政府从1983年开始通过削减政府开支、增加财政收入来减少财政赤字。

（2）保持中央银行的独立性。中央银行的主要任务就是保持货币价值的稳定，通过给予中央银行独立行事的权力，使中央银行为通货膨胀负责，切断财政赤字通过通货膨胀弥补的渠道。这方面，德国的经验很值得借鉴。德国联邦银行具有很强的独立性，法律规定联邦银行不受政府领导，银行行长和政府总理一样由元首任命，因此联邦银行在制定金融政策、控制货币发行量方面具有自主权。美国联邦储备银行、英国中央银行、法国中央银行、日本中央银行也具有很强的独立性。

（3）严格控制货币发行。弗里德曼曾经说过，通货膨胀归根到底是一种货币现象，一切通货膨胀如果没有货币的扩张都是不能持续的。因此，严格控制货币发行是各国治理通货膨胀的一个主要手段。1983年3月，英国政府开始实施"中期财金战略"，严格限制目标货币M2的比率，同时提高银行贷款利率。1983年3月，美联储宣布对短期信贷实行强制性规模控制，货币供应量增长率下跌到零并维持了6个月。加拿大政府也在1975年开始对货币数量实行严格控制。可以说，在对付通货膨胀的过程中，西方国家中央银行从20世纪70年代末期开始，都不同程度地转变了以前调控利率的方式，转而采用控制货币数量来治理通货膨胀。

（4）提高劳动生产率，进行技术革命，调整产业结构。西方国家采取各种措施减轻企业的社会负担，降低银行对企业的贷款利率，减少企业的投资成本，鼓励企业采用先进技术和设备提高劳动生产率。法国政府为了治理通货膨胀，以科技进步为动力加速调整产业结构，为陷入衰退的传统部门注入新的活力。美国政府为了扶持企业的技术革命，通过国家创新计划，加速科技成果向社会转移的力度。不但如此，为了提高劳动生产率，西方国家一般都对企业的技术改造投资实行一定程度的税收优惠。如里根政府时期的加速折旧办法，日本政府从20世纪50年代开始大力引进国外先进生

加了生产资料和消费品的生产成本。国内连续几年较快的经济增长、固定资产投资和外贸顺差，市场需求过旺，通胀压力上升。2007 年我国通货膨胀率达到 4.8%，开始突破警戒线，2008 年为 5.9%，创下近 11 年新高。

在抑制通货膨胀方面，中央确立控制通货膨胀为首要目标，2006—2008 年中央银行 20 多次上调存款准备金率，并于 2007 年 3 月、5 月、7 月、8 月、9 月和 12 月六次上调人民币存、贷款利率，一年期存款利率和贷款利率分别上涨 1.62%和 1.35%，加息幅度、频率在国内历史，甚至在国际历史上也比较罕见。

8.4.2 失业与通货膨胀的治理——西方发达国家的历史实践

1. 西方发达国家治理失业问题的政策措施

（1）加大财政政策支持就业的力度。西方发达国家在治理失业、增加就业问题时，十分重视财政政策的作用，实行多种支持就业的财政政策，主要有税收优惠和财政直接投入。

就税收优惠政策来看，一项重要措施就是减税，增加企业的投资意愿，创造就业岗位。美国总统里根政府时期，提出三年内减税 30%的重大举措，如削减个人所得税，累计削减 20%；削减利息和红利等非劳动收入税率，累计削减 20%；削减企业税，通过加速固定资产折旧来减轻企业税收负担等。芬兰政府为支持中小企业，向企业提供优惠贷款，或利用地方政府拨款向新企业提供启动资金。法国政府则以减免社会保险费用的方式给予企业以优惠。英国政府在 1997 年初宣布将公司税率下调 2%。除了给予企业以优惠的待遇、减免企业税收外，西方各国政府对自谋职业者也提供一定的资金支持和税收优惠，鼓励失业者尽快就业。

西方国家除了给企业和个人提供间接财政优惠政策外，还普遍采取增加财政直接投入的方式，促进就业岗位的增加，增加就业。例如，增加就业经费预算，为失业保险基金提供财政补贴；建立失业救济金制度，为没有能力缴纳失业保险费或领取失业保险金达到规定期限的失业者，提供预算安排资金。比如法国的就业预算达到 2.9%，德国为 2.32%，英国为 2.14%。重视公共投资对就业的促进作用也是财政支持就业的一个重要方面，自 20 世纪 30 年代经济大危机以来，西方发达国家无不重视这一政策的作用。

（2）加强对劳动力市场的干预。在现代市场经济中，政府都在不同程度地干预劳动力市场。这种干预对保持劳动力市场健康发展、促进人力资源开发、改善劳动力状况、加速劳动力流动等方面都起了巨大的作用。综合来看，西方国家对劳动力市场干预的措施有：健全劳动法律、法规体系，维护平等就业，定期发布劳动力供求信息，完善就业机制，建立社会保障体系等。

（3）重视人力资源的开发。失业就其类型来说，主要有自愿性失业、摩擦性失业、周期性失业和结构性失业。结构性失业主要是劳动力的素质不符合劳动力的需求。面对这一问题，西方国家通过多种形式加强对劳动力的教育、培训，提高劳动力的人力资本存量。如美国联邦政府为州政府培训机构提供了大量资金，最近几年每年拨款约 70 亿美元专门用于各州的失业工人培训。各州和企业也提供匹配资金，每年大约百万

2. 1984—1985年通货膨胀成因及应对

1984年地方政府为了响应中央加快经济发展的号召，快速扩大投资规模，固定资产投资增长率从1983年的16.2%上涨到1985年的38.8%，投资总额高达2 543亿元，社会投资规模增长过快引起各类商品供不应求。同时，1984年国务院决定实行以1984年工资总额为基数的企业总工资与企业经济效益挂钩的浮动工资方案，该方案使得百姓工资、奖金和补贴等实际收入大幅增长。社会投资规模增长过快、居民收入增长快于劳动生产率的提高，使得通货膨胀上升，我国物价指数从1984年的2.7%上涨到1985年的9.3%。

为了抑制通货膨胀上升，政府采取紧缩银根的货币政策：规定商业银行必须如数按期交存应上缴人民银行的资金，不得截留占用；人民银行总行对所属分行和各商业银行总行的信贷计划、信贷差额、现金投放和回笼计划按季度进行控制和检查；加强对低息优惠贷款利率的管理；两次提高城乡居民定期存款利率。

3. 1988—1989年通货膨胀成因及应对

1988年中央为了理顺价格机制，决定在五年内实现价格改革，货币政策出现松动，货币供应（M0）增长率从1987年的18.4%上涨到1988年的46.7%。1985—1987年的价格体制改革放开了下游产品价格，而上游产品价格依然受到管制。1988年价格改革又进一步放开了上游产品价格，使得长时间积累的上涨动力在短期内集中爆发，社会出现抢购现象。1988年下半年我国物价出现急剧上涨，物价指数从1987年的7.3%上涨到1988年的18.8%。本次通货膨胀实际上是上一次通货膨胀的延续，在上一次治理尚未完全见效的情况下，从紧政策出现松动，物价水平出现报复式增长。

在抑制通货膨胀方面，政府采取控制贷款规模的方式紧缩银根，对国家计划外项目、非生产性项目、自筹固定资产项目、倒买倒卖、抢购囤积物资的企业和公司等方面停止贷款。同时，规定商业银行间拆借资金的最长期限不得超过3个月，提高储蓄存款利率，稳定居民储蓄存款以回笼通货。

4. 1993—1996年通货膨胀成因及应对

1993年我国绝大多数商品价格已放开，此前不宜放开的粮食、能源等基础产品乃至生产要素价格也放开，生产要素价格上升推动企业生产成本大幅度上涨，企业把成本转嫁给消费者，引起工业品和服务价格上升，农产品价格同样由于农业生产资料价格上涨出现大幅上升。我国通货膨胀从1993年开始出现明显上升，1993—1996年物价指数分别为14.7%、24.1%、17.1%和8.3%。

在抑制通货膨胀方面，中央银行提高银行存、贷款利率和新发行国库券利率，通过利率杠杆调节货币供应量；运用行政手段遏制信贷膨胀，要求所有商业银行检查已发放的同业放款，回收违规贷款；把商业银行的政策性贷款从商业性贷款中分离出来。

5. 2008年通货膨胀成因及应对

2008年通货膨胀受到国内外双重因素影响，国际石油价格高涨、美元贬值、小麦减产等因素造成国内能源、粮食等价格上涨，石油、粮食、大豆等基础性产品价格上涨增

年平均失业率为 2.8%，消费物价年平均上涨率为 7.9%；而 1975—1979 年的相应数字则分别为 2.6%、4.5% 和 10.1%。

20 世纪 80 年代的第一次世界经济危机，即 1980—1982 年的经济危机，是在长期"滞胀"的经济条件下爆发的，也是在"滞胀"中发展的。在这次经济危机中，就工业生产来说，美国下降了 11.8%，加拿大下降了 19%，英国下降了 14.8%，联邦德国下降了 12.2%，法国下降了 7.4%（为 1982 年数字），意大利下降了 22%；日本受打击较轻，工业生产下降了 4.1%。与此同时，各国的失业人数和失业率都超过了 1973—1975 年危机时期的水平。美国在 1982 年 12 月份，失业人数高达 1 220 万人，失业率为 10.8%。1982 年年底，欧洲经济共同体国家的失业人数达到 1 200 万人左右，失业率约为 10%。在这次危机的初期，即 1980 年，各国的通货膨胀以及由此引起的物价上涨，比 1973—1975 年危机期间更加严重。例如，美国 1975 年的消费物价上涨率为 9.1%，而 1980 年则为 13.5%，法国、意大利的物价上涨率也都超过了 1975 年。由于美、英等国坚持推行货币金融方面的紧缩政策，主要是控制货币发行量和提高利息率，从 1981 年起通货膨胀率开始下降。例如，1981 年的消费物价上涨率：美国为 10.4%，日本为 4.9%，联邦德国为 5.3%，法国为 13.3%，英国为 8.6%，意大利为 19.2%。

综上所述，可见"滞胀"的发展是波浪式的。从 1973—1975 年的危机起到 1980—1982 年的危机初期，发达资本主义国家的滞胀趋于严重。从 1981 年开始，通货膨胀开始减弱，但经济下降仍在继续。1980—1982 年危机之后，到 1984 年上半年，经济停滞和通货膨胀才趋于缓和。

任务 8.4　失业与通货膨胀理论的运用

失业和通货膨胀是现代市场经济的两大难题，在现实经济生活中，可以运用失业和通货膨胀理论来分析和解释许多经济现象，从而有助于经济问题的解决。

8.4.1　我国历次通货膨胀成因分析及治理对策

1. 1980 年通货膨胀成因及应对

改革开放初期，我国以社会主义现代化建设为重点，财政支出急剧扩大，出现较为严重的财政赤字，预算结余从 1978 年的 10.2 亿元扩大到 1979 年的财政赤字 135.4 亿元。当时解决巨额财政赤字的方式是通过中央银行发行货币，我国货币供应（M0）从 1978 年的 212 亿元扩张到 1980 年的 346 亿元，大量的货币供应导致物价快速上涨，物价指数从 1978 年的 0.7% 上涨到 1980 年的 7.5%。

为了抑制通货膨胀上升，政府除了采用压缩基础设施建设投资来减少财政赤字、鼓励储蓄等方式回笼货币外，还采取了调整信贷投放结构、银行贷款倾向轻纺工业设备、帮助轻纺工业技术改造和提高社会消费品产量等措施。

财政政策与货币政策,以较高的失业率来换取较低的通货膨胀率。

8.3.2 经济停滞与高通货膨胀的并存

自 20 世纪 60 年代末、70 年代初以来,西方各主要资本主义国家出现了经济停滞或衰退、大量失业和严重通货膨胀以及物价持续上涨同时发生的情况。西方经济学家把这种经济现象称为"滞胀"。

1. 滞胀的含义

滞胀是停滞性通货膨胀(stagflation)的简称。在经济学中,特别是在宏观经济学中,特指经济停滞(stagnation)与高通货膨胀(inflation)、失业以及不景气同时存在的经济现象。通俗地说,就是指物价上升,但经济停滞不前。滞胀是通货膨胀长期发展的结果。

滞胀包括两方面的内容:一方面是经济停滞,包括危机期间的生产下降和非危机期间的经济增长缓慢和波动,以及由此引起的大量失业;另一方面是持久的通货膨胀,以及由此引起的物价上涨。这两种现象互相交织并发,贯穿于资本主义再生产周期的各个阶段,并成为所有发达资本主义国家的共同经济现象。西方经济学家把停滞和通货膨胀两词合起来,构成"停滞膨胀"这一新概念,表明两者是紧密结合在一起的。

"滞胀"的实质是产业结构不合理,产能过剩,但市场没有需求,只能通过利用将来的需求来带动现在的需求。

2. 滞胀的产生和发展

第二次世界大战以前,经济停滞(包括生产下降)和大量失业只发生在经济周期的危机阶段和萧条阶段,与此同时发生的则是通货紧缩和物价跌落;而通货膨胀以及由此引起的物价上涨则总是发生在高涨阶段,但在这个阶段里却没有经济停滞和大量失业。所以,当时在经济周期的发展中,"滞"和"胀"是互相排斥的,二者并没有在周期的某一阶段里并存。

第二次世界大战以后,情况发生了变化,有些发达的资本主义国家曾先后出现了经济停滞与通货膨胀并存的现象。例如,美国在 1957—1958 年的经济危机中,工业生产下降了 13.5%,而消费物价却上涨了 4.2%。意大利也在不同程度上出现了类似情况。

到了 20 世纪 70 年代,特别是 1973—1975 年的世界经济危机期间及其之后,滞胀开始扩展到所有发达的资本主义国家,并且十分严重。在这次危机中,几个主要资本主义国家工业生产的下降幅度都达到了两位数字:美国为 15.3%,英国为 11.2%,联邦德国为 12.3%,法国为 16.3%,日本为 20.8%。同时,上述几个国家的通货膨胀率也达到了两位数字:美国为 15.3%,英国为 43.9%,联邦德国为 11.1%,法国为 19.1%,日本为 32.5%。

1973—1975 年的危机以后,在 20 世纪 70 年代的后 5 年中,一些发达资本主义国家的经济仍然处于停滞状态,而通货膨胀比 20 世纪 70 年代的前 5 年更加严重。美国、英国、日本、联邦德国、法国、意大利六国 1970—1974 年的工业生产年平均增长率为 4.1%,

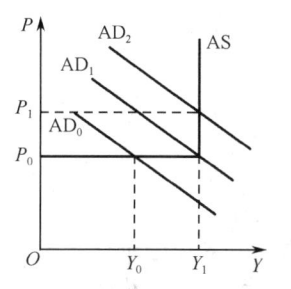

图 8.1 失业与通货膨胀不会并存

在闲置,有失业人口存在,这时需求增加,只能导致国民收入提高,而价格水平一直维持不变为 P_0。当总需求继续增加,即需求曲线由 AD_1 移至 AD_2 时,由于已经实现了充分就业,此时国民收入水平不变,仍维持充分就业时的国民收入水平 Y_1,但价格水平由 P_0 上升至 P_1,即通货膨胀发生。

由总供给曲线所表示的失业与通货膨胀的关系为:有失业存在,说明资源还没有充分利用,因而就不存在通货膨胀;而实现充分就业之后,即说明资源已经充分利用了,总需求增加,充分就业国民收入水平不会变化,只能发生通货膨胀,即失业与通货膨胀是不能并存的。

2.菲利普斯曲线

所谓菲利普斯曲线(philips curve),是一条用来表示失业与通货膨胀之间交替关系的曲线,由英国经济学家菲利普斯于 20 世纪 50 年代末提出。他依据英国 1861—1957 年间失业率和货币工资变动率的统计资料绘制了一条曲线,说明失业率和货币工资变动率之间存在着此消彼长的交替关系,这条曲线被西方经济学家称为菲利普斯曲线,如图 8.2 所示。

菲利普斯曲线表明,当失业率较低时,货币工资增长率变得较高;当失业率较高时,货币工资增长率又变得较低。由于货币工资增长率和通货膨胀之间存在正相关关系,所以西方经济学家用货币工资增长率表示通货膨胀率。因此,这条曲线就用来表示失业率与通货膨胀之间的交替关系,即失业率高,则通货膨胀率较低;当失业率较低时,表明经济处于繁荣阶段,这时工资与物价水平都较高,从而通货膨胀率较高。

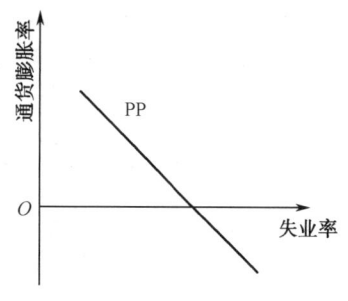

图 8.2 菲利普斯曲线

在图 8.2 中,横轴表示失业率,纵轴表示通货膨胀率,PP 曲线为菲利普斯曲线,它说明了失业率和通货膨胀率之间的反向变化关系。换言之,如果要遏制通货膨胀,则需付出较高失业率的代价;反之,如果要降低失业率,则必须承受较高的通货膨胀率的压力。因此,政府在进行需求管理时,就陷入了进退两难的境地。

解决此难题的方法是确定临界点。所谓临界点是指政府对于失业率和通货膨胀率的"社会可接受程度"的理解,即在一定的失业率与通货膨胀率之下,社会是可以接受的,或者说是被认可的失业率与通货膨胀率,这时,政府不必采取任何措施进行调节。如果失业率或通货膨胀率超过了临界点,政府就要运用适当的政策和措施,把失业率或通货膨胀率降下来。

政府的调节措施是:当失业率超过临界点时,采取扩张性的财政政策与货币政策,以较高的通货膨胀率换取较低的失业率;当通货膨胀率超过临界点时,则采取紧缩性的

胀的过程中，也很注意稳定人们对通货膨胀的预期。

知识链接 8.4

幸福指数与痛苦指数

幸福指数最早是由美国经济学家萨缪尔森提出来的，他认为幸福等于效用与欲望之比，即：幸福=效用/欲望。从这个等式来看，当欲望既定时，效用越大越幸福；当效用既定时，欲望越小越幸福。幸福与效用同方向变化，与欲望反方向变化。如果欲望是无穷大，则幸福为零。我们经常会说人的欲望是无限的，那是指人们会在一个欲望满足之后又会产生新的欲望。而在一个欲望满足之前，我们可以把这个欲望当作既定的，当欲望既定时，人的幸福就取决于效用了。因此我们可以简单地把追求幸福最大化等同于追求效用最大化。每个人认为自己幸福与否和自己的欲望及效用有关。

痛苦指数是用来衡量宏观经济状况的一个指数，它等于通货膨胀率加上失业率。例如，通货膨胀率等于5%，失业率等于6%，则痛苦指数等于11%。这个指数说明人们对宏观经济状况的感觉，指数越大人们就会感到越遗憾或越痛苦。

在失业与通货膨胀中，人们往往更注重失业状况。根据美国耶鲁大学的学者调查，人们对失业的重视程度是通货膨胀的6倍，因此，表示人们对政府不欢迎程度的指数就等于 6 乘以失业率加通货膨胀率。在前面的例子中，政府不受欢迎程度的指数为 6×6%+5%=41%。这一指标越高，政府越不受欢迎，该届政府获得连任的机会就越少，所以各国政府都把降低失业率当作非常重要的工作目标。

任务8.3　失业与通货膨胀的短期权衡取舍

失业与通货膨胀是现代市场经济的两大难题和顽症，但两者不是独立的，而是相关的。我们常用菲利普斯曲线来描述两者之间的关系。

8.3.1　失业与通货膨胀的交替关系

1. 凯恩斯观点：失业与通货膨胀不会并存

按照传统的凯恩斯理论，在没有实现充分就业以前，是不会发生通货膨胀的。在资源有闲置的情况下，总需求的增加只能使国民收入增加或供给增加，而不会使价格水平上升。在实现充分就业，即资源得到充分利用以后，总需求的增加无法使国民收入增加，而只能引起价格水平的上涨。这一理论说明，经济在发生通货膨胀以前处于资源未能充分利用或存在失业的状态；而在实现充分就业以后，需求增加会使经济处于通货膨胀状态，如图8.1所示。

在图 8.1 中，横轴代表国民收入，纵轴代表价格水平，AS 为总供给曲线。AS 曲线在达到充分就业之前是水平的，在实现充分就业之后是垂直的。当总需求增加时，即总需求曲线由 AD_0 移至 AD_1 时，由于国民收入 Y_0 小于充分就业国民收入 Y_1，说明资源存

据预测来调整自己的行为，保障自己的经济利益不受损害，因而社会上不会出现明显的恐慌心理，政府对通货膨胀的治理也比较容易。然而多高的通货膨胀率属于温和的通货膨胀，各国政府的规定不尽一致。

2. 加速的通货膨胀

加速的通货膨胀也称为奔腾的通货膨胀，是指通货膨胀率一般为两位数到三位数的情况，而且不断加剧。在这样的情况下，人们发现货币的购买力急剧下降，货币市场上的真实利息率也经常为负数。因此，人们便会寻找一切机会抢购商品，不愿继续持有货币，使得产品市场与货币市场出现严重混乱。

3. 超级的通货膨胀

超级的通货膨胀也称为恶性通货膨胀，是指通货膨胀率一般在三位数以上，而且完全失控，物价水平加速上涨，货币极度贬值。这种通货膨胀一般只在战争或者国家制度变革的背景下才会发生，其结果往往是在整个经济体系崩溃的情况下最终导致政府的垮台。

4. 隐性的通货膨胀

隐性的通货膨胀也称为受抑制的通货膨胀，多发生于原来的计划经济国家。这些国家在经济运行过程中"短缺"的特点极为明显，社会上价格上涨的压力极大。但由于计划经济体制下价格由国家控制，所以，表面上价格仍然一直维持稳定。但只要国家取消对价格的管制以及与价格管制相配合的供给制，可以想象社会上的价格将急剧上升，从而引发严重的通货膨胀。

2. 通货膨胀的治理

要治理通货膨胀，应根据其不同的成因对症下药。通常采取的对策如下。

（1）总需求紧缩政策。对于需求拉动型通货膨胀，应该采取紧缩的财政政策和货币政策。但是这样会付出紧缩的代价，即经济可能衰退。为了减轻衰退的程度，应掌握好紧缩的力度，最好采取"软着陆"办法，逐步渐进地紧缩总需求。

（2）降低成本的政策。对于成本推动型通货膨胀，应该采取降低企业成本的政策，如减少企业的税收和其他负担。在 20 世纪 70 年代，美国等西方国家为了控制工资与物价的螺旋式轮番上涨，曾采用直接控制工资和物价上涨的收入政策，包括限制工资和物价涨幅，冻结工资和物价以及工资指数化（即工资与物价挂钩）。但实践证明，这种收入政策是失败的，因为它破坏了市场经济的根本，即自由价格机制，从而加剧了供求失衡和经济结构性矛盾，因此后来不得不放弃。我国在计划经济时期，实行的是完全的工资和物价管制，当然更不成功，因此不得不进行改革。

（3）稳定通货膨胀预期的政策。对于预期的或惯性的通货膨胀，应该使人们的通货膨胀预期为零，即消除人们对通货膨胀的预期。为此，弗里德曼提出稳定货币供给增长率的简单货币规则，也称为有规则的（ruled）货币政策。理性预期学派主张公开宣布稳定的货币政策，消除人们对通货膨胀的担忧，从而稳定通货膨胀预期。20 世纪 80 年代以来，西方国家之所以进入了低通货膨胀和通货稳定的时代，就是因为美联储等中央银行采取货币主义的主张，实行了稳定的，即有规则的货币政策。我国政府在治理通货膨

影响。

8.2.3 通货膨胀的影响及治理

1. 通货膨胀的影响

如果通货膨胀是不能预期的，非均衡的，那么，它会产生一系列的后果。

（1）造成实际收入和实际财富的再分配。如果名义工资收入的增长率慢于通货膨胀率，如持有现金和存款者、工薪阶层、退休者、失业和贫困者、接受政府救济者、债权人（租金和利息收入者）、银行等社会阶层和集团，其货币收入不能随物价上涨及时调整，或虽有所调整但上调幅度小于物价上涨幅度的，其货币收入购买力将下降，实际收入就会减少。

在通货膨胀过程中，那些货币收入能够随物价上涨而及时向上调整，且调整幅度大于或等于物价上涨幅度的人或企业，如拥有多种资产形式的人（证券和货物持有人）、高收入阶层、企业主、厂商、债务人、有较多负债的政府等社会阶层和集团，其实际收入不会受到影响甚至可能会上升。例如，如果通胀是由于政府借款造成中央银行向社会过量发行货币，增加货币供给，则政府可以因此而增加一笔额外的收入——"通货膨胀税"。

（2）资源的重新配置。在通货膨胀过程中，那些价格上涨超过成本上涨的行业将得到扩张；而价格上涨慢于成本上涨的行业将会收缩。当价格上涨是对经济结构、生产率提高的反映时，价格变动和资源配置将趋于合理；反之，当通货膨胀使价格信号扭曲，无法正常反映社会供求状况，使价格失去调节经济的作用时，会破坏正常的经济秩序，使价格失去核算功能，降低经济运行效率。

（3）国民收入和就业水平的变化。需求拉上引起的通货膨胀在一定条件下，能促使厂商扩大生产规模、增雇工人，导致国民收入上升。通货膨胀使得银行的实际利率下降，这又会刺激消费和投资需求，促进资源的充分利用和总供给的增加。但是，当通胀率可预料时，就不会对国民收入水平和就业发生直接的影响。而供给下降引起的通货膨胀则只会引起国民收入水平和就业量的下降。

通常，温和的通货膨胀对经济的影响较小，不会给社会带来危害；而奔腾的通货膨胀对经济影响较大，给社会造成的危害也大。

 知识链接 8.3

通货膨胀的类型

根据物价指数很容易计算一个国家的通货膨胀率。通货膨胀率越高，对社会的投资与消费的冲击越大。根据不同的通货膨胀率水平，可以将通货膨胀分为以下四类。

1. 温和的通货膨胀

温和的通货膨胀也称为爬行的通货膨胀，是指价格水平在相当长的时间内稳定且以较低的比率持续上涨。在这种通货膨胀下，人们对价格走势的预测比较准确，并可以根

免收入膨胀和利润膨胀。

有的经济学家还认为,如果单纯是"成本推进",而没有"需求拉上",也不可能使物价上升长期维持下去。因为在没有需求和货币收入水平增加的情况下,工资上升引起物价上涨,就势必使大量商品卖不出去,从而迫使企业紧缩生产、解雇工人,最后将使成本推进的通货膨胀终止。

还有一些经济学家从时间上区分"需求拉上"与"成本推进"对决定通货膨胀的作用。例如,保罗·萨缪尔森在分析第二次世界大战后一个时期美国的通货膨胀时说,越南战争引起的庞大政府开支造成了1965—1968年的日益严重的物价上涨,这主要是"需求拉上"。但连续3年的"需求拉上"通货膨胀,不可避免地引起了1969—1971年的"成本推进"通货膨胀。

4．结构型通货膨胀

有的西方经济学家认为,在资本主义社会,由于经济结构因素的变动,也会引起一般物价水平持续上涨,这就是所谓的结构性通货膨胀。

这里所说的结构性因素,是指社会经济各部门具有不同的经济特点,这些经济特点的变动,就可能引起物价上升。例如,工业部门与服务部门的生产增长速度存在差别,一般工业部门的生产增长速度较快,服务部门的生产增长速度较慢。但这两个部门的名义工资有一致增长的趋势,而名义工资的增长速度却是以生产增长较快的部门来决定的。于是,生产增长速度较慢的部门的工人要求向生产增长速度较快的部门看齐,即通过所谓的"赶上"过程使工资增加,从而使物价普遍上升。

至于为什么存在名义工资一致增长的趋势,又有多种说法。有的认为是由所谓的工资决定的"公平原则"引起的,即认为工资收入者所得工资多少,既要与自己过去的历史工资收入水平比较,也要与别人的工资收入水平比较,以求得工资的"公平待遇"。这样,当有的部门工资增长之后,其他部门的工会就会提出增加工资的要求。有的又认为,即使工会不积极追求工资均等化,竞争性的劳工市场的作用也会引起工资的一致性增长,因为工资增长快的部门相对工资上升,会吸引生产增长慢的部门的工人,这样就势必迫使后一部门增加工资。

5．预期型通货膨胀

通货膨胀一旦出现,人们会根据经验或根据过去的通货膨胀率来预期未来的通货膨胀率。例如,过去几年的通货膨胀率为8%,人们会据此推断下一年的通货膨胀率仍然是8%,并把这种预期作为自己经济行为的依据。政府、居民、厂商、工会均会根据预期的通货膨胀率来调整自己的经济决策和经济活动,如工资协议、经济合同、投资机会成本和实际利率的计算等,都将以8%的通货膨胀率作为行为依据,由此产生一种通货膨胀预期,使通胀不断持续下去。

货币主义者强调现在对未来影响,即现在的通货膨胀对未来预期及经济行为的影响。人们根据过去通货膨胀情况形成目前对未来通货膨胀的预期。凯恩斯主义者则强调过去对现在的影响,即过去的通货膨胀会形成一种惯性,对现在的经济活动和经济行为产生

认为,工人之所以能迫使工资提高,是由于有了工会组织的垄断作用。这样,他们就把通货膨胀的原因归咎于工人和工会了。例如,美国经济学家哈伯勒说:"有组织的劳工要求提高工资……经常威胁,这就形成了一种趋势,要走向长期的、断续的或不断的、迂回的或急促的通货膨胀。"

(2)"利润推进"的通货膨胀论。这种理论认为,正像工会因垄断了劳动市场而能迫使资本家提高工资一样,垄断企业为了追求更大利润,也可通过"操纵价格"使商品价格以快于成本增加的幅度上升。这一理论认为,利润也是成本的一个组成部分,因此,这种因追求更大利润而使商品价格上升,也属于成本推进型的通货膨胀。这一理论还认为,垄断企业之所以提高商品价格,赚取更多利润,是由于工会要求提高工资引起的,当工会要求提高工资时,"操纵价格"的企业自然就会立即与工资提高的形势相呼应,要求提高利润,从而把商品价格提高到补偿工资提高的水平以上。

案例欣赏 8.5

石油引发的中国通胀

2005年1—2月份,受美元持续疲软、欧美地区天气偏冷以及美国取暖油库存同比下降等因素的影响,国际原油价格不断攀升。3月份纽约商品交易所石油期货各合约均出现上涨,3月17日飙升至57.5美元/桶,打破了该交易所轻质原油挂牌交易22年来的最高纪录。国际油价的持续攀升,带动国内油价再度上调。3月23日,国家发展和改革委员会再次提高汽油价格,出厂价每吨提高300元,零售价格按出厂价格调整幅度等额提高。

随着我国工业化步伐的加快,加剧了中国经济对国际石油的依赖,我国能源消费弹性系数有上升趋势。石油作为一种基础能源,同时作为众多产业的上游原材料,油价上涨无疑将加大物流、交通运输、石油化工等诸多行业的价格上涨压力,并影响到更多的终端产品。国内市场为石油消费将承受更高的价格,这可以看作一种"国内溢价"。总的来说,从国民经济三因素看,油价上升将使消费和投资减少,出口下降,从而导致通货膨胀、税收减少、财政赤字增加、利率上扬。进口成本的大幅度上升,也可能导致经常项目收支恶化,影响中国国际收支平衡。

(资料来源:高油价对中国经济的影响提高. 证券日报,2005-08-30.)

3. 供求混合推进型通货膨胀

前面分别介绍了需求拉上型和成本推进型两种通货膨胀理论,而另一些经济学家则认为,通货膨胀既不是单纯由"需求"方面引起的,也不是单纯由"供给"方面引起的,而是双方共同作用的结果。这样,就形成了"供求混合推进型通货膨胀论"。

有的经济学家认为,那种把通货膨胀单纯地说成是由于"需求拉上"或"成本推进"是错误的。因为工资的提高,既提高了成本,也增加了需求。他指出,工资的上升马上对物价增加了成本的压力,同时产生了较高的收入使需求上升,正是这种双重作用的影响说明了收入政策的合理性,即对货币工资率按劳动生产率的提高进行调整,就可以避

实现充分就业目标的,而货币学派对上述通货膨胀原因的分析,实际上恰恰就是把凯恩斯主义的宏观经济政策看做了引起通货膨胀的原因。可见,凯恩斯主义学派与货币主义学派之间,在如何看待通货膨胀的问题上存在很大分歧。

 案例欣赏 8.4

货币增长催生通货膨胀

——国民党政府时期的恶性通货膨胀

1935年的法币改革为国民党政府推行通货膨胀政策铺平了道路。由于国民党政府过分依赖增长货币来为巨额的政府预算赤字融资,在从1935年的法币改革至1949年期间,法币经历了一个持续而且不断加速贬值的过程,最后完全形同废纸。且看100元法币购买力的变化:1937年,可买大牛两头;1941年,可买猪一头;1945年,可买鱼一条;1946年,可买鸡蛋一个;1947年,可买油条1/5根;1948年,可买大米两粒。

1946—1949年,国民党政府曾多次采取措施,试图缓解日益失控的通货膨胀,但最终都归于失败。

1946年春,由于物价上涨加剧,国民党政府决定采取抛售黄金的办法稳定物价和币值。但那些手中掌握巨额游资的官僚资本家根本不相信物价能够稳定下来,因此他们趁机大做黄金投机生意,在市场上大量买进黄金。这种投机行为导致了黄金价格的急速上升。金价与物价相互刺激,进一步促进了物价的直线上升。最后,这一试图通过抛售黄金控制通货膨胀的措施不得不以冻结黄金买卖而告终。

抛售黄金的办法失败后,国民党政府采取了"经济紧急措施",加强金融管制。但由于物价上涨的浪潮持续不断,法币的印刷成本已经超过其自身所代表的价值,失去了正常货币的一切职能,给人民群众带来的只是恐慌和不满。1948年8月,国民党政府采取了金圆券改革方案,宣布以中央银行所存的黄金和证券作保,发行金圆券来代替法币。以300万元法币折合金圆券1元,金圆的含金量为纯金0.222 17克,发行总额以20亿元为限,并规定流通中的金圆券可随时兑换成金圆。然而这一规定形同虚设,因为国民党政府并没有说明金圆券兑换金圆的办法。借助于政治高压的强制手段,金圆券得以推行。但财政赤字的扩大使得金圆券的发行额很快突破了20亿元的上限。从1948年8月到1949年5月,金圆券的发行额增加了30多万倍,金圆券的购买力跌至原来的500多万分之一。金圆券改革不到1年即以失败告终。

2. 成本推进型通货膨胀

成本推进型通货膨胀这一观点是以生产费用论为基础,把通货膨胀的原因归结为生产商品和劳务的成本的增加,也就是从供给方面解释通货膨胀原因。西方经济学家在具体解释是什么成本要素"推进"物价上涨时,又有以下两种说法。

(1) "工资推进"的通货膨胀论。这种理论认为,由于工资提高,引起成本增加,从而导致物价上涨;物价上涨后,工人又要求提高工资,从而再度引起物价上涨。如此循环往复,形成所谓工资—物价的螺旋式上升,或称"通货膨胀势头"。这一理论还进一步

（1）如果社会上存在着丰富的还没有被利用的资源和大量失业，即总供给弹性很大，这时，即使货币量增加使总需求提高，但生产可以扩大，因而物价不会上涨。

（2）在经济扩张到了一定阶段，以致有些资源和技术变得稀少的情况下，这时，生产扩大会使工资和边际成本增加，物价水平将上升。但由于这时生产仍然有所扩大，致使物价上涨幅度将小于货币数量增加的幅度。这时货币数量的增加，部分引起生产和就业增加，部分引起物价上涨，这被称为"半通货膨胀"或"爬行的通货膨胀"。

（3）在达到充分就业的条件下，由货币供应量的增加而引起的需求增长，遇到了没有弹性的供给，物价将随着货币数量的增加而成比例地上涨，这时便出现了所谓的真正的通货膨胀。

2）货币主义学派的观点

现代货币主义者根据现代货币数量论，强调货币供应量的增加会直接引起物价上涨。他们以现代货币数量论为依据，从人们对货币的需求出发来论述货币数量的变化对货币收入与物价的影响，认为在一定时期内，人们对货币的需求是相对稳定的，而货币的供给却是可变的，因而，货币数量的变动会直接影响物价。在他们看来，资本主义经济的运行存在如下序列

$$M \rightarrow M \cdot V = GNP$$

在这个序列中，M 代表货币供应量；V 代表货币流通速度；GNP 代表国民生产总值，GNP 等于产量与产品价格之积，而 V 又被视为一个稳定的函数。因此，货币供应量的变动会直接影响 GNP，在产量不变或与货币供应量不成比例的变动时，都会直接影响物价的变动。也就是说，货币供应量增加，会直接引起物价上涨；货币供应量减少，会直接引起物价下跌。

当然，现代货币主义者并不像旧货币主义者那样，简单地认为在货币供应量增加的情况下，人们手里钱多了，就会多花钱，从而引起物价上涨，而是转弯抹角地应用"资产调整理论"来加以说明的。现代货币主义者认为，人们对于保存资产的形式，不仅限于债券和货币，而且包括房屋、耐用消费品、机器设备等；同时，各种形式的资产应分别持有多少，都自然会形成一个适当比例，即所谓资产分配处于均衡状态。一旦货币供应量增加，人们发现自己手头持有的货币过多，破坏了资产分配的均衡状态，就会进行调整，把过多的货币转移到购买其他的资产上，其他资产的价格便上涨。从长期看，物价上涨率大致相当于货币增长率的扩大部分。于是他们断言，货币供应量的增加，通过人们持有的各种资产之间的比例调整，便会使物价上升，导致通货膨胀。

那么，货币供应量为什么会增加呢？弗里德曼认为主要是由于：①政府开支的迅速增长，而这又主要是靠印发通货或建立银行存款（如向中央银行出售公债）以取得资金来偿付的，这就引起了货币供应量的增加；②政府推行充分就业政策，不惜增加政府支出，从而必然增加货币供应量；③中央银行错误的货币政策，它不是力所能及地在控制通货量上下功夫，而是毫无能力地去控制利息率，其结果是这两个方面都遭到失败，致使通货和利息率都增长了。

我们知道，凯恩斯主义的宏观经济政策，是企图通过松弛的财政政策和货币政策来

薪是20万美元。他们谁挣得多呢？

如果仅从货币量来看，美国总统的工资当然是增加了。但我们知道，在比较收入时，重要的不是货币量的多少，而是这些货币能买到多少东西。货币量衡量的是名义工资，货币的实际购买力衡量的是实际工资。当我们比较胡佛与克林顿的工资时，应该比较实际工资，而不是名义工资。

当名义工资既定时，实际工资是由物价水平决定的，即名义工资除以物价水平等于实际工资。衡量物价水平的是物价指数。要比较不同年份的胡佛和克林顿的工资，首先要知道这一时期物价水平的变动。

根据实际资料，以1992年为基年，这一年的消费物价指数为100，则1931年的消费物价指数为8.7，1995年的消费物价指数为107.6。换言之，在这一时期内物价水平上升了12.4倍（107.6/8.7）。我们可以根据物价指数来分别计算以1992年为基年的胡佛和克林顿的工资。

1995年胡佛的工资=1931年的名义工资×（1995年消费物价指数/1931年消费物价指数）=7.5万美元×（107.6/8.7）=92.7586万美元。

同样，也按1931年的美元购买力计算1995年时的克林顿的工资：

1931年克林顿的工资=1995年的名义工资×（1931年消费物价指数/1995年消费物价指数）=20万美元×（8.7/107.6）=1.617万美元。

这就是说，胡佛的实际工资是克林顿的4.6倍，克林顿的工资仅仅是胡佛的21%。尽管在小布什时美国总统的工资增加到40万美元，但按实际工资计算也仍然不敌胡佛的工资。

这近70年间美国总统的实际工资大大下降了。

8.2.2 通货膨胀的成因

在市场经济中，通货膨胀表现为价格水平的持续上涨，而价格是由需求和供给决定的。西方经济学家认为通货膨胀的原因主要有以下几种。

1. 需求拉上型通货膨胀

需求拉上型通货膨胀是从需求方面来解释通货膨胀原因的一种理论。有些西方经济学家认为，由于总需求超过了总供给，拉开了"膨胀性缺口"，以致造成物价上升和通货膨胀。

所谓需求，是指人们持有的货币对商品和劳务所形成的有支付能力的需求。因此，在谈到总需求的增加而形成通货膨胀时，自然涉及货币供应量增加的问题。而在进一步分析货币供应量的增加如何引起总需求增加时，又有多种观点，但基本上可分为以下两大派。

1）凯恩斯主义学派的观点

凯恩斯主义学派认为，社会总需求增加，是否会引起物价上升和通货膨胀，须视供给方面的情况而定。通常会出现以下三种情况。

数商品和劳务,而很少能照顾到公共产品、资本品价格的变化情况,因此难以用它来说明整个国家总体物价水平的变动程度。其次,因为计算 CPI 需要事先确定考察的商品和劳务的种类,因此就无法涉及那些对消费者日常生活产生重要影响的新产品对消费者日常开支造成的影响。再次,使用 CPI 只能发现价格表面上的变动对人们生活造成的影响,但却无法衡量商品质量变动对商品价值的影响。最后,使用 CPI 对预先设定的商品和劳务的价格变动进行调查时,忽略了商品之间普遍存在的相互替代关系:当 CPI 所包括的某种产品价格明显提高时,人们往往会以价格没有上调或者上调幅度较小的其他产品来替代这种产品,使价格上涨对人们生活水平的影响有所减轻。从这个角度看,CPI 往往高估了价格变化对居民生活水平的影响。

2. 生产者价格指数(PPI)

生产者价格指数(producer price index,PPI)过去一般被称为批发价格指数,它主要反映生产者在生产过程中购买产品与劳务的费用发生变动的情况。对生产者价格指数进行衡量,首先要在批发市场上选择一组与生产者关系密切的商品,然后对其在不同时期中价格的变化进行调查,最后计算出价格指数。需要注意的是,生产者价格指数并不仅仅反映产成品的价格变动情况,在选择被调查的产品时,还包括了生产必需的原材料和生产过程中产出的(经常作为下一阶段生产的原料)半成品。

与 CPI 相比,PPI 考虑到了资本品的价格变动情况,因而能更广泛地说明经济总体运行中所发生的价格水平的变化;而且由于这一价格指数包括了整个生产过程从最初原材料投入到最后成品产出的各个阶段的价格变动情况,所以在 CPI 还没有任何变化的时候,PPI 就可能因为原材料等方面的因素而率先发生变动。因此,有不少人认为,可以用这一指标对将来的 CPI 变动走势进行预测,将其视为未来通货膨胀的先导指标。然而,PPI 也有不足之处,它不能反映社会上种类繁多的劳务的价格变化情况,因此也不足以说明整个国家的物价变动情况。

3. GDP 平减指数(GDP deflator)

GDP 平减指数(GDP deflator)主要用来衡量不同时期中所有商品和劳务价格的变动情况,即先根据各种产品的基期价格求出当期的实际 GDP,再以当期名义 GDP 除以实际 GDP,便可得出 GDP 平减指数。采用这种方法时,不再选择特定的产品作为调查对象,因而被认为是最广泛的物价指数,可以最准确地说明整个国民经济价格变动的总体情况。

由于以上三种物价指数所涉及的产品范围不同,因此计算出的数值不尽相同,但它们都可以反映出价格水平在一定时期内相似的总体变动趋势。

 案例欣赏 8.3

胡佛总统与克林顿总统谁挣得多

1931 年,当时的美国总统胡佛的年薪是 7.5 万美元;1995 年,美国总统克林顿的年

时期的 80 万人。其中，2005 年就业弹性系数仅为 0.08，经济每增长一个百分点带动的就业增加量只有 63 万人。

为什么我国经济高速增长未带来就业的同步增长？主要有以下四大原因：第一，城乡二元结构影响了就业总规模的扩大。目前，我国在城镇就业的农民工已超过 1 亿人。当这部分劳动力从农村转移到城镇，从第一产业转移到第二、第三产业后，农村中的隐性失业人数大大减少了，但统计中的总就业人数（含城乡两部分就业人数）并未增加，而经济增长率和劳动生产率却提高了。第二，近年来经济结构升级和资本深化（资本/劳动比上升）加速，使得经济增长吸纳劳动力的作用减弱。第三，国有和集体企业改制，关闭破产企业使城镇隐性失业减少，当这部分人在新单位就业时，就业总量并未增加。第四，人才素质与市场需求的结构性矛盾即结构性失业，也影响了就业规模的扩大。

（资料来源：经济日报，2006-8-29.）

任务 8.2　通货膨胀

通货膨胀是困扰各个国家的又一重大经济问题，它虽然不会像失业那样直接造成一个国家总产出量的大幅度减少，但却同样会严重影响经济的正常运行。特别是在通货膨胀发生之后，如果不能及时采取有效措施对其进行治理，就可能出现通货膨胀率的节节上升，从而使一个国家的经济最终完全失控，面临彻底崩溃的危险。

8.2.1　通货膨胀及物价指数

通货膨胀是指一般物价水平在比较长的时期内以较高幅度持续上涨。在理解这一定义时要注意几点：第一，一般物价水平的上涨不是指一种或几种商品价格的上涨，而是物价水平的普遍上涨；第二，不是物价水平一时的上涨，而是指持续一定时期的物价上涨；第三，价格水平必须在长时期内以较大幅度上涨，是人们可以发现的。

根据不同的目的，可以选择不同的物价指数来说明通货膨胀发生的状况。常见的物价指数有三种，它们所包括的产品范围各不相同。

1. 消费者价格指数（CPI）

消费者价格指数（consumer price index，CPI）是最常用的衡量通货膨胀水平的指标，它主要反映消费者在一段时间之内购买产品和劳务所付出的总费用的变化情况。使用这个指标时，有关统计机构首先要选择一组居民日常生活中不可缺少的商品和劳务，确定它们各自的权数，然后对不同时期居民对这些商品和劳务支出的变动情况进行调查，最后据此计算出消费价格指数的数值。

采用 CPI 的好处是，政府能够比较迅速地了解直接影响居民生活水平的物价变动情况，进而可以比较及时地采取适当的应对措施，保证人们的生活质量不会遭受太大的损害，这可以在相当的程度上避免通货膨胀对人们心理的冲击，避免社会经济活动出现大的动荡。

采用 CPI 也存在一些缺陷。首先，CPI 毕竟只覆盖了与人们日常生活直接相关的少

验规律,即"奥肯定律"。其内容是:失业率每高于自然失业率 1 个百分点,实际 GDP 增长率将低于潜在 GDP 增长率 2 个百分点。换言之,实际 GDP 增长率相对于潜在 GDP 增长率每下降 2 个百分点,失业率将上升 1 个百分点。奥肯定律可用公式表示为

$$\text{实际失业率} - \text{自然失业率} = -1/2 \times (\text{实际 GDP 增长率} - \text{潜在 GDP 增长率})$$

奥肯定律揭示了就业与产出、失业率或就业率与经济增长率之间的稳定关系。因此,在宏观经济学中,按照凯恩斯的说法,总产出或总收入的决定理论也就是就业决定理论,即当总产出或总收入变化时,就业将相应地发生变动。

我国也总结出了一些就业与产出关系的经验规律。20 世纪 90 年代,有一个流行的经验统计数据,即每当经济增长率下降 1 个百分点,我国的城镇失业人数将增加 100 万人左右。但进入 21 世纪以来,由于经济结构升级,我国进入重工业发展阶段,资本深化加速,经济增长对就业的拉动作用减弱,就业弹性系数(就业增长率/经济增长率)有所下降。尽管如此,也并不能否认产出与就业、增长率与失业率之间的密切关系。

2. 失业的治理

对于失业的治理,应针对不同原因引起的失业,采取不同的对策。对于摩擦性失业,政府应提供就业信息,使信息公开化,应反对就业歧视,消除劳动力流动壁垒;对于结构性失业,则应采取人力政策,提供职业训练,降低教育成本,鼓励劳动力流动;对于临时性和季节性失业,应拓宽多元化就业渠道,强化和完善社会保障体系;对于工资刚性失业,需要引入就业竞争机制,树立公正的市场秩序,消除劳动市场的垄断力量。

对于需求不足引起的周期性失业,一般采取扩张性财政政策和货币政策刺激总需求,即"逆经济风向调节"。经济萧条、失业出现时,增加政府采购和政府转移性支付、举办公共工程,或者降低税率减少税收,扩大货币供应量降低利率刺激消费和投资需求,最终增加总需求,达到增加国民收入和就业的目的。扩张性财政政策和货币政策在刺激总需求时,可能会引起通货膨胀率上升和汇率下跌。周期性失业也可以采取组织创新、结构调整、放松管制、减免税收等供给管理政策。

案例欣赏 8.2

我国经济的高增长为何未带来高就业

据国家统计局的统计资料,我国名义 GDP 总量从 1978 年的 3 645 亿元增加到 2005 年 183 085 亿元,就业人数也由 1978 年的 4.01 亿人增加到 2005 年的 7.58 亿人,增加了 3.57 亿人。这表明我国就业增加与产出增加是成正比例的。

但是,我国经济增长对就业的拉动作用在下降。我国"九五"计划期间(1996—2000年)GDP 年均增长 8.6%,年均增加就业人数 804 万人;"十五"计划期间(2001—2005年)GDP 年均增长 9.5%,年均增加就业人数 748 万人,比"九五"时期少 56 万人。就业弹性系数也处于下降状态。"九五"时期平均就业弹性系数为 0.13,即经济每增长一个百分点,可带动就业增长 0.13 个百分点。但"十五"时期平均就业弹性系数下降到 0.11,即经济每增长一个百分点,带动的就业增加量由"九五"时期的 94 万人减少到"十五"

上的总需求的下降而引起的，产品市场的过度供给导致了劳动力市场的过度供给。经济增长具有周期性，当经济增长处于高涨阶段时，就业量增加，失业量减少；当经济增长处于下降阶段时，就业量减少，失业量增加。按照凯恩斯的说法，当实际的总需求小于充分就业的总需求时，消费疲软，市场不旺，造成企业投资减少从而减少雇用人员而形成周期性失业。通货紧缩时期的失业也可看作周期性失业。

3. 隐性失业

隐性失业（recessive unemployment）是指表面上有工作，但实际上对生产并没有做出贡献的现象，即有"职"无"工"。存在隐性失业时，生产效率是较低的。这一失业往往表现为一个人的活儿三个人干、两天的活儿干五天。隐性失业的典型形式有两种，一是国有和集体企事业单位中的大量"人浮于事"的情况，二是农村中的大量剩余劳动力。这反映了我国经济体制转型期和发展中经济的就业特征。

 知识链接 8.1

充分就业

充分就业（full employment）是一个具有多重含义的经济术语。它的概念是英国经济学家 J.M.凯恩斯在《就业、利息和货币通论》一书中提出的，是指在某一工资水平之下，所有愿意接受工作的人，都获得了就业机会。充分就业并不等于全部就业或者完全就业，而是仍然存在一定的失业。但所有的失业均属于摩擦性的和季节性的，而且失业的间隔期很短。通常把失业率等于自然失业率时的就业水平称为充分就业。

在目前，大多数西方经济学家认为存在 2%~3%的失业率是正常的，此时社会经济处于充分就业状态。

8.1.2 失业的影响与治理

1. 失业的影响

从宏观方面看，失业的有利方面在于，失业可促进劳动力资源的流动和有效配置。失业作为外在压力，可激励劳动者提高自身素质和劳动效率，掌握工作技能。失业的不利方面在于失业造成了人力资源的损失。失业期间通常经济萧条、资源闲置、生产萎缩、国民收入下降（奥肯定律）、商品（尤其是房地产和股票）价格下跌、信用紊乱，人们的生活质量降低；社会不安定，社会歧视加剧；政府福利支出上升，财政发生困难等。

从微观方面看，失业可导致家庭经济拮据、家庭破裂、脱离社会、技能缺失、生活方式改变、自尊心伤害、犯罪和吸毒增加等。

 知识链接 8.2

失业与经济增长：奥肯定律（Okun's law）

关于失业的产出损失，美国经济学家奥肯曾经根据美国的经验数据，总结出一条经

8.1.1 失业及其分类

世界各国在考察失业问题时,对失业人口的定义不尽相同,但一般都规定了一个年龄范围,并强调这些人口都具有想要得到工作的愿望。在美国,失业人口是指年满 16 岁,现在没有工作但在过去的 4 周里曾努力寻找工作,或正等待被原来的单位重新雇用,或正期望在 4 周内找到新的工作的人。

我们把失业者定义为在法定劳动年龄范围内的有工作能力,没有工作但愿意寻找工作的劳动力,并用失业率来衡量整个社会的失业状况。根据失业的不同性质和特点,通常可将失业分为以下几种类型。

1. 自然失业

自然失业是指在市场经济中难以避免的正常失业。即使经济增长处于顶峰状态,也会存在一定的失业者和失业率。自然失业又可以分为两类。

(1) 摩擦性失业 (frictional unemployment)。摩擦性失业是指劳动力在部门、地区、企业之间的正常流动过程中暂时处于失业状态。例如,刚进入社会在找工作者、转换工作的失业者。在劳动力市场上,由于劳动供求双方的自由竞争,总有一小部分劳动者要变换工作的地点、行业和企业,以寻找新的更好或更合适的工作岗位,即所谓的"水往低处流,人往高处走"。当这些人处于寻找工作的过程中时,将暂时处于失业状态。因此,摩擦性失业是一种短期性失业,如几周或几个月的时间。如果劳动力市场很完善,供求双方的信息沟通便利,摩擦性失业者就会减少,失业的时间就会缩短。摩擦性失业被认为是一种正常的或自然的失业。

(2) 结构性失业 (structural unemployment)。由于经济结构的迅速变化,可使劳动力的供给结构不适应劳动力需求结构的变动,从而产生结构性失业。在这种情况下,往往"失业与空位"并存,劳动者很难找到与自己的技能、职业、居住地区相符合的工作。例如,在有些现代西方国家,随着经济和科学技术的发展,世界贸易格局的变化,汽车工业开始走向衰落,对汽车工人的需求减少,从而引起了汽车工人的失业。与此同时,某些新兴工业所需要的具有特殊技能的劳动力却供不应求,产生了许多职位空缺。同样,在某些走向衰落的工业区存在大量失业者的同时,某些新兴工业区却可能出现劳动力供不应求、许多职位空缺无人应聘的情况。

(3) 临时性和季节性失业。临时性和季节性失业是指因某些行业生产的季节性变动而引起的失业。例如,建筑业或码头作业,遇到坏天气时,建筑施工或码头作业就不得不停顿下来。季节性对农业、旅游、餐馆的影响较为明显,如度假胜地的家庭妇女在假日季节里会去餐馆打工;农忙时,城里做工的民工会返回农村。

(4) 工资刚性失业(非均衡失业)。工资刚性失业又称为古典失业,是指市场上由于劳动力供过于求而工资却无法下降(工资刚性)而引起的失业。

2. 周期性失业

周期性失业 (cyclic unemployment) 是指随着经济发展周期的变化而形成的失业。在凯恩斯看来,引起失业的根本原因是周期性的经济萧条,失业的增加是因为产品市场

动力的作用，提高就业质量和市场需求弹性。宋清辉则表示，应该打通农民工返乡的路。"一方面，可从双创方面切入，例如为农民工营造'一站式'创业准入环境。另一方面，可从'互联网+'方面切入，通过发力农村信息、交通、物流等基础设施网络建设，鼓励和支持农民工网上创业。"

（资料来源：杜鑫. 青年农民工需警惕潜在失业风险.工人日报，2015-12-17.）

❖**案例讨论**❖

随着人工智能的发展，机器人取代人力必将成为今日企业用工的新趋势。如何认识我国最近几年出现的"用工荒"与"就业难"并存的局面，破解农民工就业难的手段有哪些？

20世纪70年代以来，在西方各国的经济发展过程中出现了失业与通货膨胀并存的局面，各种经济政策主要被用来设计对付这两种经济现象，因此失业与通货膨胀成了现代西方宏观经济学的重要组成部分。本项目介绍西方经济学有关失业与通货膨胀的理论及其运用。

任务8.1　失业理论

失业历来是一个很容易受到人们关注的问题。以美国为例，半数以上接受有关机构调查的美国人认为，失业是美国所面临的比政治风波、环境污染、战争、犯罪等更重要的问题，并要求政府尽快采取有效措施予以解决。世界其他许多国家和地区的情况也与此类似。

案例欣赏 8.1

"民工潮"与"民工荒"

自1989年第一次"民工潮"的出现，20多年来，"民工潮"已成为中国社会一种常态的经济现象和社会现象。"民工潮"折射出中国数量庞大的农民群体的社会流动轨迹，折射出传统的农业大国向工业化迈进的历程。

但是从2003年起，一种被媒体称为"民工荒"的现象却开始在东南沿海部分地区开始出现。进入2004年，"民工荒"现象进一步蔓延，福建、广东、浙江等东南沿海经济发达地区的企业同时感到招工难。更令人难以理解的是，进入下半年，在一些一贯是农民工输出地的内陆省份，也不同程度地出现了"民工荒"，江西、湖南等地都出现了企业招工难的现象。

无论是"民工潮"还是"民工荒"，都是劳动力资源的社会流动。由"民工潮"到"民工荒"，在这一重大变化的背后，究竟是什么力量在发挥作用，这一转变又说明了什么呢？

项目8 认识失业与通货膨胀

导入案例

青年农民工需警惕潜在失业风险

根据国家统计局公布的数据，截至2015年，全国外出农民工总量达到1.6亿人，30岁以下的青年农民工约占60%。但是，他们的平均受教育年限为9.8年，过早地进入劳动力市场，导致其缺乏必要的职业技能。"在这种背景下，农民工职业技能培训的投入却远远不足。"陆铭认为，一方面户籍制度改革还有一段路要走，农民工未必会在城市落地生根，未来的职业前景不稳定，没有动力接受技能培训。另一方面，由于农民工流动性强，企业也没有动力对农民工进行技能培训。除了自身技能水平低以外，"钢领工人"则可能给农民工当头一棒。所谓"钢领工人"，是指代替工人劳动的机器人。在劳动力短缺、人力成本上升的背景下，不少企业已经开始使用"钢领工人"。

记者近日在义乌举行的第五届中国智能博览会上了解到，不少机器人生产企业的展位背景板上都打出"机器换人"的口号；杭州、嘉兴、东莞等地也出台了"机器换人"的行动计划。"我们从国外引进关键设备，自主研发全自动连续化被服纫缝生产流水线，实现了床品的自动化生产，在节约80%劳动力的基础上，生产效率提高5倍，45秒可生产一床被子。"江苏一家家纺企业负责人告诉记者，采用自动化生产流水线，一方面是因为招工难，另一方面则是转型升级的需要。东莞一家科技型企业负责人在接受媒体采访时表示，原来他的车间需要300个工人，如果采用机器人，车间的人数就可以降低到150人，仅一年就能节约资金900余万元。日前发布的《中国智能机器人白皮书》指出，"钢领工人"大规模出现后，将会有一部分工人和技术人员可能把自己的工作让给机器人，他们则面临下岗和再就业，甚至是失业。此外，随着中国经济将逐渐转变成为服务业主导的经济形态，依靠土地、房地产、基础设施等大规模投资的增长模式将失去动力，依靠廉价劳动力、资源等的粗放型产业将被加快淘汰，经济结构和产业结构的变化也将带来就业结构的转变，在这一结构调整过程中部分劳动力将因不适应而不可避免地被淘汰。著名经济学家宋清辉告诉记者，近两年房地产市场的不景气已经拖累了建筑建材等关联的上下游企业。"我曾跟不少建筑工人聊过，从今年年初，建筑工地上的活就越来越少，工资也在下降，跟2014年相差30%左右。"

"尽管农民工存在失业风险，但是问题没有那么悲观。"陆铭认为，提高农民工工资上涨的短缺问题，很大程度上是由于劳动力自由流动受阻造成的。户籍、社会公共服务等问题，将部分农民工挡在了城市之外。从这个角度来说，所谓的劳动力短缺，并非真正意义上的绝对数量短缺。应该通过全面深化户籍制度改革，进一步提高劳动参与率，为经济结构调整和经济增长方式的转变赢得时间。在一些专家看来，在就业政策制定上，政府应该着重考虑如何适应经济形势的变化，充分利用和消化吸收现有的劳动力资源。从供给端看，既要培养更多的市场需要的高素质技能型劳动者，也需要为已离开学校的劳动者学习新技能提供渠道。从需求端看，应关注就业创造的模式变化。随着中国经济进入新常态，服务业中的中小企业将是就业创造的主体。应扶持成长性好的中小企业发展，降低他们在社保缴费、员工招聘和培训等方面的成本，更好地发挥这些企业吸纳劳

项目导图

认识失业与通货膨胀

- **学习目标**
- **学习内容**
  - 失业理论
    - 失业及其分类
      - 自然失业
      - 周期性失业
      - 隐性失业
    - 失业的影响与治理
  - 通货膨胀
    - 通货膨胀及物价指数
      - 消费者价格指数（CPI）
      - 生产者价格指数（PPI）
      - GDP平减指数（GDP deflator）
    - 通货膨胀的成因
      - 需求拉上型通货膨胀
      - 成本推进型通货膨胀
      - 供求混合推进型通货膨胀
      - 结构型通货膨胀
      - 预期型通货膨胀
    - 通货膨胀的影响及治理
      - 通货膨胀的影响
      - 通货膨胀的治理
  - 失业与通货膨胀的短期权衡取舍
    - 失业与通货膨胀的交替关系
      - 凯恩斯观点：失业与通货膨胀不会并存
      - 菲利普斯曲线
    - 经济停滞与高通货膨胀的并存
      - 滞胀的含义
      - 滞胀的产生和发展
  - 失业与通货膨胀理论的运用
    - 我国历次通货膨胀成因分析及治理对策
    - 失业与通货膨胀的治理——西方发达国家的历史实践
    - 抵御通货膨胀——买房还是买金
- **经典阅读**
  - 失业大学生为什么有业不就
- **单项实训**
  - 单项实训8.1 市场调查：2013年以来我国新增就业情况分析
  - 单项实训8.2 课外实训：分析2013年以来我国消费者物价指数（CPI）、生产者价格指数（PPI）的走势及相互关系
- **复习与思考**

项目 8

认识失业与通货膨胀

学习目标

知识目标:
▲ 掌握失业和通货膨胀的含义;
▲ 了解失业和通货膨胀的根源并探寻解决对策。

能力目标:
▲ 能够解释失业、通货膨胀与经济发展的关系;
▲ 能分析失业和通货膨胀的原因,并提出治理意见。

重点难点:
▲ 通货膨胀对经济的影响;
▲ 通货膨胀的形成原因与对策;
▲ 菲利普斯曲线。

表 7.5　产品价值表

生 产 阶 段	产品价值（元）	中间产品成本（元）	产品的增加价值（元）
小麦	100		
面粉	120		
面包			30

要求：

（1）在表 7.5 所示的空格里，填上适当的数据。

（2）计算最终产品面包的价值是多少？

（3）如果不区分中间产品与最终产品，按各个阶段的产值计算，总产值为多少？

（4）计算各个阶段的产品增加价值共为多少？

2. 选择题

（1）经济学上的投资是指（   ）。
　　A．企业增加一笔存货　　　　　B．建造一座住宅
　　C．企业购买一台计算机　　　　D．以上都是

（2）下列哪一项计入GDP？（   ）。
　　A．购买一辆用过的旧自行车　　B．购买普通股票
　　C．汽车制造厂买进10吨钢板　　D．银行向某企业收取一笔贷款利息

（3）在下列项目中，（   ）不属于政府购买。
　　A．地方政府办三所中学　　　　B．政府给低收入者提供一笔住房补贴
　　C．政府订购一批军火　　　　　D．政府给公务人员增加薪水

（4）在一个由家庭、企业、政府和国外部门构成的四部门经济中，GDP是（   ）的总和。
　　A．消费、总投资、政府购买和净出口；
　　B．消费、净投资、政府购买和净出口；
　　C．消费、总投资、政府购买和总出口；
　　D．工资、地租、利息、利润和折旧。

（5）某国GDP大于GNP，表明该国公民从外国取得的收入（   ）外国公民从该国取得的收入。
　　A．大于　　　　B．小于　　　　C．等于　　　　D．不确定

3. 分析讨论题

　　人口老龄化是指一国或地区的人口年龄分布趋向于老龄，如平均年龄的上升、少年儿童人口占比的下降或者老年人口占比的上升，都体现了人口老龄化程度的加深。随着经济和社会发展水平的不断提高，中国人口的预期寿命逐年延长，而出生率却呈现持续下降的趋势。根据联合国最新的人口数据预测，2010年中国60岁及以上人口占比开始低于OECD国家的平均水平，2011年以后的30年里，人口老龄化将呈现加速发展态势，60岁及以上人口占比将年均增长16.55%，2040年60岁及以上人口占比将达到28%左右，在这30年里，中国开始全面步入老龄化社会。到2050年，60岁及以上人口占比将超过30%，社会进入深度老龄化阶段。

　　就国际比较而言，中国的人口老龄化问题也是十分突出的。根据OECD的人口发展预测，到2030年，中国65岁及以上人口占比将超过日本，成为全球人口老龄化程度最高的国家。整体而言，在21世纪剩下的80余年里，中国的人口老龄化程度将一直维持在一个相对较高的水平。

　　请分析人口老龄化产生的原因及其对未来中国经济的影响。

4. 计算题

现有产品价值资料如表7.5所示。

单项实训

实训目标

1. 从国际、国内相关权威网站查询近 5 年中国 GDP 及其在国际排名的数据,并从中分析中国经济发展现状及趋势。

2. 调查我国近年来的恩格尔系数和基尼系数的变化趋势,从而明确恩格尔系数和基尼系数反映的是哪些方面的经济与社会的现状及变化趋势,有何意义。

实训背景与要求

单项实训 7.1 资料分析:查询并分析近 5 年中国 GDP 数据及其在国际排名的变化趋势

实训要求:

1. 此单项实训要求以个人形式完成。

2. 数据及资料须注明来源。数据应包括中国近 5 年数据、至少 3 年的国际排名数据。

3. 撰写分析报告。报告需分析中国 GDP 的现状及变动趋势,并从国际视角探索中国经济发展在世界经济格局中扮演的重要角色。

单项实训 7.2 课堂讨论:如何看待我国恩格尔系数的下降与基尼系数的上升?

实训要求:

1. 此次单项实训以团队形式完成,团队分工情况如表 7.4 所示。

2. 搜集我国 1990 年至今的恩格尔系数与基尼系数。

3. 撰写分析报告。报告应分析这两个指标所代表的经济与社会的现状及变化趋势,尝试在同一个坐标系上画出这两个指标的图像,分析我国的经济发展情况以及分配公平情况。制作 PPT 版本的报告,与大家共同分析和交流。

表 7.4 团队分工情况

班第 组

团 队 成 员	任 务 分 工	完成起止时间

复习与思考

1. 名词解释

国内生产总值;国民生产总值;消费;储蓄;平均消费倾向;边际消费倾向;投资乘数;基尼系数;洛伦茨曲线

指标，表示该国居民在一特定时期内生产的所有商品和服务的市场价值之和。在国民经济核算中，通常使用 GDP 总量、GDP 增长率和人均 GDP 三个重要指标。GDP 总量是衡量的是一个国家（或地区）的经济规模；GDP 增长率是衡量经济增长速度；人均 GDP 则是衡量一个国家的生活水平和富裕程度。人均 GDP 是划分经济发展阶段的重要指标。世界银行按人均 GDP 水平（实际购买力水平）将各国分为低收入、下中等收入、上中等收入和高收入四个等级。

从划分经济发展阶段的重要指标来看，国家通常把一国的发展水平按年人均 GDP 分为几个阶段：400 美元及以下是贫困阶段；400~500 美元是摆脱贫困阶段；800~1 000 美元是开始走向富裕的阶段，称为"小康阶段"；3 000~6 000 美元是比较富裕的阶段，称为"全面小康阶段"。我国研究机构提出的基本实现现代化主要评价指标体系，共分 3 类 12 项，其中第一项为人均 GDP 达到 9 000 美元。

2. GDP 之"误"

在充分肯定 GDP 的历史功绩和积极效应的同时，也应看到 GDP 并不是万能的，特别是不科学使用的话，会带来一些谬误。

GDP 之"误"，首先源于 GDP 具有局限性。有学者认为有四种局限性：GDP 指标本身的局限性；GDP 总量的局限性；以 GDP 衡量经济增长速度的局限性；人均 GDP 的局限性。有专家将 GDP 的局限性或缺陷概括为：一是不能反映社会成本；二是不能反映经济增长方式和为此付出的代价；三是不能反映经济增长的效率、效益和质量；四是不能反映社会财富的总积累；五是不能衡量社会分配和社会公正。GDP 指标的局限性，说明即便有最完善的核算体系和核算方法，所测量的数据也是不完整的。GDP 不能准确提供一国（或地区）福利状况的全部真实信息，不能全面衡量一国（或地区）的全部财富，更无法完整反映人类发展的状况。

GDP 之"误"，其次误在错把手段当目的。增长是手段，发展是目的。发展的真正含义是人类发展，即以人为本的发展。早期的发展概念以"物"为中心，以 GDP 增长为目的，把 GDP 作为发展的唯一衡量指标。这样的增长固然促进了发展，但把手段当作目的也付出了沉重的代价。以 GDP 增长为目的所带来的最大负面效应就是增长得不经济，学术界称之为"有增长无发展""无发展的增长"。由于现行的 GDP 核算中，不仅没有扣除自然资源损失，而且将其中过度开采的资源和能源，特别是不可再生资源，按照附加值计算在 GDP 总量之中，这就人为地夸大了经济效益。

基于此，国际社会引入了一个全新概念：绿色 GDP，是指在名义 GDP 中扣除了各种自然资本消耗之后，经过环境调整的国内生产净值，也称绿色国内生产净值（EDP）。世界银行自 1997 年开始利用绿色 GDP 国民经济核算体系来衡量一国（或地区）的真实财富，并于 1997 年推出真实国内储蓄率的概念和计算方法，用以衡量扣除了自然资源枯竭以及环境污染损失之后的一个国家正式的储蓄率（代表真实国民财富）。

（资料来源：http://hgjjx.snnu.edu.cn/tzzy.asp.）

1. 美国——基尼系数高，但社会相对稳定

按照国际社会的标准，基尼系数超过 0.4 就表明收入差距已经较大。反映美国收入分配差距的基尼系数从 1972 年突破 0.4 后长期居高不下，使美国一直保持着收入差距较大的状况，而且 20 世纪 90 年代以来更是出现了加速趋势。但是，美国各州之间的居民收入差距并不大，高低之比不超过 1.8∶1，可以说，美国居民收入的悬殊是建立在地区之间相对均衡的收入水平之上的，即在较低的地区差别条件下，存在着较高的个人收入差距。

美国的经济增长、收入差距扩大与居民收入的增加是有内在联系的。从宏观分配的内部结构来看，居民收入增长要高于经济增长，这为扩大消费，实现收入分享、增强收入差距的社会承受力提供了基础和条件，也使得美国在基尼系数过高的情况下，并未造成大规模的社会不稳定。

2. 西欧国家——基尼系数较低，社会相对稳定

在此以比较典型的西欧国家法国为例。总体来看，多年来法国居民收入在欧盟国家中处于中上水平，居民收入差距总体不大，各行业间收入差距也不高，基尼系数维持在较低水平。不过由于受到金融危机的冲击，近年来，贫富差距有所扩大。

法国居民的生活水平和差距指数显示：2007 年法国基尼系数为 0.289，最穷的 20%人群占社会总收入总额的 9%，最富的 20%人群占社会总收入的 38.2%。收入最低人群平均年收入为 1.001 万欧元，最富人群平均年收入为 3.39 万欧元。这主要得益于法国实行规范的工资指导与协商制度以及劳动报酬增长机制。另外，高额税收、社会分摊金征收、各类税收优惠则有利于全国收入分配的调节，并为高福利的社会保障体制提供支持。

这些原因的结果就是西欧国家的基尼系数普遍较低，贫富差距保持在合理的范围，相比其他国家和地区来说社会更加稳定，即在一定程度上，基尼系数低更有利于社会的稳定。

总之，贫富差距的绝对值固然与社会稳定有着直接的联系，但也不能简单地得出结论，贫富差距大，社会就一定不稳定。社会是纷繁复杂的，没有什么是绝对的。基尼系数不是唯一而且也不是主要影响社会稳定的因素，社会公正与否才是影响社会稳定的主要因素。

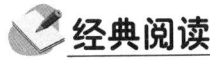

经典阅读

GDP 之"功"与"误"

作为国民经济核算的核心指标和综合经济考核的权威指标，被诺贝尔经济学奖获得者萨缪尔森称为"20 世纪最伟大的发明之一"的 GDP，一直被人们津津乐道。但近些年来，GDP 普遍受到人们的质疑。人们不禁要问：GDP 怎么了？究竟如何看待 GDP？

1. GDP 之"功"

国内生产总值（gross domestic product，GDP），是对一国产量的标准测量的

服务体系，加快科技成果的扩散和应用。

（4）尽快形成有利于创新的体制和机制。要加快科技体制改革和创新的步伐，加速国家创新体系建设，尽快形成以企业为主体的技术创新体系，从根本上实现科技与经济的紧密结合。

（5）建立精干、高效、充满活力的科研体系，按照"有所为，有所不为"的方针优化科技力量布局，加强原始性创新。

（6）提倡"敢为人先，敢冒风险，不怕失败，锲而不舍"的创新精神。鼓励探索未知世界和客观真理，营造良好的学术氛围，创造公平的竞争环境，提倡团队精神，不拘一格地选用创新人才。

（7）要加大科技投入，努力提高科技工作者的待遇。进一步制定和完善各项激励政策和措施，使广大科技人员的创新创业贡献在分配上体现出来。紧紧围绕经济结构调整这一主线，运用高新技术改造传统产业，以信息化带动工业化，推动经济结构的优化升级，提高中国经济的效益和竞争力。

（8）科技工作者应自觉地把创造和发展先进生产力作为自己的使命，把服务于国家现代化建设事业作为自己的职责，把用科学知识造福于人民作为自己的追求。

4．科教兴国战略实施的意义

（1）科学技术是第一生产力，科技发展是经济发展的决定性因素，社会主义的根本任务是解放和发展生产力。实施科教兴国战略，有助于实现两个根本性转变，调整、优化产业结构，培育新的经济增长点，提高企业经济效益，开拓新的市场空间，极大地促进生产力的发展。

（2）我国政府实施科教兴国战略，是行使组织和领导社会主义经济建设、精神文明建设等职能的表现。国家实施这些职能，有利于促进经济的发展和社会的全面进步，提高人们的物质文化生活水平，实现社会主义的目的、目标；有利于巩固和发展社会主义制度，实现国家和社会的稳定；有利于增强我国的综合国力，提高我国的国际地位。

7.4.2 基尼系数与社会稳定

改革开放以来，我国在经济增长的同时，贫富差距逐步拉大，综合各类居民的收入情况，基尼系数越过警戒线已是不争的事实。

收入分配差距问题在一定程度上会影响社会稳定。当基尼系数过高，也就是收入分配差距过大时，往往会引发一系列问题。例如，贫富差距过大造成的阶级分化明显，"人和人之间除了赤裸裸的利害关系，除了冷酷无情的'现金交易'，就再也没有任何别的联系了"（《共产党宣言》）。于是人们之间互动减少，信任度下降；同时，贫富差距的扩大使穷人和富人不能享受同等的社会资源，如教育资源等，这将直接影响他们的下一代，即会使穷人更穷，富人更富。

但是基尼系数与社会稳定也不是简单的正相关和负相关关系。例如，有些国家基尼系数虽高，但国家仍比较稳定，而有些国家基尼系数高，国家却动荡不安；有些国家基尼系数虽低，人们也不能安居乐业。

（5）各种保护劳动者的立法。这类立法包括最低工资法和最高工时法，以及环境保护法、食品卫生法和医疗卫生法等。这类法律有助于增加劳动者的收入，改善他们的工作与生活条件，从而也降低了收入分配不平等的程度。

（6）改善住房条件。改善住房条件包括以低房租向穷人出租国家兴建的住房、对私人出租的房屋实行房租限制、提供低利息的长期贷款资助无房者建房、低价出售国家建造的住房以及实行住房房租补贴等。这些政策对于部分低收入家庭是非常重要的。虽然这些政策未必能做到全社会"居者有其屋"，但它的实施让部分低收入家庭避免了"房奴"式的透支生活，有利于社会收入分配的平等化。

任务 7.4　国民收入理论的运用

国民收入理论是宏观经济学的核心，为研究各种宏观经济问题提供了一种重要的分析工具。例如，宏观经济学中的失业、通货膨胀、经济周期和经济增长等问题，均可以运用国民收入决策理论进行分析。在实际经济生活中，人们可以利用这些分析结论解释许多经济现象，从而有助于经济问题的解决。

7.4.1　增加国民收入的途径——科教兴国战略的确定及实施

1．科教兴国战略的提出

1979 年以来，中国经济增长速度举世瞩目。但其增长点主要依靠资源、资金和廉价劳动力推动的外延式、粗放式的经济。实现国民经济的持续、快速、健康发展，必须依靠科技进步，以解决好产业结构不合理、技术水平落后、劳动生产率低、经济增长质量不高等问题，从而加速国民经济增长从外延型向效益型的战略转变。为此，中国于 1995 年宣布，决定实施科教兴国的战略。

2．科教兴国战略的内容

科教兴国战略的主要内容是：在科学技术是第一生产力思想的指导下，坚持教育为本，把科技和教育摆在经济、社会发展的重要位置，增强国家的科技实力及向现实生产力转化的能力，提高全民族的科技文化素质，把经济建设转移到依靠科技进步和提高劳动者素质的轨道上来，加速实现国家的繁荣昌盛。

3．实施科教兴国战略的措施

（1）科技创新是实施科教兴国的动力。要形成全党、全社会重视和支持创新的新局面，要把科技进步和创新摆在经济和社会发展的关键地位，切实解决科技发展中的实际问题。

（2）尊重知识，崇尚科学，尊重人才，加大科技用人制度的改革力度，充分体现知识和人才应有的价值，鼓励科技人员在竞争中创新创业。

（3）尽快形成有利于创新的文化环境和社会氛围。要努力从学习、工作、体制、政策、环境等方面创造条件，推陈出新，让优秀的年轻英才不断涌现，建立社会化的科技

2. 收入再分配政策

国民收入再分配是指社会将一部分收入集中起来再分配到社会成员手中。因此,收入再分配包括两个方面:一方面是将一部分相对高水平的个人收入集中到国家手中,这个过程是通过税收体系中的个人所得税征收制度的实现来完成的;另一方面是将集中起来的收入转移支付到收入水平相对较低的个人,这个过程是通过社会福利和社会保障制度的实施来完成的。

1)税收政策

在市场经济条件下,各国出于各种目的征收税收,然而其主要目的是通过税收为政府的各种支出筹集资金。在宏观经济政策中,政府运用税收来调节宏观经济;在收入分配中,政府运用税收来实现收入分配的公平。

个人所得税是税收的一项重要内容,它通过累进所得税制度来调节社会成员收入分配的不平等状况。累进所得税制是指根据收入的高低确定不同的税率,对高收入者按高税率征税,对低收入者按低税率征税。这种累进所得税制,有利于纠正社会成员之间收入分配不平等的状况,从而有助于实现收入的平等化。但是,这种累进所得税制不利于有能力的人充分发挥自己的才干,对社会来说也是一种损失。

除所得税之外,还有遗产税、赠予税和财产税。遗产税和赠予税是指对财产的转移征收税收,财产税是指对不动产(如土地、房产等)征收税收。这三项税收是为了纠正因财产分配的不平等所造成的收入分配不平等。此外,还有消费税,消费税是指对奢侈性商品和劳务按较高税率征税,这也是通过税收实现收入分配平等化的一种方法。

2)社会福利和社会保障制度

社会福利和社会保障制度是指通过对穷人的补助来实现收入分配平等化。从当前西方各国的情况看,社会福利和社会保障制度主要包括以下几个方面。

(1)各种形式的社会保障与社会保险。例如,失业救济金制度、老年人年金制度、残疾人保险制度、对有未成年子女家庭的补助、对收入低于一定标准(贫困县)的家庭与个人的补助。

(2)向贫困者提供就业与培训机会。政府可以通过向穷人提供就业机会,改善穷人就业的能力与条件,来实现收入分配的平等化。一方面,实现机会均等,尤其是保证所有人的平等就业机会,并按同工同酬的原则支付报酬;另一方面,要使穷人具有就业能力,包括进行职业培训、实行文化教育计划(如扫盲计划)、建立交流工作经验的青年之家、实行半工半读计划等,这些措施有助于提高穷人的文化技术水平,使他们能够更容易地实现就业。

(3)医疗保险与医疗援助。医疗保险包括住院费用保险、医疗费用保险以及出院后部分护理费用的保险,主要由保险金支付;医疗援助是指政府出钱资助医疗卫生事业,以便使每个人都能得到良好的医疗服务。

(4)对教育事业的资助。对教育事业的资助包括兴办公立学校、设立奖学金和大学生贷款制度、帮助学校改善教学条件以及资助学校的科研等。对教育事业的资助有利于提高公众的文化水平和素质,有利于收入分配的平等化。

2. 基尼系数

基尼系数（gini coefficient），是意大利经济学家基尼于 1922 年根据洛伦茨曲线找到的判断分配平等程度的指标。

假设实际收入分配曲线和收入分配绝对平等曲线之间的面积为 A，实际收入分配曲线右下方的面积为 B，并以 A 除以 $A+B$ 的商表示收入分配的不平等程度；那么，这个商的值就被称为基尼系数，如图 7.9 所示。

由图 7.9 可见，如果 A 为 0，则基尼系数为 0，表示收入分配完全平等；如果 B 为 0，则基尼系数为 1，表示收入分配绝对不平等。基尼系数可在 0～1 之间取任何值。收入分配越是趋向平等，洛伦茨曲线的弧度越小，基尼系数也越小；反之，收入分配越是趋向不平等，洛伦茨曲线的弧度越大，那么基尼系数也越大。

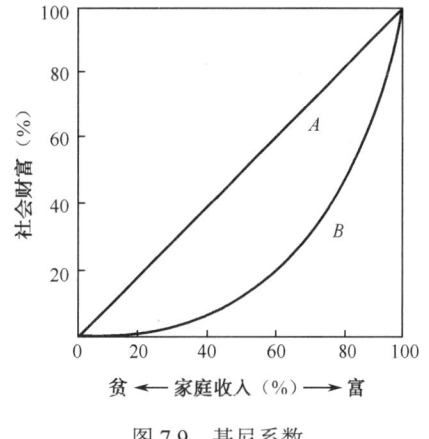

图 7.9 基尼系数

联合国有关组织认为：基尼系数低于 0.2，表示收入分配绝对平均；基尼系数为 0.2～0.3 时，表示收入分配比较平均；基尼系数为 0.3～0.4 时，表示收入分配相对合理；基尼系数为 0.4～0.5 时，表示收入分配差距拉大；基尼系数大于 0.6，表示收入分配差距悬殊。

国际上通常把 0.4 作为收入分配差距的"警戒线"，根据黄金分割律，其准确值应为 0.382。一般发达国家的基尼指数为 0.24～0.36；美国偏高，为 0.4。

一般情况下，一国政府利用洛伦茨曲线和基尼系数，既可以观察本国的现行国民收入分配状况，作为政府制定社会收入调节政策的辅助参考依据，也可以用来检测政府所推行的特定社会收入调节政策的基本效果。

7.3.4 收入分配政策与收入再分配政策

1. 收入分配政策

国民收入分配政策是指国家为实现宏观调控的总目标和总任务，针对居民的收入水平高低和收入差距大小，在收入分配方面制定的原则和方针。偏紧的收入分配政策会抑制当地投资需求，造成相应的资产价格下跌；而偏松的收入政策则会刺激当地投资需求，支持资产价格上涨。收入分配政策除了影响总体收入水平，还会直接影响一个经济体的收入分配结构。例如，当不同社会群体之间的收入差距加大时，私人银行业务的发展空间凸显。

在注重微观效率的同时，必须兼顾社会公平，只有兼顾效率和公平双重目标，才能保证经济的持续发展和社会的稳定。效率与公平既是矛盾的，也是统一的。效率可以促进生产力发展，而只有在生产力不断发展，社会财富不断增长的基础上，才能真正实现社会财富的公平分配。当然，这需要一个长期的发展过程。在近期内，要实现社会公平，必须在市场分配的主渠道之外，辅之以国家必要的适度的调节手段。

7.3.3 收入分配均等程度的衡量

当前中国收入差距呈不断扩大趋势，收入分配已成为影响中国经济发展与社会稳定的重要因素。在这种形势下，如何度量中国收入分配状况，已不仅是一个理论性问题，而是一个重要的现实性问题。虽然关于度量收入分配的方法已有许多研究成果，但这个问题实际上尚没有得到很好地解决，对此还存在许多争议。

目前关于度量收入分配的方法，归纳起来主要分为两类：一是以洛伦茨曲线为基础的度量方法，如基尼系数和Arkinson不平等指数等；二是以等分法为基础的度量方法，如阿鲁瓦利亚指数、库兹涅茨指数和泰尔熵指数等。其中，基尼系数是目前使用相对最广泛的方法。这里主要介绍洛伦茨曲线和基尼系数。

1. 洛伦茨曲线

为了研究国民收入在国民之间的分配问题，美国统计学家M.O.洛伦兹（Max Otto Lorenz）于1907年提出了著名的洛伦茨曲线（lorenz curve）。洛伦茨曲线（劳伦兹曲线）是用来描述一国财富或收入分配状况的统计工具，它表示各阶层人民（从最贫困的开始）收入的累积部分占整个国民收入中的百分比。在国民收入分配完全均等情况下，它是一条45度角直线；在国民收入分配绝对不平等情况下，则构成正方形的底边和右边。由于任何国家实际收入分配状况都介于上述两种极端情况之间，故洛伦茨曲线一般为一条向下弯曲的曲线，其偏离45度角直线越小，表明该社会收入分配状况的平等化程度越高，其偏离45度角直线越大，表明该社会收入分配状况的平等化程度越低。

 知识链接 7.10

描绘洛伦茨曲线的方法

画一个正方形，正方形的左边即纵轴代表社会财富，用百分比表示；将纵轴分为5等份，每一等份为社会总财富的20%。在正方形的底边即横轴上，将家庭从最贫者到最富者从左向右排列，也分为5等份，每个等份代表20%的家庭。在这个正方形中，将每一等份的家庭所拥有的财富的百分比累计起来，并将相应的点画在图中，所得到的曲线就是洛伦茨曲线，如图7.8所示。

由图7.8可见，从坐标原点到正方形相应另一个顶点的对角线为均等线，即收入分配绝对平等线，然而这一般是不存在的。实际收入分配曲线，即洛伦茨曲线都位于均等线的右下方。

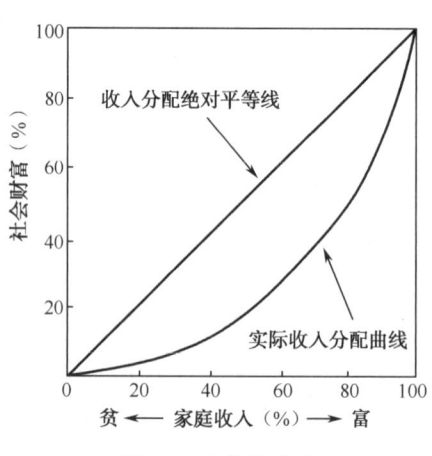

图7.8 洛伦茨曲线

商品和劳务来满足个人及家庭的需求，所以它关系到人民生活水平的提高。

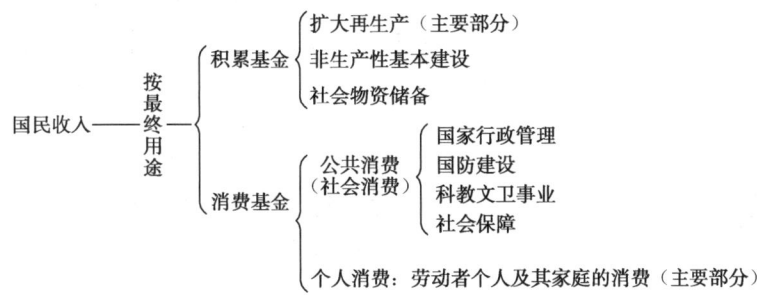

图 7.7　国民收入的用途

公共消费部分除了上面列出的几项，还有环境保护、城市公用事业等方面的消耗。在公共消费领域中，非生产性基本建设仍属积累。例如，建一座学校属于非生产性基本建设，是积累的内容，而维持学校正常运转的物质消耗则属公共消费。总之，公共消费在经济建设和社会发展中起着重要作用，同时也与我们的生活息息相关，是人们生存与发展所必需的，也有利于提高人民群众的生活质量。

2. 国民收入分配的公平性

我国是社会主义国家，非常关注国民收入分配的公平性。所谓国民收入分配的公平性，主要表现为收入分配的相对平等，即要求社会成员之间的收入差距不能过于悬殊，要求能保证人们基本的生活需要。我们所说的公平只能是相对公平，相对平等，不可能是绝对的公平和平等。

 知识链接 7.9

效率与公平的辩证关系

1. 效率与公平有矛盾的一面

二者存在对立的一面，根源是资源的相对稀缺性。面对相对稀缺的资源，人类必须尽一切可能提高资源的利用效率，而要调动人们提高资源利用率的积极性，就必须在分配上将人们的报酬与贡献挂钩；在个人能力、运气、工作环境等差异很大的社会里，每个人得到的报酬必然呈现很大的差异，即出现不公平，如果每个人的报酬相同，那又会挫伤人们提高效率的积极性。因此二者是对立的。

2. 效率与公平又具有一致性

在社会主义市场经济条件下，效率与公平又有一致性。一方面，效率是公平的物质前提和基础，没有效率作为前提和基础的公平，只能导致平均主义和普遍贫穷；另一方面，公平是提高经济效率的保证。只有给劳动者提供充分的利益和权利分配的公平，才能激发劳动者发展生产、提高经济效率的积极性。

济形态的不同而不同。在现代市场经济条件下,初次分配实际上是在参与生产过程的各种要素的所有者之间的分配。经过初次分配,国民收入分解为劳动报酬、企业收入和政府收入(间接税)。其中,企业收入将进一步分解为利润、利息、地租和租金等。国民收入通过初次分配,形成了国家、生产部门本身以及劳动者个人的初次收入。

2. 再分配层次

再分配是指在初次分配基础上的再次分配。再分配是对初次分配中不合理因素进行的修正,使其符合社会公平的要求;再分配也是为社会执行公共职能提供必要的物质条件。再分配有两种形式:一种是国家依法凭借行政手段强制进行的再分配,主要手段是赋税制度(特别是所得税制、遗产税制)和财政转移支付制度;另一种是自愿进行的再分配,如赠予和捐助等。从更广泛的意义上看,税种和税率的变动、价格的变动、流通中货币量的变化以及各种非等价交换的摊派和收费等,都同时发生着再分配。

由初次分配和再分配导致的结果就是最终分配。有的人把初次分配称为小分配,把包括初次分配和再分配在内的最终分配称为大分配。

7.3.2 国民收入的分配格局与国民收入分配的公平性

1. 国民收入的最终分配格局

国民收入的最终分配格局,是指经过初次分配和再分配形成的收入分配格局。要素收入分配的结果所形成的各收入主体的最初收入,经过各种社会收入再分配,最终形成各收入主体能够用于最终消费支出和投资支出的收入,即可支配收入。居民个人在获得最初收入的基础上,经过缴纳个人所得税、社会保险金和取得各种社会转移收入后,形成居民个人可支配收入;国家在获得最初收入的基础上,经过社会转移收入(包括各种非生产税)和社会转移支出(包括社会救济等)的分配调节后,便得到国家最终的可支配收入。扣除个人最终收入和国家最终收入后剩下的余额,即形成企业的最终可支配收入,包括扣除上缴国家的收入和其他税收以及其他社会转移支出,再加上从政府得到的补贴后所余下的全部企业未分配利润,即为企业可用于储蓄或投资的收入总额。个人、企业和国家三者的最终可支配收入构成国民收入的最终分配格局。

知识链接 7.8

国民收入的用途

国民收入经过初次分配和再分配以后,按其最终用途可分为积累基金和消费基金,分别用于积累和消费,如图 7.7 所示。

由图 7.7 可知,在积累的三部分内容中,扩大再生产是主要部分,因为它是发展生产力,增强国家综合经济实力,提高人民生活水平的根本途径。

消费部分不论是公共消费还是个人消费都属于生活消费,而不是生产消费。其中,个人消费是主要部分。在市场经济条件下,个人消费是通过个人的货币收入、自由选购

出曲线，$i_n=i+\Delta i$，相应的均衡收入为 y_n，$y_n-y_1=\Delta y=k_i\Delta i$。当投资增加 100 亿美元，即 Δi =100 时，收入增加 500 亿美元，即 Δy=5×100=500（亿美元）。

4．投资乘数是一把"双刃剑"

上述例子和图 7.6 都说明了投资增加对收入成倍增多的影响，但是，如果投资减少，收入也会成倍减少。这就是说，无论是增加的投资还是减少的投资，都具有乘数作用，都会对收入产生或增加或减少的作用，因而，投资乘数是一把"双刃剑"。

5．影响投资乘数作用发挥的因素

在现实生活中，投资增加对国民收入增加的影响，即投资乘数的作用，与社会的经济状况有密切关系，以下四个因素均可影响投资乘数作用的发挥。

（1）经济中为零或较小的过剩生产能力。一般来说，需求的增加有两个后果：一是价格水平上升；二是产出水平（即收入水平）上升。如果经济中没有过剩的生产能力或者过剩的生产能力较小，增加投资只会引起总需求的增长，却不会或难以使生产增加，最终结果只能是物价水平上升。只有在社会过剩的生产能力大、社会的闲置资源如生产设备、劳动力等数量多的情况下，增加投资才能较充分地利用闲置资源，从而更多地增加国民收入。此外还应注意，有时候虽然经济中的大部分资源没有得到充分利用，但由于某一种或几种重要资源处于"瓶颈状态"，这也会限制投资乘数发挥作用。因为这种资源的"瓶颈状态"会使利用其他闲置资源成为不可能。

（2）投资与储蓄的关联性。如果投资与储蓄的联系非常密切，投资增加会产生对货币需求的增长，从而提高利率水平，进而引起储蓄增加，消费相应减少，最终将部分地抵消投资增加对国民收入增加的影响。反之，当投资与储蓄的独立性较强时，投资的增加才不会使利率上升，也就不会增加储蓄和减少消费，收入自然就能增加。

（3）货币供给量的非适应性。如果货币供给量不能随投资的增加而增加，即投资增加得不到货币的相应支持，投资增加只会增加货币需求，促使利率上升，从而抑制总需求水平的提高，国民收入的增长就会遇到阻碍。

（4）投资的外购性。如果增加的投资用于购买进口的生产要素，则不会对国内的总需求产生较大的影响，也就不会较多地增加国民收入。

任务 7.3　国民收入的分配

7.3.1　国民收入分配的层次

国民收入分配，是指对于一个国家在一定时期创造的净产值进行的分配。国民收入分配分为初次分配和再分配两个层次。

1．初次分配层次

初次分配是指国民收入在生产过程的当事人之间的分配。初次分配依生产方式和经

来的，所以又称为"凯恩斯乘数"。

2. 投资增加会带来收入成倍增加的原因

因为增加的 100 亿美元投资，是用来购买生产所用的劳动、资本、土地和企业家才能等生产要素的，于是，100 亿美元就相应地以工资、利息、地租和利润等形式成为要素所有者即居民的收入而流入到居民手中，社会收入就增加了 100 亿美元。居民收入增加了 100 亿美元后，因 $\beta=0.8$，故居民会有 80 亿美元的消费支出，生产部门也相应地得到了出售产品的 80 亿美元。生产部门用此 80 亿美元购买 80 亿美元的生产要素，80 亿美元就以工资、利息、地租和利润等形式又流回到居民手中，即社会收入增加了 80 亿美元。在边际消费倾向仍然是 0.8 的条件下，居民会有 64 亿美元的消费支出，生产部门就相应地得到了 64 亿美元，而生产部门又用此购买 64 亿美元的生产要素，64 亿美元便以工资、利息、地租和利润等形式又流回到居民手中，社会收入因此又增加了 64 亿美元。在不变的 $\beta=0.8$ 条件下，居民消费会有 51.2 亿美元，生产部门得到 51.2 亿美元。生产部门再购买 51.2 亿美元的生产要素，51.2 亿美元以工资、利息、地租和利润等形式又流回到居民手中，社会收入再次增加，增加了 51.2 亿美元。这样的过程不断持续下去，投资、收入、消费就一轮一轮地增加，最终的社会收入会增加 500 亿美元。

如果用以下公式表示收入的增加

$$100+80+64+51.2+\cdots$$
$$=100+100\times0.8+100\times0.8^2+100\times0.8^3+\cdots+100\times0.8^{n-1}$$
$$=100\left(1+0.8+0.8^2+0.8^3+\cdots+0.8^{n-1}\right)$$
$$=100\frac{1}{1-0.8}=500（亿美元）$$

那么，$\frac{500}{100}=5$ 就是投资乘数。

显然，根据以上例子，投资乘数公式又可写为

$$k_i=\frac{1}{1-\beta}$$

又由于 $1-\beta=\text{MPS}$，投资乘数又可表达为

$$k_i=\frac{1}{\text{MPS}}$$

可见，投资乘数与边际消费倾向成正比，与边际储蓄倾向成反比，且 $k_i>0$，即收入的变化量与投资变化量呈同方向变动。

3. 投资乘数的效应

投资乘数的效应如图 7.6 所示，图中横轴表示收入，纵轴表示消费与投资，$c+i$ 表示原有的总支出曲线，相应的均衡收入为 y_1；$c+i_n$ 表示新的总支

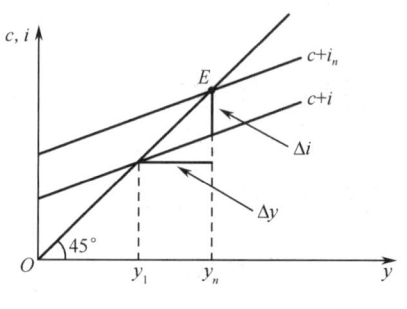

图 7.6 投资乘数的效应

需求包括消费、投资、政府购买和净出口（出口减进口）。在短期中，国民收入水平由总需求决定，通货膨胀、失业、经济周期都是由总需求的变动所引起的。当总需求不足时就出现失业与衰退，当总需求过大时就出现通货膨胀与扩张。

总需求理论的提出在经济学中被称为一场"革命"（凯恩斯革命），它改变了人们的传统观念，如应该怎样看待节俭。在传统观念中，节俭是一种美德。但根据总需求理论，节俭就是减少消费。消费是总需求的一个重要组成部分，消费减少就是总需求减少。总需求减少则使国民收入减少，经济衰退。由此看来，对个人是美德的节俭，对社会却是恶行。这就是经济学家经常说的"节约悖论"。"蜜蜂的寓言"所讲的也是这个道理。

（资料来源：梁小民. 经济学是什么. 北京大学出版社，2001.）

7.2.3 投资乘数

不论是从总需求看，还是从总供给看，组成国民收入的任何一个因素（如投资、政府购买、税收等）在数量上的变动都会对国民收入数量的变动产生影响。乘数理论可用来说明国民收入变动量与引起这种变动量的某一因素变动量在数量上的对比关系，下面以投资乘数为例进行介绍。

1. 投资乘数的概念与公式表达

投资乘数（investment multiplier）是指收入的变化量与带来收入变化量的投资变化量之比。如果用 k_i 表示投资乘数，用 Δy 表示收入的增量，用 Δi 表示投资的增量，则投资乘数的公式可表达为

$$k_i = \frac{\Delta y}{\Delta i}$$

由于收入与投资是一种同方向变动关系，故 $k_i>0$，即投资乘数为正数。

 知识链接 7.7

什么是"凯恩斯乘数"

凯恩斯是个英国贵族，也是个经济学家。在他学术生涯的巅峰时期，正好（不巧）赶上了 1929 年至 1933 年的世界大萧条。他提出的救治方案就是扩张性的宏观经济政策，既包括货币政策，即降低利率；也包括财政政策，主要是赤字政策和公共工程。这些政策之所以被称为政策，是因为它们要在社会上产生连锁反应，使效果数倍，甚至数十倍于政府的努力。

为了解释这样的效果，凯恩斯提出了"投资乘数"的概念。意思是说，当政府比正常情况新增一笔公共工程的投资时，由于该工程要雇用工人和购买设备与原材料，就要支付工资和贷款；而贷款最后也会变成生产设备和原材料的工人的工资。因此投资会引致消费，消费支出又会变成生产消费品的工人的收入，即消费又会引致新的消费。如此循环往复，一笔投资就会变成数倍于这笔投资的需求。这个倍数就是乘数，一个扩张的财政政策的直接效果，就是财政扩张的数额乘以"投资乘数"。由于这是凯恩斯最早提出

亿美元。如果实际产量小于均衡收入，如实际产量为 2 000 亿美元，此时的投资大于储蓄，社会总需求大于总供给，产品供不应求，存货投资为负，企业就会扩大生产，社会收入水平就会增加，直至均衡水平。反之，如果实际产量大于均衡收入，如实际产量为 5 000 亿美元，此时的投资小于储蓄，社会总需求小于总供给，产品过剩，产生了非计划存货投资，企业就会缩小生产，社会收入水平因此而减少，直至均衡水平。只要投资与储蓄不相等，社

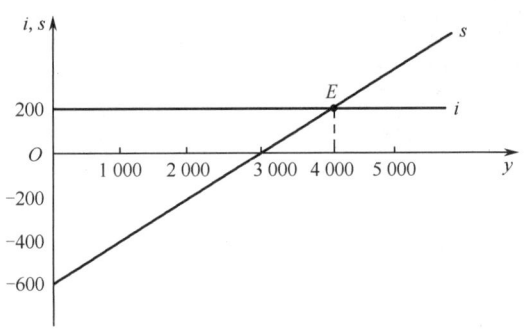

图 7.5　储蓄与投资相等决定均衡收入

会收入就处于非均衡状态，经过调整，最终达到均衡收入水平。

由于消费函数与储蓄函数的互补关系，无论使用哪种函数决定收入的方法，最后得到的均衡收入的结果都是相同的。

3. 节约悖论

这里的节约是指减少消费或增加储蓄。由于储蓄可以获得利息，故一个家庭越是节约，就越富有。然而，如果所有家庭都节约（增加储蓄）的话，国民收入不仅不增加，而且会减少，引起社会经济萧条。

因此，节约对个人来说是件好事，对整个社会来说却是件坏事。引起个人收入增加的节约却导致了国民收入的减少，这种现象就是所谓的"节约悖论"。

节约悖论的产生是由于投资没有随着储蓄的增加而增加。节约悖论仅仅是短期内储蓄无法转化为投资时产生的一种现象。在长期，储蓄终将转化为投资，节约悖论也就不存在了。

 知识链接 7.6

《蜜蜂的寓言》启发了凯恩斯

18 世纪初，一位名叫孟迪维尔的英国医生写了一首题为《蜜蜂的寓言》的讽喻诗。这首诗叙述了一个蜂群的兴衰史。最初，蜜蜂们追求奢侈的生活，大肆挥霍浪费，整个蜂群兴旺发达。后来它们改变了原有的习惯，崇尚节俭，结果蜂群凋散，终于被敌手打败而逃散。这首诗所宣扬的"浪费有功"在当时受到指责。英国中塞克斯郡大陪审团委员们就曾宣判它为"有碍公众视听的败类作品"。但在 200 多年之后，这部当时声名狼藉的作品却启发凯恩斯发动了一场经济学上的"凯恩斯革命"，建立了现代宏观经济学和总需求决定理论。

凯恩斯认为，在短期中决定经济状况的是总需求而不是总供给，总需求决定了短期中国民收入的水平。总需求增加，国民收入增加；总需求减少，国民收入减少。引起 20 世纪 30 年代大危机的正是总需求不足，或者用凯恩斯的话来说是有效需求不足。解决的方法则是政府用经济政策刺激总需求。在凯恩斯主义经济学中，总需求分析是中心。总

表 7.3 中的数据表明：$y=4\,000$ 亿美元时，$c=3\,800$ 亿美元，$i=200$ 亿美元，$y=c+i=3\,800+200=4\,000$（亿美元），说明 4 000 亿美元是均衡收入。在收入小于 4 000 亿美元时，c 与 i 之和都大于相应的总供给，这意味着企业的产量小于市场需求。于是，企业增加雇用工人的数量，增加生产，使均衡收入增加。相反，收入大于 4 000 亿美元时，c 与 i 之和都小于相应的总供给，这意味着企业的产量比市场需求多，产生了存货投资，这会迫使企业解雇一部分工人，减少生产，使均衡收入减少。两种不同情况变化的结果都是产量正好等于需求量，即总供求相等，收入达到均衡水平。

均衡收入的决定还可用消费加投资来表示，如图 7.4 所示，图中的单位为亿美元。

在图 7.4 中的横轴表示收入，纵轴表示消费和投资。消费曲线 c 加上投资曲线 i 就可得到总支出曲线 $c+i$。因为投资为自发投资，而自发投资总等于 200 亿美元，故总支出曲线 $c+i$ 与消费曲线 c 是平行的，两条曲线在任何收入水平上的垂直距离都等于自发投资 200 亿美元。总支出曲线与 45°线相交于 E 点，E 点为均衡点，E 点决定的收入是均衡收入 4 000 亿美元。如果经济处于总支出曲线 E 点之外的其他点上，就出现了总供

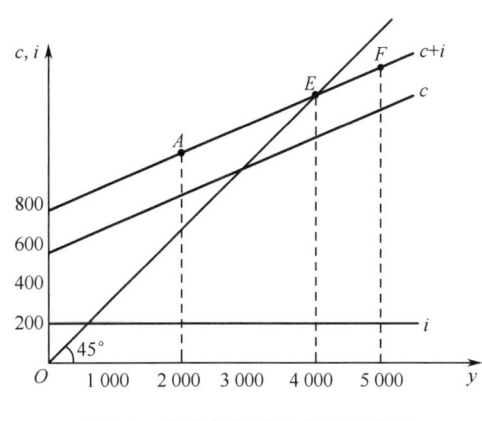

图 7.4 消费加投资决定均衡收入

求不相等的情况，这会引起生产的扩大与收缩，直至回到均衡点。例如，A 点的总需求为 2 400 亿美元，比总供给 2 000 亿美元多出 400 亿美元，这会使得国民收入增加，直到达到均衡的 4 000 亿美元为止。F 点的总需求为 4 800 亿美元，比总供给 5 000 亿美元少 200 亿美元，国民收入就会减少，直到达到均衡的 4 000 亿美元为止。

2．储蓄与均衡收入的决定

由 $y=c+i$ 和 $y=c+s$，可得 $i=y-c=s$。

又有 $s=-\alpha+(1-\beta)y$，故将两个方程联立求解，可得到均衡收入为

$$y=\frac{\alpha+i}{1-\beta}$$

在上例中，$c=600+0.8y$，$s=-600+(1-0.8)y=-600+0.2y$。

如果 $i=200$，令 $i=s$，即 $200=-600+0.2y$，得 $y=4\,000$（亿美元）。

这一结果与表 7.4 中的表现一致，即 $y=4\,000$ 亿美元时，投资 i 与储蓄 s 正好相等，从而实现了均衡。可以看到，这一结果与使用消费决定均衡收入的方法得到的结果一样。

储蓄与均衡收入的决定也可以用图 7.5 表示，图中单位为亿美元。

在图 7.5 中，横轴表示收入，纵轴表示投资和储蓄。s 为储蓄曲线，由于储蓄随收入增多而增多，故储蓄曲线向右上方倾斜。i 代表投资曲线，由于投资为自发投资，自发投资不随收入变化而变化，其值总等于 200 亿美元，故投资曲线是一条水平线。储蓄曲线与投资曲线相交于 E 点，E 点为 $i=s$ 的均衡点，由 E 点决定的收入是均衡收入，即 4 000

$$i=I(r)=e-dr$$

式中，e 为自主投资；dr 为投资需求中与利率有关的部分。与上述投资函数相对应的投资曲线如图 7.3 所示。

（4）资本边际效率。资本边际效率（marginal efficiency of capital，MEC，用"r"表示）是一种贴现率，表明一个投资项目的收益应按何种比例增长才能达到预期的收益，代表投资项目的预期利润率。

$$R = \frac{R_1}{1+r} + \frac{R_2}{(1+r)^2} + \frac{R_3}{(1+r)^3} + \cdots + \frac{R_n}{(1+r)^n} + \frac{J}{(1+r)^n}$$

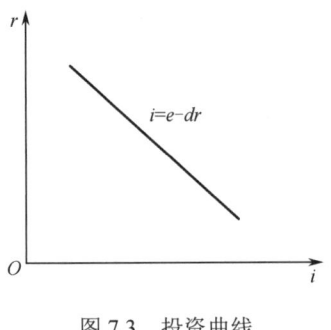

图 7.3 投资曲线

式中，R 为资本物品的供给价格；R_1，R_2，R_3，$\cdots$，R_n，J 代表资本物品在第 n 年时的报废价值，r 代表资本边际效率。

7.2.2 两部门经济中国民收入的决定

两部门经济中总需求与总供给组成部分中的任何一项，都会对国民收入产生影响。如果假定投资为自发投资，即投资是一个固定的量，不随收入的变动而变动，或者说投资 i 是一个常数，则可以分别依据消费函数与储蓄函数来求得均衡国民收入（以下简称均衡收入）。

1．消费与均衡收入的决定

由于收入恒等式为 $y=c+i$，$c=\alpha+\beta y$，将这两个方程联立并求解，可得到均衡收入为

$$y = \frac{\alpha + i}{1 - \beta}$$

根据上式，如果已知消费函数与投资，便可求出均衡收入。

例如，消费函数为 $c=600+0.8y$，自发投资为 200 亿美元，则均衡收入为

$$y = \frac{600 + 200}{1 - 0.8} = 4\,000 \text{（亿美元）}$$

表 7.3 说明了消费函数 $c=600+0.8y$ 和自发投资为 200 亿美元时的均衡收入决定情况。

表 7.3 均衡收入决定表

单位：亿美元

收 入（y）	消 费（c）	储 蓄（s）	投 资（i）
1 000	1 400	-400	200
2 000	2 200	-200	200
3 000	3 000	0	200
4 000	3 800	200	200
5 000	4 600	400	200
6 000	5 400	600	200
7 000	6 200	800	200

由于 $y=c+s$,所以 $s=y-c$,故储蓄是收入减去消费后的剩余部分。储蓄函数表示的是储蓄与收入的关系,其公式为

$$s=f(y)$$

储蓄和收入之间的关系,可以用储蓄倾向表示。储蓄倾向是指储蓄在收入中所占的比例,它可以分为平均储蓄倾向和边际储蓄倾向。

平均储蓄倾向(average propensity to save,APS)是指任一收入水平上储蓄在收入中的比例,用公式表示为

$$\text{APS} = \frac{s}{y}$$

边际储蓄倾向(marginal propensity to save,MPS)是指储蓄增量与收入增量之比,可用公式表示为

$$\text{MPC} = \frac{\Delta c}{\Delta y}$$

如果收入增量极小时,边际储蓄倾向公式可以表示为

$$\text{MPC} = \frac{\mathrm{d}c}{\mathrm{d}y}$$

3. 投资

(1)投资的概念与类型。经济学中的投资(investment)又称做资本的形成,是指在一定时期内社会的实际成本的增加,其中包括厂房、设备和存货的增加、新住宅的建造等。在宏观经济中,投资是商品购买支出的重要组成部分,它的变动对社会总需求会产生重大的影响。

投资从不同的角度来划分,可以分为不同的类型:从投资的主体上看,可以把投资划分为国内私人投资和政府投资;从投资的形态上看,可以把投资划分为固定资产投资和存货投资;从投资的动机上看,还可以把投资划分为生产性投资和投机性投资。

(2)决定投资的因素。投资是否值得,取决于实际的利率水平。第一,利率与投资反方向变动。利率是影响投资的首要因素。第二,投资是为了获得利润,利润率必须高于利率。预期利润与投资同方向变动。第三,利率与利润率反方向变动。第四,折旧与投资同方向变动。折旧是现有设备、厂房的损耗,资本存量越大,折旧也越大,越需要增加投资以更换设备和厂房,这样,需折旧的量越大,投资也越大。第五,预期的通货膨胀率与投资同方向变动。在发生通货膨胀的情况下,短期内是对企业有利的,因为可以增加企业的实际利润总量,减少实际工资总量,因而在预期通货膨胀即将到来,即预期价格即将上涨的情况下,企业会增加投资,反之则会减少投资。

此外,通货膨胀等于实际利率下降,因而会刺激投资。实际利率越低,越能刺激投资,因为实际利率=名义利率-通货膨胀率。

(3)投资函数。在影响投资的其他因素都不变,而只有利率发生变化时,投资与利率之间的函数关系为投资函数。投资是利率的减函数,即投资与利率反方向变动。如果投资用 i 表示,利率用 r 表示,则投资函数可表示为

视了这些因素就无法完整地解释消费问题。这些因素包括以下几个方面。

1. 金融资产。包括家庭所拥有的现金、存款、股票、债券等资产，它们与消费是正相关的。也就是说，金融资产越大，消费越高；反之亦然。

2. 利息率。利息率对消费的影响是双重的，即收入效应和替代效应。收入效应是指利息率上升将增加消费者储蓄所带来的利息收入，从而增加当前消费；反之，则相反。替代效应是指利息率上升将倾向于使消费者以未来消费来替代当前消费，即人们更加愿意储蓄了，从而减少当前消费。总之，利率上升，不利于当前消费；利率下降，有利于促进当前消费。

3. 价格水平。一般说来，价格水平上升，会促使消费者提高当前消费而降低未来消费（即储蓄）；当价格上升较厉害时，货币像"烫手的山芋"，人们都不愿持有货币而想持有实物，这样会导致商品抢购风。此外，如果价格水平的变动与名义收入不同步，将会影响实际收入水平，进而影响消费。

4. 收入分配。消费支出取决于可支配收入，而不同收入水平的家庭的边际消费倾向是不一样的。一般来说，高收入家庭的边际消费倾向低，低收入家庭的边际消费倾向高。因而，如果收入分配更加均等化，则会提高整个社会的消费倾向，如果收入分配差距大，则不利于整个社会消费需求的增加。收入的均等化可通过税收和转移支付来实现，如向高收入者征税，同时向低收入阶层进行转移支付。

5. 人口的增长。显然多一张嘴就要多一份消费，人口发展得越快，消费总量增加越快。

此外，消费还受人口的年龄结构、消费结构和风俗习惯等因素影响。

2. 储蓄

储蓄（saving）是人们收入中没有用于消费的部分，或所有不花费在现期的商品和劳务开支的收入。家庭或个人、厂商都为着某种目的进行储蓄，储蓄既来源于收入，又对收入的决定起着重要作用。

 知识链接 7.5

储蓄与储蓄率

储蓄是收入中未被消费的部分，这些钱通常会留在活期存款、定期存款、货币市场账户、股票和债券市场中。可支配收入中的储蓄比例被称为个人储蓄率。例如，如果你在每 100 元的可支配收入中都储蓄 5 元，储蓄率就是 5%。

为什么要进行储蓄？其一，以备不时之需，因为消费过度将耗尽储蓄，致使负债加重，一旦经济形势严峻，失业增加，家庭财政将捉襟见肘。因此，必须进行储蓄，以便在遇到紧急情况时还有备用现金。其二，有时利率提高，更高的信贷成本不仅遏制了购物冲动，同时也会激励人们多储蓄，因为投资于大额存单或国债可以得到更多的回报。最后，由于社保和私人养老计划的未来偿付能力不确定，家庭成员要想退休后过上舒适的生活，还得依靠自己存钱。

明天的钱。中国人有节俭的传统，一分钱也要掰成两半花。在经济学家看来，消费观念属于伦理道德的范畴，由经济基础决定。所以，不能用消费观念去解释这种差别，而要从经济的角度分析不同消费观念的经济原因。

2）消费曲线

消费与收入的关系也可以用消费曲线表示，消费曲线包括线性消费曲线与非线性消费曲线，这里仅介绍线性消费曲线。

（1）消费函数。线性消费曲线反映的是消费与收入之间存在的线性关系，这一线性关系可用消费函数表示为

$$c = \alpha + \beta y$$

在线性消费函数中，α为生活中必不可少的消费部分，称为自发消费，即与收入没有关系的消费，是指即使收入为0时借债或者动用过去的储蓄也必须进行的基本生活消费支出；β为边际消费倾向，边际消费倾向为一常数；β与y之积为引致消费，是指在边际消费倾向既定条件下与收入相联系的消费。

（2）消费函数的经济含义。消费函数的经济含义是：消费等于自发消费加上引致消费。例如，如果$\alpha=200$，$\beta=0.8$，则$c=200+0.8y$，即收入增加1单位，其中的80%被用于消费，因此只要知道收入y，就可以计算出消费者的全部消费量。

（3）线性消费曲线。线性消费曲线如图7.2所示。

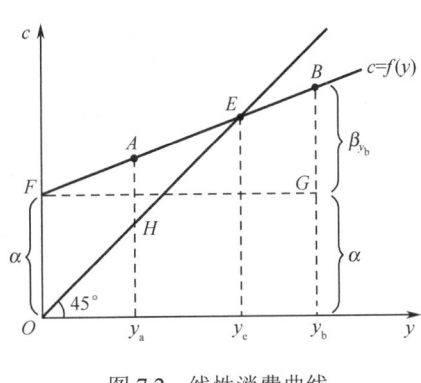

图7.2 线性消费曲线

在图7.2中，横轴表示收入y，纵轴表示消费c，从坐标原点出发的45°线上的任何一点都表示消费等于收入。$c=f(y)$曲线为消费曲线，表示消费和收入之间的函数关系。E点是消费曲线与45°线的交点，表示此时的消费等于收入。位于消费曲线上E点左下方的点，如A点表示消费大于收入；而位于E点右上方的点，如B点则表示消费小于收入。消费曲线向右上方倾斜，表示消费随收入的增加而增加。OF或Gy_b为自发消费α，BG为引致消费β_{y_b}，By_b为消费总量即自发消费与引致消费之和。

显然，消费曲线上某一段或某一点的斜率，就是边际消费倾向，所以，线性的消费曲线上任意一段或一点的斜率都相等，都等于数值不变的边际消费倾向。消费曲线上任一点与原点连线的斜率，为与该点相对应的平均消费倾向。随着消费曲线向右上方延长，曲线上各点与原点连线的斜率越来越小，即平均消费倾向是递减的。

知识链接 7.4

影响消费的非收入因素

在影响消费的因素中，收入当然是最重要的因素，但影响消费的因素还有许多，忽

是从货币价值量的角度分析全社会一年内花在最终产品和劳务上的货币支出总量,而影响社会总需求的因素主要是消费、储蓄与投资。

7.2.1 消费、储蓄与投资

1. 消费

消费(consumption)是人们为满足各种需要而享用商品和劳务的经济行为和活动。影响人们消费的因素很多,如收入、价格、利率、资产、风俗等。凯恩斯认为在影响消费的众多因素中,具有决定意义的是消费者的收入。

1)消费函数

消费函数是指人们的消费支出与决定消费的各种因素之间的依存关系。如果把收入作为影响消费的唯一因素,用 c 代表消费,用 y 代表收入,则消费函数可以表示为 $c=f(y)$。

消费和收入之间的关系,可以用消费倾向表示。消费倾向是指消费在收入中所占的比例,它可以分为平均消费倾向和边际消费倾向。

(1)平均消费倾向。平均消费倾向(average propensity to consume,APC)是指消费总量在收入总量中所占的比重,平均消费倾向的公式为

$$APC = \frac{c}{y}$$

(2)边际消费倾向。边际消费倾向(marginal propensity to consume,MPC)是指在增加的收入中用于增加消费支出的部分所占的比重。边际消费倾向可以用公式表示为

$$MPC = \frac{\Delta c}{\Delta y}$$

由于边际消费倾向会被经常用到,为书写方便,就用 β 代替 MPC,于是,边际消费倾向的另外一种表达方式为

$$\beta = \frac{\Delta c}{\Delta y}$$

由于消费增量只是收入增量的一部分,故边际消费倾向的取值范围是 0~1 之间;由于消费可能大于、等于或小于收入,则平均消费倾向可能大于、等于或小于 1。

消费随着收入的增加而增加,但消费的增加不如收入增加的多,这就是边际消费倾向递减规律。凯恩斯认为,边际消费倾向递减规律是引起总需求不足的三个基本心理规律之一。

案例欣赏 7.5

中美消费倾向比较

据估算,美国人的消费倾向,即消费支出占可支配收入的比例约为 0.68,而中国人的消费倾向是 0.48。有人解释引起这种差别的是消费观念。美国人崇尚享受,今天敢花

=工资和薪酬+企业主收入+个人租金收入+个人利息收入+
　　政府和企业对个人的转移支付-公司和个人缴纳的社会保险费

个人收入与国民收入的区别：国民收入中有一部分不分配给个人，如公司未分配利润、公司利润税等，这不构成个人收入。而个人收入中通过再分配渠道取得的部分，如政府和企业对个人的转移支付，则不属于国民收入。

4. 个人可支配收入（disposable personal income，DPI）

个人可支配收入是指一个国家所有的个人在一定时期内（通常为一年），所得到的收入总和减去个人或家庭纳税部分，即实际得到的由个人自由使用的收入。个人收入并不是人们实际得到的，可任意支配的款项，它必须扣除个人税收和非税支付之后，才能归个人自由支配。个人税收包括个人所得税、个人财产税、遗产税等；非税支出包括罚款、教育费用和医疗费用等。

个人可支配收入一是用于个人消费支出，包括食品、衣物、居住、交通、文娱和其他杂项支出；二是个人储蓄，包括个人存款、个人购买债券等。

个人可支配收入可用公式表示为

　　个人可支配收入=个人收入-（个人税收+非税支付）
　　　　　　　　=个人消费支出+个人储蓄

案例欣赏 7.4

算算国民收入

已知下列资料（单位：亿元）：

投资 175；净出口 15；储蓄 160；资本折旧 50；政府转移支付 100；企业间接税 75；政府购买 200；社会保险金 150；个人消费支出 500；公司未分配利润 100；公司所得税 50；个人所得税 80。

计算：GDP、NDP、NI、PI 和 PDI。

答案：

国内生产总值 GDP 为 890 亿元；

国内生产净值 NDP=GDP-折旧=840 亿元；

国民收入 NI=NDP-公司间接税=765 亿元；

个人收入 PI=NI-公司所得税和保险税-公司未分配利润+政府转移支付和政府支付的利息净额=565 亿元；

个人可支配收入 PDI=PI-个人所得税-其他非税支付=485 亿元。

任务7.2　国民收入的决定

宏观经济学的核心是研究什么因素决定一国的国民收入水平。现代宏观经济学认为，总需求是国民收入决定的主要因素之一。经济学中所说的总需求是指对最终产品的需求，

7.1.3 国民收入核算的其他总量指标

在西方国民收入核算体系中,除了要弄清前面所说过国内生产总值和国民生产总值这些概念,还要弄清国内生产净值、国民收入、个人收入和个人可支配收入这些概念及其相互关系。

1. 国内生产净值(net domestic product,NDP)

任何产品价值中不但包含所消耗的原材料、燃料等的价值,还包含所使用的设备的折旧。最终产品价值并未扣除资本和设备所消耗的价值,因此还不是净增价值,所以最终产品市场价值总和只能称为国内生产总值。在最终产品价值中如果把消耗的资本设备价值扣除,就得到了净增价值,因而从 GDP 中扣除设备折旧,就得到 NDP,所以,国内生产净值是指一国在一定时期(通常为一年)内,在本国领土上新创造的价值总和。NDP 与 GDP 的关系式为

国内生产净值 NDP=国内生产总值 GDP-折旧

2. 国民收入(national income,NI)

国民收入有广义和狭义之分。从狭义的角度而言,是指一个国家在一定时期内(通常为一年)用于生产产品和提供劳务的各种生产要素(如土地、劳动、资本与企业家才能)所获得的报酬(收入)的总和。

国民收入与国内生产净值的区别:从理论上讲,国民收入是从分配的角度考察的,而国内生产净值是从生产的角度考察的;从数量上讲,国民收入等于国内生产净值减去企业间接税再加上政府津贴。

企业间接税从形式上看是企业负担,实际上企业间接税支出附加在成本上,在销售产品时转移出去了。企业间接税作为产品的价格附加,既不是任何生产要素提供的,也不能为任何生产要素所获得,因此计算国民收入时要扣除。

政府津贴是国家对产品售价低于生产要素成本价格的企业的补贴,目的是为了弥补企业的损失以维持这种产品的生产。这种补贴可看作一种负税(即倒付的税),属于企业生产要素的收入。因此,计算国民收入时要从间接税中扣除政府补贴。

国民收入用公式可表示为

国民收入=国内生产净值-企业间接税+政府补贴=工资+利润+利息+租金+津贴

3. 个人收入(personal income,PI)

个人收入(PI)是指一个国家所有个人在一定时期内(通常为一年),从各种来源所得到的收入的总和,它包括劳动收入、企业主收入、租金收入、股息收入、政府转移支付和企业转移支付。

个人收入可用公式表示为

个人收入=国民收入-(公司未分配利润+公司利润税+公司和个人缴纳的
　　　　　社会保险税)+政府对个人支付的利息+政府对个人的转移支付+
　　　　　企业对个人的转移支付

（1）工资、利息和租金等这些生产要素的报酬。工资包括所有对工作的酬金、津贴和福利费，也包括工资收入者必须缴纳的所得税及社会保险税。利息在这里是指人们给企业所提供的货币资金所得到的利息收入，如银行存款利息、企业债券利息等。但政府公债利息及消费信贷利息不包括在内。租金包括出租土地、房屋等租赁收入及专利、版权等收入。

（2）非公司企业主收入，如医生、律师、农民和小店铺主的收入。这些人使用自己的资金，自我雇用，其工资、利息、利润和租金常混在一起作为非公司企业主收入。

（3）公司税前利润。公司税前利润包括公司所得税、社会保险税、股东红利及公司未分配利润等。

（4）企业转移支付及企业间接税。企业转移支付及企业间接税虽然不是生产要素创造的收入，但要通过产品价格转嫁给购买者，故也应视为成本。企业转移支付包括对非营利组织的社会慈善捐款和消费者"呆账"；企业间接税包括货物税或销售税、周转税。

（5）资本折旧。资本折旧虽不是要素收入，但包括在总投资中，所以也应计入GDP。

这样，按收入法核算的国内生产总值=工资+利息+利润+租金+间接税和企业转移支付+折旧。它和以支出法计算的国内生产总值从理论上说是相等的。但实际核算中常有误差，因而还要加上一个统计误差，即

国内生产总值=工资+利息+利润+租金+间接税和企业转移支付+折旧+统计误差

案例欣赏 7.3

买车消费，买房投资

有时，购买一辆高级轿车与购买一套住房的支出相差无几，那么为什么购买汽车是一种消费行为，而购买住房就是一种投资行为呢？因为两者的购买行为的目的是不同的。

消费行为的直接目的是获得物品的效用，而投资行为的主要目的是获取收益。人们购买汽车，是利用汽车带给人们的便利，其直接目的是获得一种满足程度，即商品的效用；人们购买住房，其主要目的是为了获取一种投资收益。

有人对此不能理解，会提出两个问题：第一，人们购买住房也是解决自己的居住问题，本质上为什么不是一种消费行为呢？在此需要简单解释，西方国家租房现象非常普遍，如果仅仅为了居住，人们可以租房，因此，人们购买住房不是为了居住，而是为了得到作为一种投资的收益。第二，人们购买住房的投资收益来自何处呢？主要有两个来源，其一，租金收入；其二，房产增值。房产增值的潜力非常巨大，其原因就在于土地有限性所引起的地租的不断上涨趋势。

所以，住房支出是一种投资行为，即对不动产的投资，这一点非常耐人寻味。第一，人们购买住房可以获得一定的投资收益，有时这种收益会相当大；第二，长期来看，住房价格会不断上涨，因此，在可能的情况下，人们应该尽早购买住房，以获取更大的投资收益。

（资料来源：徐美银. 经济学原理. 高等教育出版社，2008.）

从本国总购买量中减去,因为不是购买本国产品的支出;出口则应加进本国总购买量之中,因为是购买本国产品的支出。

把上述 4 项加总,就是一国的国内生产总值,即利用支出法计算 GDP 的公式为

$$GDP=C+I+G+(X-M)$$

 案例欣赏 7.2

在证券市场上购买债券和股票能不能看作经济意义上的投资活动?

一方面,虽然购买债券和股票对购买者而言可以称为一种"投资",但经济学上规定的投资与通常意义上的投资不一样。经济学上的投资是指增加或更换资本资产(包括厂房、住宅、机械设备及存货)的支出。具体而言分为固定资产投资和存货投资。固定资产投资包括新厂房、新设备、新商业用房和新住宅的增加;存货投资是指存货价值的增加(也存在减少的可能性)。投资是一定时期内增加到资本存量中的资本流量。在计算 GDP 时,采用的是总投资而不是净投资。

另一方面,国民收入核算中核算的是运用生产要素所生产的全部最终产品的市场价值。人们购买债券和股票只是一种证券交易行为,是一种产权转移活动,并不是实际的生产经营活动,因而不属经济学意义的投资活动,也不能计入 GDP。只有当公司从人们手里取得了出售债券或股票的货币资金再去购买厂房或机器设备时,才是投资活动。如果购买股票和债券时支付了一定的佣金和未来可能产生的股息和利息,则应该归入国民收入的核算。因为前者为经纪人的劳务,后者则是资金利用后的增值。

(资料来源:国家统计局)

下面以美国 2014 年 GDP 结构为例,说明如何利用支出法核算中国 2014 年的 GDP,如表 7.2 所示。

表 7.2 利用支出法核算中国 2014 年的 GDP

项 目 构 成	金 额(亿元)	百 分 比(%)
最终消费支出(C)	329 450.8	51.4
居民消费	242 927.5	
政府消费	86 523.3	
资本形成总额(I)	293 783.1	45.9
固定资本形成总额	281 638.7	
存货变动	12 144.4	
货物和服务净出口($X-M$)	17 463.0	2.7
国内生产总值(GDP)	640 696.9	100

2. 利用收入法核算 GDP

收入法是指利用要素收入,即企业生产成本核算国内生产总值。严格来说,最终产品的市场价值除了生产要素收入构成的成本,还有间接税、折旧、公司未分配利润等,因此利用收入法核算的国内生产总值应包括以下项目。

（1）消费（consumption）。消费（指居民个人消费）支出（用字母 C 表示）包括购买耐用消费品（如小汽车、电视机、洗衣机等）、非耐用消费品（如食物、衣服等）和劳务（如医疗、旅游、理发等）的支出。建造住宅的支出不包括在内。

（2）投资（Investment）。投资是指增加或更换资本资产的支出。投资包括固定资产投资和存货投资两大类。固定资产投资是指新厂房、新设备、新商业用房以及新住宅的增加。存货投资是指企业掌握的存货价值的增加。如果年初全国企业存货为 1 000 亿美元而年末为 1 200 亿美元，则存货投资为 200 亿美元。

投资是一定时期内增加到资本存量中的资本流量，而资本存量则是经济社会在某一时点上的资本总量。例如，某国家 2017 年的投资是 900 亿美元，而该国 2017 年年末的资本存量可能是 5 000 亿美元。由于机器、厂房等的不断磨损，假定每年要消耗即折旧 400 亿美元，则上述 900 亿美元投资中就有 400 亿美元要用来补偿旧资本消耗，净增加的投资，即净投资只有 500 亿美元，由于这 400 亿美元是用于重置资本设备的，故称重置投资。净投资加重置投资称为总投资。用支出法计算 GDP 时的投资，指的是总投资（用字母 I 表示）。需要注意的是，居民用于住宅的投资也应计入在内。

 知识链接 7.3

固定资产投资与存货投资解读

固定资产是指为生产产品、提供劳务、出租、经营或管理而持有的，使用期限在一年以上的，价值达到一定标准的非货币性资产，包括房屋、建筑物、机器、机械、运输工具及其他与生产、经营、管理活动有关的设备、器具、工具等。固定资产作为劳动资料或劳动手段，有些是直接参加生产过程的，起着把劳动者的劳动传导到劳动对象上去的作用，如机器设备和生产工具等；有些在生产过程中起着辅助作用，如运输工具等；有些则作为进行生产的必要条件而存在，如房屋、建筑物、道路、桥梁等。

固定资产投资是指建造和购置固定资产的经济活动，它是社会增加固定资产、扩大生产规模、发展国民经济的重要手段，也是提高人民物质文化生活水平的条件。从事固定资产活动的主体包括各级政府、各有关部门、企业事业单位、个人及境外国家和地区的投资者等。

存货对厂商来说，像设备一样，能提供某种服务。例如，当市场发生意料之外的需求增加时，存货可应付这种临时增加的需要。同时，生产过程要顺利地连续不断地维持下去，仓库也必须有足够的原材料储备。至于商店，更需要库存必需的商品，才能满足顾客的需要。可见，存货对厂商的正常经营来说是必不可少的，它构成资本存量的一部分。

（3）政府购买（government purchase）。政府对物品和劳务的购买（用字母 G 表示）是指各级政府购买物品和劳务的支出，如政府花钱设立法院、提供国防、建筑道路、开办学校等方面支出。

（4）净出口（net exports）。净出口（用字母 $X-M$ 表示）是指进出口的差额。进口应

分析：政府转移支付只是通过税收，把收入从一个人或一个组织转移到另一个人或组织中，并没有相应的货物或劳务的交换发生，因此 A 选项不计入 GDP。购买一辆用过的卡车不计入 GDP，因为 GDP 是计算期内生产的最终产品价值，这辆卡车在以前已计入往年的 GDP 了，现在购买是财富转移，如果计入今年 GDP 会导致重复计算，故 B 选项也不计入当年 GDP。C 选项面包厂购买的面粉为中间产品，用其生产的面包才是最终产品，面粉的市场价值不计入 GDP，面包价值可以计入，因此 C 选项不计入 GDP。购买股票、债券等有价证券只是一种证券交易活动，是一种产权转移活动，并不是实际的生产经营活动。购买普通股票对个人而言是一种投资，但不是经济学意义上的投资活动，因为经济学意义上的投资是增加或减少资本资产的支出，即购买厂房、设备和存货的行为，但购买股票产生的佣金是新生产的劳务费，应计入当年 GDP，因此 D 选项不计入。土地不是最终产品，它用于生产产品或劳务，只有当产品或劳务的价值得到实现时，土地的价值才能得到补偿。这时如果计算土地的价值将会使价值重复计算。购买土地只是一种所有权的转移活动，不属于经济学意义上的投资活动，故不能计入 GDP。因此，只有 E 选项计入 GDP。

7.1.2　GDP 的核算方法

宏观经济学研究的是各种经济总量，而总量是对个量的加总。因此，国民经济的核算即对反映各种微观经济活动的个量进行加总就构成宏观经济学的基础。

国民经济核算体系中有三种核算国内生产总值的方法，即支出法、收入法和产品法。下面利用市场运行模型（收入循环图）介绍 GDP 的具体核算方法，如图 7.1 所示。因为在计算 GDP 时常用的是前两种方法，所以下面只对前两种方法进行介绍。

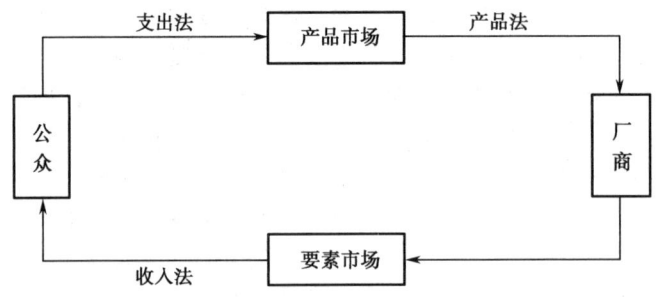

图 7.1　GDP 的核算方法

1. 利用支出法核算 GDP

利用支出法核算 GDP，是指通过核算在一定时期内整个社会购买最终产品的总支出即最终产品的总卖价来计量 GDP。最终产品的购买者是产品和劳务的最后使用者。在现实生活中，产品和劳务的最后使用，除了居民消费，还有企业投资、政府购买以及净出口。因此，利用支出法核算 GDP，就是核算经济社会（指一个国家或一个地区）在一定时期内消费、投资、政府购买以及净出口这几方面支出的总和。

房屋，在 2018 年售出，出售房屋的价值不能纳入 2018 年的国内生产总值，但出售房屋过程的中介服务的价值则计入 2018 年的国内生产总值之内。

5. GDP 是地域概念

GDP 是一国范围内生产的最终产品的市场价值，因而是一个地域概念。而与此相联系的国民生产总值（gross natimal product，GNP）则是一个国民概念（具体含义见"知识链接 7.2"）。因此，一个在日本工作的美国公民的收入要计入美国的 GNP，但不计入美国的 GDP，而计入日本的 GDP。

知识链接 7.2

国内生产总值（GDP）与国民生产总值（GNP）

国民生产总值（GNP）是指一个国家（或地区）所有国民在一定时期内生产的最终产品和劳务的市场价值的总和。与 GDP 不同的是，GNP 是按国民原则核算的，即只要是本国（或地区）居民，无论是否在本国境内（或地区内）居住，其生产和经营活动新创造的增加值都应计算在内。例如，我国的居民通过劳务输出在境外所获得的收入就应计算在 GNP 中。而 GDP 则是按国土原则核算的，它衡量的是一个国家（或地区）在一定时期内所有常住单位生产经营活动的全部最终成果，并不将国与国之间的收入转移计算在内。

也就是说，GDP 计算的是一个地区内生产的产品价值，而 GNP 计算的则是一个地区实际获得的收入。

GNP 和 GDP 可以通过以下公式进行换算：GNP=GDP+本国公民在国外的资本和劳务的收入-外国公民在本国的资本和劳务的收入。GDP 与 GNP 两者虽有差异，但差额就其整体水平来说是微不足道的。以前美国的经济文献较多地使用 GNP 指标，而西欧各国则较多地使用 GDP 指标，近年来美国也改用 GDP 指标了。因此，在当今世界上，国内生产总值的概念比国民生产总值的概念更加普遍地被使用。

6. GDP 中的最终产品包括产品和劳务

GDP 不仅包括有形的产品如农产品、工业产品等产品的价值，而且包括无形产品如劳务的价值，所以金融、保险、旅游、卫生、教育及政府等行业提供的服务的价值应计入一国当年的国内生产总值。

案例欣赏 7.1

哪一项应计入当年 GDP？

选项：

A. 政府转移支付；B. 购买一辆用过的卡车；C. 面包厂购入的 1 000 千克面粉；D. 购买普通股票；E. 购买股票时支付的佣金 1 000 元；F. 购买一块地产。

答案：E。

所生产的全部最终产品（物品和劳务）的市场价值。这一定义包括以下六个方面的含义。

1. GDP 是一个市场价值的概念

各种最终产品的价值都是用货币加以衡量的。产品的市场价值就是用这些最终产品的单位价格乘以产量获得的。例如，某国一年生产 10 万条裤子，每条裤子售价 50 美元，则该国一年生产裤子的市场价值为 500 万美元。对于不经过市场销售的最终产品和劳务，如厂商的自给性产品和自我服务性劳务、为自己提供的家务劳动、非法的经济活动以及偷漏税的地下经济活动等，由于没有市场价格，都无法或不能计入 GDP。

2. GDP 测度的是最终产品的价值

GDP 测度的是最终产品的价值，中间产品价值不计入 GDP，否则会造成重复计算。最终产品（final goods）是指最后由使用者购买的产品和劳务，中间产品（intermediate goods）是指用于再出售而在以后的生产阶段中作为要素投入的产品。在实际经济中，许多产品既可以作为最终产品使用，又可以作为中间产品使用。因此，在具体计算时采用增值法，即只计算在各生产阶段上所增加的价值。

例如，面粉若被食品厂买去烤制面包，则为中间产品；若被消费者买去蒸馒头，则为最终产品。面包产品价值的计算如表 7.1 所示。

表 7.1　面包产品价值的计算

单位：元

生 产 阶 段	产品价值	中间产品价值	产品的增加价值
种植小麦	5	0	5
磨制面粉	10	5	5
烤制面包	18	10	8
合计	33	15	18

在表 7.1 中，面包是最终产品，其价值为 18 元。如果我们把各个生产阶段的产品价值加总则为 33 元，这其中包括了中间产品价值 15 元的重复计算。若用增值法，将各生产阶段的增值加总，则不会造成重复计算，可得到最终产品价值为 18 元。

3. GDP 计算的是生产值

GDP 是指一定时期内（往往是一年）所生产的而不是所售卖掉的最终产品的价值。例如，某企业一年生产 100 万美元产品，只卖掉 80 万美元产品，所剩 20 万美元产品则可看作企业自己买下来的存货投资，同样应计入 GDP。

GDP 统计数据的有效期限通常是指一个会计核算年度，如我国国民经济核算的有效期限是从 1 月 1 日到本年的 12 月 31 日，而美国则是从 10 月 1 日到次年的 9 月 30 日。

4. GDP 是流量

GDP 是计算期内生产的最终产品价值，因而是流量而不是存量。流量是指一定时期内发生的变量，存量是指一定时点上存在的变量。

GDP 的统计数据不包括前期生产的，在本期售出的产品价值。例如，2017 年建造的

长与质量、结构、效益相得益彰的良好局面。这是五年来一系列重大政策效应累积,各方面不懈努力、久久为功的结果。

(资料来源:摘自李克强总理2018年政府工作报告)

❖ **案例讨论** ❖

一国的经济实力,通常都是通过GDP或国民收入来衡量的。经过改革开放40年的高速增长,按GDP计算,中国已经成为世界第二大经济体,经济实力大大增强,各项社会发展指标也有了长足的进步,中国的国际地位得到了显著提高,国际影响力更是明显增强。

任务7.1 国民收入核算

国民收入核算是对国民经济运行过程的系统描述,是在一定经济理论指导下,综合应用统计、会计、数学等方法,为衡量一国或一地区在特定时期内的经济活动和经济成果而构成的一个相互联系的指标系统。这一指标系统包括国内生产总值(gross domestic product,GDP)、国内生产净值(net domestic product,NDP)、有特定意义的(或狭义的)国民收入(national income,NI)、个人收入(personal income,PI)和个人可支配收入(disposable personal income,DPI)。进行国民收入核算的目的在于构建完善的宏观经济调控体系,为国家宏观经济决策提供依据。

 知识链接 7.1

国民收入的核算体系

国民收入的核算体系曾经有两种:国民经济核算体系(也称国民经济账户体系,SNA)和物资产品平衡表体系(MPS)。

国民经济核算体系由西方发达国家于1953年正式发明问世,联合国统计委员会分别于1968年和1993年两次进行了重大修订与完善。虽然世界上所有发达国家与大部分发展中国家都采用这种方法,但各国采用的具体统计指标的计算方法上存在着较大的差异。

物资产品平衡表体系发源于苏联,联合国统计委员会1971年予以承认。由于采用这一方法的国家如苏联于1990年解体,东欧国家实现了经济的转型,物资产品平衡表体系在1993年被废止。

我国曾采用物资产品平衡表体系核算国民收入,从1992年起开始建立以国民经济核算体系为主体的国民收入核算制度,全面采用国民经济核算体系的综合性指标体系。1995年,基本完成了向新国民经济核算体系的全面过渡。

7.1.1 GDP的含义

作为目前世界通行的国民经济核算体系,国内生产总值(GDP)被称为"20世纪最伟大的发明之一",它具体是指经济社会(即一国或一地区)在一定时期内运用生产要素

项目 7　开启宏观经济之门

导入案例

中国的发展有温度　人民的幸福有质感

第十二届全国人民代表大会第一次会议以来的五年，是我国发展进程中极不平凡的五年。

五年来，经济实力跃上新台阶。国内生产总值从 54 万亿元增加到 82.7 万亿元，年均增长 7.1%，占世界经济比重从 11.4% 提高到 15% 左右，对世界经济增长贡献率超过 30%。财政收入从 11.7 万亿元增加到 17.3 万亿元。居民消费价格年均上涨 1.9%，保持较低水平。城镇新增就业 6 600 万人以上，13 亿多人口的大国实现了比较充分就业。

五年来，经济结构出现重大变革。消费贡献率由 54.9% 提高到 58.8%，服务业比重从 45.3% 上升到 51.6%，成为经济增长主动力。高技术制造业年均增长 11.7%。粮食生产能力达到 1.2 万亿斤。城镇化率从 52.6% 提高到 58.5%，8 000 多万农业转移人口成为城镇居民。

五年来，创新驱动发展成果丰硕。全社会研发投入年均增长 11%，规模跃居世界第二位。科技进步贡献率由 52.2% 提高到 57.5%。载人航天、深海探测、量子通信、大飞机等重大创新成果不断涌现。高铁网络、电子商务、移动支付、共享经济等引领世界潮流。"互联网+"广泛融入各行各业。大众创业、万众创新蓬勃发展，日均新设企业由 5 000 多户增加到 16 000 多户。快速崛起的新动能，正在重塑经济增长格局、深刻改变生产生活方式，成为中国创新发展的新标志。

五年来，改革开放迈出重大步伐。改革全面发力、多点突破、纵深推进，重要领域和关键环节改革取得突破性进展，主要领域改革主体框架基本确立。简政放权、放管结合、优化服务等改革推动政府职能发生深刻转变，市场活力和社会创造力明显增强。"一带一路"建设成效显著，对外贸易和利用外资结构优化、规模稳居世界前列。

五年来，人民生活持续改善。脱贫攻坚取得决定性进展，贫困人口减少 6 800 多万，易地扶贫搬迁 830 万人，贫困发生率由 10.2% 下降到 3.1%。居民收入年均增长 7.4%、超过经济增速，形成世界上人口最多的中等收入群体。出境旅游人次由 8 300 万增加到 1.3 亿。教育事业全面发展。社会养老保险覆盖 9 亿多人，基本医疗保险覆盖 13.5 亿人，织就了世界上最大的社会保障网。人均预期寿命达到 76.7 岁。棚户区住房改造 2 600 多万套，农村危房改造 1 700 多万户，上亿人喜迁新居。

五年来，生态环境状况逐步好转。制定实施大气、水、土壤污染防治三个"十条"并取得扎实成效。单位国内生产总值能耗、水耗均下降 20% 以上，主要污染物排放量持续下降，重点城市重污染天数减少一半，森林面积增加 1.63 亿亩，沙化土地面积年均缩减近 2 000 平方公里，绿色发展呈现可喜局面。

刚刚过去的 2017 年，经济社会发展主要目标任务全面完成并好于预期。国内生产总值增长 6.9%，居民收入增长 7.3%，增速均比上年有所加快；城镇新增就业 1 351 万人，失业率为多年来最低；工业增速回升，企业利润增长 21%；财政收入增长 7.4%，扭转了增速放缓态势；进出口增长 14.2%，实际使用外资 1 363 亿美元、创历史新高。经济发展呈现出增

项目导图

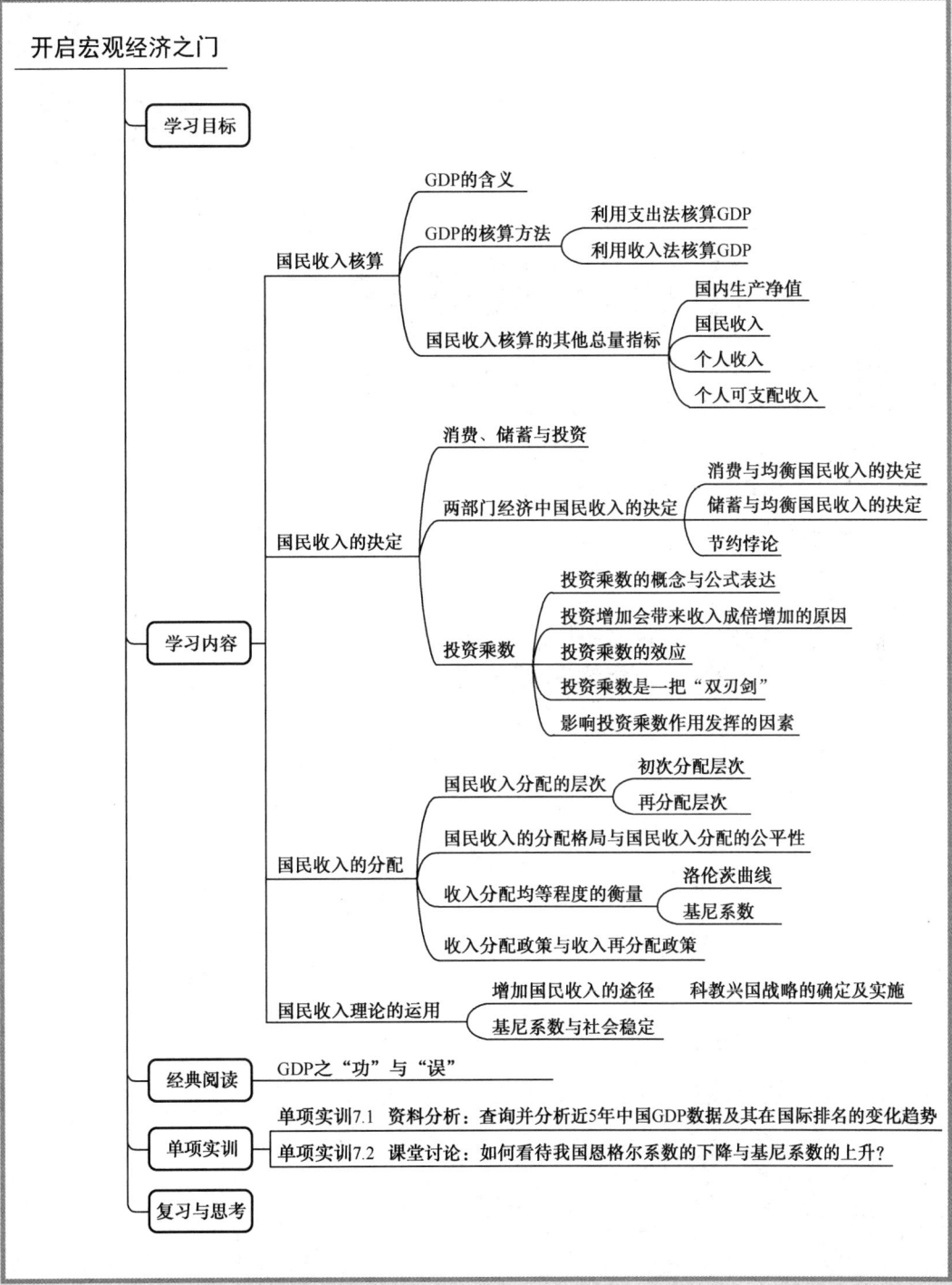

项目 7

开启宏观经济之门

学习目标

知识目标：
- ▲ 了解 GDP 的含义及核算方法；
- ▲ 认识决定国民收入的因素；
- ▲ 认识并掌握国民收入分配原则及政策。

能力目标：
- ▲ 能够用收入法和支出法核算 GDP；
- ▲ 能对我国的收入分配政策进行分析。

重点难点：
- ▲ GDP 的构成；
- ▲ GDP 核算方法；
- ▲ 投资乘数。

③ 在一个大型的城市中心公园举行音乐会的机构；

④ 在一间不通风的小房间举行的会议上吸烟的人。

（2）高速公路该不该收费？有的人认为，公路是公共物品，应该由政府提供，免费通行；也有人认为，修高速公路耗费了巨大的人力、物力和财力，应该适当收费来收回部分成本。请对以上两种观点进行分析讨论。

（3）什么是市场失灵？哪些情况会导致市场失灵？国家又是怎样纠正这种市场失灵的？

单项实训 6.2　实地考察：二手车市场考察分析

实训要求：

1. 学生以小组为单位，对二手车市场进行调查。
2. 以小组为单位，讨论二手车市场出现市场失灵的原因，并提出治理逆向选择的可行方法及策略。
3. 以小组为单位，写成书面调查报告，并派代表陈述主要观点。
4. 教师对各小组讨论的结果进行归纳和点评。

复习与思考

1. 名词解释

市场失灵；公共产品；准公共产品；外部性；信息不对称；逆向选择；道德风险

2. 选择题

（1）下列不是市场失灵的原因是（　　）。
  A. 竞争　　　　B. 垄断　　　　C. 外部性　　　D. 公共物品

（2）下列情况中，"搭便车"问题会出现的是（　　）。
  A. 所有消费公共商品的个人都支付其费用
  B. 个人愿意支付他们的消费费用
  C. 有些人消耗了公共物品，并不需要支付其全部费用
  D. 所有消费和生产的商品都是个人物品

（3）下列方法中，解决外部不经济可采取的是（　　）。
  A. 通过征税的办法　　　　　B. 通过产权界定的方法
  C. 通过将外部性内在化的方法　　D. 以上各项都是

（4）卖方比买方知道更多关于商品的信息，这种情况称为（　　）。
  A. 道德风险问题　　　　　　B. 信息不对称问题
  C. 搭便车问题　　　　　　　D. 逆向选择问题

（5）市场不能提供纯粹的公共物品，是因为（　　）。
  A. 公共物品不具有排他性　　B. 公共物品不具有竞争性
  C. 消费者都想"免费乘车"　　D. 以上三种情况都是

2. 分析讨论题

（1）下面每种情况均涉及外部性。试指出它们分别是正外部性还是负外部性，或两者兼而有之，政府应该如何发挥作用？
  ① 从事研究与开发的企业；
  ② 将废弃物排放到附近河流的企业；

T恤衫没有详细说明，竞价厂商可能在质量或工艺上马马虎虎。在一件T恤衫上偷工减料可能节省不了什么，但是，政府要在市场上购买100万件T恤衫，偷工减料的厂商就有可能多赚10万美元。

如此详尽描述的T恤衫，必然与普通厂商所生产的标准T恤衫有所差别，因而要求分别加以生产，这就会增加成本。另外，由于大多数厂商都认为与政府签订合同并不方便，因而竞价者的数量是很有限的，致使价格进一步抬高。因此，竞价过程非但没有有效降低价格，反而导致价格的提升。

为解决这一问题，戈尔特别工作组提出的采办改革方案特别简单。只要现成的商品价格低于政府通过竞价获得的价格，就允许政府从标准的商业渠道购买现成的商品。戈尔特别工作组通过改革，每年可以为美国政府节约数十亿美元。"再造政府"还要求政府努力采取美国最成功企业的做法，包括建议将国家的空中交通控制系统转变为政府所有的公司。

竞争足以迫使政府不断"再造"自己，寻求更好、更有效的经营方式。由此可见，政府的行为也应该具有经济性。

（资料来源：[美]斯蒂格利茨. 经济学. 中国人民大学出版社, 2000.）

单项实训

实训目标

1. 对市场失灵有具体的认识。
2. 掌握政府在市场失灵中的作用。

实训背景与要求

单项实训6.1　课堂讨论：漏水的水管该不该分摊检测费

2003年7月，家住北京市东城区的朱大爷发现院内水管漏水，在没有征得邻居同意的情况下，自行请人对自来水管线进行了检测，并交纳了检测费100元。为了收回每户应该分摊的7.14元检测费，朱大爷费尽口舌仍没有结果，于是便告到了法院。东城区法院审理后，从法理上认定朱大爷在未得到他人授权的情况下，"擅自主张"检测水管，邻居完全有理由拒绝朱大爷分摊检测费的要求。

实训要求：

1. 阅读背景材料，5～6人为一组讨论以下问题。
（1）漏水的水管是否属于公共物品？
（2）邻居该不该分摊检测费？
（3）朱大爷为什么会败诉？
2. 每个组派一个代表上台阐述自己的观点。

终结果都是有效率的,均可实现资源配置的帕累托最优。科斯定理提供了一种通过市场机制解决外部性问题的新的思路和方法。在这种理论的影响下,美国和一些国家先后实现了污染物排放权或排放指标的交易。

科斯定理与我们的社会生活密切相关,它不仅适用于狭小的范围,而且我们生活中的诸多社会现象都可以用科斯定理来解释。科斯定理的出现为我们的生活增添了光明,使我们对社会的解释更加深刻。科斯提到的一个著名的历史例子可以说明这种看法。火车烧柴和煤时常常溅出火星,引燃农田。每一方都可采取防备措施以减少火灾的损失:农民可以停止在铁轨边种植和堆积农作物,而铁路部门则可以装置防火星设施或减少火车出车次数。

初看上去,似乎是法律控制了各方采取防备措施的动力,因此,法律决定了火灾引起损失的次数。要知道,禁令是财产法中制止妨害行为发生的传统手段。如果农民有权指挥铁路部门,直到不溅火星才允许铁路通车,那么,火星就几乎不会引起什么火灾损失。反过来,如果铁路部门不受惩罚地营运,那么,就会引起大量的火灾损失。根据科斯定理,这些现象会把人引入歧途,因为虽然法律规定了权利的最初分配,而市场却决定着最终分配。我们应该明白,如果农民有权禁止铁路部门运营,那么,他们就可以出售这一权利。具体地说就是,铁路部门支付一笔钱给农民,以换取具有法律约束力的承诺——不禁止铁路运营。反过来说,如果铁路部门有权不受惩罚地溅出火星,那么,它就可以出售这一权利。具体地说就是,农民可以支付一笔钱给铁路部门,以换取具有法律约束力的承诺——减少火星的溅出。

产权规定越清楚,节省的交易成本可能会越多。例如,一个残疾人考上了大学但大学却以其身体有缺陷为理由不录取他。如果法律本身没有做出相关规定,"产权不清楚",那么,这个残疾人为了能上大学也许就要与这所大学陷入无休止的谈判之中。但现在法律有规定,每个人都享有平等的受教育权利,这个青年就可以凭此"说法"与高校"谈判";如果法律有更清楚的规定"只要生活能够自理,任何高校都不得拒收已符合其他录取条件的残疾人",这个青年就根本无须与大学谈判。所以,产权规定得越清楚,谈判的必要性就越小,交易成本也就越低。

经典阅读

"再造政府"——需 30 页说明的 T 恤衫

市场会出现失灵,需要政府来干预,那么政府是否也会出现失灵?答案是肯定的。1993 年,克林顿总统责令副总统阿尔·戈尔领导的特别工作组,系统调查政府存在哪些低效率的经营,并就如何提高效率提出建议。特别工作组发现政府在采办方面(从私人部门购买商品)存在严重问题。比如,当政府要买一件十分普通的 T 恤衫时,为描述要买的这种商品,需要认真打印长达 30 多页的文件来加以说明。即使从同一家厂商购买的 T 恤衫,政府购买的成本比其他部门购买的成本高。

政府的动机是好的,却把事情办糟了。政府通过厂商竞价,保证以最低价购买到它所需要的商品。但是,为了得到它所需要的商品,必须对规则详细说明。例如,如果对

2. 制造与传播信号

制造与传播信号是最为重要和最为常用的手段，卖者主要通过品牌、广告或者向客户提供质量保证书、保修、退回等办法，以使消费者将其产品与"柠檬"区别开来，相信它的产品是高质量的。

3. 中介

中介利用其专业知识为买方提供信息，通过它来"撮合"买卖双方，如券商、经纪人等，当然中介所获收益取决于它提供信息的质量。

4. 建立质量合格标准

政府、消费者协会等通过建立质量合格标准，来规范和保证产品的质量。

5. 搜寻

搜寻这种方法是指消费者通过自身的信息搜寻，改变其所处的逆向选择地位，如走访、调查等。

 案例欣赏 6.7

汽车经纪人与不完全信息

经纪人是促使当事人双方达成契约的角色。例如，以前媒人把可能成为夫妻的人撮合在一起，股票经纪人为买卖双方沟通，汽车经纪人促使买卖双方达成交易。

由于不完全信息才使经纪人这种职业得以存在，然而一个人为什么不能自己去选择配偶、股票或汽车呢？显而易见的原因是存在选择的多样性。要做出明智的选择，必须花费时间、精力和金钱去搜集信息。优秀的经纪人始终站在市场的前沿，时刻了解正在发生的情况。让经纪人与买卖双方保持接触，肯定比所有买主和卖主都重复劳动更有效率。

例如，我们考察汽车经纪人是如何工作的。你打电话给某个经纪人，描述你想要购买哪种车，包括品牌、型号、生产年代、附件等，然后经纪人将会为你找到最合适的汽车。

当然，不是所有的人都需要或想要汽车经纪人，但是对那些认为自己对汽车市场信息特别不完全的人来说，雇佣经纪人不失为一种明智的选择。

（资料来源：[美]斯蒂格利茨.经济学.中国人民大学出版社，2000.）

6.5.2 外部性的私人解决办法——科斯定理

科斯定理（Coase theorem）是由罗纳德·科斯（Ronald Coase）提出的一种观点。这一观点认为，在某些条件下，经济的外部性或非效率可以通过当事人的谈判而得到纠正，从而达到社会效益最大化。关于科斯定理，比较流行的说法是：只要财产权是明确的，并且交易成本为零或者很小，那么，无论在开始时将财产权赋予谁，市场均衡的最

问题困扰的计划。

目前，建立存款保险制度的国家有70余个，既有美国、日本、英国等发达国家，也有乍得、乌干达等经济落后的非洲国家。建立存款保险制度最重要的目标是通过市场方式实现金融稳定的功能，保护储户的利益。我国为了与国际接轨，也自2015年5月1日开始正式实施银行存款保险制度。

任务6.5　市场失灵理论的运用

6.5.1　逆向选择与"柠檬"理论

市场交易中的"逆向选择"问题是美国经济学家乔治·阿克洛夫（George Akerlof）提出并引入信息经济学的，它主要研究由于产品质量信息的非对称性及其所造成的结果，并由此开创了"逆向选择"理论的先河。

阿克洛夫通过对美国旧车市场的分析于1970年发表了文章《"柠檬"市场：品质不确定性与市场机制》，得出了"柠檬"原理（"柠檬"来源于美国口语对"缺陷车""二手车"的俗称），并且开创了逆向选择理论。在二手车市场上，既定的卖者和关心二手车质量的买者之间存在着信息的非对称性，卖者知道车的真实质量，买者不知道。在买者不能确知所购车辆的内在质量的前提下，他愿意接受的价格只能是所有二手车价值按概率加权计算的一个平均值，因而只愿意根据平均值来支付价格。这样一来，质量高于平均值水平的卖者就会退出交易，只有质量低的进入市场。也就是说，只有低质量的二手车出售，而没有高质量的二手车交易，结果是低质量二手车将高质量二手车挤出交易市场。由此，阿克洛夫解释了为什么即使是只使用过一次的"新"汽车，在柠檬市场上也难以卖到好价钱——它是"逆向选择"的必然结果，即由于消费者所处的信息劣势而被迫做出的反向选择。这一过程不断持续，最后市场上只剩下损坏最严重的二手车，所有好一点的二手车都会从市场上消失。于是，市场上只剩下了劣质商品——"柠檬"。

"柠檬"原理对于经济学的贡献在于，它揭示了许多传统市场都存在的信息的非对称现象，深化了我们对真实市场现象的了解。一个市场经济的有效运行，需要买者和卖者之间有足够的共同的信息。如果信息不对称非常严重，就有可能限制市场功能的发挥，引起市场交易的低效率，甚至导致整个市场的失灵。在传统市场上，由于逆向选择导致了市场失灵或市场运行的低效率，使得市场参加者不得不借助各种各样可能的方法或解决途径来提高市场效率，从而使得由于非对称信息而瘫痪的市场能够重新运转起来。在传统市场上解决"柠檬"问题的方法大致有以下几种。

1. 根据商品的开价推测商品的质量

因为"柠檬"原理告诉我们，在非对称信息环境中，商品质量依赖于价格，也就是说高价格意味着高质量。或者更进一步地说，我们可以将价格作为传递和判断质量高低的信号，这也是市场参与者以价格判断商品质量的信息经济学解释。

产品的缺陷、夸大产品的优点，政府可以通过立法强制卖方向买方提供真实的信息。同时，为了增加产品的销量，卖方有时会不向买方提供所需要的信息，政府可以通过立法强制卖方向买方提供。例如，对于药品生产商，政府可强制其提供药品配方、生产日期、有效期、适用范围、禁用范围、使用方法等方面真实的、尽可能多的信息，以此使药品的消费者能够作出合理的购买决策。

（2）政府应对提供虚假信息和不公平竞争的行为进行足够的处罚。要解决信息不对称问题，仅有立法的威慑和强制作用是不够的，政府还应对提供虚假信息、利用信息进行欺诈等各种不公平交易和不公平竞争行为予以足够的处罚。政府的处罚对卖方或买方造成的损失必须足以超过其提供虚假信息、进行不公平交易与不公平竞争行为所得的收益。政府的处罚措施中最重要的是经济处罚，同时，在必要条件下采取刑事和行政处罚。

（3）对市场交易主体的交易资格进行审查。这是一项预防性的措施，采取这项措施的目的是通过对市场交易主体的资格审查，将不合格的交易者清出市场，达到"净化"市场的目的，从而减少市场上出现欺诈等不公平交易和不公平竞争行为的可能性。政府实施这项措施的具体内容包括两个方面：一是规定市场交易主体从事市场交易的资格标准，任何经济主体要进入市场交易，就必须达到政府所规定的标准；二是对已经进入市场交易的主体，定期或不定期地进行审查，从而使已进入市场交易的主体必须始终依照政府所规定的标准进行市场活动。

（4）政府搜寻并向市场提供某方面的信息。许多信息是交易双方进行决策时必需的，但交易双方所拥有的信息量并不相同，从而造成交易地位的不平等。政府可以建立信息搜寻的专门体系，广泛搜集信息并及时向社会发布。由政府提供具有公共物品性质和非公共物品性质的信息，可以直接改变市场上交易主体信息不对称的问题。虽然政府所能提供的信息量是有限的，大量的信息只能由市场供应，但政府在提供宏观经济信息及有关政府经济活动的信息中，具有市场信息不可替代的作用。例如，在现代经济中，政府已经是市场的重要供应主体和需求主体，对于政府的供应结构及数量、需求结构及数量等信息应该向社会发布，以免造成交易者在这方面的信息不对称。

不过，政府对信息的管理和调控并不是要取代市场的作用，而是对市场作用的补充，为市场本身力量的发挥提供必要的和有利的条件。解决信息不对称问题，不仅需要依靠市场本身的力量和政府的力量，同时也要鼓励第三方的力量参与。

 知识链接 6.4

银行的存款保险制度

假定你在某个银行存了一笔钱，然后银行破产了，你的钱还能收回来吗？在美国，因为大部分银行都参加了一项联邦计划，这项计划提供存款保险（由联邦储蓄保险公司FDIC 经营），你的存款中的第一个 10 万美元是安全的，即如果银行破产，你仍将收回 10 万美元。对银行而言，普遍加入 FDIC 计划使得保险费较低。在阿根廷，1995 年 4 月，由于对国家大量银行倒闭的担心，政府实施了一项新的全国性的存款保险计划。新的保险计划恢复了储户对银行系统的信心，因为这是一个全国性的计划，一个不受逆向选择

以汽车保险为例。随着个人购买家庭轿车的数量逐渐增多，汽车保险业务近年来增长得很快。可是由于车多路窄，新手又多，汽车交通事故比原来增加很多。这些购买了汽车保险的人由于有了保险，开起车来跟开坦克似的，横冲直撞，反正汽车坏了有保险公司负责修理。更有人经常酒后开车，把握不住；还有人开车精力不集中，甚至打瞌睡。结果就是交通事故频繁发生，致使保险公司收取的保险费不够赔付汽车修理公司的汽车修理费。

2．道德风险

道德风险（moral hazard）也称道德危机，是指在协议达成后，协议的一方通过改变自己的行为来损害对方的利益。因为在信息不对称的情况下，达成协议的另一方无法准确地核实对方是否按协议办事。交易达成后，当市场交易一方参与人不能监督另一方的行动或监督成本过高时，一方行为的变化则有可能导致另一方的利益受到损害。

从理论上讲，道德风险是从事经济活动的人在最大限度地增进自身效用时做出不利于另一方的行动。道德风险一般存在于下列情况：由于不确定性和不完全的或者限制的合同使负有责任的经济行为者不能承担全部损失（或利益），因而他们不承受他们的行动的全部后果；同样地，也不享有行动的所有好处。显而易见，这个定义包括许多不同的外部因素，可能导致不存在均衡状态的结果，或者均衡状态即使存在，也是没有效率的。

 案例欣赏 6.6

道德风险的经典案例

在经济活动中，道德风险问题相当普遍。获 2001 年度诺贝尔经济学奖的斯蒂格里茨在研究保险市场时，发现了一个经典的例子：美国一所大学学生自行车被盗比率约为 10%，几个有经营头脑的学生创建了一个对自行车进行保险的项目，保费为保险金额的 15%。按常理，这几个有经营头脑的学生应该获得 5% 左右的利润。但该保险运作一段时间后，这几个学生发现自行车被盗比率迅速提高到 15% 以上。何以如此？这是因为自行车投保后，学生们对自行车安全防范措施明显减少。在这个例子中，投保的学生由于不完全承担自行车被盗的风险后果，因而采取了对自行车安全防范的不作为行为，而这种不作为的行为，就是道德风险。可以说，只要市场经济存在，道德风险就不可避免。

6.4.2　政府对信息的管理和调控

信息实际上也是一种公共产品，如气象信息，因为一条信息可供许多人甚至全社会共同享用，其提供的成本却是一样的。因此，在市场经济中，私人市场提供的信息往往严重不足，甚至故意隐瞒信息。信息不对称会影响竞争的充分性，进而影响市场机制的运转效率，这就需要政府对信息进行管理和调控。

（1）政府通过立法强制一方向另一方提供真实的、更多的信息。在市场交易中，一方为获取更多的经济利益，会隐藏信息或故意向另一方提供虚假信息，如卖方故意隐瞒

案例欣赏 6.5

<h2 style="text-align:center">"放心买"的国产奶仍需重建市场信心</h2>

2008年中国毒奶粉事件发生后,国人对国产奶粉的信心降到有史以来的最低值。毒奶粉事件起因是很多食用三鹿集团生产的奶粉的婴儿被发现患有肾结石,随后在其奶粉中被发现化工原料三聚氰胺。根据有关部门公布的数据,截至2008年9月21日,因使用婴幼儿奶粉而接受门诊治疗咨询且已康复的婴幼儿累计39 965人,正在住院的有12 892人,此前已治愈出院1 579人,死亡4人,另截至9月25日,中国香港地区有5人、中国澳门地区有1人确诊患病。该事件引起各国的高度关注和对乳制品安全的担忧。中国国家质检总局公布对国内的乳制品厂家生产的婴幼儿奶粉的三聚氰胺检验报告后,事件迅速恶化,包括伊利、蒙牛、光明、圣元及雅士利在内的多个厂家的奶粉都检验出含有三聚氰胺。该事件亦重创中国制造商品的信誉,多个国家禁止了中国乳制品进口。2008年9月24日,中国国家质检总局表示,牛奶事件已得到控制,9月14日以后新生产的酸乳、巴氏杀菌乳、灭菌乳等主要品种的液态奶样本的三聚氰胺抽样检测中,均未检出三聚氰胺。但据2011年中国中央电视台《每周质量报告》栏目组的调查发现,仍有近7成中国民众不敢买国产奶。

近年来,国产乳企不断提高奶粉质量,据我国奶业协会发布的《中国奶业质量报告》显示,2015年全国乳制品抽检合格率达到99.5%;生鲜乳中乳蛋白、乳脂肪两大营养成分平均值都已高于国家标准;规模养殖场的生鲜乳中体细胞平均值低于欧盟限量值,我国乳品质量安全水平大幅提升。2016年,《婴幼儿配方乳粉产品配方注册管理办法》正式公布,并自2016年10月1日正式实施。这项"史上最严奶粉新政"能否挽回民众对国产奶粉的信任,重建市场信心,任重而道远!

1. 逆向选择

逆向选择(adverse selection)是指信息不对称所造成的市场资源配置效率扭曲的现象。这种现象经常存在于二手市场、保险市场中。

(1)二手车市场与逆向选择。二手车市场的逆向选择问题源自买者和卖者有关车的质量信息不对称。在旧车市场,卖者知道车的真实质量,而买者不知道,这样卖者就会以次充好。买者也不傻,尽管他们不能了解某辆旧车的真实质量,只知道旧车的平均质量,所以他们愿意就平均质量出中等价格,这样一来,那些高于中等价格的上等旧车就可能会退出市场。接下来的演绎是,由于上等旧车退出市场,买者会继续降低估价,次上等车就会退出市场。演绎的最后结果是:二手车市场成了破烂车的展览馆,在极端的情况下一辆旧车都不能成交。现实的情况是,社会成交量小于实际均衡量,这个过程就称为逆向选择。

(2)保险市场与逆向选择。保险实际上是一种特殊的商品,它由专门的保险公司提供,这种特殊商品的价格就是保险费用。保险公司获得的信息也是不完全的,它对于投保人的情况既有所了解,又不很了解,从而导致了保险市场的逆向选择问题。

企业减少污染。

征税和补贴的效果是否理想，关键在于政府是否能够得到足够的信息，以使得补贴或税收恰恰与相关的外部性一致。

 知识链接 6.3

庇 古 税

庇古（1877—1959）是英国著名的经济学家，他在《福利经济学》一书中提出了庇古税方案，强调通过征税或补贴方案纠正因经济当事人的私人成本与社会成本不相一致而产生的外部性。其具体方法是：对造成社会成本大于私人成本的外部性，即造成负外部性的企业和个人，征收相当于社会成本大于私人成本价值的税收，使私人成本与社会成本一致。同理，对于造成社会收益大于私人收益的企业和个人，政府应给予他们相当于多出部分收益的补贴，以鼓励此行为。庇古税的原则实际是"污染者付费原则"，这是国际公认和倡导实行的原则。征收污染税是目前各国普遍采用的一种控制污染的方法，但有人指责庇古税的原则是一种花钱买污染权的原则。

（资料来源：杨洁，方欣. 经济学基础. 人民邮电出版社，2010.）

2. 进行企业合并

在一个企业的生产活动影响另外一个或几个企业的情况下，其影响如果是外部正效应，则前一个企业会由于给其他企业增添的效益而自己无法收回，使自己的生产低于社会最优水平；反之，如果影响是外部负效应，前一个企业则会不顾自己给其他企业造成的额外负担，而使自己的生产超过社会最优水平。但是，如果把这几个企业合并为一个企业，则这里的外部效应就"内部化"了。

例如，一家化工厂对附近的一家养殖场造成了污染，纠纷不断，可以由政府出面协调，促使两家企业兼并重组，使外部效应内部化。这样，化工厂在生产时就会考虑自己对养殖场造成的损失，其排放的污染物自然要比合并前少。

任务 6.4　信息不对称与政府管理

6.4.1　信息不对称及其表现

信息不对称（asymmetric information）也称信息不完全，指市场上买方与卖方所掌握的信息是不对等的，即一方掌握的信息多，另一方所掌握的信息少。有些市场卖方比买方掌握更多的信息，如药品的卖者比买者更了解药品的功效，劳动者本人比雇佣方更了解劳动者自身的能力。另一些市场买方掌握的信息多于卖方，如医疗保险的购买者比保险公司更了解自己的健康状况，信用卡的申请者比提供信用卡的金融机构更了解自己的信用状况等。信息不对称会产生逆向选择、道德风险等问题。

 案例欣赏 6.4

美国墨西哥湾原油泄漏事件

2010年4月20日夜间,位于墨西哥湾的"深水地平线"钻井平台发生爆炸并引发大火,大约36个小时后沉入墨西哥湾,11名工作人员死亡。这一平台属于瑞士越洋钻探公司,由英国石油公司(BP)租赁。钻井平台底部油井自2010年4月24日起漏油不止。截至2010年6月1日,泄入墨西哥湾的石油在1 700万加仑到2 700万加仑之间,这些石油可以盛满25~40个奥林匹克标准泳池。更可怕的是,泄漏仍在继续,每天的漏油量在12 000桶到19 000桶之间,远超过此前评估的每天5 000桶。

工程师采用了各种方法堵漏都未成功,最后BP拿出一个新的控制漏油计划——"盖帽法",工程师用遥控深海机器人将漏油处受损的油管剪断并盖上防堵装置,防堵装置与油管相连,把已漏出的石油和天然气吸至油管内,再将原油送至海面上的油轮。安装这项防堵装置约需4~7天,如果成功可以抑制大部分漏油,但不是全部。此外,永久性解决漏油的最佳方法是钻减压井,工程人员分别于5月2日和5月23日开始钻两口减压井,每口井需耗资1亿美元,但是这种方式需要至少2~3个月才能见效。2010年7月15日,在墨西哥湾漏油事件发生近3个月后,英国石油公司宣布,新的控油装置已成功罩住水下漏油点,再无原油流入墨西哥湾。

有媒体报道指出,英国石油公司自2010年年初租用"深井地平线"以来,已投入巨大资金,启动经费就高达1亿美元。英国石油公司表示,该公司为应对漏油事故已耗费了9.3亿美元,其中包括控制漏油的措施和事故赔付等。路易斯安那州超过160千米的海岸受到泄漏原油的污染,污染范围超过密西西比州和亚拉巴马州海岸线的总长。墨西哥湾沿岸生态环境正在遭遇"灭顶之灾"。相关专家指出,污染可能导致墨西哥湾沿岸的湿地和海滩被毁,渔业受损,脆弱的物种灭绝。

6.3.2 政府解决外部性的对策

外部性的存在,使私人成本和私人收益与社会成本和社会收益相背离,生产者和消费者在决策时虽然可以做到个体最优,但不能达到社会最优。自从人们认识到外部性的存在,就在不断地寻找解决途径。

1. 补贴和征税

政府可以对正的外部性给予一定的奖励或补贴,对负的外部性征收一定费用或增加某些附加税。补贴能增加产生正的外部性的经济活动,而附加税的征收会限制产生负的外部性的经济活动。例如,政府对教育实施某种程度的补贴或扶持,利用公立学校和免费教育的方式,或者对私立学校给予非营利机构的免税权利,或者对学生给予奖学金、助学金或无息、低息贷款,以降低学校办学或学生求学的边际成本,使教育水平提高到社会所需要的水平。同样,政府对污染严重的钢铁厂可以按每单位产品征收相应的税收,以使

64.5%，公立与私立医院的比例约为35∶65。

（6）社会自愿服务。在西方国家，许多公共领域一直以来就允许社会各种团体和个人持合法执照经营。只要遵守宪法和有关专门法律，不管是个人、团体、宗教事业、慈善事业、基金会和境外人士，均可参与经营。此外，无论是营利性企业还是非营利性企业，都可以被核准经营。

任务6.3　外部性与政府对策

人与人之间或经济体之间的行为会相互影响，因为各个参与方都在特定的约束条件下追求自己利益的最大化，而追求利益最大化本身也构成了经济行为的约束条件或经济环境。完全竞争市场均衡理论的一个基本假定是，单个消费者或生产者的行为对社会上其他人的福利没有影响；单个经济体的行为的私人成本和私人收益分别等于其社会成本和社会收益；生产者的成本及销售收益都归卖者，而买者得到该产品的全部收益并支付相应的全部成本。但是，在实际生活之中以上假定是不成立的，市场中存在未被市场交易包括的额外成本和收益，这就是所谓的外部性（externalities），又被称作"溢出效应"，是指一个经济体的行为对另外一个经济主体的福利产生了影响，但这种影响并没有通过货币或市场交易反映出来。

6.3.1　外部经济与外部不经济

根据外部性对他人福利造成的影响，可以把外部性分为正的外部效应和负的外部效应，即外部经济和外部不经济；也可以根据经济活动主体的不同，分为生产的外部性和消费的外部性。下面从外部经济与外部不经济两个方面进行分析。

1. 外部经济

如果某个经济行为个体的活动使他人或社会受益，而受益者无须支付代价，这种外部性就被称为"外部经济"（external economies）。无论是生产者还是消费者，都可能产生外部经济。例如，企业开展研究与开发活动，除了自己获得正常的利润回报，对社会的进步也有一定的贡献；企业对所雇用的工人进行培训，而这些工人转移到其他单位工作后，该企业也不能从其他单位得到补偿或向其索要培训费用。养蜂场的蜜蜂帮助果园的果树传播花粉从而提高了果农的产量；沿街居民放置在阳台上的鲜花也能够让过往的行人赏心悦目等。显然，他们从事以上这些活动的私人利益小于社会利益，这就是外部经济或正的外部性。

2. 外部不经济

外部不经济（external diseconomies）是指某个经济行为个体的活动使他人或社会受损，而又没有为此承担成本。例如，企业因排放有害气体、污染周围水质而使附近其他的社会成员遭受了损失；在交通高峰时间驾车外出，会使道路变得更加拥挤；吸烟者的行为危害了被动吸烟者的身体健康。这些活动的私人利益大于社会利益，是外部不经济行为。

> **案例欣赏 6.3**

海上的灯塔非得由政府来提供吗？

17世纪以前，灯塔在英国还名不见经传。17世纪初，领港公会造了两座灯塔并由政府授权专门管理航海事务。虽然领港公会有特权建造灯塔，向船只收取费用，但是该公会却不愿投资于灯塔。1610—1675 年，领港公会没有建造一座新灯塔，但同期，私人却投资建造了至少 10 座灯塔。

在当时的灯塔制度下，私人的投资要避开领港公会的特权，他们必须向政府申请许可证，希望政府同意授权向船只收费。该申请还必须由许多船主签名，说明灯塔的建造对他们有益，同时表示愿意支付过路费，过路费的多少由船的大小及航程经过的灯塔多少来确定。

久而久之，不同航程的不同灯塔费，就被印刷成册，统一收费。私营的灯塔是向政府租地而建造的，租期满后，再由政府收回给领港公会经营。到1820年，英国当时的公营灯塔有 24 座，而私营灯塔有 22 座。在总共 46 座灯塔中，有 34 座是私人投资建造的。后来政府开始收回私营灯塔，到 1834 年，在总共 56 座灯塔中，公营（即由领港公会经营）的占 42 座。到 1836 年，政府通过法规将剩余的私营灯塔全部收回，在 1842 年以后，英国的灯塔就全部由领港公会经营了。

（资料来源：刘华，李克国. 经济学案例教程. 大连理工大学出版社，2007.）

2. 政府间接提供公共产品——私人组织生产

（1）签订合同。采用与私人公司签订合同经营公共产品是发达国家使用最普遍、范围最大的一种形式。适用于这一类的公共产品主要是具有规模经济的自然垄断型产品，大部分为基础设施，也包括一些公共服务行业。

（2）特许经营权。在发达国家，许多公共领域都以这种方式委托私人公司进行经营，如自来水公司、电话公司和供电公司等。此外，还有很多公共项目也是由这种方式经营生产的，如电视台、广播电台、航海灯塔、报纸和杂志等。

（3）经济资助。欧美国家对民营公共产品经济资助的途径和方法非常之多，主要形式有补助津贴、优惠贷款、无偿赠款和减免税收等。享受财政补贴的公共领域主要有科学技术、住宅、教育、卫生、保健、图书馆和博物馆等。

（4）政府参股。政府参股的方式主要有四种：收益分享债券、收购股权、国有企业经营权转让以及公共参与基金。政府参股的方法主要应用于桥梁、水坝、发电站、高速公路、铁路、电信系统、港口和飞机场等项目。比较引人注目且效果较好的参股领域之一是高科技开发研究领域。

（5）法律保护私人进入。用法律手段允许、促进并保护私人进入公共产品的生产经营领域，不但减轻了国家的财政负担，而且还能够提高服务质量和消费效率。这个办法不仅适用于"拥挤型"公共产品，而且适用于"优效型"公共产品，如教育、医疗等领域。例如，1982 年美国共有 6 015 家医院，其中政府医院占 35.5%，民间私立医院占

品,就无法排除人们不付任何代价地消费该产品。当然,人们也可能同意分担供给公共产品的费用,但这样的合作,可能只对供产规模不大的团体(社区)是可行的;随着供产规模的扩大,个人变为"免费搭乘者"的可能性将越来越大。所以,对于规模或范围较大的公共产品供应来说,只有通过公共预算来提供才是可行的。

诚然,通过公共预算来提供公共产品,并不表明一定要完全由政府来组织公共生产。在许多场合,由于技术进步,私人部门同样能解决公共产品的免费搭车问题,避免这些产品的非竞争性和非排他性。

例如,广播、电视播放的节目,每个人都可能收听或收视,此项服务具备公共产品的两个特征。然而,美国的广播、电视节目都是由私人企业提供的。这时向接收节目的人直接收费是不可能的,其中免费搭车问题通过广告收入可部分得以解决。但是,技术进步发明了有线电视,改变了电视服务公共产品的特征。若不支付有线电视账单,这项服务就会被"关掉"。现在还发明了能扰乱卫星电视信号的技术,卫星电视用户若不付费,该技术可使他收不到卫星信号。有线电视技术甚至发展到可向极少数观众播送一些特别节目,只要这些用户再支付一笔费用。这样一来,技术进步解决了公共产品非排他性特征,即不付钱得不到产品和服务,从而使私人企业供应此类产品成为可能,公共部门可将公共产品以合同的形式交由私人部门去生产。

1.政府直接提供公共产品

(1)中央政府直接经营。在西方国家,造币厂和中央银行通常是由中央政府直接经营的。除此之外的公共产品,各国之间的差异较大。例如,美国在公共产品生产方面会更多地偏向由私人提供。还有一些国家的中央政府直接生产军工、医院、学校、图书馆、自来水、煤气等产品。与造币厂和中央银行的情况不同的是,上述这些准公共产品的公共经营在某些国家是在其私营亏损或破产时由政府予以国有化而实现的。

(2)地方政府直接经营。这里所说的地方政府是指中央政府以下的各级政府。在欧洲大多数国家,地方政府直接经营一些保健事业、医院、自然资源保护、实践法律条款的司法工作、街道、住宅、警察、防火、供水、下水道、煤气、供电、图书馆、博物馆等。欧洲各国地方政府在许多公共产品供给方面表现出直接经营的一些特点;美国则较多地通过私人企业予以间接经营;日本和法国则另有一个特点,主要由地方公共团体经营。

(3)地方公共团体经营。日本的国有企业在日本经济中起着重要作用。随着产业中的第一产业向第二产业的转移,基础设施显得越来越重要,基础设施不完备必然会影响投资效益,因此只能由国家以国有企业的形式来承担基础设施的投资。例如,日本的"自然垄断性"的公共产品几乎全部是由国有企业来提供的,而日本的国有企业是由地方公共团体来经营的。地方公共经营的这些企业可从事有利于地方居民福利的任何事业,其"法定事业"有7项,即自来水、工业水、铁路、汽车运输、地方铁路、电气和煤气。

知识链接 6.2

对野狼的保护

对环境保护主义者而言，野狼是生态系统的一部分，保护野狼的目的是为了维持自然的生态系统。而对于牧场主们而言，由于他们的牲畜常被野狼吃掉，他们认为野狼是有害的，应该消灭或者进行严格的控制。美国蒙大拿州的环境保护组织对野狼的保护问题做出了反应，他们从其成员中筹集到钱，然后用这些钱来对那些允许野狼在其牧场上生存的牧场主进行奖励。牧场上每有一窝野狼出生，土地所有者就可以获得 5 000 美元的补偿。另外，该组织还对牧场主被咬死的牲畜进行补偿。这一计划执行的结果是，对于保护野狼成为黄石公园生态系统的一部分所做出的努力，黄石公园附近的牧场主们更有可能给以支持。这一计划是将保护野狼作为一种公共物品来看待的。

2. 准公共产品

准公共产品是指具有有限的非竞争性和非排他性的物品。准公共产品又可分为两类：自然垄断型公共产品和公共资源。

（1）自然垄断型公共产品。自然垄断型公共产品是指与规模经济有密切联系的公共产品，具有排他性但无竞争性。例如，有线电视不具竞争性，多一台电视机接收有线电视节目并不会降低其他电视机的接收质量，也不会增加电视节目制作的成本。但是有线电视具有排他性，即不付费的人是无法接收有线电视节目的。再如公园、电影院在未达到饱和状态时也如同有线电视一样，具有排他性而不具有竞争性。此类物品一般属于社会基础设施，如排水系统、供水系统、铁路运输系统、公路交通系统、天然气煤气系统和电力输送系统等。

（2）公共资源。公共资源是指只具有竞争性，但无排他性的物品。例如，公海捕捞的鱼，是一种竞争性产品，一部分人从海洋中捕到的鱼多了，留给其他人捕的鱼就少了。但这些鱼并不具有排他性，因为不可能对任何从海洋中捕到的鱼都收费。

准公共产品具有拥挤性，这种拥挤性表现为，在准公共产品的消费中，当消费者的数目增加到一定程度时就达到了拥挤点。在未超过拥挤点的范围内，增加新的消费者不会影响原有消费者的效用，也不会增加供给成本，即增加新的消费者的边际成本为零；但是当超过了拥挤点以后，增加更多的消费者不仅会减少全体消费者的效用，而且会增大供给成本。因此，准公共产品要通过收取一定的费用来进行供给。

6.2.2 政府对公共产品造成的市场失灵的干预

纯公共产品的存在以及供给上的需要，是市场竞争所无法或不便解决的，是市场失灵的一种重要表现。任何一个公共产品要想能有效地被消费，必须由集体提供。对于这种集体提供，可以由个人志愿合作，也可以由国家预算安排提供。由于公共产品具有非排他性，追求利润最大化的生产者，是不会供应公共产品的。因为一旦它生产了公共产

任务 6.2　公共产品与政府供给

6.2.1　公共产品

与公共产品相对应的一类产品称为私人产品。私人产品（private goods）是指一般生产要素供给者通过市场经济所提供的产品和服务，它由私人或厂商提供。私人产品具有两大特征：排他性和竞争性。排他性是指一个人是否能对一种商品进行消费，要看他是否能对这种商品支付价格，只有能对商品支付价格的人才能消费商品，不能支付价格的人不能成为消费者。例如，一件衣服或一块面包，购买者支付了价格就取得了该产品的所有权并可轻易地排斥他人消费这种产品。竞争性则是指从商品消费中得到的享受归某个消费者，如果某人已消费了某种商品，别人就不能消费这种商品。例如，某人吃了一块巧克力，他人就不能吃到同一块巧克力。

但是，在现实中还存在许多不具备以上特性的物品，市场无法有效率地调节它们的生产和消费，或者说不可能由私人有效地提供。

在经济中存在的许多不能同时满足或完全不满足竞争性和排他性的物品通常被称为公共产品（public goods）。按照公共产品所具有的非竞争性和非排他性程度的不同，公共产品可分为纯公共产品和准公共产品。

1. 纯公共产品

一般来说，纯公共产品具有以下特征。

（1）非排他性。非排他性是相对纯私人产品的排他性而言的。纯私人产品的所有权使产品的所有者能唯一地拥有对它的享有权；而在一种纯公共产品上，排他性就不存在了。首先，公共产品在技术上、经济利益上以及所有权确定上往往都具有不可分性，即不能也不便排斥众多的受益者，如国防服务。如果在一个国家的范围内提供了国防服务，要想排除任何一个在该国居住的人受国防保护，那是极其困难的。

（2）非竞争性。当一种产品（商品）在增加一个消费者时，其边际成本等于零，则此产品就称为消费上具有非竞争性。例如，不拥挤的桥梁，非满载的火车车厢，未饱和运转的计算机等。非竞争性是从产品的不可分割性中产生的，这使得新增加的消费者在该产品的有效容量之内，都不会增加生产该产品的可变成本，从而使其边际成本为零。

然而，一个产品在消费上具有非竞争性，并不一定保证它同时具有非排他性。例如，火车车厢和桥梁，它们在其容量内是非竞争性的，但如果是凭火车票上车，或征收桥梁通行费，那就使得它们具有排他性了。反过来，非排他性产品也并不必然是非竞争性的。某些公共资源就是这方面的例子。例如草原，当一个人在某一草原上放牧时，其实是与其他人对这块草原的利用相竞争的。因此，公共资源是一种非排他性，但消费上具有竞争性的物品，故不属于纯公共产品。

在美国，实施反托拉斯法有三种途径：第一种途径是通过美国司法部的反托拉斯署，反托拉斯署主要反对垄断活动。第二种途径是通过联邦贸易委员会的行政程序，联邦贸易委员会主要反对不正当的贸易行为。第三种途径可以说是最常用的途径，即通过秘密程序进行。个人或公司可以控告他们的经营或财产由于违规者行为受到多重损害，而必须付出多重损害赔偿的可能性是对可能的违规者的一种强有力的制约。我国在 2007 年 8 月 30 日颁布了第一部反垄断法《中华人民共和国反垄断法》，并自 2008 年 8 月 1 日起执行。

知识链接 6.1

美国反托拉斯立法简史

美国反托拉斯立法历史一览表如表 6.1 所示。

表 6.1 美国反托拉斯法立法历史一览表

年 份	内 容
1890	谢尔曼法：规定垄断市场或采取引起贸易限制的做法均为非法
1914	克莱顿法：规定妨碍竞争的许多具体行为为非法，包括搭售合约，以阻碍竞争为目的的价格歧视，实际减少竞争的股票购买合并
1914	联邦贸易委员会：建立并实施反托拉斯法
1936	罗宾逊—帕特曼法案：禁止以"不合理的低价格"出售产品——这种做法妨碍竞争
1950	谢勒尔—凯弗沃尔法案：那些会极大妨碍竞争的财产购买兼并行为为非法
1980	哈斯—斯科特—罗迪诺法案：反托拉斯法得以扩展，同样适用于独资和合伙制企业

案例欣赏 6.2

中国反垄断第一大案：高通认罚 60 亿元人民币

国家发改委于 2015 年 3 月 2 日正式公布了高通案的行政处罚结果，并在其网站上全文发布。至此，轰动一时的高通案最终尘埃落定。美国高通公司被处以 60.88 亿元人民币的罚款，相当于高通 2013 年度在华销售额的 8%。

高通案无疑是《反垄断法》颁布以来，历时最长、罚款数额最高、海内外最受关注的反垄断执法案件。此次高通被罚款 60.88 亿元人民币，比 2014 年全年 17 亿元人民币反垄断罚款总额的三倍还要多。如此巨额的罚款，意在警告其他涉嫌垄断违法行为的企业，在法律面前谁都不能心存侥幸。同时，高通案也促进了国内在知识产权领域的反垄断法律的建设。国家工商总局和发改委已经先后完成和启动了知识产权领域的反垄断立法工作，以便将高通案中的经验及时归纳总结。而且，由于高通案的巨大影响，欧美等国的反垄断机构也开始关注中国反垄断法的执法工作，加强了与中国反垄断机构在立法和执法领域的经验交流。更为重要的是，高通案后，各国际企业也更加重视在中国市场的反垄断合法工作，促进了我国市场的健康发展。

（资料来源：http://law.wkinfo.com.cn/topic/61000000263/index.HTML#888.）

制产量的理由。

价格管制如图 6.1 所示，垄断厂商的需求曲线是 AD，边际收益曲线是 AM，在不存在价格管制的情况下，该厂商最有利可图的产量为 Q_1，此时边际收益等于边际成本，垄断厂商索取 15 美元的价格 P_1。现在政府实施了 12 美元的最高限价，使得垄断厂商的需求曲线变成了 P_2CD。由于从零到 Q_2 产量之间的任何产量决策都能以 12 美元的价格出售，所以，与该厂商产量决策相关的需求曲线在这一产量范围内是一条水平线 P_2C。超过 Q_2 的较高水平的产量仍可以按照低于 12 美元的价格出售，因此，需求曲线 CD 段仍然是相关的。同时由于边际收益曲线是随着需求曲线而变化的，在需求曲线为水平段时，边际收益曲线与需

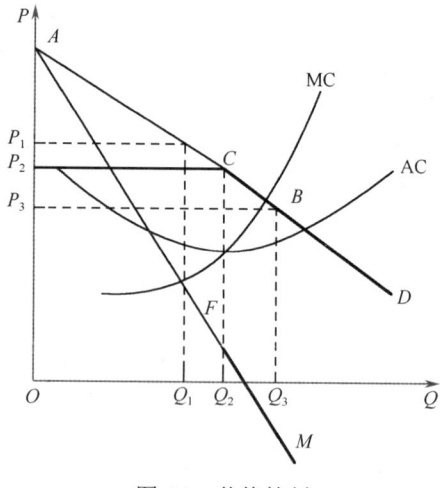

图 6.1 价格管制

求曲线重合，也就是说，P_2C 也是 Q_2 产量之前的边际收益曲线。在大于 Q_2 产量水平上，原有的需求曲线没有变化，所以原有边际收益曲线中与 CD 段需求曲线相联系的 FM 段仍然是相关的。

这样，在产量为 Q_2 时，边际收益曲线是非连续的。在产量为 Q_2 时，边际收益等于价格，而当再增加单位产量时，厂商价格将会陡然下降。当实行最高限价后，对应于最初产量水平 Q_1 的利润必定下降，因为在此产量上的边际收益 P_2C 大于边际成本，所以垄断厂商可以通过扩大产量弥补一些利润损失。例如，当厂商将产量从图 6.1 中的 Q_1 扩大到 Q_2 时，其边际收益都是超过边际成本的，这表明在这一产量范围内，利润是随着产量的扩大而增加的。但是当产量超过 Q_2 之后，边际收益又会低于边际成本。

显然，当管制价格在 P_2 和产量在 Q_2 处，垄断造成的净损失减少了；若管制价格进一步下降，产量则会进一步增加，净损失也还会进一步下降。在价格达到 P_3 时，平均收益或价格等于边际成本，产量达到完全竞争水平，垄断引起的净损失已被消除，从而实现了帕累托最优状态，此时垄断厂商仍然可以得到一部分经济利润。若政府试图制定一个更低的"公平价格"以消除垄断的经济利润，价格应在平均收益等于平均成本的水平上，但由于这时的边际成本大于价格，已经违反了帕累托最优条件。

价格管制还用于自然垄断行业，如公用事业公司。需要指出的是，自然垄断厂商的平均成本曲线一直是下降的，从而边际成本总是在平均成本之下。若不加以管制，厂商也将按照利润最大化原则在较高的价格上提供较少的产量。所以，可行的最佳选择是将价格确定在平均成本与平均收益相等的水平上，厂商既没有垄断利润，也利于产量尽可能大到正好不至于使厂商退出经营。

2．反托拉斯法

对垄断实施管制的第二个措施是通过制定反托拉斯法来实现的。这也是政府对垄断的更加强烈的反应。西方很多国家都不同程度地制定了反托拉斯法，最为突出的是美国。

任务 6.1　垄断的低效率与反垄断

6.1.1　垄断的低效率

市场机制作用的发挥，是以充分的市场竞争为前提条件的。然而，在现实的市场经济中，一方面产品之间总是有差别的，存在着不同程度的不可替代性；另一方面，交通费用等交易成本也往往阻碍着资源的自由转移。这些因素都会增强个别厂商影响市场的能力，削弱市场的竞争性。

此外，在一些自然垄断行业，如电信、供电、供水等行业，垄断者凭借自身的垄断优势，往往使产品的价格和产出水平偏离社会资源配置的要求，从而影响市场机制自发调节经济的作用，降低了资源的配置效率。为此，需要政府部门通过自己生产或对私人进行管理来达到一个更有效率的产出。

案例欣赏 6.1

"跨世纪"的微软反垄断案

1998 年 5 月 18 日，美国司法部经过数个月的调查，向微软发起反垄断（托拉斯）诉讼，指控微软垄断操作系统，将浏览器软件与视窗操作系统软件非法捆绑销售。微软公司积极应诉。随后，微软公司与美国司法部经历了旷日持久的诉讼过程。2001 年 9 月，美国司法部表示不再要求微软对操作系统进行拆分。2001 年 11 月 1 日，美国司法部和微软达成过渡性协议，长达几年的被称为"跨世纪"的微软反垄断案总算尘埃落定。虽然微软操作系统逃脱了被一分为二的命运，但新经济时代的反垄断措施值得每个企业关注。

6.1.2　政府对垄断造成的市场失灵的干预

垄断常常导致资源配置的低效率，垄断利润通常也被看成是不公平的，这就有必要对垄断进行政府干预。对于政府来说，解决垄断条件下的价格高于竞争价格这一问题，方法就是实行价格管制或通过立法。

1．价格管制

如果一个垄断厂商在正常情况下索取 15 美元的价格，那么，政府可以实施一个 12 美元的最高限价，以便降低消费者使用该产品的成本。一般而言，在一个竞争市场上实行最高限价会导致产量减少，从而造成在控制价格下的短缺和非价格配给。但是，垄断厂商对最高限价的反应方式与竞争行业有关。在一定条件下，对垄断价格的强制限制，可能会导致垄断产量的提高。我们知道，垄断厂商限制产量的目的是为了索取较高的价格，实施最高限价意味着限制产量不能得到较高的价格，所以，最高限价将消除垄断厂商限

导入案例

市场失灵下的环境污染

2016年4月，江苏省常州外国语学校"毒地"事件曝光，随后成都、北京、沈阳等地不约而同地爆发出"毒跑道"事件。一时间舆论哗然，媒体和人们的目光再次聚焦到环境污染的问题上。

常州环境污染事件发生后，国家和江苏省各相关部门迅速跟进，展开全面调查。调查数据显示，我国有污染场地30万～50万块。环保部部长透露，2016年将开展土壤污染详查。业内人士期待通过此次详查，摸清耕地和建设用地的污染情况，排查污染场地是其中一个重要方面。

"毒跑道"事件后，2016年6月21日晚，央视《经济半小时》栏目曝光了河北沧州、保定许多小作坊企业将废旧轮胎等工业废料作为塑胶跑道的原料。随后，有追踪采访的媒体发现，被曝光的一家企业已是人去楼空。政府目前正在研究相关监管责任问题。

一个个环境污染的案例令人痛心，也令人警醒。在我国市场化取向的过程中，各经济利益的主体都是"经济人"，是以自身利益最大化作为目标的。在个人利益与公共利益发生冲突时，"经济人"往往会以牺牲公共利益为代价。而环境作为一种公共资源，被忽视和污染，就更不足为奇了。也就是说，在环境污染这个问题上，出现了市场失灵。

❖案例讨论❖

我们都知道，环境作为一种公共资源，它的非竞争性和非排他性表明，环境并不会因为消费人数的增加而引起生产成本的增加。这种情形下的"外部不经济"以及"搭便车"现象，是环境污染的根本原因。在鼓励消费的市场模式下，人们对环境公共资源的利用超过环境所能提供的限度几乎是不可避免的，这种环境资源配置的低效率毫无疑问是一种"市场失灵"的表现。政府在市场经济的过程中是以弥补市场缺陷的角色出现的。但是，政府本身也存在一个效率问题，市场解决不了的问题，政府也不一定解决得好，而且，政府的效率比起企业效率的影响更要广泛。如果政府一旦不能纠正市场失灵，就会使资源配置更加缺乏效率和不公平。

市场失灵（market failure）是指由于垄断、公共产品、外部性、信息不对称等原因，导致资源配置达不到最优，即资源配置处于低效率或无效率状态。市场失灵主要表现在：第一，垄断阻碍了市场机制的作用，使资源得不到有效配置；第二，市场无法有效地提供公共物品；第三，在市场经济中，市场机制往往无法解决伴随经济活动而产生的外部性负效应的影响；第四，消费者和生产者的市场信息不对称。

既然市场机制本身不能保证能在一切场合下导致资源有效配置的结果，那么，政府在这些场合进行某种干预就成为必要。政府干预经济的主要理由是存在着市场失灵，即政府的作用就在于解决市场自身所不能解决的问题。

项目导图

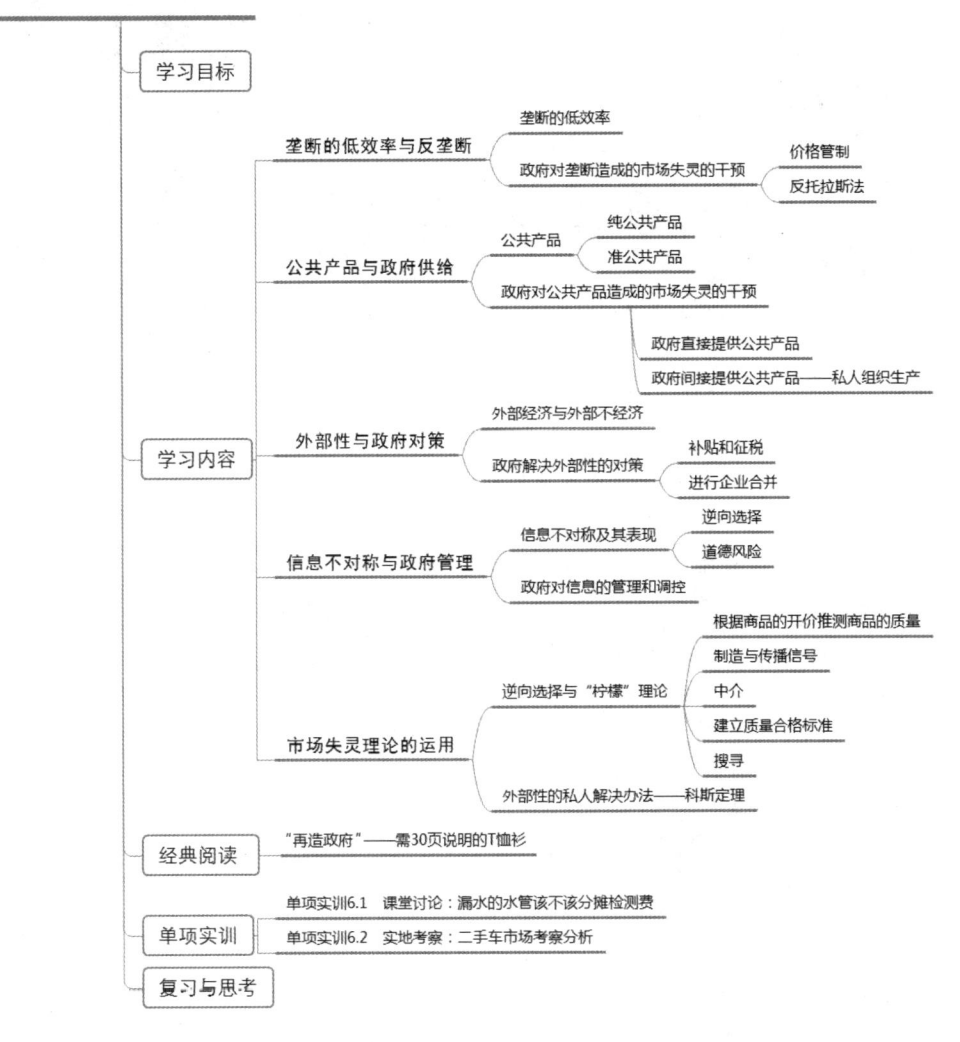

项目 6

市场中政府的作用

学习目标

知识目标：
- ▲ 了解市场失灵的概念与原因；
- ▲ 掌握市场失灵的微观经济政策；
- ▲ 认识政府在解决市场失灵中的作用。

能力目标：
- ▲ 对市场失灵现象的认识；
- ▲ 对政府微观经济政策的理解与应用。

重点难点：
- ▲ 价格管制；
- ▲ 逆向选择。

C．获得利润　　　　　　　　　D．以上何一种情况都可能出现
（2）在完全竞争市场中，行业的长期供给曲线取决于（　　）。
　　　A．SAC 曲线最低点的轨迹　　　B．SMC 曲线最低点的轨迹
　　　C．LAC 曲线最低点的轨迹　　　D．LMC 曲线最低点的轨迹
（3）对完全垄断厂商来说（　　）。
　　　A．提高价格一定能够增加收益
　　　B．降低价格一定会减少收益
　　　C．提高价格未必能增加收益，降低价格未必会减少收益
　　　D．以上都不对
（4）完全竞争厂商的短期供给曲线应该是（　　）。
　　　A．SMC 曲线上超过停止营业点的部分
　　　B．SMC 曲线上超过收支相抵点的部分
　　　C．SMC 曲线上的停止营业点和超过停止营业点以上的部分
　　　D．SMC 曲线的上升部分
（5）完全竞争厂商的长期均衡产量上必然有（　　）。
　　　A．MR=LMC≠SMC，其中 MR=AR=P
　　　B．MR=LMC=SMC≠LAC，其中 MR=AR=P
　　　C．MR=LMC=SMC=LAC≠SAC，其中 MR=AR=P
　　　D．MR=LMC=SMC=LAC=SAC，其中 MR=AR=P

3．分析讨论题

（1）有人说在某个行业，厂商数量很少，则这个行业不是垄断市场就是寡头市场；还有人说如果某一行业的产品是同质的，或者是相互之间有很好地替代性，则这一行业一定是竞争市场。分析这两种说法是否正确，并说明理由。
（2）为什么完全竞争厂商的需求曲线、平均收益曲线和边际收益曲线是重叠的？
（3）用图说明完全竞争厂商的短期均衡的形成及其条件。
（4）简述垄断竞争厂商的两条需求曲线的含义与相互关系。
（5）短期均衡时，完全竞争厂商与完全垄断厂商有何不同？
（6）为什么垄断厂商的需求曲线是向右下方倾斜的？说明相应的 AR 曲线和 MR 曲线的特征与关系。

4．计算题

已知某完全竞争行业中的单个厂商的短期成本函数为：STC=$0.1Q^3-2Q^2+15Q+10$，试求：
（1）当市场上产品价格为 P=55 时，厂商的短期均衡产量和利润。
（2）当市场价格下降为多少时，厂商必须停产。
（3）厂商的短期供给函数。

单项实训

实训目标

1. 学会分析市场类型。
2. 掌握各类市场类型的特点。
3. 能够为企业合理、科学的竞争策略提出建议。

实训背景与要求

单项实训 5.1　市场分析：不同厂商的市场类型分析

实训要求：

学生以小组为单位，调查不同厂商所属的市场类型，并将调查和分析的结果填写在表 5.3 中。

表 5.3　市场类型对比分析表

项目＼类型	完全竞争市场	垄断竞争市场	寡头垄断市场	完全垄断市场
特征				
举例				

单项实训 5.2　市场调查：某行业的竞争优劣势分析

实训要求：

学生以小组为单位，每 5 人为一个调查小组，选取某一行业进行调查。对该行业的竞争的优劣势进行分析，并据此提出市场竞争策略，将结果填写在表 5.4 中。

表 5.4　某行业的竞争优势和劣势分析

调查企业	竞争优势	竞争劣势	竞争策略

复习与思考

1. 名词解释

完全竞争市场；垄断竞争市场；寡头垄断市场；完全垄断市场；价格歧视

2. 选择

（1）在垄断厂商的短期均衡时，垄断厂商可以（　　）。

　　A．亏损　　　　　　　　　　B．利润为零

案例欣赏 5.9

电影票和爆米花

乔治刚过完他 60 岁的生日,这天,他带着孙女去看电影,他很高兴地发现,他可以得到老年人 50%的电影票折扣。同时,他也很惊讶地发现,他在买爆米花时必须付全价。乔治的经历引起了两个关于企业定价决策的问题:

1. 对老年人实行折扣价是慷慨之举,还是一种利润最大化的手段?
2. 如果对老年人的电影票实行折扣价是明智的,为什么对爆米花实行折扣价就不明智了?

 **经典阅读**

利用专利来保持垄断——施乐(Xerox)公司案例

市场策略和专利能够并且一直被公司结合在一起使用,以便在专利过期之后仍然保持主导地位。虽然专利鼓励创新,但是专利的滥用不仅会导致较高的价格,而且在某种情况下会减缓创新的步伐。但是,要确定哪些情况是对专利的滥用却相当困难。

你可能听别人说:"我要去施乐复印那份文件",这个人的意思通常是,他要用复印机(可能是施乐公司生产的,也可能不是施乐公司生产的)复印那份文件。直到 19 世纪 70 年代早期,施乐公司几乎成了复印机的代名词。该公司发明了复印机,拥有超过 17 000 件与复印过程密切相关的专利,并且在美国出售的复印机中,大约有 95%出自施乐公司。

1972 年,美国联邦贸易委员会(Federal Trade Commission, FTC)起诉施乐公司,理由是它将其众多的专利作为垄断复印机生产的一种手段。联邦贸易委员会认为,在一定时间内,施乐公司不是将这些专利用来保护新的发明,而是无限期地将它们作为垄断这一市场的一种策略。

经过几年的调查和辩论,最后达成一致意见并公布了一项协议。施乐公司并不承认有什么错误,但它还是同意改变其做法。1975 年 7 月,施乐公司同意允许其他竞争对手使用该公司的某些未来专利。另外,联邦贸易委员会要求施乐公司撤回对其他公司对其侵权的所有起诉。联邦贸易委员会的一位发言人坚持认为,这些步骤将"清除施乐公司独占复印机行业的主要根源"。

由于不再担心使用施乐公司专利而被起诉,以日本理光公司(Ricon)为首的进入者开始涌入复印机市场。复印机价格大幅度下降。到 1980 年,施乐复印机在美国的市场份额只占 46%。

(资料来源:[美]斯蒂格利茨.经济学.中国人民大学出版社,2000.)

1. 实行差别价格的条件

在实行差别价格之前，必须首先考虑是否满足以下三个条件。

（1）市场存在不完善之处。在完全竞争市场上实行差别定价是不可能的，因为厂商是市场价格的接受者。但是，当市场存在不完全性，或者当市场的各部分被运输成本、消费者的无知等因素所阻隔时，厂商就可以对各个市场或市场的不同部分向消费者索取不同的价格。

（2）各个市场或市场的不同部分，消费者的需求价格弹性不相同。正是因为富人既有钱又重视自己的健康，对老郎中就诊费的需求弹性较小，从而可以实行高价。而穷人没有多少钱，一旦老郎中就诊费提高他们就无力承担医疗费用，其需求价格弹性较大，从而应该实行低价。这样无论穷人还是富人都会付就诊费，从而使老郎中有较大收益。

（3）市场之间或市场的各个部分之间必须完全有效分开。如果厂商无法隔离其市场，消费者将都到其低价市场上购买商品，那么实行差别价格就没有意义了。

2. 差别价格的类型

按照价格差别的不同程度，厂商的差别定价一般有三种类型，即一级价格差别、二级价格差别和三级价格差别。

（1）一级价格差别。一级价格差别是指厂商向每个顾客索取其愿意支付的最高价格。例如，美国运通公司最初对所有的客户，包括餐馆、服装店、航空公司、酒店业等都实行3%的提成比率。这首先遭到餐馆业的强烈反对，它们抱怨提成比率太高了，甚至威胁说如果不降低提成比率，它们将不再接受其服务。为此，美国运通公司求助于麦肯锡公司。麦肯锡开出的药方就是一级差别定价：把餐馆业的服务提成比率降低到2%，把服装行业的提成比率降低到2.5%，与此同时把航空公司和酒店业的服务提成比率提高到3.5%。美国运通公司采纳了这项建议，并取得了丰厚的利润。有趣的是，美国运通公司就这项建议支付给麦肯锡公司的酬劳高达300万美元，这本身也是一种差别定价，因为麦肯锡公司知道美国运通公司出得起这么高的价格。

（2）二级价格差别。二级价格差别又称数量折扣定价策略，它通过相同货物或服务的不同消费量或"区段"索取不同价格来实现更多利润的目的。例如，在美国电力市场上，如果消费者每月电量消费超过第一段消费区间，超过部分的电费将可以享受一定的折扣；如果消费者的电量消费超过第二段消费区间，超过部分的电费将可以享受更大的折扣。这种措施可激发消费者的电力需求，电力公司则可大大降低单位成本，获得更多的利润。

（3）三级价格差别。三级价格差别是指厂商把消费者分为具有不同需求的两组或更多组，就同一种商品或服务向不同组的消费者索取不同的价格。例如，电信收费中的代表性收费方式有两种：高月租低话费与低月租高话费。对于那些电话较多的消费者，高月租低话费要比低月租高话费实惠；对于那些电话寥寥无几的消费者，显然是低月租高话费更比高月租低话费更实惠。这样电信企业就迎合了不同消费者的需求，大家都会接受电信服务，消费者与厂商都会获得收益。

者购买，而是以妥善处理公共关系、树立产品和企业的良好形象、增强消费者和社会的信任为主流的一种商业方式。

 知识链接 5.2

武林中的产品差异化竞争

产品差异化是垄断竞争市场上常见的一种现象，不同企业生产的产品或多或少存在相互替代的关系，但是它们之间存在差异，并非是完全可替代的。垄断竞争厂商的产品差异化包括产品的本身差异和人为差异，后者包括方位差异、服务差异、包装差异、营销手法差异，企业往往希望通过产品差异化来刺激产品的需求。

大大小小或强或弱的门派，各怀绝技形形色色的高手，组成了武林这个特殊世界。各个武林门派和高手在激烈的竞争中生存和发展，颇像无数大大小小的企业和个人在市场上的竞争。所以，可用经济学中的市场竞争理论来解释武林中的争斗，也可以通过武侠小说中对武林各派斗争的描述来加深对市场竞争理论的理解和运用。

5.5.2 垄断厂商的价格歧视策略

由于垄断这一得天独厚的条件，厂商便会在追求利润最大化的动机之下做出一些违规之举，如价格歧视。

价格歧视是指同一厂商在同一时间对同一产品向不同的购买者索取两种或两种以上的价格，或者是指对销售给不同购买者的同一产品在成本相同时索取不同的价格。在现实经济生活中，许多市场上都存在着差别价格，即厂商对同一种商品向不同的消费者收取两种甚至两种以上的价格。

 案例欣赏 5.8

老郎中的差别价格

村子里有99位穷人和一位富人，假设他们每年都要得一次病，村里唯一的老郎中该如何收取就诊费呢？

如果老郎中实行统一低价，每人收取一个铜板，那么老郎中一年能够收取100个铜板。如果老郎中实行统一高价，每人收取50个铜板，那么只有富人才能付得起就诊费，穷人有病也请不起医生，老郎中一年只能收取就诊费50个铜板。如果实行差别定价，对穷人收取就诊费每人一个铜板，对富人收取就诊费50个铜板，那么老郎中一年能够获得149个铜板。

可见实行差别价格，能够获取更多的利润。

差别、产品变异和广告。

1. 产品创新策略

随着社会的飞速发展,在今天的知识经济时代,消费者对产品的要求越来越高,单一的标准化产品、统一的营销方式和水准已经远远不能满足他们的需要,价格因素在竞争的影响下降低,消费者开始关注产品的差异化和产品的更新换代速度。

2. 产品品牌个性化

每一种产品的不同的质量、价格、外观、品位、内涵都会给消费者带来不同的感受和理念,也会给消费者带来不同程度的心理上的满足,这些都是影响消费者购买产品的重要因素。现代生活水平在不断提高,高技术含量的产品和高档次的产品在不断增加,产品的差异化、品牌的个性化倾向越来越显著。除了质量、价格、外观等理性方面,消费者也越来越重视产品的文化内涵、个性等感性方面的影响因素,这种情感因素的增加加强了消费者对产品及品牌的理解和依赖。

3. 产品服务竞争策略

美国著名市场营销学家莱维特曾说过:"未来企业竞争的焦点不再是企业能为消费者生产出具有什么使用价值的产品,而是企业能为消费者提供什么样的附加价值——服务。"因此,如果企业希望拥有竞争优势,就必须实施销售服务竞争策略。销售服务竞争策略包括服务个性化、服务精细化、服务互动化和服务知识化。

4. 战略联盟

战略联盟是指两家或两家以上公司为了达到某些共同的战略目标而结成的一种网络式联盟,联盟成员各自发挥自己的竞争优势,相互合作,共担风险。在完成共同的战略目标后,这种联盟一般都会解散,其后为了新的战略目标,公司也可能与新的合作者结成新的联盟。

战略联盟是一种适应市场环境变化的新型竞争观念,它以一种合作的态度来对待竞争者,形成商业联盟。通过建立双方的信任关系,在合作中竞争,实现优势互补,借助对方来加强各自的竞争力,在合作的基础上展开竞争,从而不断提高竞争的水平,促进社会经济和技术的不断发展和进步。

5. 广告策略

随着经济的不断发展和进步,买方市场格局逐渐稳定,广告越来越显示出其不可替代的价值与作用。广告是以促进销售为目的,付出一定的费用,通过特定的媒体传播商品或劳务等有关经济信息的大众传播活动。广告宣传的基本功能在于向消费者传递商品的信息,沟通生产者与消费者之间的联系,以此促进商品销售。

广告之所以能在市场促销过程中具有举足轻重的作用,是由广告的功能所决定的。广告的功能特点是高度普及公开、渗透性强、富于表现力,广告促销既能用于树立企业形象,也能促进快速销售。当前,促销宣传不再是仅以某种优惠或变相优惠来吸引消费

3. 垄断厂商的边际收益

垄断厂商的边际收益是指垄断厂商每增加一个单位产品的销售量所增加的收入，其计算公式为

$$MR = \frac{dTR}{dQ} = \frac{d(P \cdot Q)}{dQ}$$

垄断厂商的边际收益曲线 MR 位于平均收益 AR 之下，并且是一条自左上方向右下方倾斜的直线，表明其边际收益随产量增加而不断下降，如图 5.16 所示。

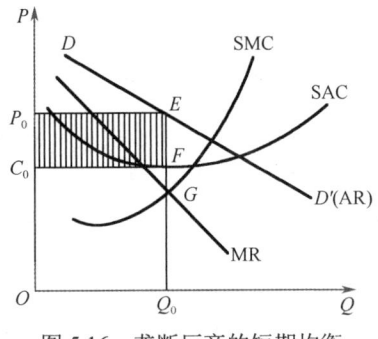

图 5.16 垄断厂商的短期均衡
（有超额利润状态）

5.4.3 完全垄断厂商的决策

1. 完全垄断厂商的短期均衡

垄断厂商的短期均衡条件为 MR=SMC，如图 5.16 所示。

在短期内，垄断者只能在既定规模的工厂条件下进行生产，因此，各种成本沿短期成本曲线变化。在图 5.16 中，SAC 为垄断厂商的短期平均成本，SMC 为垄断厂商的短期边际成本。垄断厂商在短期内获得的经济利润为图中的阴影部分 C_0P_0EF 的面积。

垄断厂商虽然能够控制供给，但并不能控制市场需求。当市场需求下降或出现严重不足时，垄断厂商在短期内也有可能只获得正常利润（即 $\pi=0$），或蒙受经济损失（即 $\pi<0$），甚至停产。在短期内，垄断厂商的经营状况主要受市场需求的影响。

2. 完全垄断厂商的长期均衡

在完全垄断条件下，由于客观技术条件和人为制度因素所形成的行业壁垒阻碍了其他厂商进入垄断行业，所以，在长期内，即使垄断厂商获得丰厚的利润，也不会有新厂商进入与其分享市场和利润。因此在长期中，垄断行业只有厂商规模的调整，不会有厂商数量的变化。

在长期中，垄断厂商将根据市场需求状况，调整各种生产要素（包括机器设备等短期固定生产要素）的投入量，以建立一个高效率的工厂，保证获得一个不低于正常利润的经济效益。否则，垄断厂商就会因市场需求长期过低，以致无法消除经济损失而退出所在行业。

任务 5.5 市场竞争策略的运用

5.5.1 垄断竞争市场的非价格竞争

在完全竞争市场上，同行业厂商提供的是完全相同的产品，所以，要实现利润最大化只有一个办法，就是将其产量调整到使边际成本和产品价格相等。而垄断竞争企业为实现利润的最大化，除了可以调整产品价格以改变其销售量，还可以通过改变产品特征以及销售费用来调整销售量，这些手段就是非价格竞争。非价格竞争的手段主要有产品

向其他环球卫星发射信号,相关的卫星再将这一信号发送到地球上的另一部手机上。从理论上讲,如果一个身在北美地区的人用手机打电话,这一信号可以直接传送到西伯利亚的另一部手机上,而根本无须通过地面电话网。全球无线网络的总成本约为34亿美元。

移动电话卫星网络工程是一个潜在的自然垄断。鉴于建立卫星系统的巨额成本,在移动电话的通信服务中,存在着很大的规模经济。一旦系统建成,发送信号的边际成本就会相当低廉。如果移动通信的需求不足以支持一个以上的卫星系统,那么就将存在一个全球的自然垄断。另一种可能是,其他企业可以发射他们自己的卫星,从而进入移动通信市场。如果移动电话需求增加,市场足以支持并容纳一个价值34亿美元的卫星系统,那么这种情况将会发生。

5.4.2 完全垄断厂商的收益

在完全垄断的条件下,一个行业只有一个厂商,市场需求曲线就是厂商的需求曲线。市场需求曲线一般是一条向右下方倾斜的曲线,需求量与价格呈反向变动的关系,因此,厂商的产销量与价格也呈反向变动的关系,即产量越大,售价越低;产量越小,售价越高。完全垄断厂商的这一需求特征决定了它的收益规律。

1. 垄断厂商的总收益

与完全竞争厂商一样,完全垄断厂商的总收益等于其产品销量与售价之积,其公式为

$$TR = P \cdot Q$$

垄断厂商的总收益曲线 TR 是一条倒"U"形的曲线,如图5.15所示。它表明:当产量为零时,总收益为零;当产量增加时,总收益增加;产量增加到一定程度,总收益增加到最高水平;当产量增加到无穷大时,总收益趋近于零。也就是说,随着产量的不断增加,垄断厂商的总收益先上升,而后下降。

2. 垄断厂商的平均收益

垄断厂商的平均收益是指垄断厂商每销售一个单位产品所获得的收入,它等于总收益除以产销量,其计算公式为

$$AR = \frac{TR}{Q} = \frac{P \cdot Q}{Q} = P$$

上式表明垄断厂商的平均收益恒等于产品售价。可见,平均收益曲线 AR 与厂商的需求曲线 DD' 重合。它表明厂商的产量不断增加时,平均收益随价格不断下降。

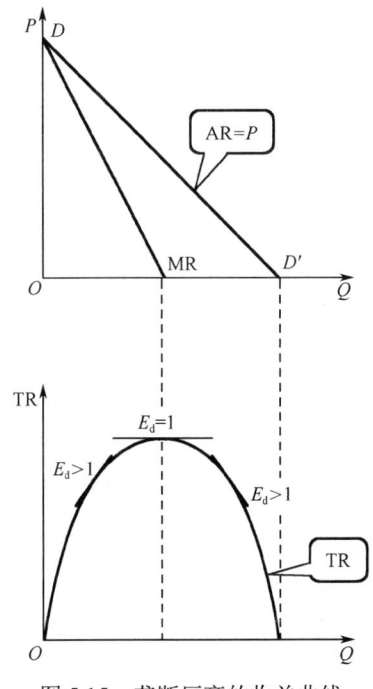

图 5.15 垄断厂商的收益曲线

（2）完全垄断企业是市场价格的制定者。由于垄断企业控制了整个行业的供给，也就控制了整个行业的价格，成为价格制定者。完全垄断企业可以有两种经营决策：以较高价格出售较少产品，或以较低价格出售较多产品。

（3）完全垄断企业的产品不存在任何相近的替代品，否则，其他企业可以生产替代品来代替垄断企业的产品，完全垄断企业就不可能成为市场上唯一的供给者。因此消费者无其他选择。

（4）其他任何厂商进入该行业都极为困难或不可能，要素资源难以流动。完全垄断市场存在进入障碍，其他厂商难以参与生产。

完全垄断市场和完全竞争市场一样，都只是一种理论假定，是对实际中某些产品的一种抽象，现实中绝大多数产品都具有不同程度的替代性。

2. 完全垄断市场产生的原因

垄断厂商之所以能够成为某种产品的唯一供给者，是由于该厂商控制了这种产品的供给，使其他厂商不能进入该市场并生产同种产品。导致垄断产业的原因一般有以下几方面。

（1）对资源的独家控制。如果一家厂商控制了用于生产某种产品的全部资源或基本资源的供给，其他厂商就不能生产这种产品，从而该厂商就可能成为一个垄断者。

（2）规模经济的要求形成自然垄断。如果某种商品的生产具有十分明显的规模经济性，需要大量固定资产投资，规模报酬递增阶段要持续到一个很高的产量水平，此时，大规模生产可以使成本大大降低。那么由一个大厂商供给全部市场需求的平均成本最低，两个或两个以上的厂商供给该产品就难以获得利润。在这种情况下，该厂商就形成自然垄断。许多公用行业，如电力供应、煤气供应和地铁等都是典型的自然垄断行业。

（3）拥有专利权。专利权是政府和法律允许的一种垄断形式。专利权是为促进发明创造，发展新产品和新技术，而以法律的形式赋予发明人的一种权利。专利权禁止其他人生产某种产品或使用某项技术，除非得到发明人的许可。一家厂商可能因为拥有专利权而成为某种商品的垄断者。不过专利权带来的垄断地位是暂时的，因为专利权有法律时效。在我国，专利权的法律时效为15年，美国为17年。

（4）政府特许权。在某些情况下，政府通过颁发执照的方式限制进入某一行业的人数，如大城市出租车驾驶执照等。很多情况下，一家厂商可能获得政府的特权，而成为某种产品的唯一供给者，如邮政、公用事业等。执照特权使某行业内现有厂商免受竞争，从而具有垄断的特点。作为政府给予企业特许权的前提，企业同意政府对其经营活动进行管理和控制。

 案例欣赏 5.7

全球移动电话垄断

依瑞德公司计划发射总数为66颗的一系列卫星，使人们在世界的任何一个角落可以通过移动电话相互交谈。每颗卫星都将装有程控交换设备，这些设备可以接收信号，并

案例欣赏 5.6

航空公司：取消管制与集中

1978 年前，美国国内航空委员会 CAB 通过限制进入市场和控制价格对洲际航空业进行管制。结果 90%的市场被垄断了，价格比竞争环境下的价格提高了 30%到 50%。1978 年颁布的取消航空管制法，取消了大部分进入限制和价格控制，CAB 最终消失了。

在取消管制后的头几年，大量的企业进入该市场，为同一个市场服务的航空公司之间竞争日益激烈。大多数观察家都预料取消管制将会加剧竞争，将会有更多企业能够提供每两个城市间的服务。但令人吃惊的是这一行业仍然缺乏竞争。大多数管制被取消后进入的企业都已经消失了：一些企业退出该行业，另一些则与其他航空公司合并了。在 1986 到 1992 年间，美国最大的 8 家航空企业占有的乘客数由 72%上升到 90%。在一些市场中，主导企业的市场份额急剧上升。比如在亚特兰大，三角航空公司的市场份额由 50%上升到 87%；在匹兹堡，每周航空公司的市场份额由 40%上升到 89%；在明尼阿波利斯，西北航空公司的市场份额由 40%上升到 81%。市场被少数几家企业占据了，机票的价格实际上比取消管制之前还要高。为什么取消管制反而提高了航空业的集中程度了？

5.3.3 寡头垄断市场的经济效率

一方面，在寡头垄断市场上，市场价格高于边际成本，同时价格也高于最低平均成本。因此，寡头垄断企业在生产量和技术使用方面应该是缺乏效率的。但从程度上来看，由于寡头市场存在竞争，有时竞争还比较激烈，因而其效率比垄断市场要高。

另一方面，寡头市场上往往存在着产品差异，从而可满足消费者的不同偏好。此外，由于寡头企业规模较大，便于大量使用先进的生产技术，而激烈的竞争又使厂商加速产品和技术革新，因此，又有其效率较高一面。在许多国家，人们试图通过限制寡头厂商低效率的方面进一步鼓励寡头市场的竞争。

任务 5.4 完全垄断市场

5.4.1 完全垄断市场的特征与产生原因

完全垄断又称独占、卖方垄断或纯粹垄断，与完全竞争市场相反，完全垄断市场（monopoly market）是指一家厂商控制了某种产品全部供给的市场结构。

1. 完全垄断市场的特征

（1）厂商数目唯一，一家厂商控制了某种产品的全部供给。在完全垄断市场上，垄断企业排斥其他竞争对手，独自控制一个行业的供给。由于整个行业仅存在唯一的供给者，企业就是行业。

第二轮，在厂商甲确定产量之后，轮到厂商乙调整产量。厂商乙决定产量时，认为厂商甲保持已有的产量不变，自己则供给剩余的市场需求 $OD - OR = \frac{1}{2}OD$，其需求曲线为 ER，边际收入曲线为 EF。由于在 F 点处，厂商乙的边际收入等于边际成本，所以厂商乙的最优产量为

$$OF = \frac{1}{2}(OD - OR) = \frac{1}{4}OD$$

第三轮，由厂商甲调整产量，而厂商乙保持产量不变。这时，厂商甲的需求为整个市场需求减去厂商乙的产量，需求曲线为 AB，边际收入曲线为 AG。在 G 点处，满足 MR=MC 的条件，所以最优产量为

$$OG = \frac{1}{2}(OD - OF) = \frac{1}{2}\left(OD - \frac{1}{4}OD\right) = \left(\frac{1}{2} - \frac{1}{8}\right)OD = \left[1 - \frac{1}{2}\left(1 + \frac{1}{4}\right)\right]OD$$

第四轮，由厂商乙调整产量，而厂商甲保持产量不变。根据最优化原则，厂商乙的最优产量为

$$\frac{1}{2}(OD - OG) = \frac{1}{2}\left\{OD - \left[1 - \frac{1}{2}\left(1 + \frac{1}{4}\right)\right]OD\right\} = \left[\frac{1}{4} + \left(\frac{1}{4}\right)^2\right]OD$$

甲、乙两厂商轮流调整产量，以此类推，厂商甲的均衡产量将是

$$\left\{1 - \frac{1}{2}\left[1 + \frac{1}{4} + \left(\frac{1}{4}\right)^2 + \left(\frac{1}{4}\right)^3 + \cdots\right]\right\}OD = \frac{1}{3}OD$$

厂商乙的均衡产量将是

$$\frac{1}{4}\left[1 + \frac{1}{4} + \left(\frac{1}{4}\right)^2 + \left(\frac{1}{4}\right)^3 + \cdots\right]OD = \frac{1}{3}OD$$

从以上计算的结果我们知道，甲、乙两厂商最终产量各占市场总容量的三分之一，即两厂商的总产量为

$$\frac{1}{3}OD + \frac{1}{3}OD = \frac{2}{3}OD$$

可见，双头垄断行业的总产量占市场总容量的三分之二，其供给量低于完全竞争条件下的总产量（OD），但高于完全垄断条件下的总产量 $\left(\frac{1}{2}OD\right)$。

根据上述双头垄断模型得出的结论，若寡头厂商数量为 m，且每个厂商有相同的生产技术和成本函数，则有：

（1）每个厂商的均衡产量为"$\frac{1}{m+1}$×整个市场容量"；

（2）整个行业的均衡产量为"$\frac{m}{m+1}$×整个市场容量"。

年时间里取代了"七姐妹",掌控了世界石油供应源头,掀起了20世纪70年代石油市场的潮涨潮落。两次石油危机,可谓波斯湾打一个喷嚏,整个西方都感冒。

然而,面对2014年以来油价节节走低,依旧是世界最重要石油输出组织的欧佩克却心有余而力不足。是欧佩克力气不够了,还是油价本身变重了?"后欧佩克时代",油价的话语权交给了何人?

20世纪70年代,欧佩克凭借世界70%的储量和超过一半的出口量,垄断了石油供应。然而,之后石油供应阵营越来越向多元竞争演变。20世纪80年代,随着俄罗斯、北海、墨西哥等非欧佩克产油力量的出现,欧佩克的垄断被打破。近年来,随着北极、深海、非常规、替代能源的兴起,欧佩克的市场份额勉强维持在40%。2013年以来,以美国为首的非欧佩克力量贡献了世界原油产量增长的一半。无论是欧佩克内部分歧加深,还是非欧佩克外部崛起,供应多元化、竞争化将是不可逆趋势。

(资料来源:http://www.oilone.cn/1605/10/16051010212180.html.)

5.3.2 古诺模型

法国经济学家古诺在《财富理论的数学原理研究》(1933年)中,对寡头市场的极端形式——双头市场做了分析。古诺的双头市场示例现在还经常出现在经济学教科书中。

古诺模型假设,寡头市场只有两个卖矿泉水的厂商,产品同质;每个厂商的产量都是独立变量,其产量的总和影响市场价格;每个厂商都认为自己变动产量时对手不会用变动产量的方式做出反应;两家厂商的成本均为零,并且面临着共同的线性市场需求曲线;两个寡头都不是通过调整价格而是通过调整产量来使利润最大化;两个厂商都独立行动,它们之间不存在任何形式的勾结。

如图5.14所示,DD'为市场需求曲线。假设厂商甲率先进入矿泉水生产领域。第一轮,在厂商乙进入以前,厂商甲为垄断经营,占有整个市场,因此,厂商甲最初的需求曲线为DD',边际收入曲线为$D'R$。由于边际成本恒等于零,即$MC=0$,所以在边际收入曲线$D'R$与横轴相交的R点处,$MR=MC=0$。根据利润最大化原则,厂商甲确定的最优产量应该为$OR=\frac{1}{2}OD$。

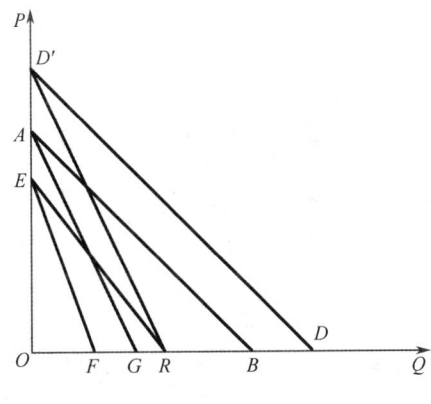

图5.14 古诺模型

知识链接 5.1

美国某些制造业的市场集中度

在美国,以制造业为例,有的行业市场集中度非常高,如表5.2所示。

表5.2 美国某些制造业的市场集中度

行　业	四家企业集中度(%)	八家企业集中度(%)
香烟	93	—
导弹和宇宙飞船	93	99
啤酒和啤酒类饮料	90	98
电池	87	95
灯泡	86	94
早餐麦片	85	98
摩托车和汽车	84	91
贺卡	84	88
发动机和涡轮机	79	92
飞机及其部件	79	93

3. 寡头垄断市场的特征

(1)寡头厂商之间存在着相互依存性。由于行业中只有少数几家大厂商,它们的供给量均占有市场的较大份额。

(2)寡头厂商的决策互相影响,其决策产生什么样的结果具有很大的不确定性。因为任何一个寡头厂商在做出决策时,都必须考虑竞争对手对其做出的反应。

(3)寡头厂商的竞争手段是多种多样的,当价格和产量一旦确定之后,就具有相对的稳定性,所以,各个寡头厂商之间容易达成某种形式的相互勾结和妥协。这也就是通常所说的在竞争中达成妥协,在妥协中展开竞争。

案例欣赏 5.5

欧佩克抑产提价屡难达成,油市话语权到底归谁?

2016年5月2日,欧佩克理事会在维也纳举行会议,就固定产量、支撑价格的长期战略进行讨论。由于沙特和伊朗在固定产量问题上存在巨大分歧,草案未能达成。世界著名能源学者丹尼尔·耶金在采访中评价,欧佩克作为一个决定性力量的时代或许已然过去。欧佩克与油价之间的"默契"已大不如40年前。

冻产协议告吹后,在欧佩克放任生产的状态下,4月份布伦特价格同比增长了21.5%,4月28日收于48美元/桶,为7个月来最高。40年前,欧佩克在成立不到20

假设垄断竞争厂商在短期内能够获得经济利润,在长期内所有的厂商都会扩大生产规模,也会有新的厂商进入该行业进行生产,在市场总的需求没有大的改变的情况下,代表性厂商的市场份额将减少。此时,虽然厂商的主观需求曲线不变,但客观需求曲线将向左下方移动,从而厂商的产品的实际需求量低于利润最大化时的产量。厂商为了实现长期均衡,必须通过降低其产品价格和/或提高其产品产量来适应这种变化,从而主观需求曲线和客观需求曲线都会向左下方移动。这一过程会一直持续到行业内没有新的厂商进入,也没有企业愿意扩大生产规模为止,此时厂商的利润为零。

垄断竞争厂商实现长期均衡时的所处状态如图 5.13 所示。在长期均衡时,厂商的主观需求曲线 d 与长期平均成本曲线 LAC 相切于 G 点,LMC 曲线与 MR 曲线相交于 E 点,此时厂商的均衡产量为 OM,满足厂商利润最大化的要求 MR=LMC=SMC。由于此时的 P=AR=LAC,所以厂商的利润为零。

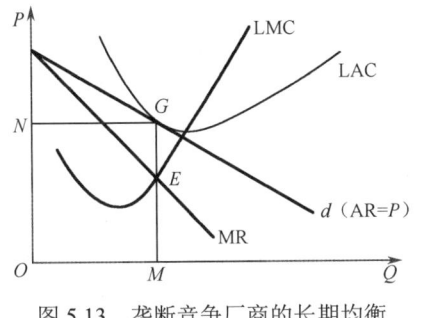

图 5.13　垄断竞争厂商的长期均衡

任务 5.3　寡头垄断市场

5.3.1　寡头垄断市场概述

1. 寡头垄断市场的含义及原因

寡头垄断市场(oligopoly market)是指少数几个厂商垄断了某一行业的市场,控制这一行业的供给。寡头垄断市场在当代经济生活中占有十分重要的地位,它是一种普遍存在的市场结构。一般来说,寡头垄断市场形成的原因主要有以下几个方面。

(1) 这一行业产品的生产经营是建立在规模经济基础上的。

(2) 这一行业产品生产的技术不容易为一般中小型厂商所掌握和模仿。

(3) 寡头厂商所采取的种种排他性措施。

(4) 政府对寡头厂商的扶植和支持。

2. 寡头垄断市场主要类型

寡头垄断市场主要可分为以下两类。

(1) 无差别寡头(纯粹寡头)。无差别寡头厂商生产的产品无差别,如钢铁、石油等行业的寡头。

(2) 有差别寡头。有差别寡头厂商生产的产品有差别,如飞机、汽车、机械、香烟等行业的寡头。

断状态，此时厂商根据 MR=MC 的利润最大化原则决策。

在短期，由于各种原因，如既定规模成本过高、市场需求较小等，可能导致短期亏损，厂商不一定总能获得垄断利润。因此，垄断竞争厂商的短期均衡有 3 种状态，即获得超额利润状态、获得正常利润状态和蒙受损失状态，如图 5.12 所示。

（1）厂商获得超额利润状态。在图 5.12（a）中，当总收益>总成本时，总收益为平均收益（价格）与产量的乘积，即为 ONKM 所形成的面积；总成本为平均成本与产量的乘积，即为 OGFM 所形成的面积；阴影部分 GNKF 为超额利润，即短期均衡处于厂商获得超额利润状态。

（2）厂商蒙受损失状态。在图 5.12（b）中，当总收益<总成本时，总收益 ONKM 所形成的面积要小于总成本 OGFM 所形成的面积；阴影部分 NGFK 为厂商亏损，即短期均衡处于厂商蒙受损失状态。

（3）厂商获得正常利润状态。在图 5.12（c）中，当总收益=总成本时，总收益所形成的面积等于总成本所形成的面积，均为 ONKM。因此，厂商既没有获得超额利润，也没有亏损，得到的只有正常利润，即短期均衡处于厂商获得正常利润状态。

因此，垄断竞争市场短期均衡的条件是：MR=SMC，即边际收益等于短期边际成本。在这个条件下，厂商可实现利润最大或者亏损最小。

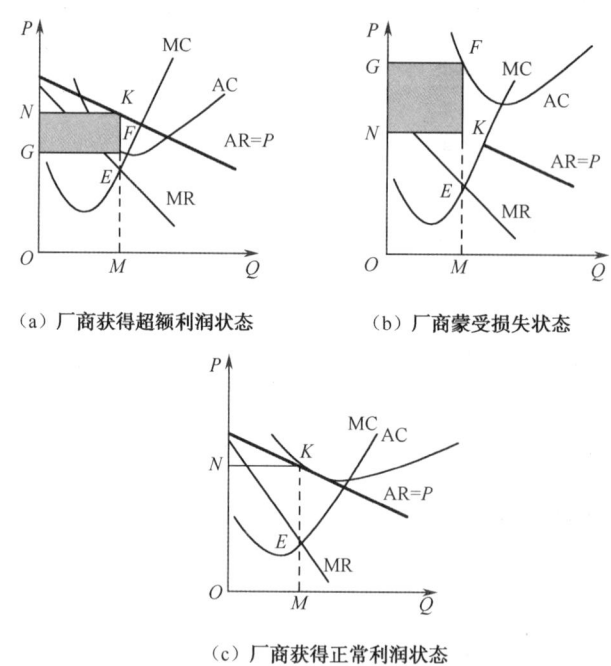

图 5.12　垄断竞争厂商的短期均衡

2．垄断竞争厂商的长期均衡

在长期内，垄断竞争厂商可以通过扩大或缩小其生产规模来与其他企业进行竞争，也可以根据自己能否获得经济利润来选择是进入还是退出一个行业。

（2）D 曲线。该条曲线表示：当垄断竞争生产集团中的单个厂商改变产品价格，而其他所有厂商也使产品价格发生相同变化时，该厂商的产品价格和销售量之间的关系。在现实中，当一个垄断竞争厂商降低价格时，其他厂商为了保持自己的市场，势必也会跟着降价，该厂商因而会失去一部分顾客，所以需求量的上升不会如厂商想象得那么多。因而，还存在着另外一条需求曲线，称之为客观需求曲线或比例需求曲线。

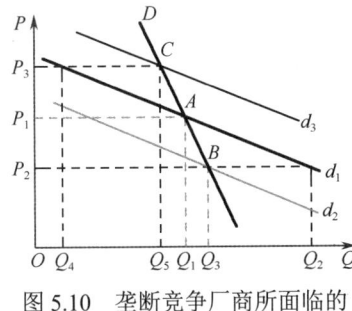

图 5.10　垄断竞争厂商所面临的需求曲线

在图 5.10 中，垄断竞争厂商的主观需求曲线为 d_1，厂商最初的产量为 Q_1，最初的价格为 P_1，因而厂商位于主观需求曲线上的 A 点。当该厂商将产品的价格由 P_1 下调至 P_2 后，按照其主观需求曲线 d_1，厂商预期其销售量将提高至 Q_2。但是，由于该厂商降价时，其他厂商也将采取同样的措施，以维护自己的市场占有率，因此，该厂商的销售量实际只有 Q_3，即介于 Q_1 和 Q_2 之间，厂商实际只能移动到 B 点。

当厂商意识到这些之后，厂商的主观需求曲线就会做出相应的调整，改为通过 B 点的 d_2。相反，如果厂商将它的价格由 P_1 提高至 P_3，厂商按照主观需求曲线 d_1 会预期自己的需求量将降低至 Q_4，但由于其他厂商也同样采取提价措施，该厂商需求量的下降并不像预期得那么多，即实际的需求量为 Q_5，厂商实际移动到 C 点，厂商的主观需求曲线也将随之调整至通过 C 点的 d_3。根据客观需求曲线的定义，连接 A、B 和 C 这 3 点的曲线 D 即是客观需求曲线。

（3）d 曲线与 D 曲线的关系。当所有厂商同样调整价格时，整个市场价格的变化会使单个垄断竞争厂商的 d 曲线沿着 D 曲线上下移动。d 曲线表示单个厂商改变价格时预期的产量，而 D 曲线表示单个厂商在每一价格水平实际面临的市场需求量或销售量，所以 d 曲线与 D 曲线的相交，意味着垄断竞争市场的供求平衡状态。客观需求曲线 D 更缺乏弹性，所以更陡峭一些；主观需求曲线弹性较大，所以较为平坦些。

2．收益曲线

由于厂商的平均收益 AR 总是等于该销售量时的价格 P，因此平均收益曲线就是厂商的需求曲线。需求曲线向右下方倾斜，则平均收益曲线也是向右下方倾斜的，且两线重合；平均收益递减，则边际收益必定也是递减的，并且小于平均收益。所以，与垄断厂商类似，垄断竞争厂商的边际收益 MR 曲线也是位于平均收益 AR 曲线之下，且较 AR 曲线更为陡峭，如图 5.11 所示。

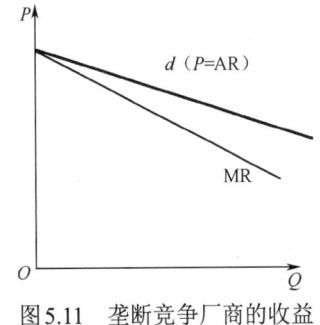

图 5.11　垄断竞争厂商的收益曲线

5.2.3　垄断竞争厂商的决策

1．垄断竞争厂商的短期均衡

在短期中，每个垄断竞争厂商都可以在部分消费者中形成自己的垄断地位，处于垄

价格、外观、性能、质量、构造、颜色、包装、形象、品牌、服务及商标广告等方面的差别以及以消费者想象为基础的虚幻的差别。由于存在着这些差别，使得产品成了带有自身特点的"唯一"产品，从而使得消费者有了选择的必然。这样，厂商对自己独特产品的生产销售量和价格就具有了控制力，即具有了一定的垄断能力，而垄断能力的大小则取决于其产品区别于其他厂商产品的程度。产品差别程度越大，垄断程度越高。

（3）厂商进入或退出该行业都比较容易，资源流动性较强。垄断竞争市场是常见的一种市场结构，如肥皂、洗发水、毛巾、服装、布匹等日用品市场，餐馆、旅馆、商店等服务业市场，牛奶、火腿等食品类市场，书籍、药品等市场大都属于此类。

 案例欣赏 5.4

为什么轻工业产品市场最需要做广告宣传

打开电视经常看到的是化妆品、家用电器、洗涤用品等轻工业产品的广告，从来没有看到过石油、煤炭、钢铁的广告，更没看到过大米、白面、水、电的广告，这是为什么呢？

5.2.2 垄断竞争厂商的需求曲线和收益曲线

1. 需求曲线

由于垄断竞争厂商生产的是有差别的产品，因而对该产品都具有一定的垄断能力。与完全竞争厂商只是被动地接受市场价格不同，垄断竞争厂商对市场价格有一定的影响力。例如，厂商如果将它的产品的价格提高一定的数额，则习惯于消费该物品的消费者可能不会放弃该物品的消费，该产品的需求不会大幅度下降。但若厂商大幅度提价的话，由于存在着大量的替代品，消费者就可能舍弃这种偏好，转而购买该商品的替代品了。因此，垄断竞争厂商所面临的需求曲线相对于完全竞争厂商而言更为陡峭（即更缺乏弹性），而相对于垄断厂商而言需求曲线则更平坦，即更富有弹性。

在垄断竞争行业中，由于厂商生产的产品都是有差别的替代品，因而市场对某一厂商产品的需求不仅取决于该厂商的价格——产量决策，而且还取决于其他厂商对该厂商的价格——产量决策是否采取相应的措施。例如，一个厂商采取降价行动，如果其他厂商不降价，则该厂商的需求量可能上升很多；但如果其他厂商也采取降价措施，则该厂商的需求量不会增加很多。这样在分析垄断竞争厂商的需求曲线时，就要分以下两种情况进行讨论，如图 5.10 所示。

（1）d 曲线。该条曲线表示：当垄断竞争生产集团中的单个厂商改变产品价格，而其他厂商的产品价格保持不变时，该厂商的产品价格与销售量之间的对应关系。因为在市场中有大量的企业存在，因而单个厂商会认为自己的行动不会引起其他厂商的反应，于是它便认为自己可以像垄断厂商那样，独自决定价格。这样，单个厂商在主观上就有一条斜率较小的需求曲线，称为主观需求曲线。例如，2000 年的空调市场，海信降价了，但其他企业没有降价。

厂商退出，价格回升至 P_0；在 E 点，没有厂商会进入和退出该行业。所以调整的结果是价格为 P_0。

2）长期均衡的条件

在长期里，完全竞争厂商是通过对全部生产要素的调整，来实现最大利润为原则的。经过调整，最终市场价格会达到一种使各个厂商既无超额利润，又无亏损的水平，这时无论是行业中厂商的数量还是厂商的规模都不会变化。这就是完全竞争厂商的长期均衡，如图 5.9 所示。

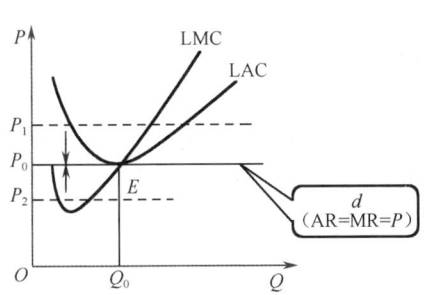

图 5.8 完全竞争厂商长期均衡的调整　　图 5.9 完全竞争厂商长期均衡的条件

因此，可得到完全竞争厂商的长期均衡条件为

$$MR=AR=MC=AC=P$$

此时，单个厂商的利润等于零。

3）对长期均衡的理解

在理解长期均衡时，我们要注意以下两点。

（1）长期均衡点 E 就是收支相等点。这时，成本与收益相等。厂商所能获得的只是作为生产要素之一的企业家才能的报酬——利润。

（2）长期均衡点就是平均成本与边际成本相等的那一点，即 MR=AR=P。也就是说，当这两条曲线相交时，平均成本一定处于最低点。这也就说明了在完全竞争条件下，可以实现成本最小化，从而也就是经济效率达到了最高。

任务 5.2　垄断竞争市场

5.2.1　垄断竞争市场的特征

垄断竞争市场（monopolistic competition market）是一种介于完全竞争和完全垄断之间的市场组织形式，在这种市场中，既存在着激烈的竞争，又具有垄断的因素。作为垄断竞争的市场应具有如下基本的特征。

（1）市场中存在着较多数目的厂商，彼此之间存在着较为激烈的竞争。由于每个厂商都认为自己的产量在整个市场中只占有一个很小的比例，因而厂商会认为自己改变产量和价格，不会招致其竞争对手们相应的报复行动。

（2）厂商所生产的产品是有差别的，或称为"异质商品"。产品差别是指同一产品在进行生产所获得的收益，只能弥补可变成本，而不能收回任何的不变成本，生产与不生产对厂商来说，结果是一样的。所以，SMC 曲线与 AVC 曲线的交点 E_4 是厂商生产与不生产的临界点，也称为"停止营业点"或"关闭点"。

（5）亏损状态——停止生产。当价格或平均收益小于平均可变成本，即 AR<AVC，厂商处于亏损状态，且停止生产。

2）短期均衡的条件

综上所述，完全竞争厂商短期均衡的条件是：在短期内，在完全竞争的市场条件下，无论市场价格怎样变化，由于厂商不能根据市场需求情况来调整全部生产要素，厂商只能按照 AR≥AVC 和 SMC=MR 的原则来调整自己的产量点，即企业应该将生产点推进到边际成本与边际收益相等的那一点。

例如，在图 5.4 至图 5.7 中，企业的最佳产量点为 Q_1、Q_2、Q_3 和 Q_4，在这些最佳产量点上，厂商或者可以获得最大利润，或者可以利润为零，或者可以蒙受最小亏损。

案例欣赏 5.3

旅行社在旅游淡季如何经营

某旅行社在旅游淡季推出从天津到北京世界公园一日游 38 元（包括车费和门票）的项目。许多人不相信，认为是旅行社的促销手段，38 元连世界公园的门票都不够。事实证明这是真的，因为旅行社在淡季游客不足，而旅行社的大客车、工作人员这些生产要素是不变的。一个游客都没有，汽车折旧费、工作人员的工资等固定费用也要支出。任何一个企业的生产经营都有长期和短期之分，从长期看如果收益大于成本就可以生产，更何况 38 元的票价，旅行社还是有钱赚的。

我们可以算一笔账，一个旅行社的大客车载客 50 人，共 1 900 元；高速公路费和汽油费假定为 500 元；门票价格为 10 元，共 500 元：旅行社净赚 900 元。在短期，不经营也要有固定成本的支出，因此只要收益能弥补可变成本，就可以维持下去。换个说法，每位乘客支付的费用等于平均可变成本，就可以经营。同样，公园在淡季时门票和团体票也会打折，就是这个道理。

3. 完全竞争厂商的长期均衡

1）长期均衡的调整

在长期里，完全竞争厂商的所有要素都是可变的，各个厂商都可以根据市场价格来调整全部生产要素的投入，甚至可以自由进入或退出该行业。当整个行业的供给小于需求时，均衡价格较高，厂商可获得超额利润，各厂商就会扩大生产，其他行业的厂商也会转而涌入该行业，从而商品供给增加，价格水平下降，超额利润逐渐消失。反之，当整个行业的供给大于需求时，均衡价格较低，厂商的收益不能弥补其成本，各厂商会立即减少生产，甚至退出该行业。从而商品供给减少，价格水平上升，亏损逐渐减少。

例如，在图 5.8 中，当供小于求，市场价格高（为 P_1）时，存在超额利润，吸引厂商进入，价格水平会回落至 P_0；当供大于求，市场价格低（为 P_2）时，存在亏损，部分

因为此时厂商获得的全部收益,不仅能够弥补全部的可变成本,还能够收回一部分固定成本,即厂商继续生产所获得的收益超过继续生产所增加的成本。当然,如果某厂商一旦停止生产,成本就会变为零,并且所有的不变成本都可以收回,也就是说厂商没有沉没成本,那么,只要市场价格降到平均总成本水平以下,厂商就可停止生产。

案例欣赏 5.2

泛美航空公司的终结

1991年12月4日是一个值得注意的日子,世界著名的泛美航空国际公司在这一天"寿终正寝"了。这家公司自1927年投入飞行以来,数十年中一直保持国际航空巨子的骄人业绩。有人甚至认为,泛美航空公司的白底蓝字徽记(PAN AM)可能是世界上最广为人知的企业标志。

但是对于了解内情的人来说,这个"巨人"的死亡算不上什么令人吃惊的新闻。1980—1991年,泛美航空公司年年亏损,亏损总额接近20亿美元之巨。1991年1月,该公司正式宣布破产。细心的读者一定注意到,这个日子同公司关闭之日相距近一年。究竟是什么力量支持垂死的"巨人"又多活了一段时间?而且,就在1980年出现首次亏损后,为什么不马上停止这家公司的业务?又是什么因素使这家公司得以连续亏损经营长达12年之久?

问题:

1)试用经济学原理解释,泛美航空公司在1980年出现首次亏损后,为什么不马上停止这家公司的业务?又是什么因素使这家公司得以连续亏损长达12年之久?

2)运用本例提及的经济学原理,举一生活中的例子进行讲解。

(资料来源:[美]斯蒂格利茨.经济学的小品和案例.中国人民大学出版社,1998.)

(4)亏损状态——生产与停产的临界点。当价格或平均收益等于平均可变成本,即$P=AR=AVC$,厂商处于亏损状态,且处于生产与停产的临界点,如图5.7所示。

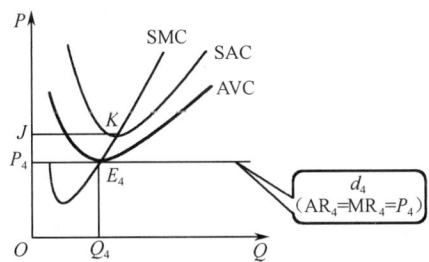

图5.7 完全竞争厂商短期均衡——亏损状态(生产与停产的临界点)

在图5.7中,当价格为P_4时,厂商面临的需求曲线为d_4,此线恰好切于平均可变成本AVC曲线的最低点,SMC曲线也交于该点。根据$MR_4=SMC$的利润最大化原则,这个点就是厂商短期均衡点E_4,决定的均衡产量为Q_4。在Q_4这一产量上,平均收益小于平均总成本,厂商必然是亏损的。同时,平均收益仅等于平均可变成本,这意味着厂商

（2）盈亏平衡状态。当价格或平均收益等于平均总成本，即 $P=AR=SAC$，厂商的经济利润恰好为零，处于盈亏平衡状态，如图5.5所示。

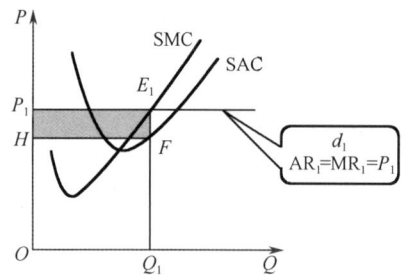 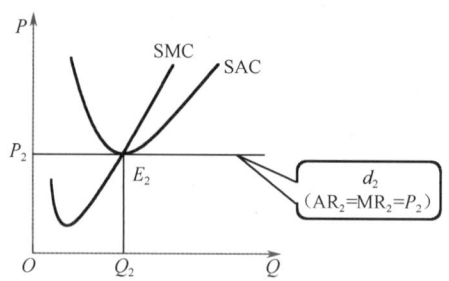

图5.4　完全竞争厂商短期均衡——盈余状态　　图5.5　完全竞争厂商短期均衡——盈亏平衡状态

在图5.5中，当市场价格为 P_2 时，厂商面临的需求曲线为 d_2，这条需求曲线刚好切于短期平均总成本曲线 SAC 的最低点，同时短期边际成本 SMC 曲线也通过此点，此时 SMC 曲线与 MR_2 曲线的交点 E_2 即为厂商的短期均衡点，相应的均衡产量为 Q_2。在 Q_2 产量上，平均收益等于平均成本，总收益也等于总成本，如图5.5中矩形 $OP_2E_2Q_2$ 的面积。此时厂商的经济利润为零，但实现了全部的正常利润。由于在该点上，厂商既无经济利润，又无亏损，所以也把 SMC 与 SAC 的交点 E_2 称为"盈亏平衡点"或"收支相抵点"。

（3）亏损状态——存在沉没成本。当价格或平均收益小于平均总成本，但仍大于平均可变成本，即 $AVC<AR<SAC$ 时，厂商处于亏损状态。但是由于存在沉没成本，厂商还应继续生产，如图5.6所示。

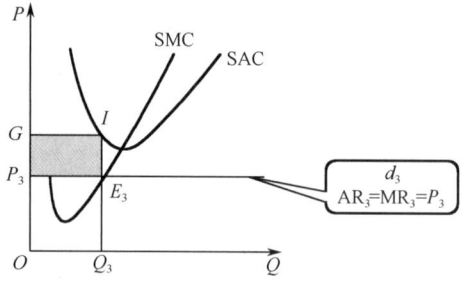

图5.6　完全竞争厂商短期均衡——亏损状态（存在沉没成本）

在图5.6中，当市场价格为 P_3 时，厂商的平均总成本已经高于产品的市场价格，整个平均总成本曲线 SAC 处于价格 P_3 线之上，出现了亏损。为使亏损达到最小，产量由 SMC 曲线和 MR_3 曲线的相交点，即均衡点 E_3 决定。在 Q_3 这一均衡产量上，平均收益为 OP_3，平均总成本为 OG，总成本与总收益的差额构成厂商的总亏损量，即图5.6中矩形 P_3GIE_3 的面积。不过，此时的平均可变成本小于平均收益。

厂商在这种情况下，是应立即停止生产，还是应继续进行生产，取决于是否存在沉没成本。这里我们假定厂商的某些不变成本或全部不变成本为沉没成本，则当市场价格或平均收益介于平均总成本和平均可变成本之间时，虽然出现亏损，厂商仍应继续生产，

$$\frac{d\pi}{dQ} = \frac{dR}{dQ} - \frac{dC}{dQ} = 0$$

可得

$$MR = MC \quad (5.3)$$

式中，MR=dR/dQ，为某产量点的边际收益；MC=dC/dQ，为某产量点的边际成本。

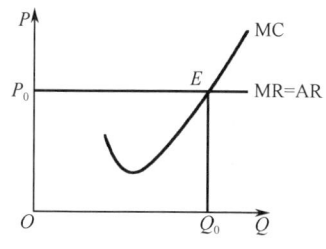

图 5.3 利润最大化的必要条件

式（5.3）表明，厂商达到利润最大化的必要条件是将生产规模推进到边际成本等于边际收益的产量点 Q_0，如图 5.3 所示。

由图 5.3 可以看出，当产量达到 Q_0 时，厂商获得最大化利润，所以该点满足利润最大化的必要条件。在该产量点，总成本曲线切线的斜率（dC/dQ）等于总收益曲线切线的斜率（dR/dQ），即 MR=MC。

在 MR=MC 的均衡点上，厂商可能是盈余的，也可能是亏损的。如果是盈利的，这时的利润就是相对最大利润；如果是亏损的，这时的亏损就是相对最小亏损。不管是盈利还是亏损，在 MR=MC 的均衡点上，厂商都处在收益曲线和成本曲线所能产生的最好的结果之中。

2．完全竞争厂商的短期均衡

当厂商的生产规模保持不变，既不扩大也不缩小时，厂商达到并处于均衡状态。在短期里，不仅产品的市场价格是既定的，而且生产中的不变要素的投入量是无法改变的，或者说，厂商只能通过变动可变要素的投入量来调整产量，从而只能通过对产量的调整来实现 MR=MC 的利润最大化均衡条件。

1）短期均衡的状态

在完全竞争的市场中，市场供给和需求相互作用形成的产品价格，可能高于、等于或低于厂商的平均成本，因此在短期内，厂商出售产品后就有可能处于盈利、盈亏平衡或亏损等不同状态。完全竞争厂商短期均衡时的盈亏状态如图 5.4 至图 5.7 所示。

在图 5.4 至图 5.7 中，成本曲线表示了厂商短期内既定的生产规模，从分析中可以看到，完全竞争厂商短期均衡的基本条件满足 MR=MC 原则，但不同的市场价格水平将直接影响既定规模下的厂商短期均衡的盈亏状态。

（1）盈余状态。当价格或平均收益大于平均总成本，即 P=AR>SAC 时，厂商处于盈余状态，如图 5.4 所示。

在图 5.4 中，当市场价格较高，达到 P_1 时，厂商面临的需求曲线为 d_1，为获得最大利润，厂商根据 MR=SMC 的利润最大化原则，把产量确定为 Q_1，此时 SMC 曲线与 MR_1 曲线的交点 E_1 即为厂商的短期均衡点。这时的平均收益为 OP_1，平均总成本为 Q_1F，单位产品获得的利润为 E_1F，总收益为 $OQ_1 \times OP_1$，总成本为 $OQ_1 \times Q_1F$，利润总量为 $OQ_1 \times E_1F$，即图 5.4 中矩形 HP_1E_1F 的面积。如果产量超过 OQ_1，SMC>P_1，增加产量会降低总利润；如果产量小于 OQ_1，增加产量都能增加总利润，当产量达到 OQ_1 时，MR=P=SMC，总利润达到最大。

$$AR(Q) = \frac{TR(Q)}{Q} = \frac{P \times Q}{Q} = P \tag{5.1}$$

（3）边际收益。边际收益（marginal revenue，MR）是指厂商增加一单位产品销售所获得的收入增量。商品价格为既定时，边际收益就是每单位商品的卖价，即

$$MR = \frac{\Delta TR}{\Delta Q} = P \tag{5.2}$$

由式（5.1）和式（5.2）可见，在完全竞争市场中，厂商的平均收益与边际收益相等，且都等于既定的价格，或者说，在任何销售量水平上都有

$$AR = MR = P$$

因此，可以绘出相应的完全竞争厂商的收益曲线，如图 5.2 所示。

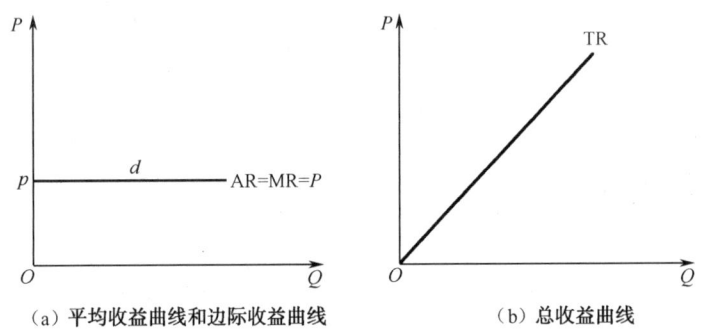

（a）平均收益曲线和边际收益曲线　　　（b）总收益曲线

图 5.2　完全竞争厂商的收益曲线

在图 5.2 中，横轴表示厂商的销售量或所面临的需求量，纵轴表示商品的价格。在图 5.2 中，收益曲线具有如下特征。

完全竞争厂商的平均收益 AR 曲线、边际收益 MR 曲线与需求曲线 d 重合，是从既定价格出发的平行于横轴的一条水平线，如图 5.2（a）所示。这是因为对于完全竞争厂商来说，在既定的市场价格下，对于任何销售量都有 $AR=MR=P$，而完全竞争厂商所面临的需求曲线 d 就是一条由既定的市场价格水平出发的水平线。同时，由于每一销售量的边际收益值是相应的总收益曲线的斜率，且边际收益不变，等于既定的市场价格，所以决定了总收益曲线是一条斜率不变的直线，如图 5.2（b）所示。

5.1.3　完全竞争厂商的决策

1. 完全竞争厂商的利润最大化条件

我们知道，利润等于总收益减总成本，即

$$\pi(Q) = R(Q) - C(Q)$$

式中，π 为利润，R 为总收益，C 为总成本，总成本包括显成本与隐成本。

由于收益与成本都是产出的函数，即 $R=R(Q)$，$C=C(Q)$，所以，利润也是产出的函数，即 $\pi = \pi(Q)$。对利润函数求一阶导数，并令该导数值等于 0，可以得到利润最大化的必要条件，即由

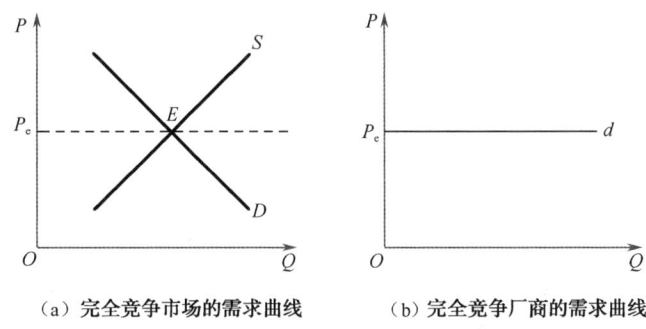

(a) 完全竞争市场的需求曲线　　(b) 完全竞争厂商的需求曲线

图 5.1　完全竞争市场和完全竞争厂商的需求曲线

在图 5.1（b）中，厂商的需求曲线 d 是相对于图 5.1（a）中的市场需求曲线 D 和市场供给曲线 S 共同作用所决定的均衡价格 P_e 而言的。如果市场的供给曲线 D 或需求曲线 S 的位置发生移动，就会形成新的市场均衡价格，同样，在图 5.1（b）中便会形成另一条从新的均衡价格水平出发的呈水平线形状的厂商的需求曲线。

在完全竞争市场上，单个厂商是市场价格的接受者，而不是价格的设定者。假设某家厂商把价格定得略高于市场价格，由于产品具有同质性，且消费者具有完备信息并可以自由流动，那么将没有消费者购买该厂商的产品。也就是说，厂商一旦涨价，它所面临的需求会下降为零。如果厂商的价格等于市场价格，则由于厂商数目众多的条件，一个厂商的供应是无足轻重的，无论厂商供应多少，市场价格都维持不变，或者说，在既定的市场价格下，厂商可能销售掉任意数量的商品。

那么，厂商会不会把价格降到市场价格以下呢？降价原本是为了刺激需求，既然每个厂商在市场价格下可以供应任意数量，那又何必降价呢！因此，在完全竞争市场上，厂商既不能提高价格，又不愿降低价格，只能是市场价格接受者。从需求的角度看，完全竞争厂商所面临的需求是水平的。水平需求的弹性是无穷大的，价格趋近于零的上升，需求会降为零；价格趋近于零的下降，购买者会蜂拥而至，厂商面对的需求会变成无穷大。

2）收益曲线

厂商收益就是厂商的销售收入。厂商的收益可以分为总收益、平均收益和边际收益。

（1）总收益。总收益（total revenue，TR）是指厂商按一定价格出售一定量产品时所获得的全部收入，即价格与销售量的乘积，以 P 表示商品的市场价格，以 Q 表示销售量，则有

$$TR(Q)=P \times Q$$

由于完全竞争市场的一个基本特征是单个厂商无法通过改变销售量来影响市场价格，相反厂商每销售一单位的商品都接受相同的价格，也就是说，厂商只能被动地接受价格。这样，随着厂商销售量的增加，它的总收益是不断增加的。但由于商品的单位市场价格是固定不变的，所以总收益曲线是一条从原点出发的斜率不变的直线。

（2）平均收益。平均收益（average revenue，AR）是指厂商出售一定数量商品时，每单位商品所获得的收入，也是平均每单位商品的卖价。平均收益等于总收益与销售量之比。由于完全竞争市场厂商只能按既定价格出售，因此平均收益也等于商品的单位价格，即

的自由流动使得厂商总是能够及时地向获利的行业运动，或者及时地退出亏损的行业。这样，效率较高的企业可以吸引大量的投入，缺乏效率的企业会被市场淘汰。

（4）参与市场活动的经济主体具有完全信息。市场中的每一个卖者和买者都掌握与自己决策、与市场交易相关的全部信息，这一条件保证了消费者不可能以较高的价格购买，生产者也不可能以高于现行价格出卖。每一个经济行为主体都可以根据所掌握的完全信息，确定自己的最优购买量或最优生产量，从而获得最大的经济利益。

显然，理论分析上所假设的完全竞争市场的条件是非常严格的，在现实的经济中没有一个市场真正具有以上四个条件，通常只是将某些农产品市场看作比较接近的完全竞争市场。但是，完全竞争市场作为一个理想的经济模型，有助于我们了解经济活动和资源配置的一些基本原理，解释或预测现实经济中厂商和消费者的行为。

案例欣赏 5.1

政府建立的大型养鸡场为什么会失败

20世纪80年代，一些城市为了保证居民的菜篮子供应，由政府出资建立了一些大型养鸡场，但成功者少，许多养鸡场最后以破产告终。这其中的原因虽然是多方面的，但重要的一个原因则在于鸡蛋市场是一个完全竞争市场。

政府建立的大型养鸡场在这种完全竞争市场上没有优势，因为它的规模不足以大到能控制市场，产品也没有特色。它要以平等的身份与那些分散的养鸡专业户或把养鸡作为副业的农民竞争。然而这种大型养鸡场的成本都大于行业平均成本，因为这些养鸡场的固定成本远远高于农民养鸡的固定成本。它们要建大鸡舍，采用机械化方式，且有相当一批管理人员、工作人员也是需要支付工资的工人。这些成本的增加远远大于机械化养鸡所带来的好处。而农民养鸡几乎没有什么固定成本，也不向自己支付工资，仅仅需要支付种鸡和饲料的成本。政府建立的大型养鸡场的成本高于农民养鸡的成本，在与农民的竞争中并无优势，其破产就是必然的。

（资料来源：陈文汉. 经济学基础. 中国铁道出版社，2012.）

2. 完全竞争厂商的需求曲线和收益曲线

1) 需求曲线

在任何一个商品市场中，市场需求是针对市场上所有厂商组成的行业而言的，消费者对整个行业所生产的商品的需求称为行业所面临的需求，相应的需求曲线称为行业所面临的需求曲线，也就是市场的需求曲线。完全竞争市场的需求曲线一般是一条从左上方向右下方倾斜的曲线，如图5.1（a）中曲线 D 所示。

消费者对行业中的单个厂商所生产的商品的需求量，称为厂商所面临的需求量，相应的需求曲线称为厂商所面临的需求曲线，简称厂商的需求曲线。在完全竞争条件下，厂商所面临的需求曲线是一条由既定的市场均衡价格出发的水平线，如图5.1（b）中曲线 d 所示。

2．市场结构及其划分

在经济分析中，根据不同的市场特征，可以将市场分为完全竞争市场、垄断竞争市场、寡头垄断市场和完全垄断市场四种类型。与市场这一概念相对应的另一个概念是行业。行业（industry）是指为同一个商品市场生产和提供商品的所有厂商的总体。市场和行业的类型是一致的。例如，完全竞争市场对应完全竞争行业，垄断竞争市场对应垄断竞争行业等。

决定市场类型划分的主要因素有四个：一是市场上厂商的数目；二是厂商所生产的产品的差别程度；三是单个厂商对市场价格的控制程度；四是厂商进入或退出一个行业的难易程度。其中，第一个因素和第二个因素是最基本的决定因素。完全竞争市场、垄断竞争市场、寡头垄断市场和完全垄断市场的特征如表 5.1 所示。

表 5.1　市场的类型与主要特征

市场类型	厂商数目	产品差别程度	对价格控制的程度	进出行业的难易程度	商品市场举例
完全竞争市场	很多	完全无差别	没有	很容易	某些农业品市场
垄断竞争市场	很多	有差别	有一些	比较容易	某些轻工产品、零售业市场
寡头垄断市场	几个	有差别或无差别	相当程度	比较困难	钢铁、汽车、石油市场
完全垄断市场	唯一	唯一的产品，且无相近的替代品	很大程度，但经常受到管制	很困难，几乎不可能	公用事业市场，如水、电市场

5.1.2　完全竞争市场的条件及收益规律

1．完全竞争市场的条件

完全竞争又称为纯粹竞争。完全竞争市场（perfect competition market）是指竞争充分而不受任何阻碍和干扰的一种市场结构。完全竞争市场必须具备以下条件。

（1）市场上有大量的卖者和买者。作为众多参与市场经济活动的个别厂商或个别消费者，单个的销售量和购买量都只占很小的市场份额，其供应能力或购买能力对整个市场来说是微不足道的。这样，无论卖方还是买方都无法左右市场价格，他们是价格的接受者。显然，在交换者众多的市场上，若某厂商要价过高，顾客可以从别的厂商购买商品和劳务；同样，如果某顾客压价太低，厂商可以拒绝出售给该顾客而不怕没有别的顾客光临。

（2）厂商出售的产品具有同质性。因为产品是相同的，对于购买商品的消费者来说，哪一个厂商生产的产品并不重要，他们不会为得到某一厂商的产品而必须支付更高的价格。同样，对于厂商来说，没有任何一家厂商拥有市场优势，他们将以可能的市场价格出售自己产品。

（3）厂商可以无成本地进入或退出一个行业。劳动可以随时从一个岗位转移到另一个岗位，或从一个地区转移到另一个地区；资本可以自由地进入或撤出某一行业。资源

导入案例

农村春联市场

贴春联是中国民间的一大传统,农村贴春联的风俗更浓。当春节临近时,春联市场红红火火。在农村春联市场中,消费者和供应商具有以下特点:供应商的进货渠道大致相同,且产品的差异性很小,产品具有高度同质性(春联所用纸张、制作工艺相同,区别仅在于春联所书写内容不同);供应商进入、退出没有限制;农民购买春联的习惯是逐个询价,最终决定购买;供应商的零售价格水平相近,提价后基本上销售量为零,降价则会引起利润损失。因此,我国有着丰富文化内涵的春联,其销售市场高度类似完全竞争市场。

春联是农村过年的必需品,购买春联的支出在购买年货的支出中只占很小的比例,因此其需求弹性较小。某些供应商为增加销售量、扩大利润而采取的低于同行价格的竞争方法,反而会使消费者认为其所经营的产品存在瑕疵(如上年库存、产品质量存在问题等),反而不愿意购买。

春联市场是一个特殊的市场,时间性很强,仅在春节前存在很短的一段时间,供应商只有一次批发购进货物的机会。供应商对于该年购入货物的数量主要基于上年销售量和对新进入者的预期分析。如果供应商总体预期正确,该春联市场总体商品供应量与需求量大致相同,则价格相对稳定。一旦出现供应商总体预期偏差,价格机制就会发挥巨大的作用,从而出现暴利或者亏损。

(资料来源:徐兆辉. 西方经济学.首都经济贸易大学出版社,2010.)

❖ **案例讨论** ❖

按照市场类型进行分类,小小的农村春联市场是完全竞争市场的缩影与体现。在完全竞争市场,产品无差别,单个厂商对价格不能控制,进入、退出市场都很容易,农村春联市场具备了完全竞争市场的这些特征。除此之外,还有三种不完全竞争的市场,企业在价格与产量决策、生产效率和竞争策略等方面都有各自的特征。

任务 5.1 完全竞争市场

5.1.1 市场与市场结构

1. 什么是市场

市场(market)是指从事物品买卖的交易场所或接洽点。一个市场可以是一个有形的买卖物品的交易场所,也可以是利用现代通信工具进行物品交易的接洽点。从本质上讲,市场是物品买卖双方相互作用并得以决定其交易价格和交易数量的一种组织形式或制度安排。

任何一种交易物品都有一个市场。经济中有多少种交易物品,就相应地有多少个市场,如石油市场、土地市场、大米市场、自行车市场、铅笔市场等。

项目导图

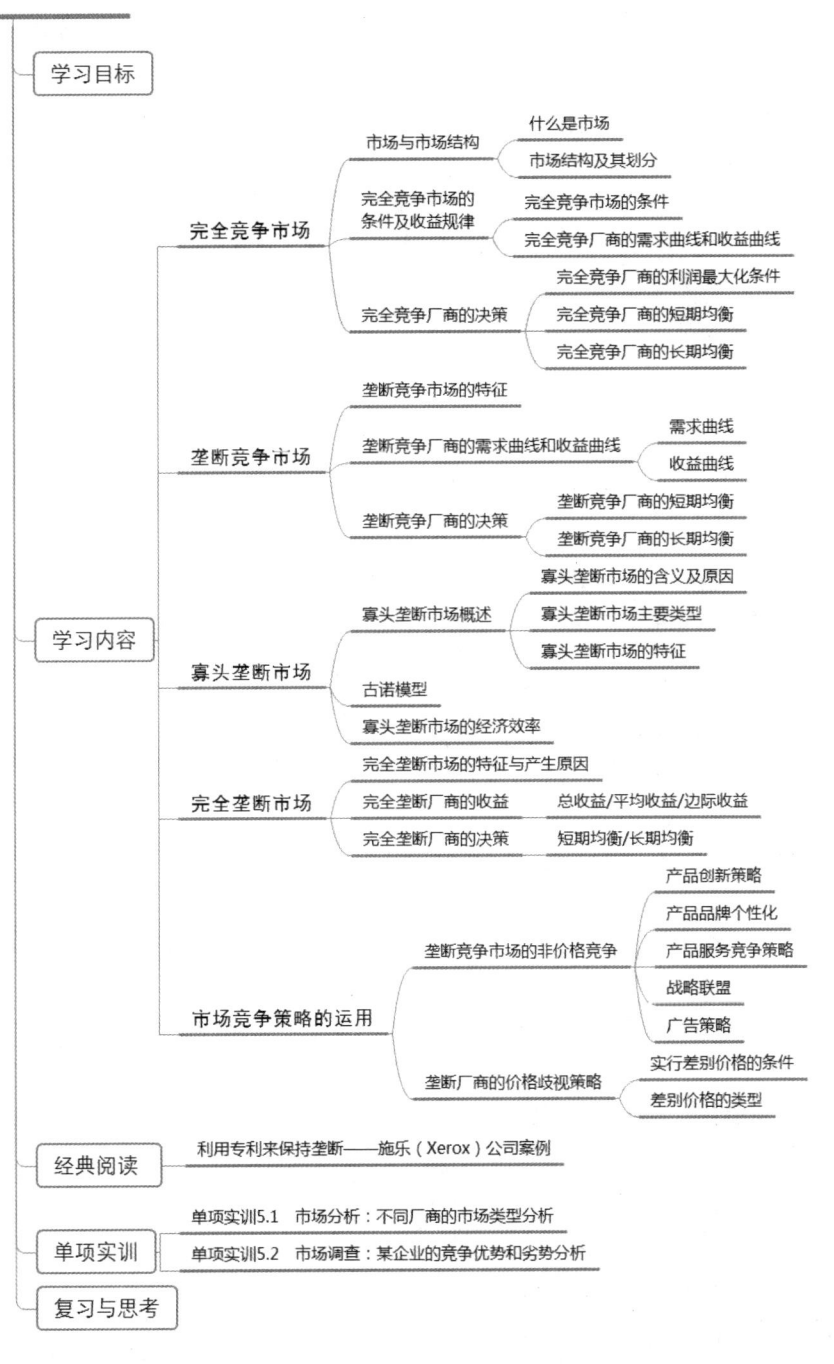

项目 5

市场竞争策略

学习目标

知识目标：
- ▲ 掌握市场结构的含义与划分标准；
- ▲ 掌握不同市场结构的基本特点；
- ▲ 理解不同市场结构之间的区别与联系；
- ▲ 掌握厂商进行非价格竞争的条件与方法。

能力目标：
- ▲ 能够解决不同类型市场上的厂商价格及产量决策问题；
- ▲ 能够说明单一定价与价格歧视的基本条件。

重点难点：
- ▲ 完全竞争厂商的短期均衡；
- ▲ 寡头垄断模型。

① 在表 4.3 中填空，填写空白单元格的数字。

② 该生产函数是否表现为边际产量递减？如果是，是从第几单位的可变要素投入量开始的？

4．计算题

（1）已知生产函数 $Q=f(K,L)=KL-0.5L^2-0.32K^2$，$Q$ 表示产量，K 表示资本，L 表示劳动数量，设 $K=10$。

① 写出劳动的平均产量函数和边际产量函数；

② 分别计算当总产量、平均产量和边际产量达到最大值时，厂商雇佣的劳动数量数量。

（2）某制造公司每天生产 1 000 个锤子，工厂每天的总固定成本为 5 000 美元，总可变成本为 15 000 美元，计算当前产量水平下的平均固定成本、平均可变成本、平均总成本和总成本。

（3）已知某厂的生产函数为 $Q=L^{3/8}K^{5/8}$，设 $P_L=3$ 元，$P_K=5$ 元。

① 求产量 $Q=10$ 时的最低成本支出和使用的 L 和 K 的数量；

② 求总成本为 160 元时，厂商均衡时的 Q、L 和 K 的数量。

（4）假设某企业全部成本函数为 TC=30 000+5Q−Q^2，Q 为产出数量。则 AFC 为（　　）。

A．30 000　　　　B．5Q−Q^2　　C．5−Q　　D．30 000/Q

（5）边际技术替代率是指（　　）。

A．两种要素投入的比率

B．一种要素投入替代另一种要素投入的比率

C．一种要素投入的边际产品替代另一种要素投入的边际产品的比率

D．在保持原有产出不变的条件下，用一种要素投入替代另一种要素投入的比率

3．分析讨论题

（1）图 4.10 是生产函数 $Q=f(L,K)$ 的要素组合与产量对应图，其中横轴和纵轴分别表示劳动量和资本投入量，虚线交点上的数字表示与该点的要素投入组合相对应的产量。

① 图中是否存在规模产量递减、不变、递增？

② 图中是否存在边际产量递减？

③ 图中哪些要素组合处于同一条等产量曲线上？

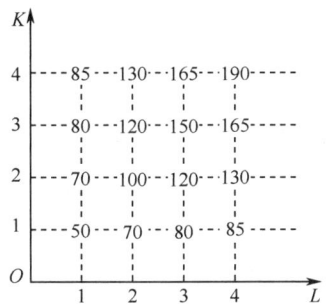

图 4.10　生产函数的要素组合与产量对应图

（2）一种可变生产要素的短期生产函数产量表如表 4.3 所示。

表 4.3　可变生产要素的短期生产函数产量表

可变要素的数量	可变要素的总产量	可变要素的平均产量	可变要素的边际产量
1		2	
2			10
3	24		
4		12	
5	60		
6			6
7	70		
8			0
9	63		

实训背景与要求

单项实训 4.1　创业策划：创业初期阶段的要素组合

实训要求：

1. 以 5~6 人为一组组建创业团队，完成创业初期的策划；

2. 通过调查确定经营的行业和模式，确定要投入的要素和最佳要素组合；

3. 通过小组调查、分析和讨论，将要素组合的结果以小组策划报告的形式提交给指导老师。

单项实训 4.2　模拟商战：企业竞争模拟训练

实训要求：

1. 将全班学生分成 5~6 人为一组的若干小组，每组代表一个企业，设置各个岗位负责人（CEO、财务总监、生产总监、采购总监、营销总监各 1 名，有条件的组可设财务助理、营销助理等岗位）。

2. 利用 ERP 企业模拟经营教具或软件，以组为单位模拟企业经营 5~6 年，按盈利高低排出经营业绩。

3. 各组写出经营分析报告，并由经营业绩好的组在班级与同学们分享经验，然后由指导老师进行点评。

复习与思考

1. 名词解释

生产函数；生产要素；短期和长期；总产量；平均产量；边际产量；边际产量递减规律；等产量线；边际技术替代率递减规律；等成本线；扩展线；规模经济

2. 选择题

（1）生产函数衡量了（　　）。

　　A. 投入产品的价格对厂商产出水平的影响

　　B. 给定一定量的投入所得到的产出水平

　　C. 在每一价格水平上厂商的最优产出水平

　　D. 以上都是

（2）下列项目中属于可变成本的是（　　）。

　　A. 管理人员的工资　　　　B. 生产工人的工资

　　C. 厂房的折旧　　　　　　D. 机器设备的折旧

（3）边际成本曲线与平均成本曲线的相交点是（　　）。

　　A. 边际成本曲线的最低点　　B. 平均成本曲线的最低点

　　C. 平均成本曲线下降的任何一点　　D. 边际成本曲线的最高点

凭定价水平高低与真文凭"相对含金量"的情况似乎完全相反。从博士到学士的假文凭定价差别，倒是被同学们猜对了，但其原因与学历高低的"相对含金量"也没有直接联系。

非法证件市场上不同种类假文凭定价受什么因素影响呢？我们不妨从经济学的角度来探讨。与兜售假文凭的商贩交谈得知，生产假文凭的"厂商"，制作某大学某年份的假文凭，为了达到以假乱真的效果，需要准确了解和复制不同年份文凭的样式、校长签名等具体特征。如果"顾客"需要1975年或1995年北京大学的假文凭，"厂商"需要了解这两个年份文凭的尺寸大小、颜色搭配、校长姓名和签名式样等情况。虽然没有机会实地考察假文凭窝点的生产程序，然而有理由相信假文凭"厂商"每提供一份"产品"，都需要收集样品和制作模具，因而需要先支付一笔固定成本。当然，销售每一份假文凭，另外还要发生包括推销成本、风险成本在内的可变成本。然而，从生产成本角度看，某种假文凭的销售量越大，固定成本分摊到每份文凭的成本就越低。

至少有两个方面因素使北大假文凭市场需求量较大，从而使北大假文凭相对价格较低。第一，上述伪造文凭市场在区位上与北大距离很近，因而对北大假文凭需求量可能大一些，而对于安徽大学这样外省学校的假文凭需求量显然会小一些。因而北大假文凭价格比较低。第二，北大文科专业比较齐全，也比较有名，因而需求量可能要大一些。与清华大学比较，清华过去一度主要以工科出名，工科学科专业技术性较强，利用假文凭招摇撞骗的可能性较小，因而对工科假文凭需求量比较小。

假博士文凭价格较高，可能也是由类似供求因素决定的。博士有指定的专门导师，学术训练和论文研究的专业性也很强，假文凭实际效用很低，市场需求量也很小，因而价格比较高。本科专业，特别是文科专业，如文学、历史、行政管理和经济学，知识如何，功底怎样，很难鉴定，外行冒充专家都不难，冒充大学本科毕业自然游刃有余。因而，本科假文凭市场需求量较大，价格比较低。

图书城附近假文凭市场上，北大文凭比较便宜，需求因素可能是关键。该市场在区位上靠近北大，加上北大文科专业比较齐全，并且名声远扬，因而对北大假文凭需求量较大。从供给方面看，制作假文凭需要进行较大先期固定投入，生产第一份假文凭成本最高，随后生产平均成本随着产出（销售量）增加不断下降。较大市场需求量实现了规模经济带来的低成本利益，因而价格也就比较便宜。这个事例又一次说明了一个常识：经济学规律发生作用的领域，并不以法律界定的范围为限。

（资料来源：http://www.360doc.com/content/14/0923/23/476103_411883880.shtml.）

单项实训

实训目标

1. 学会如何确定最佳要素组合。
2. 理解短期成本及长期成本的变动规律。
3. 掌握对企业利润最大化产量的决策。

4.4.2 范围经济与范围不经济

1. 范围经济

范围经济是指在相同的投入下，由一个单一的企业生产关联产品，比多个不同的企业分别生产这些关联产品中每一个单一产品的产出水平要高，则称该种生产过程存在范围经济。企业同时进行多产品生产称为联合生产。企业采取联合生产的方式可以通过使多种产品共同分享生产设备或其他投入物而获得产出或成本方面的好处，也可以通过统一的营销计划或统一的经营管理获得成本方面的好处。

2. 范围不经济

范围不经济是指在相同的投入下，由一个单一的企业生产关联产品，比多个不同的企业分别生产这些关联产品中每一个单一产品的产出水平要低，则称该种生产过程存在范围不经济。

 知识链接 4.4

炼油厂经营沥青

如果一家炼油厂出售沥青，你会感到奇怪吗？其实没什么好奇怪的，因为提炼石油时不但可以得到汽油，同时还会产生沥青，显然，让炼油厂既生产沥青又生产汽油的花费比让其生产汽油而让其他企业单独生产沥青的花费小。在这种情况下，经济学家就称其存在范围经济。

 经典阅读

北大假文凭价格为啥低于清华

北京四环路修建之前，北京大学西南角和海淀图书城之间是一片商业区，有很多贩卖盗版光盘、软件和假文凭等证件的非法商贩在这里活动。对于这个交易伪造证件的市场，有关部门虽多次查禁但屡禁不止。制作贩卖假文凭是非法的，执法部门无疑应当查禁。然而，从经济学角度看，任何一种生产和交易活动，无论非法或合法，只要涉及稀缺资源配置，经济规律就会起作用。合法经济现象到处都是，观察不合法经济活动及其规律的机会却并不易得。

那么，不同学校或学历档次的假文凭如何定价？曾在北京大学"经济学原理"课上让同学们猜测，得出两点意见。从学历上看，同学们倾向于认为伪造文凭价格应以博士文凭为最高，硕士其次，学士最低；从学校上看，自尊心很强的北大同学理所当然地认为北大假文凭价格应当最高，其次是清华和人大假文凭，外省大学假文凭应当更低。

然而，让北大同学失望的是，在靠近北大的伪造证件市场上，北大假文凭价格不仅低于清华，而且低于像安徽大学或新疆大学这样的外省大学假文凭价格。不同大学假文

任务 4.4　生产与成本理论的应用

4.4.1　规模经济与规模不经济

1. 规模经济

规模经济是指由于生产和经营规模不断扩大而导致长期平均成本下降、收益不断增加的情况。规模经济产生的原因在于：当生产和经营的规模扩大后，劳动分工更细，专业化程度更高，技术因素和管理更加合理等。

2. 规模不经济

规模不经济是指企业规模过大使得管理无效而导致长期平均成本上升的情况。规模不经济产生的原因在于：当生产和经营的规模过大时，可造成信息不畅、决策不灵、企业内部公文旅行、内部联系费用增加和内部摩擦增加等。

案例欣赏 4.6

全球每四台微波炉就有一台格兰仕

面对越来越广阔的市场，每个企业都有两种战略选择：一是多产业、小规模，低市场占有率；二是少产业、大规模，高市场占有率。格兰仕选择的是后者。格兰仕生产的微波炉，在国内外有非常高的市场占有率。

格兰仕的成功就是运用了规模经济的理论，即某种产品的生产，只有达到一定规模的时候，才能取得较好的效益。微波炉生产的最小经济规模为每年生产 100 万台。早在 1996—1997 年间，格兰仕就达到了这一规模。随后，规模每上一个台阶，生产成本就下降一个台阶。这就为企业的产品降价提供了有利条件。格兰仕的做法是，当生产规模达到每年生产 100 万台时，将出厂价定在规模为每年生产 80 万台的企业的成本价以下；当规模达到每年生产 400 万台时，将出厂价又调到规模为每年生产 200 万台的企业的成本价以下；而现在规模达到每年生产 1 000 万台以上时，又把出厂价降到规模为每年生产 500 万台的企业的成本价以下。这种在成本下降的基础上所进行的降价，是一种合理的降价。降价的结果是将价格平衡点以下的企业一次又一次大规模地淘汰，使行业的集中度和规模经济水平不断提高，由此带动整个行业的成本不断下降。

成本低，价格必然就低，降价最大的受益者是广大消费者。从自 1993 年格兰仕进入微波炉行业到现在的 20 多年间，微波炉的价格由每台 3 000 元以上降到每台 300 元左右，下降了 90% 以上，这不能不说是格兰仕的功劳，不能不说是格兰仕对广大消费者的巨大贡献。

（资料来源：http://wenku.baidu.com/view/f927576476c66137ef06193a.html.）

3. 长期边际成本

长期边际成本（long-run marginal cost，LMC）是指在长期内每增加一单位产量所增加的总成本，其函数公式为

$$LMC = \frac{\Delta LTC}{\Delta Q}$$

或

$$LMC = \lim_{\Delta Q \to 0} \frac{\Delta LTC}{\Delta Q} = \frac{dLTC}{dQ}$$

长期边际成本曲线（LMC）不是短期边际成本曲线的包络线，它是由每一产量上短期边际成本与短期平均成本相交确定的产量所对应的短期边际成本连接而成的一条光滑的曲线，如图4.9所示。

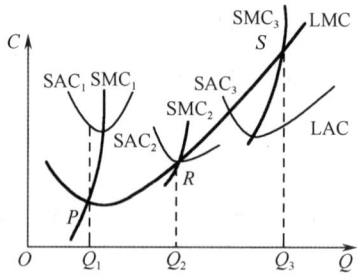

图4.9 长期边际成本曲线的形成

案例欣赏4.5

不可分性投入和假食人鲸的成本

海狮经常在渤海湾附近吃硬头鳟和其他鱼类，使一些鱼类濒临绝种，以致商业性捕鱼业受到产量减少甚至被迫取消的威胁。李某是一个塑料制品的制造商，他想出了一个类似"稻草人"的办法来解决这个问题。食人鲸喜食海狮，李某说他能够用玻璃纤维制造一头与食人鲸大小相同的"食人鲸"，将它固定在类似滑行轨道这样的物体上，然后把这些"食人鲸"送入海中漂游以吓跑海狮。根据李某的估计，制造第一头"食人鲸"的成本为1.6万元。但是一旦模具做好了，每增加一头"食人鲸"只需花费0.5万元；这样两头"食人鲸"的总成本为2.1万元，三头"食人鲸"的总成本为2.6万元，以此类推。这个案例很好地证明了不可分性投入对企业成本曲线的影响。第一头"食人鲸"的成本包括模具的成本，一旦企业拥有了模具，增加每头鲸的额外成本就只有0.5万元，因此，随着"食人鲸"的数量增加，每头"食人鲸"的平均成本下降。

案例欣赏 4.4

为什么民航公司愿意向顾客提供折扣机票？

经常坐飞机的人会发现，有的航班满员，而另外一些航班空座很多。当航班有空座时，民航公司总是以向乘客提供折扣机票的办法作为竞争的基本手段，甚至以低于成本的价格销售机票。那么，民航公司的行为是理性的吗？

4.3.3 长期成本分析

1. 长期总成本

长期总成本（long-run total cost，LTC）是指厂商在长期中在各种产量水平上通过改变生产要素的投入量所能达到的最低总成本。长期总成本随产量的增加而增加。长期总成本函数公式为

$$LTC = LTC(Q)$$

LTC 曲线是 STC 曲线的包络线，它从短期总成本曲线的下方包络众多短期总成本曲线，是一条从原点出发向右上方倾斜的曲线。随着产量的增加，LTC 曲线先递减地增加，后递增地增加，如图 4.7 所示。

2. 长期平均成本

长期平均成本（long-run average cost，LAC）是指厂商在长期内按产量平均计算的最低总成本，其函数公式为

$$LAC = LTC(Q)/Q$$

LAC 曲线是无数条 SAC 曲线的包络线。在这条包络线上，在连续变化的每一个产量水平，都存在 LAC 曲线和一条 SAC 曲线的相切点，该切点所对应的平均成本就是相应的最低平均成本，如图 4.8 所示。

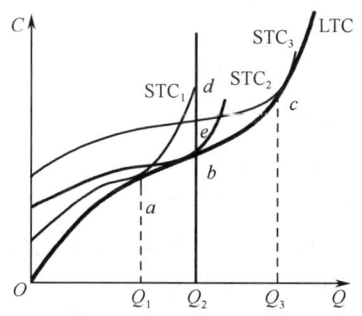

图 4.7　长期总成本曲线的形成

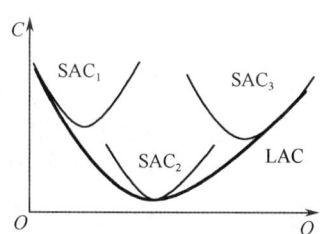

图 4.8　长期平均成本曲线的形成

LAC 曲线表示厂商在长期内在每一产量水平上可以实现的最小的平均成本。LAC 曲线并不是由许多 SAC 曲线的最低点组成的。一般情况下，SAC 曲线的最低点均高于 LAC 曲线。

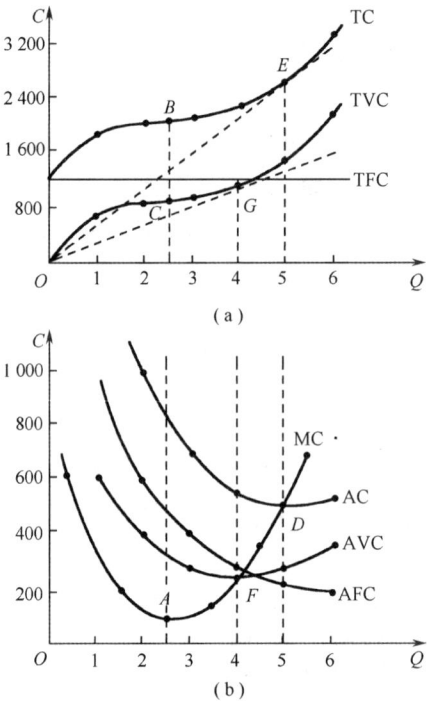

图 4.6　短期成本曲线综合图

（1）分析图 4.6（a）。由图 4.6（a）可见：TC 曲线是一条由水平的 TFC 曲线与纵轴的交点出发的向右上方倾斜的曲线；在每一个产量上，TC 曲线和 TVC 曲线两者的斜率都是相同的，并且，TC 曲线和 TVC 曲线之间的垂直距离都等于固定的不变成本 TFC，这显然是由于 TC 曲线是通过把 TVC 曲线向上垂直平移 TFC 的距离而得到的。

此外，在图 4.6（a）中，TVC 曲线和 TC 曲线在同一个产量水平（2.5 单位处）各自存在一个拐点 C 和 B。在拐点以前，TVC 曲线和 TC 曲线的斜率是递减的；在拐点以后，TVC 曲线和 TC 曲线的斜率是递增的。

（2）分析图 4.6（b）。由图 4.6（b）可见：不仅 AVC 曲线，而且 AC 曲线和 MC 曲线均呈 U 形特征，而且，MC 曲线与 AVC 曲线相交于 AVC 曲线的最低点 F；MC 曲线与 AC 曲线相交于 AC 曲线的最低点 D。

（3）综合分析。将图 4.6（a）和图 4.6（b）结合在一起可以发现：图 4.6（b）中的 MC 曲线的最低点 A 恰好对应于图 4.6（a）中的 TC 曲线的拐点 B 和 TVC 曲线的拐点 C；在图 4.6（b）中的 AVC 曲线达到最低点 F 时，图 4.6（a）中恰好有一条从原点出发的切线与 TVC 曲线相切于 G 点；类似的，当图 4.6（b）中的 AC 曲线达到最低点 D 时，图 4.6（a）中恰好有一条从原点出发的切线与 TC 曲线相切于 E 点。

(4)平均不变成本。平均不变成本(AFC)是指厂商在短期内平均每生产一单位产品所消耗的不变成本。平均不变成本(AFC)曲线是一条向两轴渐近的双曲线。AFC曲线表示:在总不变成本固定的前提下,随着产量的增加,平均不变成本越来越小。平均不变成本用公式表示为

$$\mathrm{AFC}(Q) = \frac{\mathrm{TFC}}{Q}$$

(5)平均可变成本。平均可变成本(AVC)是指厂商在短期内平均每生产一单位产品所消耗的可变成本。平均可变成本用公式表示为

$$\mathrm{AVC}(Q) = \frac{\mathrm{TVC}(Q)}{Q}$$

(6)平均总成本。平均总成本(AC)是指厂商在短期内平均每生产一单位产品所消耗的全部成本,它等于平均不变成本与平均可变成本之和。平均总成本用公式表示为

$$\mathrm{AC}(Q) = \frac{\mathrm{TC}(Q)}{Q} = \mathrm{AFC}(Q) + \mathrm{AVC}(Q)$$

(7)边际成本。边际成本(MC)是指厂商在短期内增加一单位产量时所增加的成本。边际成本用公式表示为

$$\mathrm{MC}(Q) = \frac{\Delta \mathrm{TC}(Q)}{\Delta Q}$$

或

$$\mathrm{MC}(Q) = \lim_{\Delta Q \to 0} \frac{\Delta \mathrm{TC}(Q)}{\Delta Q} = \frac{\mathrm{dTC}}{\mathrm{d}Q}$$

由上式可知,在每一个产量水平上的边际成本(MC)值是相应的成本(TC)曲线的斜率。

2. 短期成本曲线综合分析

表4.2是一张某厂商的短期成本列表。表中的平均成本和边际成本的各栏均可以分别由相应的总成本的各栏推算出来。该表体现了各种短期成本之间的相互关系。

表4.2 短期成本表

产量 (Q)	总成本			平均成本			边际成本
	总不变成本 (TFC)	总可变成本 (TVC)	总成本 (TC)	平均不变成本 (AFC)	平均可变成本 (AVC)	平均总成本 (AC)	边际成本 (MC)
0	1 200	0	1 200				
1	1 200	600	1 800	1 200.0	600.0	1 800.0	600
2	1 200	800	2 000	600.0	400.0	1 000.0	200
3	1 200	900	2 100	400.0	300.0	700.0	100
4	1 200	1 050	2 250	300.0	262.5	562.5	150
5	1 200	1 400	2 600	240.0	280.0	520.0	350
6	1 200	2 100	3 300	200.0	350.0	550.0	700

图4.6是根据表4.2绘制的短期成本曲线图,它是一张典型的短期成本曲线的综合图。

4.3.2 短期成本分析

 案例欣赏 4.3

铅笔的成本

贝洛先生想进入铅笔制造行业。他收集了现有的两家铅笔制造商夏普公司和鲍盾公司的有关信息。这两家公司拥有相同的工厂，支付给工人相同的工资，所支付的原材料价格也相同。虽然夏普公司每分钟生产 1 000 支铅笔，鲍盾公司每分钟生产 2 000 支铅笔，但他们每只铅笔的短期平均成本均为 10 美分。贝洛先生在建成一个与他们相同的工厂后，雇用了足够的工人，购买了充足的原材料，每分钟生产 2 500 支铅笔。根据夏普和鲍盾公司的经验，他预期每只铅笔的平均成本也为 10 美分。贝洛先生认为，10 美分是生产 1 000 支和 2 000 支铅笔的平均成本，所以也应该是生产 2 500 支铅笔的平均成本。但事与愿违，他每只铅笔的平均成本为 14 美分。请解释下为什么会出现这样的结果？

1. 短期成本的分类

在短期，厂商的成本有不变成本和可变成本之分。具体地讲，厂商的短期成本有以下 7 种：总不变成本（total fixed cost）、总可变成本（total variable cost）、总成本（total cost）、平均不变成本（average fixed cost）、平均可变成本（average variable cost）、平均总成本（average total cost）和边际成本（marginal cost），其英文缩写分别为 TFC、TVC、TC、AFC、AVC、AC 和 MC。

（1）总不变成本。总不变成本（TFC）又称总固定成本，是指厂商在短期内为生产一定数量的产品对不变生产要素所支付的总成本，如建筑物和机器设备的折旧费等。由于在短期内不管企业的产量为多少，这部分不变要素的投入量都是不变的，所以，总不变成本是一个常数，它不随产量的变化而变化。即使产量为零时，总不变成本也仍然存在。总不变成本（TFC）曲线是一条水平线，它表示在短期内，无论产量如何变化，总不变成本都是固定不变的。

（2）总可变成本。总可变成本（TVC）是指厂商在短期内生产一定数量的产品对可变生产要素支付的总成本，如厂商对原材料、燃料动力和工人工资的支付等。总可变成本（TVC）曲线是一条由原点出发向右上方倾斜的曲线。TVC 曲线表示：由于在短期内厂商是根据产量的变化不断地调整可变要素的投入量，所以，总可变成本随产量的变动而变动。总可变成本的函数形式为

$$TVC = TVC(Q)$$

（3）总成本。总成本（TC）是指厂商在短期内为生产一定数量的产品对全部生产要素所支出的总成本，它是总固定成本和总可变成本之和。总成本（TC）曲线是从纵轴上相当于总不变成本（TFC）高度的点出发的一条向右上方倾斜的曲线。TC 曲线表示：在每一个产量上的总成本，由总不变成本和总可变成本共同构成。总成本用公式表示为

$$TC(Q)=TFC+TVC(Q)$$

6. 使用按目前行情买入、租入或雇用的原材料、资金、建筑物、机器设备、劳动力等，其机会成本等于会计成本。

7. 折旧的机会成本等于会计成本（假设期末变卖价值等于残值）。

2．显成本与隐成本

显成本（explicit cost）是指厂商在生产要素市场上购买或租用所需要的生产要素的实际支出（即会计成本）；隐成本（implicit cost）是指厂商在生产过程或经营活动中所使用的自己所拥有的投入物的价值。

机会成本（总成本、生产成本）=显成本+隐成本

案例欣赏 4.2

计算会计成本与机会成本

企业甲每年耗用钢材 100 吨，用的是库存材料，购买价格为 1 000 元/吨。企业乙每年也耗用钢材 100 吨，用的是现购材料，市价为 1 200 元/吨。试求企业甲和企业乙的会计成本和机会成本。

企业甲：会计成本 = 1 000 × 100 = 100 000（元）

机会成本 = 1 200 × 100 = 120 000（元）

企业乙：会计成本 = 1 200 × 100 = 120 000（元）

机会成本 = 1 200 × 100 = 120 000（元）

3．增量成本与沉没成本

增量成本是指某项决策带来的总成本的变化，在低成本扩张战略时考虑；沉没成本是指已经发生而无法收回的成本，在企业决策之前必须考虑。

4．社会成本与私人成本

社会成本是从社会整体来看待的成本，它是机会成本；私人成本是从生产者个体角度所考虑的成本，是个人活动并由他本人承担的成本。这两个成本的概念与外部性（外部效应）概念密切相关。

外部性是指经济主体的行为对该主体以外的其他人或事物造成的影响。如果是好的影响，就是正外部性（外部正效应），比如水库、绿地、蜜蜂与果树间的相互影响；如果是负面影响，则属于负外部性（外部负效应），如污染、噪声等。

入量分别为 OL_1 和 OK_1。等成本线 AB 虽然与既定的等产量线 Q 相交于 R、S 两点，但其代表的成本均过高。等成本线 $A''B''$ 虽然代表的成本较低，但其无法实现等产量线 Q 所代表的产量。

均衡条件是代表既定产量的等产量线与其可能达到的最低等成本线的相切点，在该切点有

$$\text{RTS}_{LK} = \frac{w}{r}$$

由

$$\text{RTS}_{LK} = \frac{\text{MP}_L}{\text{MP}_K}$$

可得

$$\frac{\text{MP}_L}{w} = \frac{\text{MP}_K}{r}$$

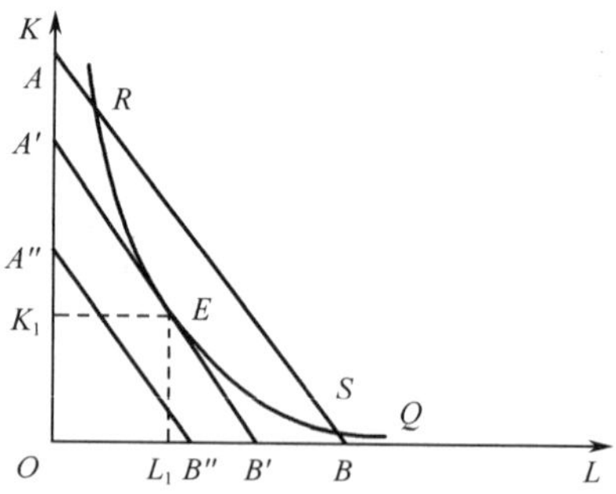

图 4.5　既定产量条件下的成本最小决策点

上述分析表明，厂商在既定产量条件下实现最小成本与在既定成本条件下实现最大产量的两个要素的最优组合原则是相同的。

任务 4.3　成本决策

4.3.1　成本概述

1. 机会成本与会计成本

机会成本（opportunity cost）是指做出一项决策时所放弃的其他可供选择的最好用途。对于厂商而言，机会成本是指厂商为了生产一定数量的产品而放弃的使用相同的生产要素在其他生产用途中所能得到的最高收入。

会计成本（accounting cost）是指厂商进行生产与经营的各种实际支出。因为这种支出在实际发生后会逐笔在会计账簿中记录，是显而易见的。所以，我们也把会计成本称为历史成本，它包括支付给员工的工资以及购买原料、燃料等的各项支出。

知识链接 4.3

不同情况下机会成本的计算

1. 自有资金（或建筑物）的机会成本等于把它租借给别人可以得到的利息（或租金）收入。
2. 自己兼任经理的机会成本，等于自己到别处工作可以得到的收入。
3. 闲置的机器设备的机会成本为零。
4. 机器如果原来生产产品 A，可得一笔贡献利润（等于收入减去变动成本），现在用来生产产品 B 的机会成本等于它生产产品 A 的贡献利润。
5. 使用过去买进的原材料，现在行情变了，其机会成本按现价计算。

石化、电子等企业，都属于资金密集型企业。

2. 劳动密集型企业

劳动密集型企业（labour intensive enter prise）是指生产需要大量的劳动力，也就是说，产品成本中活劳动量消耗所占比重较大的企业，又称劳动集约型企业。在劳动密集型企业里，平均每个工人的劳动装备不高，如纺织业、食品企业、日用百货等轻工企业以及服务性企业等。

特点：劳动密集型企业的资本有机构成低，劳动者占用固定资产的数额较低，在产品成本中活劳动消耗所占比重较大。因而，它具有投资省、单位投资能吸收较多的劳动力、技术操作要求较低、资金周转快等特点。

4.2.3　长期生产均衡

生产均衡是研究生产者如何选择最优的生产要素组合，从而实现既定成本条件下的最大产量，或者实现既定产量条件下的最小成本。以下内容研究的前提是，假定企业用两种可变生产要素劳动和资本生产一种产品，而且劳动和资本的价格 w 和 r 已知。

1. 既定成本条件下的最大产量

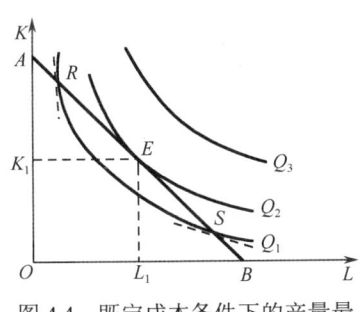

图 4.4　既定成本条件下的产量最大化决策点

在图 4.4 中，有 1 条等成本线 AB 和 3 条等产量线 Q_1、Q_2 和 Q_3。唯一的等成本线 AB 与其中一条等产量线 Q_2 相切于 E 点，该点即为生产的均衡点，劳动投入量和资本投入量分别为 OL_1 和 OK_1。任何更高的产量（如 Q_3），在既定成本条件下都是无法实现的；任何更低的产量（如 Q_1）在既定成本条件下都是低效率的。

均衡条件是代表既定成本的等成本线与其可能达到的最高等产量线的相切点，在该切点有

$$\text{RTS}_{LK} = \frac{w}{r}$$

由

$$\text{RTS}_{LK} = \frac{\text{MP}_L}{\text{MP}_K}$$

可得

$$\frac{\text{MP}_L}{w} = \frac{\text{MP}_K}{r}$$

上式表示，厂商应该通过对两个要素投入量的不断调整，使得花费在两个要素上的最后一单位的货币成本所带来的边际产量相等。

2. 既定产量条件下的最小成本

在图 4.5 中，有 1 条等产量线 Q 和 3 条等成本线 AB、$A'B'$ 和 $A''B''$。唯一的等产量线 Q 与其中一条等成本线 $A'B'$ 相切于 E 点，该点即为生产的均衡点，劳动投入量和资本投

以 MRTS 代表边际技术替代率，ΔK、ΔL 分别代表资本投入的变化量和劳动投入的变化量，则劳动对资本的边际技术替代率公式为

$$\mathrm{MRTS}_{LK} = -\frac{\Delta K}{\Delta L}$$

在通常情况下，由于劳动和资本的变化量呈反方向变动，为了便于比较，在公式中加了一个负号，使边际技术替代率为正值。

当 $\Delta L \to 0$ 时，则有

$$\mathrm{MRTS}_{LK} = \lim_{\Delta L \to 0} -\frac{\Delta K}{\Delta L} = -\frac{\mathrm{d}K}{\mathrm{d}L}$$

上式说明等产量曲线上任一点的边际技术替代率等于等产量曲线在该点的斜率的绝对值。

边际技术替代率还可以表示为两要素的边际产量之比，即

$$\mathrm{MRTS}_{LK} = -\frac{\mathrm{d}K}{\mathrm{d}L} = \frac{\mathrm{MP}_L}{\mathrm{MP}_K}$$

4.2.2 等成本线

等成本线（isocost line）是指在既定的成本和生产要素价格条件下，生产者可以购买到的两种生产要素的各种不同数量组合的轨迹，如图 4.3 所示。

成本方程为

$$C = wL + rK$$

或

$$K = -\frac{w}{r}L + \frac{C}{r}$$

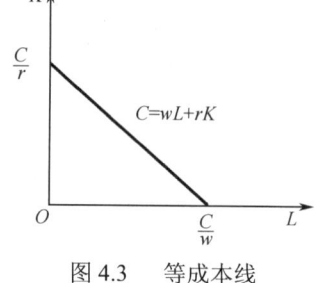

图 4.3　等成本线

式中，C 表示既定成本；w 和 r 分别为已知的劳动的价格（工资率）和资本的价格（利息率）。

成本与生产要素价格的变动，都会使等成本线发生变动。等成本线的变动与预算线的变动类似。

 知识链接 4.2

资金密集型企业与劳动密集型企业

1. 资金密集型企业

资金密集型企业（capital intensive enter prise）是指单位劳动力占有资金量（或资产量、资本）较大的企业，又称资本密集型企业。

特点：这种企业资本的价值构成高，资本的有机构成也高，一般都具有技术装备率高、机械化和自动化水平高、产品成本中物化劳动的比重大等特点。

在大多数情况下，资金密集型企业同时又是技术密集型企业。电力、冶金、航天、

在第Ⅰ阶段，产量曲线的特征为：劳动的平均产量始终是上升的，且达到最大值；劳动的边际产量上升达到最大值，然后开始下降，且劳动的边际产量始终大于劳动的平均产量；劳动的总产量始终是增加的。这说明：在这一阶段，不变要素资本的投入量相对过多，生产者增加可变要素劳动的投入量是有利的。或者说，生产者只要增加可变要素劳动的投入量，就可以较大幅度地增加总产量。因此，任何理性的生产者都不会在这一阶段停止生产，而是连续增加可变要素劳动的投入量，以增加总产量，并将生产扩大到第Ⅱ阶段。

在第Ⅲ阶段，产量曲线的特征为：劳动的平均产量继续下降，劳动的边际产量降为负值，劳动的总产量也呈现下降趋势。这说明：在这一阶段，可变要素劳动的投入量相对过多，生产者减少可变要素劳动的投入量是有利的。因此，这时即使劳动要素是免费供给的，理性的生产者也不会增加劳动投入量，而是通过减少劳动投入量来增加总产量，以摆脱劳动的边际产量为负值和总产量下降的局面，并退回到第Ⅱ阶段。

在生产的第Ⅱ阶段，生产者可以得到由第Ⅰ阶段增加可变要素投入所带来的全部好处，又可以避免将可变要素投入增加到第Ⅲ阶段而带来的不利影响。因此，第Ⅱ阶段是生产者进行短期生产的决策区间。在第Ⅱ阶段的起点处，劳动的平均产量曲线和劳动的边际产量曲线相交，即劳动的平均产量达最高点。在第Ⅱ阶段的终点处，劳动的边际产量曲线与水平轴相交，即劳动的边际产量等于零。

任务4.2　长期生产决策

在生产理论中，通常以两种可变生产要素的生产函数来考察长期生产。假定生产者使用劳动（L）和资本（K）两种可变生产要素生产一种产品，其产量水平为Q，则两种可变生产要素的长期生产函数为

$$Q=f(L,K)$$

4.2.1　等产量线

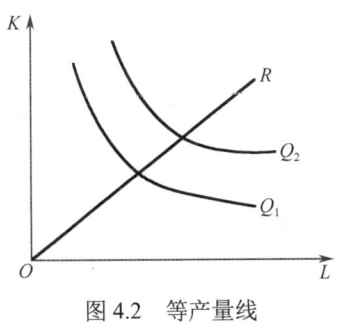

图4.2　等产量线

1. 等产量线的含义

等产量线（isoquant curve）是指在技术水平不变的条件下生产同一产量的两种生产要素投入量的各种不同组合的轨迹，如图4.2所示。

与无差异曲线类似，等产量线具有如下特点：

（1）离原点越远的等产量线代表的产量水平越高。

（2）在同一坐标系平面上的任意两条等产量线不会相交。

（3）等产量线凸向原点。

2. 边际技术替代率

边际技术替代率（marginal rate of technical substitution，MRTS）是指在维持产量水平不变的条件下，增加一单位的某种要素投入量时所减少的另一种要素的投入量。

察工业化特定阶段的经济运行矛盾具有历史认识价值。换言之，如果没有现代替代耕地的农业技术出现和推广，如果没有外部输入食物或向外部输出人口的可能性，英国和欧洲一些国家工业化确实会面临马尔萨斯所描述的困难。马尔萨斯观察暗含了农业技术不变与人均占有耕地面积下降这两个假设条件。如果实际历史和社会经济状况满足或接近这两个条件，马尔萨斯陷阱作为一个条件预测（projection）是有效的。

然而，马尔萨斯结论作为一个无条件预言是错误的。近现代世界经济史告诉我们，过去 200 多年间，农业科学技术不断取得革命性突破，化肥、机械、电力和其他能源、生物技术等现代技术和要素的投入，极大地提高了农业劳动生产率，使农业和食品的增长率显著超过人口的增长率。从历史事实看，马尔萨斯理论是对边际收益规律的不适当运用。

（资料来源：卢锋.经济学原理.北京大学出版社，2002.）

3．总产量、平均产量和边际产量的关系

总产量、平均产量和边际产量的关系如图 4.1 所示，结合图 4.1 中的总产量曲线 TP_L、平均产量曲线 AP_L 和边际产量曲线 MP_L，我们可以看到三者之间存在如下关系。

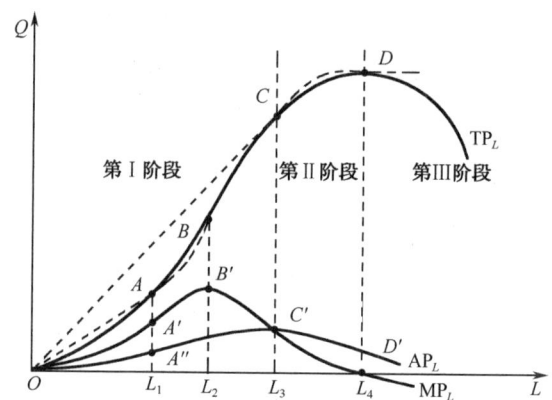

图 4.1　总产量、平均产量和边际产量的关系

（1）在资本量一定的条件下，随劳动量的不断增加，总产量、平均产量和边际产量曲线都先上升，在分别达到最高点后转而下降。

（2）边际产量曲线与平均产量曲线相交于平均产量曲线的最高点。在相交之前，边际产量大于平均产量，平均产量是递增的；在相交之后，平均产量大于边际产量，平均产量是递减的；在交点处，平均产量等于边际产量，平均产量达到最高。

（3）当边际产量为正数时，总产量递增；当边际产量为负数时，总产量递减。

此外，由于在可变要素劳动投入量的变化过程中，边际产量的变动相对平均产量的变动更为敏感，所以，不管是增加还是减少，边际产量的变动要快于平均产量的变动。

4.1.3　短期生产的决策阶段

根据短期生产的总产量、平均产量和边际产量之间的关系，可将短期生产划分为三个阶段，参见图 4.1。

续表

劳动投入量（L）	劳动的总产量（TP_L）	劳动的平均产量（AP_L）	劳动的边际产量（MP_L）
4	15	3.75	3
5	17	3.4	2
6	17	2.83	0
7	16	2.286	−1
8	13	1.625	−3

2．边际产量递减规律

对一种可变生产要素的生产函数来说，边际产量表现出一种先上升而最后下降的特征，这一特征被称为边际产量递减规律，有时也被称为边际报酬递减规律或边际收益递减规律。

经济学家指出，在生产中普遍存在这样一种现象：在技术水平和其他生产要素投入不变的条件下，连续地投入某一种生产要素到一定数量之后，总产量的增量即边际产量会出现递减现象，这就是边际产量递减规律。边际产量递减规律是短期生产的一条基本规律。

例如，对于给定的 10 公顷麦田来说，在技术水平和其他投入不变的前提下，随着化肥使用量的增加，其边际产量会逐步提高，直至达到最佳的效果即最大的边际产量。但超过化肥的最佳使用量后，还继续增加化肥的使用量，化肥的边际产量就会下降。过多的化肥甚至于会烧坏庄稼，导致负的边际产量。

边际产量递减规律成立的原因在于：对于任何产品的短期生产来说，可变要素投入和不变要素投入之间都存在着一个最佳的数量组合比例。在开始时，由于不变要素投入量给定，而可变要素投入量为零，因此，生产要素的投入量远远没有达到最佳的组合比例。随着可变要素投入量的逐渐增加，生产要素的投入量逐步达到最佳的组合比例，可变要素的边际产量达到最大值。在这一点之后，若可变要素投入量继续增加，生产要素的投入量则会越来越偏离最佳组合比例，边际产量便呈现递减的趋势了。

 案例欣赏 4.1

马尔萨斯观察与边际收益递减规律

马尔萨斯极为关注农业边际收益递减规律的后果。根据他的分析，在土地供给数量和人口增加的条件下，每个额外生产者耕作的土地数量不断减少，他们所能提供的额外产出会下降。这样虽然食物总产出会不断增加，但是新增农民的边际产量会下降，因而社会范围内人均产量也会下降。在马尔萨斯看来，世界人口增加比例会大于食物供给增加比例。因此，除非能够说服人们少要孩子（马尔萨斯并不相信人口可以由此得到控制），否则饥荒将在所难免。

从实证分析角度看，马尔萨斯的理论建立在边际收益递减规律的基础之上，对于观

知识链接 4.1

生产技术系数

厂商从事不同的生产项目,投入的生产要素种类不同,要素间的配合比例也不同。为生产一定数量商品所需要投入的各种生产要素的配合比例,称为生产技术系数。

生产技术系数根据生产技术要求的不同,可分为固定的技术系数和可变的技术系数。如果生产某种产品所需要的各种生产要素的配合比例是不能改变的,这种系数称为固定技术系数,这种固定技术系数的生产函数称为固定配合比例的生产函数。

例如,假设在某项生产中投入劳动和资本两种生产资源,劳动和资本的组合比例为 1∶3;当劳动投入量增加 1 倍时,资本投入量也必须增加 3 倍。

1. 总产量、平均产量和边际产量的含义

短期生产函数 $Q=f(L,\overline{K})$ 表示:在资本投入量固定时,由劳动投入量变化所带来的最大产量的变化。由此,可以得到劳动的总产量(total product,TP)、劳动的平均产量(average product,AP)和劳动的边际产量(marginal product,MP)这三个概念。

(1)总产量。总产量 TP_L 是指与一定的可变要素劳动的投入量相对应的最大产量,其公式为

$$TP_L = f(L,\overline{K})$$

(2)平均产量。平均产量 AP_L 是指平均每一单位可变要素劳动的投入量所生产的产量,其公式为

$$AP_L = \frac{TP_L(L,\overline{K})}{L}$$

(3)边际产量。边际产量 MP_L 是指增加一单位可变要素劳动投入量所增加的产量,其公式为

$$MP_L = \frac{\Delta TP_L(L,\overline{K})}{\Delta L}$$

例如,将资本作为固定投入,劳动作为可变投入,当连续增加劳动的投入量时,各种变量的变化情况如表 4.1 所示。

表 4.1 总产量、平均产量和边际产量的变化情况

劳动投入量(L)	劳动的总产量(TP_L)	劳动的平均产量(AP_L)	劳动的边际产量(MP_L)
0	0	0	—
1	3	3	3
2	8	4	5
3	12	4	4

2. 生产函数

在生产过程中,生产要素的投入量与产品的产出量之间的关系,可以用生产函数来表示。生产函数(product function)表示一定时期内,在技术水平不变的情况下,生产中所使用的各种生产要素的数量与所能生产的最大产量之间的关系。任何生产函数都以一定时期内的生产技术水平作为前提条件,一旦生产技术水平发生变化,原有的生产函数就会发生变化,从而形成新的生产函数。新的生产函数可能是以相同的生产要素投入量生产出更多或更少的产量,也可能是以变化了的生产要素的投入量进行生产。

假定 $X_1, X_2, \cdots, X_n$ 顺次表示某产品生产过程中所使用的 n 种生产要素的投入数量,Q 表示所能生产的最大产量,则生产函数为

$$Q = f(X_1, X_2, \cdots, X_n)$$

该生产函数表示,一定时期内在既定的生产技术水平下的生产要素组合($X_1, X_2, \cdots, X_n$)所能生产的最大产量为 Q。

在经济学研究中,为了简化分析,通常假定生产中只使用劳动和资本这两种生产要素。若以 L 表示劳动投入数量,以 K 表示资本投入数量,则生产函数为

$$Q = f(L, K)$$

生产函数表示生产中的投入量和产出量之间的依存关系,这种关系普遍存在于各种生产过程之中。

4.1.2 短期生产函数

微观经济学认为,生产可以分为短期生产和长期生产。那么,如何区分短期生产和长期生产呢?短期是指生产者来不及调整全部生产要素的数量,即至少有一种生产要素的数量是固定不变的时间周期。长期是指生产者可以调整全部生产要素的数量的时间周期。

相应的,在短期内,生产要素投入可以区分为不变要素投入和可变要素投入:生产者在短期内无法进行数量调整的那部分要素投入是不变要素投入,如机器设备、厂房等;生产者在短期内可以进行数量调整的那部分要素投入是可变要素投入,如劳动、原材料、燃料等。在长期内,生产者可以调整全部的要素投入,因而不存在可变要素投入和不变要素投入的区分。

因此,短期和长期的划分是以生产者能否变动全部要素投入的数量作为标准的。对于不同产品的生产,短期和长期的界限规定是不相同的。例如,变动一个大型炼油厂的规模可能需要 3 年的时间,而变动一个豆腐作坊的规模可能仅需要 1 个月的时间,即前者的短期和长期的划分界线为 3 年,而后者仅为 1 个月。

微观经济学通常以一种可变生产要素的生产函数考察短期生产决策,以两种可变生产要素的生产函数考察长期生产决策。

对于生产函数 $Q = f(L, K)$,短期内资本投入量是固定的,用 $\overline{K}$ 表示,劳动投入量是可变的,用 L 表示,故短期生产函数为

$$Q = f(L, \overline{K})$$

导入案例

建一家医院还是建两家医院

假如你所在的城市计划新建能容纳 800 个床位的医院,你认为是建一家拥有 800 个床位的大型医院,还是建两家各拥有 400 个床位的中小型医院,哪种方式所花费的成本更低呢?在面临这个问题时,某城市举行了一场公众听证会。在听证会上,一位经济顾问极力主张建一所大型医院,他的理由是:一座大型医院的运营比一座小型医院的运营更有效率。事实上,在 800 个床位的大医院中,每个床位的成本仅为 400 个床位的医院的 1/3。如果不考虑其他因素,仅从经济成本的角度考虑这一问题,这种决策是否正确呢?

(资料来源:作者根据相关资料编写)

❖**案例讨论**❖

如果仅从经济学的角度考虑,无论是建一家拥有 800 个床位的大型医院,还是建两家各拥有 400 个床位的中小型医院,增加 800 个床位这一目的达到了,即实现了同样的收益。但哪一种方案实现了较低的成本呢?很明显,两家医院的管理成本要高于一家医院的。若从利润最大化的角度分析,建一家大型医院更符合经济效率。当然,如果从社会的角度来分析,使用哪种方案还要考虑医院的分布、居民的便利、就业等因素的影响。

企业应该如何进行生产决策和成本决策呢?在本项目中,我们将更详细地分析企业行为,更好地理解市场供给曲线背后的生产者决策问题。

任务 4.1 短期生产决策

我们每天享用的产品和劳务是厂商提供的。厂商是指市场经济中为达到一定目标而从事生产活动的经济单位,包括个人企业(个人独资经营的企业)、合伙企业(由两人或两人以上合伙经营的企业)和公司企业(掌握企业股票的股东所有的企业)等。在这里,不管什么形式的厂商组织,都被假定是追求最大利润的,即假定厂商买进生产要素,从事生产经营是为了使总收入与总成本之间的差额达到最大。

4.1.1 生产要素与生产函数

1. 生产要素

所谓生产,从经济学角度看,就是一切能够创造或增加效用的人类活动。生产离不开生产要素。生产要素(factors of production)是指在生产中投入的各种经济资源,包括劳动、土地和资本。劳动是人类为了进行生产或者为了获取收入而提供的劳务,包括体力劳动和脑力劳动;土地是一个广泛的概念,不仅包括土地,还包括山川、河流、森林、矿藏等一切自然资源;资本是指机械、工具、仓库、厂房等资本物品。除了以上传统的生产三要素,后来英国经济学家阿·马歇尔在生产要素中又增加了企业家才能这一要素。企业家才能要素是指企业家经营整个企业的组织能力、管理能力和创新能力。于是,就有了所谓"生产四要素"的说法。

项目导图

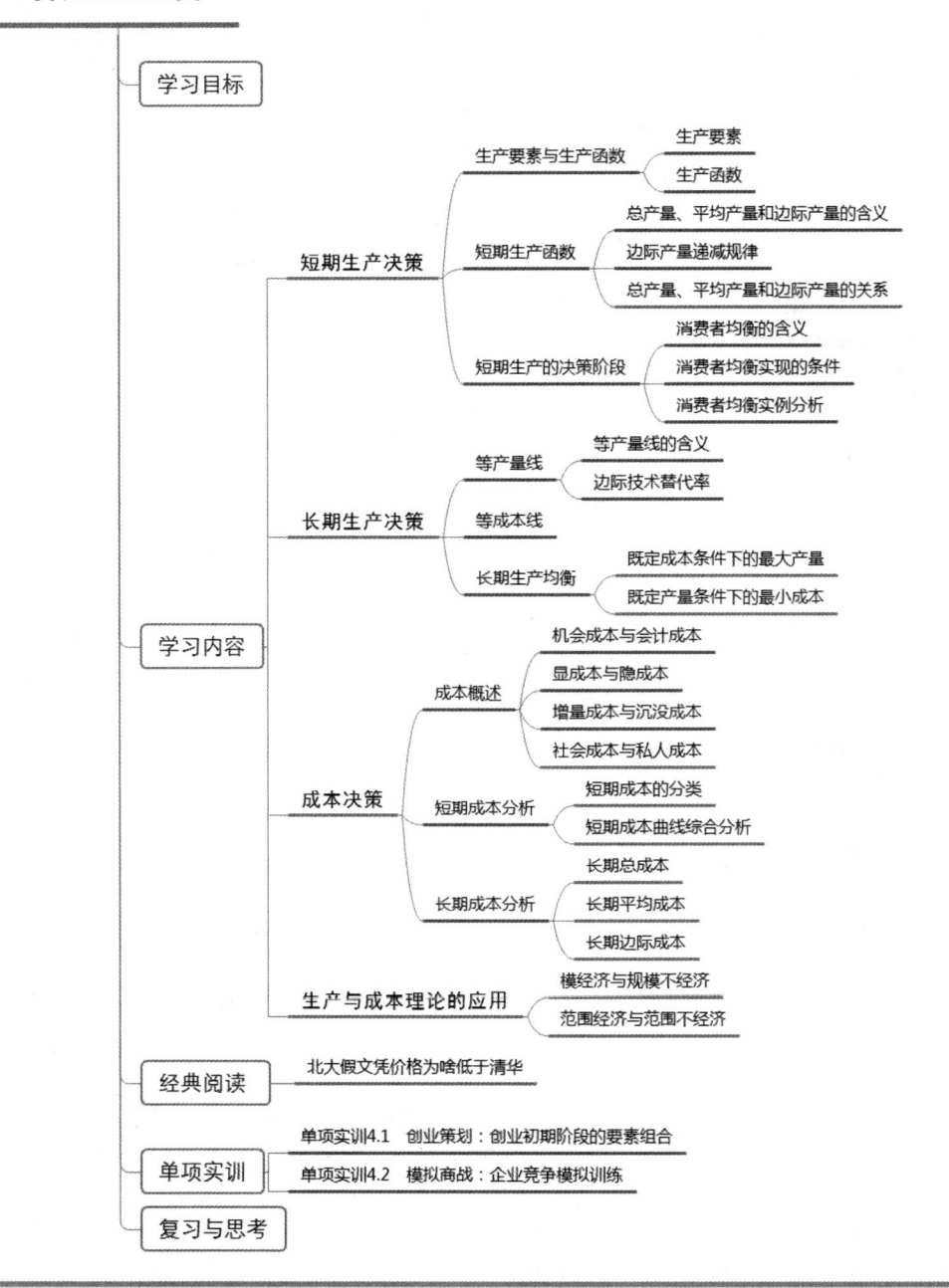

项目 4

探知企业经营

学习目标

知识目标：
- ▲ 了解生产要素与生产函数的含义；
- ▲ 掌握企业短期生产决策和长期生产决策的条件；
- ▲ 理解企业的短期成本、长期成本并做出成本决策。

能力目标：
- ▲ 学会如何确定最佳要素组合；
- ▲ 如何理解短期成本及长期成本的变动规律；
- ▲ 掌握企业利润最大化产量决策。

重点难点：
- ▲ 边际产量递减规律；
- ▲ 短期成本决策；
- ▲ 利润最大化产量决策。

请分析实现消费者效用最大化的商品购买组合。

4．计算题

（1）根据总效用与边际效用的定义，填写表 3.12 中的空白单元格。

表 3.12　总效用与边际效用

商品消费量	总　效　用	边　际　效　用
1	10	10
2	15	
3		3
4	20	
5		1

（2）假设某消费者每年用于购买商品 X 和商品 Y 的金额为 540 元，这两种商品的价格分别为 P_X=20 元，P_Y=30 元，该消费者的效用函数为 $U=3XY^2$。那么，该消费者每年购买这两种商品的数量各是多少？每年从中获得的总效用是多少？

复习与思考

1. 名词解释

效用；边际效用；无差异曲线；边际替代率；消费可能线；消费者均衡；消费者剩余；替代效应；收入效应；正常物品；低档物品

2. 选择题

（1）对于一种商品，消费者得到了最大满足，这意味着（　　）。
    A．边际效用最大　　　　　　B．总效用为零
    C．边际效用为零　　　　　　D．总效用为正

（2）关于无差异曲线，不正确的是（　　）。
    A．无差异曲线表现出对可能性之间进行选择的问题
    B．无差异曲线不可能为直线
    C．无差异曲线是序数效用论的重要分析工具
    D．无差异曲线上的每一点所代表的不同数量物品的组合带来的总效用是相等的

（3）已知商品 X 的价格为 1.5 元，商品 Y 的价格为 1 元，如果消费者从这两种商品得到最大效用的时候，商品 Y 的边际效用是 30，那么商品 X 的边际效用应该是（　　）。
    A．20　　　　　B．30　　　　　C．45　　　　　D．15

（4）若消费者的收入不变，其中某一种商品的价格发生变化，则消费可能线（　　）。
    A．不动　　　　　　　　　　B．向右上方移动
    C．向左下方移动　　　　　　D．绕着某一点转动

（5）消费者剩余是消费者的（　　）。
    A．实际所得　　　　　　　　B．主观感受
    C．没有购买的部分　　　　　D．消费剩余部分

3. 分析讨论题

（1）如果你有一辆需要 4 个轮子才能开动的车子，车上已经有了 3 个轮子，那么，当你有第 4 个轮子时，这第 4 个轮子的边际效用会超过第 3 个轮子，这是不是违背了边际效用递减规律？

（2）如果 $I=16$ 元，$P_X=1$ 元，$P_Y=2$ 元，某消费者的边际效用如表 3.11 所示。

表 3.11　消费者的边际效用

商品数量（Q）	1	2	3	4	5	6	7	8
商品 X 的边际效用	11	10	9	8	7	6	5	4
商品 Y 的边际效用	18	16	14	13	12	10	8	6

单项实训

实训目标

1. 运用边际效用理论解释现实生活中的问题。
2. 通过亲身体验来理解消费者剩余理论的重要性。

实训背景与要求

单项实训 3.1　案例分析：如何安排考试复习时间

某招生考试的考试科目为专业课、高等数学和英语三门，录取工作将这样进行：在每门课均及格（60 分）的考生中，按总分排队，择优录取。若你已报考，尚有 10 周复习时间，表 3.9 为你每科的复习时间及预计考分。

表 3.9　复习时间与预计考分

复习时间（周）	0	1	2	3	4	5	6	7	8	9	10
专 业 课	50	70	85	90	93	95	96	96	96	96	96
高 等 数 学	20	40	55	65	72	77	80	82	83	84	85
英　　语	30	45	53	58	62	65	68	70	72	73	74

实训要求：

1. 你如何安排 10 周的复习时间？希望得到的最高总分是多少？
2. 边际效用理论在现实生活中还有哪些应用？结合身边的实际情况，分享你对边际效用理论的感受。

单项实训 3.2　经历分享：消费者剩余的获得

实训要求：

1. 全班同学先分成 4～5 个大组，每个大组再分成 2 个小组。
2. 以小组为单位，进行一次讨价还价的购物体验。其中，各大组购买的物品不一样，大组中 2 个小组购买的物品需相同。
3. 完成购物记录表 3.10。
4. 请每组派一位代表上台分享在购物过程中，获得的消费者剩余有多少。

表 3.10　购物记录表

购买的商品	购买的数量	愿意支付的价格	实际支付的价格	获得的消费者剩余	备　　注

呈同方向的变动，而且，在大多数的场合，收入效应的作用小于替代效应的作用，所以，总效应与价格呈反方向的变动，即相应的需求曲线是向右下方倾斜的。

 知识链接 3.2

特殊的低档物品——吉芬物品

英国人吉芬于 19 世纪指出，1845 年爱尔兰发生灾荒，虽然土豆的价格上升，但是土豆的需求量却反而增加了，这一现象当时被称为"吉芬难题"。从此以后，这种需求量与价格呈同方向变动的特殊商品被称为吉芬物品。吉芬物品的替代效应作用使需求量与价格呈反方向变动，收入效应的作用使需求量与价格呈同方向变动，并且收入效应的作用大于替代效应的作用。从而，总效用的作用是需求量与价格呈同方向变动，即价格下降时，需求量也下降，即需求曲线向右上方倾斜。

 **经典阅读**

水与钻石的价值之谜

伟大的思想家总会留一些有待后人解释的谜，或许是后人对他们的思想理解有偏差，或者是他们受时代限制提出了一些自己未解决的问题。解释这些谜，可以更深刻地理解他们的深刻思想，也可以推动科学进步。

亚当·斯密也给我们留下了两个谜。一个是"价值之谜"，或称"价值悖论"。斯密注意到，水是生活必需品，对人的价值极高，但价格很低；钻石是奢侈品，对人的价值并不高，但价格很高。这种矛盾现象，斯密没有做解释，称为经济学史上的"价值之谜"。另一个是斯密著作中"利己"与"利他"的矛盾。在《国富论》中，他从物质利益的角度出发论述并肯定了利己主义的观点。

现代经济学已经解开了价值之谜。边际学派认为，决定商品价值的不是它所包含的社会必需劳动量，而是消费者从消费一种商品中得到的效用，即消费该商品带来的满足或享受程度。一种商品的价值大小不是取决于它有多大用途（使用价值）或所包含的劳动量，而是取决于消费者对它的主观评价。商品的价值取决于边际效用。边际效用是增加一单位某种商品消费所增加的效用。随着某种商品消费量的增加，边际效用是递减的。所增加的最后一单位商品的效用，即边际效用，决定了该商品的价值。商品的市场价格是由供求关系决定的，某种商品数量多（供给多），需求少，则边际效用低，价格低；反之，价格就高。

根据这种理论，价值之谜就不是谜了。尽管水是必需品，效用大，但其数量极多，边际效用几乎是零，如果不是在沙漠这种缺水的地方，水的供给大于需求，价格低是正常的。钻石虽然效用不大，但数量极少，边际效用高，钻石的供给极小，总是远远小于需求的，价格高当然正常。这种解释已在经济学中得到公认。

（资料来源：http://www.docin.com/p-1488651289.html.）

的收入水平呈反方向的变动,即低档物品的需求量随着消费者收入水平的提高而减少,随着消费者收入水平的下降而增加。

对于一般的低档物品,替代效应的作用使需求量与价格呈反方向变动,收入效应的作用使需求量与价格呈正方向变动,但由于替代效应的作用大于收入效应的作用,所以总效用的作用仍使需求量与价格呈反方向变动。

下面分析低档物品价格下降时的替代效应和收入效应,如图 3.9 所示。

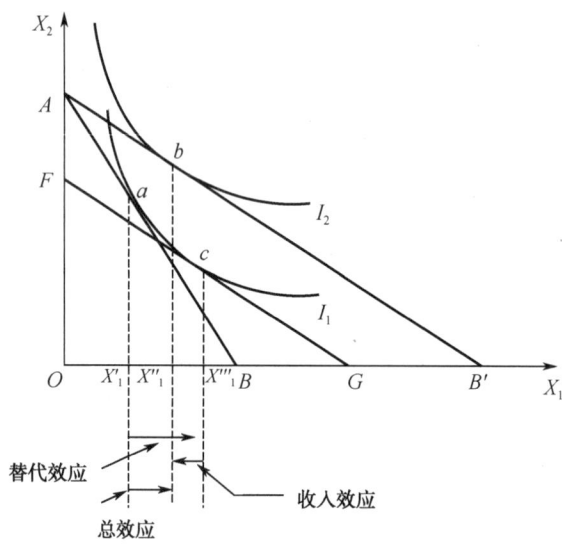

图 3.9　低档物品的替代效应和收入效应

在图 3.9 中,横轴 OX_1 和纵轴 OX_2 分别表示商品 1 和商品 2 的数量,其中,商品 1 是低档物品。对于一般的低档物品,当价格下降时,替代效应的作用是增加需求量,收入效应的作用是减少需求量,即价格下降使实际收入增加,需求量反而减少。在图 3.9 中,商品 1 的价格 P_1 变化前,消费者的效用最大化的均衡点为 a 点,而 P_1 下降后的消费者的均衡点为 b 点,因此,价格下降所引起的商品 1 的需求量的增加量为 $X_1'X_1''$,这便是总效应。

通过做与预算线 AB' 平行且与无差异曲线 I_1 相切的补偿预算线 FG,便可将总效应分解为替代效应和收入效应。具体地看,P_1 下降引起的商品相对价格的变化,使消费者均衡点由 a 运动到 c,相应的需求量的增加量为 $X_1'X_1'''$,这就是替代效应,它是一个正值。而 P_1 下降引起的消费者的实际收入水平的变动,使消费者均衡点由 c 运动到 b,需求量由 X_1''' 减少到 X_1'',这就是收入效应。收入效应 $X_1'''X_1''$ 是一个负值,其原因在于:价格 P_1 下降所引起的消费者的实际收入水平的提高,会使消费者减少对低档物品商品 1 的需求量。由于收入效应是一个负值,所以,图 3.9 中的 b 点必定落在 a、c 两点之间。

在图 3.9 中,商品 1 的价格 P_1 下降所引起的商品 1 的需求量的变化的总效应为 $X_1'X_1''$,它是正的替代效应 $X_1'X_1'''$ 和负的收入效应 $X_1'''X_1''$ 之和。由于替代效应 $X_1'X_1'''$ 的绝对值大于收入效应 $X_1'''X_1''$ 的绝对值,或者说,由于替代效应的作用大于收入效应,所以,总效应 $X_1'X_1''$ 是一个正值。

综上所述,对于低档物品来说,替代效应与价格呈反方向的变动,收入效应与价格

下降相当于增加了这个家庭的实际收入，而剩余的收入可以用来购买 A 商品，也可以用来购买 B 商品。

3. 正常物品的替代效应和收入效应

如果是正常物品，消费者将按照什么原则做出自己的购买选择，以实现效用最大化呢？

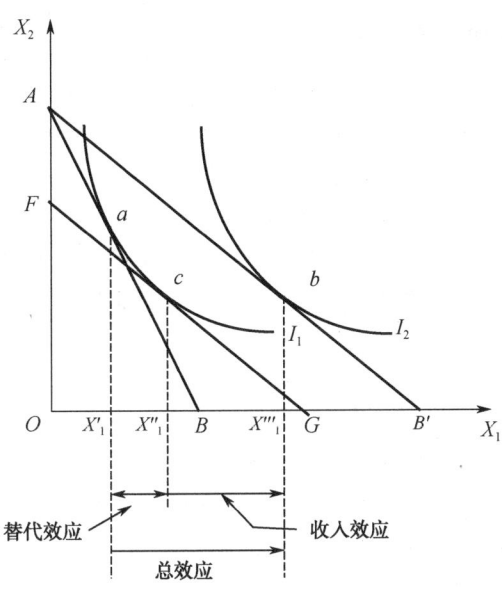

图 3.8 正常物品的替代效应和收入效应

为了确定替代效应和收入效应的作用程度，首先要做一条平行于新的预算线并切于原有的无差异曲线的补偿性预算线。正常物品的替代效应和收入效应如图 3.8 所示。

那么，什么是补偿性预算线呢？当价格变动引起消费者实际收入发生变动时，补偿性预算线是用来表示以假设的货币收入的增减来维持消费者实际收入水平不变的一种分析工具。具体地说，在商品价格下降引起实际收入提高时，假设可取走一部分货币收入，以使消费者的实际收入维持原有的效用水平。例如，在图 3.8 中，FG 曲线即为补偿性预算线。

在图 3.8 中，横轴 OX_1 和纵轴 OX_2 分别表示商品 1 和商品 2 的数量，其中，商品 1 是正常物品。在商品价格变化之前，消费者的预算线为 AB，该预算线与无差异曲线 I_1 相切于 a 点，a 点是消费者效用最大化的一个均衡点。在 a 均衡点上，相应的商品 1 的需求量为 OX_1'。当商品 1 的价格 P_1 下降时，消费者的预算线变为 AB'，与无差异曲线 I_2 相切于 b 点，商品 1 的需求量的总增加量为 $X_1'X_1'''$。其中，替代效应作用使需求量的增加量为 $X_1'X_1''$，收入效用作用使需求量的增加量为 $X_1''X_1'''$，$X_1'X_1'''$ 是商品 1 价格下降所引起的总效应。在这里，P_1 下降时，替代效应所引起的需求量的增加量 $X_1'X_1''$ 是一个正值，即符号为正，也就是说，正常物品的替代效应引起的需求量变化与价格呈反方向的变动。收入效应所引起的需求量的增加量 $X_1''X_1'''$ 也是一个正值，表明当 P_1 下降使得消费者的实际收入水平提高时，消费者必定会增加对正常物品商品 1 的购买。也就是说，正常物品的收入效应引起的变化与价格呈反方向的变动。

可见，对于正常物品来说，替代效应与价格呈反方向的变动，收入效应也与价格呈反方向的变动，在它们的共同作用下，总效应必定与价格呈反方向的变动。正因为如此，正常物品的需求曲线是向右下方倾斜的。

4. 低档物品的替代效应和收入效应

商品可以分为正常物品和低档物品两大类。正常物品和低档物品的区别在于：正常物品的需求量与消费者的收入水平呈同方向的变动，即正常物品的需求量随着消费者收入水平的提高而增加，随着消费者收入水平的下降而减少；低档物品的需求量与消费者

整个市场。同样，我们可以由市场的需求曲线得到整个市场的消费者剩余，即市场的消费者剩余可以用市场需求曲线以下与市场价格线以上的面积来表示。

 案例欣赏 3.3

你购买的商品值不值？

你在商店里看中了一件上衣，价格为 500 元，在购买时肯定要向售货员砍价，问 400 元卖不卖。售货员理解你的这种心理，往往会同意让利，促使你尽快做决断，否则你就会有到其他柜台去看看的念头。讨价还价的结果可能在 450 元成交。在这个过程中，消费者追求的是效用最大化吗？显然不是。这个价格实际上是你对这件衣服的主观评价，就是为所购买的物品支付的最高价格。如果市场价格高于你愿意支付的价格，你就会放弃购买，觉得不值，这时你的消费者剩余是负数；相反，如果市场价格低于你愿意支付的价格，你就会购买，觉得很值，这时就有了消费者剩余。

在现实生活中消费者并不总是能够得到消费者剩余的。在竞争不充分的情况下，厂商可以对某些商品提价，使这种利益归厂商所有。更有甚者，商家所卖商品并不明码标价，消费者去购买商品时就漫天要价，然后再与消费者讨价还价。消费者要想在讨价还价中获得消费者剩余，在平时就必须关注该商品的价格和供求情况。在购买重要商品时至少要货比三家并与厂商讨价还价，最终以合适的价格成交，才能获得消费者剩余。

3.3.2 替代效应与收入效应

1．替代效应的含义

替代效应（substitution effect）是指在实际收入不变的条件下，某种商品价格的变动引起其他商品相对价格呈相反方向变动，从而引起比较便宜商品的购买对比较昂贵商品的购买的替代。当一种商品的价格上升时，其他商品的价格相对便宜了，消费者会多购买其他商品而少购买该种商品；当一种商品价格下降时，其他商品价格相对昂贵了，消费者会增加对该种商品的购买而减少对其他商品的购买。替代效应强调一种商品价格的变动对其他商品相对价格水平的影响。例如，在茶叶价格上升以后，其他商品变得比以前便宜，当茶叶的价格变得较为昂贵时，消费者将用其他商品的购买来替代对茶叶的购买。

2．收入效应的含义

收入效应（income effect）是指在货币收入不变的条件下，某种商品价格的变动引起消费者实际收入呈相反方向变动，从而也引起商品购买量的相反方向变动。当一种商品价格上升时，消费者实际收入减少，商品购买量随之而减少；当一种商品价格下降时，消费者实际收入增加，商品购买量随之而增加。收入效应强调价格变动对实际收入水平的影响。例如，一个家庭，它的收入用来购买 A、B 两种商品。在价格未变动以前，全部收入购买两种商品的数量是以使这个家庭获得最大满足的方式组合的。现在假定 A 商品的价格下降，在购买原来数量的 A 商品之后，家庭的收入将有所剩余。A 商品价格的

所愿意支付的最高价格与其实际支付的价格之间的差额。

在消费者购买商品时，一方面，我们已经知道，消费者对每一单位商品所愿意支付的价格取决于这一单位商品的边际效用。由于商品的边际效用是递减的，所以，消费者对某种商品所愿意支付的价格也是逐渐下降的。另一方面，需要区分的是，消费者对每一单位商品所愿意支付的价格并不等于该商品在市场上的实际价格。而事实上，消费者在购买商品时是按照实际的市场价格支付的。于是，在消费者愿意支付的价格和实际的市场价格之间就产生了一个差额，这个差额便构成了消费者剩余的基础。

例如：某种汉堡包的市场价格为3元，某消费者在购买第一个汉堡包时，根据这个汉堡包的边际效用，他认为值得付5元去购买这个汉堡包，即他愿意支付的价格为5元。于是当这个消费者以市场价格3元购买这个汉堡包时，就创造了额外的2元的剩余。在以后的购买过程中，随着汉堡包边际效用的递减，他为购买第二个、第三个、第四个汉堡包所愿意支付的价格分别递减为4.50元、4.00元和3.50元。这样，他为购买4个汉堡包所愿意支付的总价格为17元（5.00+4.50+4.00+3.50）。但他实际按市场价格支付的总价格为12元（3.00×4）。两者的差额为5元（17-12）。这个差额就是消费者剩余。正是由于这样一种感觉，他认为购买4个汉堡包是值得的，是能使自己的状况得到改善的。

2. 消费者剩余图形

简单地说，消费者剩余可以用消费者需求曲线以下，市场价格线之上的面积来表示，如图3.7中的阴影部分面积所示。在图3.7中，需求曲线以反需求函数的形式 $P_d=f(Q)$ 给出，它表示消费者对每一单位商品所愿意支付的价格。假定该商品的市场价格为 P_0，消费者的购买量为 Q_0；那么，根据消费者剩余的定义，可以推断，在产量 $0\sim Q_0$ 区间需求曲线以下的面积表示消费者为购买 Q_0 数量的商品所愿意支付的总数量，即相当于图中的面积 $OABQ_0$；而实际支付的总数量等于市场价格 P_0 乘以购买量 Q_0，即相当于图中的矩形面积 OP_0BQ_0。这两块面积的差额即图中的阴影部分面积，就是消费者剩余。

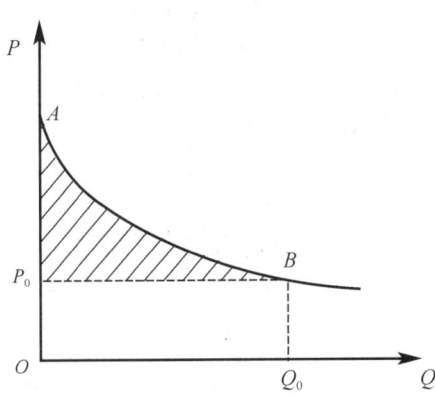

图3.7 消费者剩余的图形分析

3. 消费者剩余公式

消费者剩余也可以用数学公式来表示。令反需求函数 $P_d=f(Q)$，价格为 P_0 时的消费者的需求量为 Q_0，则消费者剩余的计算公式为

$$CS = \int_0^{Q_0} f(Q)dQ - P_0Q_0$$

式中，CS表示消费者剩余；式子右边的第一项即积分项，表示消费者愿意支付的总数量；第二项表示消费者实际支付的总数量。

前面我们利用单个消费者的需求曲线得到了单个消费者剩余，这一分析可以扩展到

3.2.3 消费者均衡

序数效用论通过将无差异曲线与消费可能曲线结合在一起来分析消费者均衡的实现。

如果将无差异曲线与消费可能曲线画在同一个坐标系上,那么,一条既定的消费可能线必定与无数条无差异曲线中的某一条相切于一点,这个切点就是消费者均衡点。消费者在收入和商品价格的既定条件下,只要按照消费者均衡点所表示的两种商品组合进行消费,一定能实现效用的最大化。消费者均衡如图 3.6 所示。

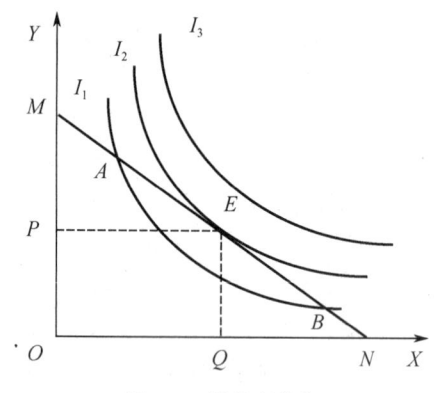

图 3.6 消费者均衡

在图 3.6 中,I_1、I_2 和 I_3 为三条无差异曲线,它们的效用大小排序为 $I_1 < I_2 < I_3$,MN 为消费可能线。MN 与 I_2 相切于 E 点,在 E 点上就实现了消费者均衡。这就是说,在收入与价格既定的条件下,消费者购买 OQ 单位的 X 商品和 OP 单位的 Y 商品,就能获得最大的效用。

为什么只有在这个切点 E 上才能实现消费者均衡呢?首先,从图 3.6 中可以看出,I_3 所代表的效用大于 I_2,但 I_3 与 MN 线相离,说明达到 I_3 效用水平的 X 商品与 Y 商品的数量组合在收入与价格既定的条件下是无法实现的;其次,MN 线与 I_1 相交与 A 点和 B 点,在 A 点和 B 点上所购买的 X 商品和 Y 商品的数量是既定收入和价格条件下可以实现的组合,但 $I_1 < I_2$,说明在 A 点和 B 点上所购买的 X 商品与 Y 商品的组合并不能达到最高的效用水平;最后,I_2 上除 E 点之外的其他各点均在 MN 线之外,所要求的 X 商品与 Y 商品的组合也是收入与价格既定条件下无法实现的。综上所述,只有在 E 点才能实现消费者的均衡。

在图 3.6 中的无差异曲线上,E 点的切线斜率的绝对值为两种商品的边际替代率 MRS_{XY},因此,均衡条件为

$$\mathrm{MRS}_{XY} = \frac{\mathrm{MU}_X}{\mathrm{MU}_Y} = \frac{P_X}{P_Y}$$

或

$$\mathrm{MRS}_{XY} = \frac{\mathrm{MU}_X}{P_X} = \frac{\mathrm{MU}_Y}{P_Y}$$

任务 3.3 效用理论的应用

3.3.1 消费者剩余

1. 消费者剩余的含义

消费者剩余(consumer's surplus)是指消费者消费一定数量的某种商品所获得的总效用与其为此所花费的货币的总效用的差额。简言之,消费者剩余是消费者对一种商品

费者收入和商品价格既定的条件下,消费者的全部收入所能够买的两种商品的不同数量的各种组合。

以 I 表示收入,P_X、P_Y 表示商品 X 和 Y 的价格,则消费可能线公式为

$$P_X X + P_Y Y = I$$

或

$$Y = \frac{I}{P_Y} - \frac{P_X}{P_Y} X$$

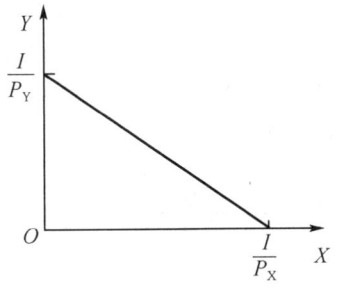

图 3.3 消费可能线

由消费可能线公式可知,消费可能线是一条向右下方倾斜的直线,如图 3.3 所示。

2. 消费可能线的变动

消费可能线的位置是由消费者收入、商品 X 的价格和商品 Y 的价格共同决定的,因此在 I、P_X 和 P_Y 这三个因素中,任何一个因素发生变化都可以引起消费者可能线位置的变动。下面分三种情况进行说明。

(1)P_X 和 P_Y 不变,I 发生变化。这时消费可能线的斜率 $-\dfrac{P_X}{P_Y}$ 保持不变,I 增加时消费可能线向右上方平移,反之消费可能线向左下方平移,如图 3.4 所示。

(2)I 不变,P_X 和 P_Y 同比例同方向变化。这时消费可能线的斜率 $-\dfrac{P_X}{P_Y}$ 保持不变,消费可能线平行移动。如果 P_X 和 P_Y 同比例增加,消费可能线向左下方平移,反之消费可能线向右上方平移。

(3)I 不变,P_Y 不变,P_X 变化。当 P_X 增加时,消费可能线绕着与纵轴的交点 B 顺时针方向转动;当 P_X 减少时,消费可能线绕着与纵轴的交点 B 逆时针方向转动,如图 3.5 所示。

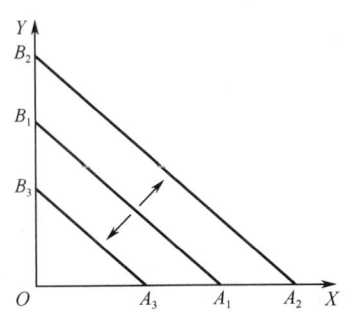

图 3.4 收入变化引起的消费可能线的平移

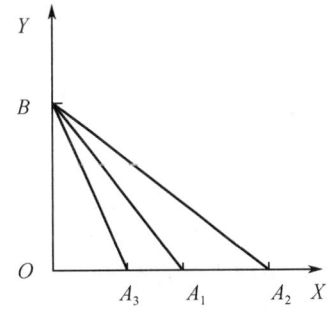

图 3.5 商品 X 价格变化引起消费可能线的移动

(4)I 不变,P_X 不变,P_Y 变化。这种情形与第三种情况类似,请读者自己画图进行分析。

3. 边际替代率

边际替代率（marginal rate of substitution，MRS）是指消费者在保持相同的满足程度或维持效用水平不变的情况下，增加一单位某种商品的消费数量时所需要放弃的另一种商品的消费数量。边际替代率衡量的是，从无差异曲线上的一点转移到另一点时，为保持满足程度不变，两种商品之间的替代比例。

用 ΔX 代表 X 商品的增加量，用 ΔY 代表 Y 商品的减少量，用 MRS_{XY} 代表以 X 商品代替 Y 商品的边际替代率，则边际替代率的计算公式为

$$\mathrm{MRS}_{XY} = -\frac{\Delta Y}{\Delta X}$$

X 商品对 Y 商品的边际替代率如表 3.8 所示。在表 3.8 中，当消费 X 商品的数量从 3 个单位增加到 4 个单位时，若要保持效用水平不变，那么消费 Y 商品的数量就要从 10 个单位减少到 7 个单位，这时以 X 商品代替了 Y 商品的边际替代率为 3。

表 3.8　X 商品对 Y 商品的边际替代率

Q_X	Q_Y	MRS_{XY}
3	10	—
4	7	3
5	5	2
6	4.2	0.8
7	3.5	0.7

同时，从表 3.8 中可以看出，商品的边际替代率呈递减规律。它表示在维持效用水平不变的前提下，随着一种商品消费数量的连续增加，消费者为得到每一单位的这种商品所需要放弃的另一种商品的消费数量是递减的。之所以会普遍发生商品的边际替代率递减的现象，其原因在于：消费者对某一商品的拥有量较少时，对其偏爱程度较高，而拥有量较多时，偏爱程度则较低。所以，随着一种商品的消费数量的逐渐增加，消费者想要获得更多的这种商品的愿望就会降低，从而为了多获得一单位的这种商品而愿意放弃的另一种商品的数量也就会减少。

3.2.2　消费可能线

1. 消费可能线的含义

消费者的选择行为不仅取决于消费者对商品的偏好，还取决于消费者的购买能力。消费者购买能力的大小主要决定于商品价格的高低和消费者收入的多少。消费者总是在物品价格和收入既定的条件下做出自己的购买决策。下面引入消费可能线这一概念来解释这一问题。

消费可能线（consumption possibility line）又称预算线或等支出线，是一条表示在消

3.2.1 无差异曲线

1. 无差异曲线的含义

无差异曲线（indifference curve）又称等效用线，表示给消费者带来同等程度的满足水平或效用水平的两种商品的各种不同组合的轨迹。无差异曲线由意大利经济学家帕累托于1906年提出，是序数效用论的分析工具。在现实生活中，消费者在消费两种可以互相替代的商品 X 和 Y 时，可以多消费一点 X 而少消费一点 Y，或少消费一点 X 而多消费一点 Y，但所得到的效用不变。

例如，一位消费者在既定的价格水平下，购买不同组合的两种商品，如猪肉和牛肉，其组合如表 3.7。

表 3.7 猪肉和牛肉消费量的不同组合

组合	猪肉 X	牛肉 Y
A	40	40
B	70	30
C	100	20
D	200	10

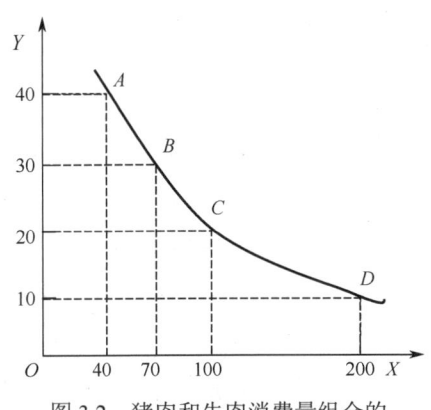

图 3.2 猪肉和牛肉消费量组合的无差异曲线

根据表 3.7 中的数据可做出猪肉和牛肉消费量组合的无差异曲线图，如图 3.2 所示。在图 3.2 中，横轴代表猪肉的消费数量，纵轴代表牛肉的消费数量，那么该曲线上任何一点的猪肉与牛肉的数量组合给消费者带来的效用都是相同的。

2. 无差异曲线的特点

无差异曲线具有以下四个特点。

（1）无差异曲线是一条向右下方倾斜的曲线，其斜率为负值。这表明，在收入与价格既定的条件下，消费者为了得到相同的总效用，在增加对一种商品的消费时，必须减少对另一种商品的消费，即对两种商品的消费不能同时增加或减少。

（2）由于消费者的欲望是无限的，在同一平面上可以有无数条无差异曲线。离原点越远的无差异曲线，所代表的效用越大，反之就越小。

（3）在同一个平面上的任意两条无差异曲线是不相交的，因为若相交，那么在相交点处的两条无差异曲线所代表的效用相同，这与消费者偏好的假设是相矛盾的。

（4）无差异曲线是一条凸向原点的曲线，这一特点是由消费者在消费两种商品时，两种商品之间的边际替代率递减所决定的。

表 3.4　商品 X 和 Y 的边际效用表

Q	1	2	3	4	5	6	7	8	9	10
MU_X	5	4	3	2	1	0	−1	−2	−3	−4
MU_Y	6	5	4	3	2					

根据收入约束条件：$100=10X+20Y$ 的限制，该消费者能够购买的 X 和 Y 这两种商品的所有整数的组合是有限的。依据给定的条件，该消费者购买这两种商品不同数量的组合，以及相应的 MU_X/P_X 与 MU_Y/P_Y 和总效用，如表 3.5 所示。

表 3.5　商品 X 和 Y 的单位货币边际效用表

Q	1	2	3	4	5	6	7	8	9	10
MU_X/P_X	5/10	4/10	3/10	2/10	1/10	0/10	−1/10	−2/10	−3/10	−4/10
MU_Y/P_Y	6/20	5/20	4/20	3/20	2/20					

根据表 3.5 中所列出的数据，运用实现消费均衡的条件，可以确定该消费者实现效用最大化的两种商品的购买量组合比例，如表 3.6 所示。

由表 3.6 可以看出，只有在 $Q_X=4$，$Q_Y=3$ 的购买量组合时，才能既符合收入条件的限制，又符合 $MU_X/P_X=MU_Y/P_Y$ 的要求。此时，该消费者购买 X 商品所带来的总效用为 14，购买 Y 商品所带来的总效用为 15，购买 X 商品与 Y 商品所带来的总效用为 14+15=29，即实现了消费均衡。

表 3.6　消费者购买 X 和 Y 商品数量组合表

组 合 方 式	MU_X/P_X 同 MU_Y/P_Y 比较	总 效 用
$Q_X=10$；$Q_Y=0$	−4/10≠0/20	5
$Q_X=8$；$Q_Y=1$	−2/10≠6/20	18
$Q_X=6$；$Q_Y=2$	0/10≠5/20	26
$Q_X=4$；$Q_Y=3$	2/10=4/20	29
$Q_X=2$；$Q_Y=4$	4/10≠3/20	27
$Q_X=0$；$Q_Y=5$	0/10≠2/20	20

任务 3.2　序数效用论

自 20 世纪 30 年代至今，西方经济学中多使用序数效用概念。序数效用论（theory of ordinal utility）认为，效用无法具体衡量，效用之间的比较只能通过顺序或等级表示。例如，消费者要回答的是偏好哪一种消费，是看一场精彩的电影，还是吃一顿麦当劳。它采用无差异曲线分析方法来分析消费者的行为。

在上述这两个公式中：

第一个公式为约束条件，说明在收入既定时，消费者购买 $X_1, X_2, X_3, \cdots, X_n$ 数量的商品的支出不能超过收入总额 I，也不能小于收入总额 I。超过收入的购买是无法实现的，而小于收入的购买也达不到既定收入时的效用最大化。

第二个公式为在约束条件下消费者实现效用最大化的实现条件，即所购买的 X 和 Y 物品带来的边际效用与其价格之比相等，也就是说，每一单位货币不论用于购买何种商品，所得到的边际效用都相等。

 案例欣赏 3.2

吃自助餐的学问

你是个"经济人"，假如你去吃一顿自助餐，任你挑选，你将怎样进食，才能做到效用最大化呢？

若你挑选 4 种菜，其效用如表 3.3 所示。可以看出，从你喜欢的程度来说，依次为牛排、对虾、炒鸡蛋、青菜。即使你胃口很好，也不会将这 4 种菜全部吃光。因为当把所有的菜吃完时，有的边际效用为负，你只能得到总效用 120。按照理性假设，你应当将每种菜吃到其边际效用为 0。牛排 9 单位，对虾 8 单位，炒鸡蛋 7 单位，青菜 6 单位，这样便可得到总效用 130。

如果你胃口不太好，只能吃 10 个单位，你也不会都吃最喜欢的牛排，因为那样只能得到总效用 45。按照理性假设，你应当按照边际效用大小，依次选择。第一单位吃牛排，第二、三单位吃对虾和炸肉丸，第四、五、六单位吃牛排、对虾、炒鸡蛋，最后再四种菜各吃 1 单位，这样便可得到总效用 70。

表 3.3 自助餐效用表

菜 名	边 际 效 用										总 效 用
	一	二	三	四	五	六	七	八	九	十	
牛排	9	8	7	6	5	4	3	2	1	0	45
对虾	8	7	6	5	4	3	2	1	0	-1	35
炒鸡蛋	7	6	5	4	3	2	1	0	-1	-2	25
青菜	6	5	4	3	2	1	0	-1	-2	-3	15

3. 消费者均衡实例分析

为了便于分析，假定消费者在市场上只购买两种商品 X 和 Y，已知两种商品的价格分别为 P_X=10 元，P_Y=20 元；该消费者的收入为 100 元，并将其全部用于购买 X 和 Y 两种商品。如果两种商品的边际效用 MU_X 和 MU_Y 如表 3.4 所示，那么该消费者应该购买多少 X 和多少 Y 才能使得总效用最大？

知识链接 3.1

边际效用递减规律给经营者的启示

消费者购买物品是为了效用最大化,而且,物品的效用越大,消费者愿意支付的价格越高。根据效用理论,企业在决定生产什么时,首先要考虑产品能给消费者带来多大效用。企业要使自己生产出的产品能卖出去,而且能卖高价,就要分析消费者的心理,是否满足消费者的偏好。一个企业要成功,不仅要了解当前的消费时尚,还要善于发现未来的消费时尚。这样才能从消费时尚中了解消费者的偏好及变动,并及时开发出能满足这种偏好的产品。同时,消费时尚也受广告的影响。成功的广告会引导新的消费时尚,左右消费者的偏好。

我们知道,消费者连续消费一种产品的边际效用是递减的。如果企业连续只生产一种产品,它带给消费者的边际效用就在递减,消费者愿意支付的价格就低了。因此,企业的产品要不断创造出多样化的产品,即使是同类产品,只要不相同,就不会引起边际效用递减。例如,同类服装做成不同式样,就成为不同产品,就不会引起边际效用递减。如果是完全相同,则会引起边际效用递减,消费者不会多购买。边际效用递减原理告诉我们,企业要进行创新,生产不同的产品满足消费者需求,减少和阻碍边际效用递减。

3.1.3 消费者均衡

1. 消费者均衡的含义

消费者均衡(consumer equilibrium)是研究单个消费者在既定收入条件下实现效用最大化的均衡条件,是指在既定收入和各种商品价格的限制下选购一定数量的各种商品,以达到最满意的程度。消费者均衡是消费者行为理论的核心。例如,一个人用 200 元钱到商店里去购买 A、B 两种商品,当这两种商品的价格固定不变时,该消费者将考虑用这 200 元钱如何购买 A、B 两种商品,其数量组合会给自己带来最大的效用,这样的问题就属于消费者均衡问题。

2. 消费者均衡实现的条件

在消费者的收入水平与商品价格既定的条件下,要实现效用最大化,必须使消费者所购买的各种商品的边际效用与价格之比相等,或者说,消费者花在购买各种商品上的最后一元钱所带来的边际效用相等。假设消费者用既定的收入 I 购买 n 种商品,$P_1, P_2, P_3, \cdots, P_n$ 分别代表 n 种商品既定的价格,λ 为不变的货币的边际效用;以 $X_1, X_2, X_3, \cdots, X_n$ 分别表示 n 种商品的数量,$MU_1, MU_2, MU_3, \cdots, MU_n$ 分别表示 n 种商品的边际效用,则消费者效用最大化的均衡条件可表示为

$$P_1 X_1 + P_2 X_2 + P_3 X_3 + \cdots + P_n X_n = I$$

$$\frac{MU_1}{P_1} = \frac{MU_2}{P_2} = \frac{MU_3}{P_3} = \cdots = \frac{MU_n}{P_n} = \lambda$$

3.1.2 边际效用递减规律

1. 边际效用递减规律的含义

边际效用递减规律（marginal utilities decreasing）是指随着消费者所消费的某种物品的数量增加，其总效用虽然相应增加，但物品的边际效用随所消费物品数量的增加而呈现递减趋势，这就是边际效用递减规律。当边际效用递减到等于零以至变为负数时，总效用就不再增加以至减少。

例如，一个人在饥饿的时候，吃第一个汉堡包给他带来的效用是很大的；以后随着所吃汉堡包数量的连续增加，虽然总效用是不断增加的，但每个汉堡包给他带来的效用增量即边际效用却是递减的；当他完全吃饱时，汉堡包的总效用达到最大，而边际效用却降为零；如果他继续吃汉堡包，就会感到不适，这就意味着汉堡包的边际效用在进一步降为负值，汉堡包的效用表如表 3.2 所示。

表 3.2 汉堡包的效用表

商品数量	总 效 用	边 际 效 用
1	18	18
2	27	9
3	30	3
4	30	0
5	24	-6

从表 3.2 中可以看到，当他吃第一个汉堡包时，总效用是 18，即吃第一个汉堡包的边际效用是 18；当他吃第二个汉堡包时，边际效用为 9，此时的总效用=18+9=27；以此类推，当他吃第四个汉堡包时，边际效用递减为 0，总效用达到最大值；而当他吃第五个汉堡时，边际效用递减为-6，总效用开始下降为 30-6=24。

2. 边际效用递减的原因

根据基数效用论的观点，边际效用递减规律成立的原因可以从两个方面来解释。

第一，生理或心理的原因，即消费者在消费相同的消费品时，从连续增加的消费量中所感受到的满足程度和对重复刺激的反应是递减的。例如，对于一个刚参加工作的人来说，拿到第一个月工资时的兴奋程度与拿到第二、第三个月工资时的兴奋程度是有差别的，且在同等数量的条件下，其兴奋度是逐渐递减的。

第二，物品本身具有多种用途，即由于一种商品往往具有多种用途，消费者在消费过程中总是将效用量按物品用途的重要性进行排列，这样消费品的边际效用便会随着消费品用途的重要性的递减而递减。例如，水的用途很多，既可以用来喝，也可以用来做饭，还可以用来洗浴或浇地。当水的数量很少，只能用于喝这一种用途时，每瓶水的边际效用很高，反之则很低。

示为

$$MU = \frac{\Delta TU}{\Delta Q}$$

如果消费者的消费增量 ΔQ 非常小,趋向于零,这时边际效用就是总效用对消费量的一阶导数,即边际效用公式为

$$MU = \lim_{\Delta Q \to 0} \frac{\Delta TU}{\Delta Q} = \frac{dTU}{dQ}$$

4. 总效用与边际效用的关系

由表 3.1 某商品的效用表可知:当商品的消费量由 0 增加至 1 时,总效用由 0 增加至 12 效用单位,总效用的增量即边际效用为 12 效用单位;当商品的消费量由 1 增加至 2 时,总效用由 12 效用单位增加至 18 效用单位,总效用的增量即边际效用为 6 效用单位,以此类推;当消费数量增加至 5 时,总效用达到最大值为 22 效用单位,而边际效用减少到 0。此时,消费者对该商品的消费已达到饱和点。当商品的消费量再增加至 6 时,边际效用出现了负值即-2 效用单位,同时总效用也下降至 20 效用单位。

表 3.1 某商品的效用表

Q(消费数量)	TU(总效用)	MU(边际效用)
0	0	—
1	12	12
2	18	6
3	21	3
4	22	1
5	22	0
6	20	-2

根据表 3.1 中的数据,可以绘制出总效用曲线和边际效用曲线,如图 3.1 所示。在图 3.1 中,横坐标表示商品的消费量,纵坐标表示效用量,TU 曲线和 MU 曲线分别代表总效用曲线和边际效用曲线。在图 3.1 中,MU 曲线向右下方倾斜,相应的,TU 曲线是以递减的速率先上升后下降。

从图 3.1 中可以看出总效用曲线与边际效用曲线具有以下几点关系:第一,只要边际效用大于零,

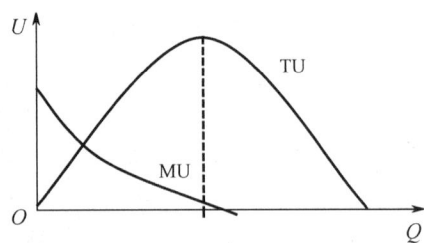

图 3.1 总效用曲线和边际效用曲线

总效用必定不断增加;第二,边际效用递减,总效用曲线上每个点的斜率就是对应消费量上的边际效用,总效用曲线上每个点的斜率会随消费量的增加而减少;第三,当边际效用为零时,总效用达到最高;第四,当边际效用为负值时,总效用曲线开始下降。

的心理感觉。

2．效用的特征

第一，同一物品对于不同的人、在不同的时间和地点都可能导致效用的不同。例如，冰块在夏天是有效用的，在冬天，对于正常的人是没有什么效用的，但对于发高烧的病人却可能有效用。又如，一杯水对于在正常环境里的人没什么效用，而对于沙漠中的旅行者来说，一杯水的效用就很大。

第二，对于同一物品，效用的大小也有可能会发生变化。以饮酒为例，如果某人想喝酒，而手头一瓶酒都没有，这瓶酒对他的效用就很大；如果他因病不能喝酒，这瓶酒对他的效用就很小。

第三，效用不同于使用价值，它不仅在于物品本身具有的满足人们欲望的客观的物质属性（如面包可以充饥，衣服可以御寒），而且它有无效用以及效用的大小均依存于消费者的主观感受。

 案例欣赏 3.1

是穷人幸福还是富人幸福

对于什么是幸福，美国经济学家萨谬尔森用"幸福方程式"进行了概括。这个"幸福方程式"就是：幸福=效用/欲望。从这个方程式中我们看到幸福与欲望成反比，也就是说人的欲望越强越不幸福。但我们知道人的欲望是无限的，那么，再大的效用不也等于零吗？因此，我们在分析消费者行为理论的时候，假定人的欲望是一定的。

在社会生活中，对于幸福，不同的人有不同的理解。政治家把实现自己的理想和抱负作为最大的幸福；企业家把赚到更多的钱当作最大的幸福；教师把学生喜欢听自己的课作为最大的幸福；老百姓往往觉得平平淡淡、衣食无忧就是最大的幸福。幸福是一种感觉，自己认为幸福就是幸福。"幸福方程式"使人想起了"阿Q精神"。

鲁迅笔下的阿Q形象，是用来唤醒中国老百姓的那种逆来顺受的劣根性。而人生如果一点儿"阿Q精神"都没有，也会感到不幸福，因此"阿Q精神"在一定条件下是人生获取幸福的手段之一。市场经济发展到今天，贫富差距越来越大，如果穷人欲望过高，那只会给自己增加痛苦。倒不如用"知足常乐""阿Q精神"来降低自己的欲望，使自己虽穷却也活得幸福自在。富人比穷人更看重财富，他会追求更富裕，如果得不到他也会感到不幸福。因此，究竟是穷人幸福还是富人幸福，完全取决于个人的主观感觉。

3．总效用与边际效用的含义

总效用（total utility）是指消费者在一个特定时间内消费一定数量的某种商品时所获得的满足的总和。以 TU 表示总效用，以 Q 表示消费量，总效用函数为

$$TU=U(Q)$$

边际效用（marginal utility）是指消费者在某一时间内增加一个单位商品的消费时所增加的满足程度，也就是增加一个单位商品的消费所带来的总效用的增量，其用公式表

导入案例

手机款式为什么变化这么快？

很多追赶时尚的人，经常变换手机款式。因为在通信市场上，手机的款式、性能、功能等变化非常快。以大家非常熟悉的美国苹果公司的 iPhone 系列手机为例，从乔布斯 2007 年 1 月发布第一代 iPhone 手机开始，苹果公司每年都要对 iPhone 手机进行不同程度的升级、更新。到 2017 年 1 月，iPhone 共推出 12 款手机，被称为"部部为赢"。2017 年 9 月，苹果公司同时推出 3 款新一代手机 iPhone 8、iPhone 8 Plus 和 iPhone X，以满足消费者的不同需求。其他品牌手机生产厂商也一样，为了在竞争中取胜，不断地变换手机的款式、功能、颜色和型号等，以获取市场的占有率。

（资料来源：作者根据相关资料编写）

❖ **案例讨论** ❖

这个故事揭示了经济学中的一个重要的原理：边际效用递减规律。总效用是消费一定量某物品与劳务所带来的满足程度。边际效用是某种物品的消费量增加一单位所增加的满足程度。

从经济学的角度看，消费者连续购买某一款式的手机，给消费者带来的边际效用是递减的。如果企业连续只生产一种型号的手机，它带给消费者的边际效用就在递减，消费者愿意支付的价格就低了。因此，企业要不断创造出多样化的产品，即使是同类产品，只要款式或颜色不相同，就不会引起边际效用递减，这就是手机型号为什么变化这么快的一个经济学道理。

在经济学中，用"效用"这个概念来表示消费者在消费某种商品和享受服务时所感受到的满足程度。在回答怎样衡量这种满足程度的问题时，经济学家先后提出了基数效用论和序数效用论。

任务 3.1 基数效用论

19 世纪和 20 世纪初，在经济学中普遍使用基数效用概念。基数效用论（theory of cardinal utility）认为，效用可以具体衡量并加总求和，它采用边际效用分析法来分析消费者的行为。例如，对某消费者而言，看一场精彩电影的效用为 10 效用单位，吃一顿麦当劳的效用为 8 效用单位，则这两种消费的效用之和为 18 效用单位。

3.1.1 效用、总效用与边际效用

1. 效用的含义

效用（utility）就是欲望的满足，即消费者从消费某种物品中所得到的满足感。满足程度越高，效用越大；满足程度越低，效用就越小；如果消费者从消费某种物品中感到痛苦，那么这种效用就是负效用。效用是消费者对商品和服务的主观评价，是一种主观

项目导图

学会理性消费

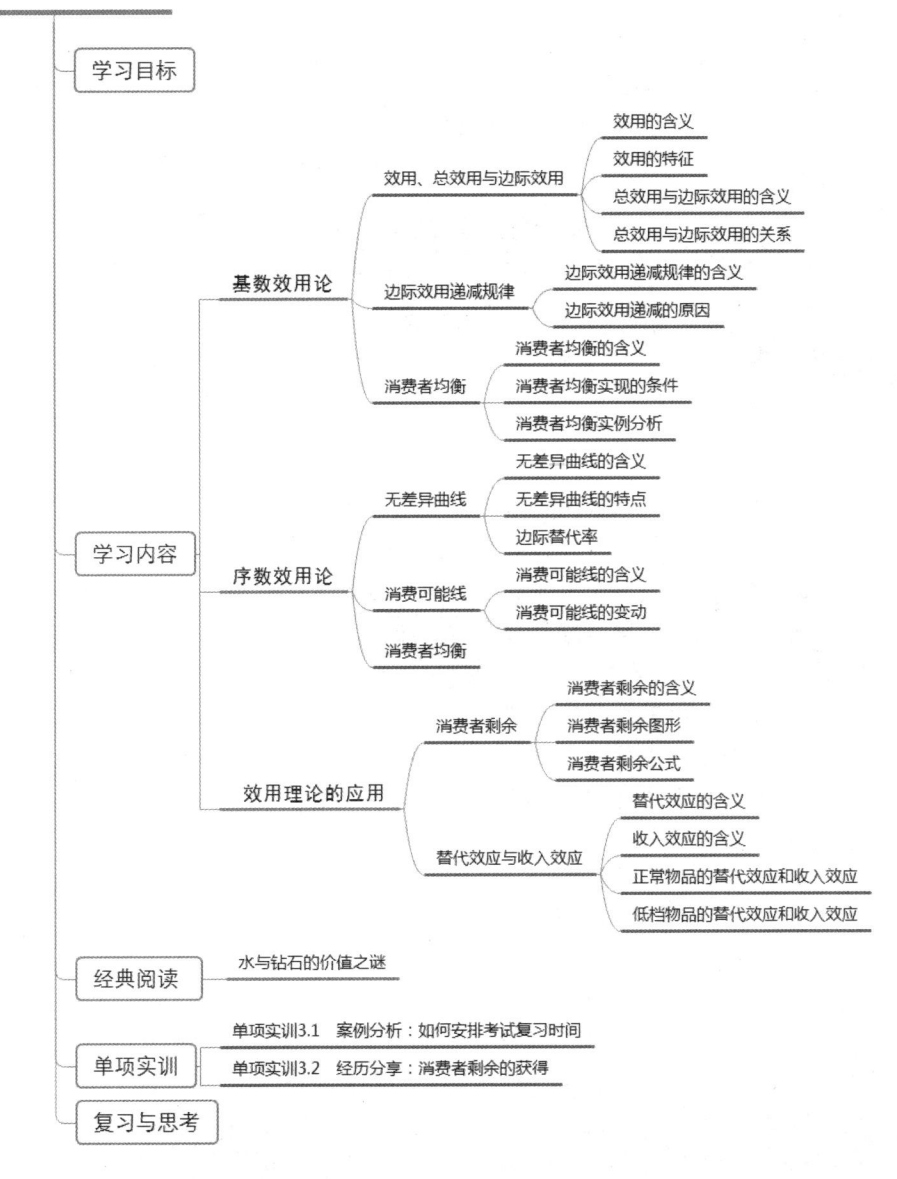

项目 3

学会理性消费

学习目标

知识目标：
- ▲ 了解效用、总效用和边际效用的含义；
- ▲ 理解边际替代率和边际效用递减规律；
- ▲ 理解基数效用论和序数效用论下消费者均衡实现的条件及内容；
- ▲ 了解收入效应与替代效应的内涵。

能力目标：
- ▲ 会绘制无差异曲线和消费可能线；
- ▲ 能够运用边际分析法和无差异曲线进行消费者均衡分析；
- ▲ 会计算消费者剩余与边际替代率。

重点难点：
- ▲ 边际替代率；
- ▲ 边际效用递减规律；
- ▲ 消费者均衡实现的条件。

2. 选择题

（1）当需求的增加幅度远大于供给增加幅度的时候，（　　）。
    A．均衡价格将上升，均衡交易量减少
    B．均衡价格和均衡交易量都将上升
    C．均衡价格将下降，均衡交易量将增加
    D．无法确定

（2）在同一条曲线上，价格与需求量的组合从 A 点移动到 B 点是（　　）。
    A．需求的变动　　　　　　　　B．收入的变动
    C．需求量的变动　　　　　　　D．供给的变动

（3）假设用于生产鞋的皮革价格上涨，结果鞋的供给（　　），供给曲线向（　　）平移。
    A．增加；右　　B．增加；左　　C．减少；右　　D．减少；左

（4）已知某种商品的需求是缺乏弹性的，在其他条件不变的情况下，卖者要想获得更多的收益，应该（　　）。
    A．适当降低价格　　　　　　　B．适当提高价格
    C．保持价格不变　　　　　　　D．不断地降低价格

（5）若某商品价格上升2%，其需求量下降10%，则该商品的需求价格弹性是（　　）。
    A．缺乏弹性的　　　　　　　　B．富有弹性的
    C．有单位弹性的　　　　　　　D．无法确定

3. 分析讨论题

（1）运用供求图说明下列事件对运动衫市场的影响：
    ① 飓风损害了该地区的棉花作物；
    ② 皮夹克的价格下降；
    ③ 该地区所有学校都要求穿运动衫做早操；
    ④ 发明了效率更高的织布机。

（2）假设某厂商对其产品采取降价的促销活动，结果收入反而减少，请问该厂商产品具有什么样的弹性？为什么？

4. 计算题

（1）已知需求函数为 $Q_d=50-5P$，供给函数为 $Q_s=-10+5P$。
    ① 求市场的均衡价格和均衡数量，并作图说明。
    ② 假定供给函数不变，由于消费者收入水平的提高，使需求函数变为 $Q_d=60-5P$，求出相应的均衡价格和均衡数量，并作图说明。

（2）某种商品原来的价格为 1 元/千克，销售量为 1 000 千克，该商品的需求弹性系数为 3，如果降价至 0.8 元/千克，此时的销售量是多少？降价后总收益是增加了还是减少了？变化了多少？

3．利用均衡价格理论的相关原理，分析现实生活中的问题。

实训背景与要求

单项实训 2.1　市场调查：某产品的市场供需及市场价格调查

实训要求：

1．本调查以团队的形式完成，自行组建调查团队，团队以 4～5 人为宜。
2．在实施实地调查之前，填写调查进度计划表（见表 2.9）并提交指导老师确认。
3．形成书面的调查报告。

表 2.9　调查进度计划表

团队成员：				
调查地点：				
调查时间：				
工作与活动内容	时　间	地　点	参与人员	备　注

单项实训 2.2　案例分析：春节前后菜价变化与需求异常的分析

据温州日报 2016 年 2 月 18 日报道，温州菜场里菜子头的报价为 2 元/千克，温州市民终于松了一口气，与春节期间 9 元/千克的价格相比，蔬菜价格终于出现回落。

国家统计局温州调查队公布的一组数据显示了春节期间蔬菜价格的"疯狂"。春节期间，温州市场蔬菜价格就如同坐上了"火箭"，价格一路飙涨，菜子头 9 元/千克、蚕豆 10 元/千克、芹菜 6.5 元/千克、花菜 5 元/千克……与普通猪肉约 8.5 元/千克的价格相比，部分蔬菜的价格甚至已经超过猪肉的价格了。春节过后，蔬菜价格开始大幅回落，元宵节后逐步恢复正常。虽然蔬菜价格降幅较大，但市场总交易量却比节前减少了 1/3 左右。

实训要求：

1．请分析一下，为什么会出现"春节前蔬菜价格不断上涨，需求数量却在增加；春节过后蔬菜价格大幅回落，需求数量却在减少"的现象？
2．这种现象是否说明蔬菜需求属于需求定理的例外？

复习与思考

1．名词解释

需求；需求定理；需求的变动；供给；供给定理；供给的变动；需求价格弹性；需求收入弹性；需求交叉弹性；供给弹性；均衡价格；供求规律；恩格尔定律

经典阅读

有弹性的道路——如何确定商品价格

所有企业都面临着一个类似的问题：给产品确定多高的价格能产生最大的利润？

答案并不总是显而易见的。提高某种产品的价格往往会使对价格敏感的消费者寻找其他替代品或干脆不用，从而有销售量减少的影响。对不同产品而言，对价格的敏感程度是不同的。诀窍是找出实现利润增量和销售量之间理想取舍的平衡点。

当对一种商品进行征税时，这种税收是由生产者承担还是由消费者承担，主要取决于该商品的需求弹性与供给弹性。所以，税收归属问题要根据弹性理论来进行分析。

李斯堡（Leesburg）和华盛顿—杜勒斯国际机场之间一条私人收费道路的开发者，正力图找出这个"魔"点。该集团原计划可以对约24千米的单程收费2美元左右，这样平均每天可以从7号公路（过分拥挤的公共道路）上吸引3 400车次。但在花费3.5亿美元修建了寄予厚望的"摇钱路"之后，他们很沮丧地发现，大约只有1/3的通勤者愿意支付这一价格，以节省20分钟的通勤时间……

公司在绝望之余，把收费降低到1美元才吸引到接近预期的车流量。尽管"摇钱路"仍然在亏损，但在需求曲线的这一点上比它开始运营时情况好转了。而且，根据高峰时车流仍然稀疏的情况，公司所有者可能再降低收费，以获得更高的收益。

当价格降低了45%时，3个月后车流量终于增加了200%。如果按这一比例，把收费再降25%，每天车流量会有3.8万车次，每天的收益达到将近2.9万美元。当然，问题是在不同价位，通常并不能用同样的比率，这就是说为什么定价是一件十分棘手的事。

布鲁金斯研究所的克利福德·温斯顿（Clifford Winston）和美国企业研究所的约翰·卡尔费（John Calfee）都认为公路收费实在是一件进退两难的事。他们对美国的1 170人进行了一项精心设计的市场调查，向每个受调查者提出了一系列有关问题，实际上是在问他们个人在节约通勤时间与高收费之间的权衡取舍。最后，他们得出的结论是，那些愿意支付最高价格以节省通勤时间的人已经通过搭乘公共交通车，搬到离工作单位近的地方，或选择可以使他们避开交通高峰的工作来做到这一点。相反，那些路程长的通勤者对交通堵塞的忍耐性较高，他们只愿意付出每小时收入的20%来节省1个小时的时间。

总体而言，温斯顿和卡尔费的调查有助于解释为什么"摇钱路"原来的收费价格和车流量预计都太高了。按他们的估算，只有那些每小时收入最少为30美元的通勤者，愿意支付2美元来节省20分钟的时间。

（资料来源：[美]曼昆. 经济学原理. 梁小明等译. 北京大学出版社，2006.）

单项实训

实训目标

1. 通过课外实地调查，了解某产品的需求和供给现状，并分析影响需求和供给的因素。
2. 利用调查数据分析均衡价格的形成及变动。

食物支出的收入弹性=食物支出量的变动率/消费者收入量的变动率

19世纪德国统计学家恩格尔（E.Engel）根据统计资料，对消费结构的变化得出一个规律：一个家庭收入越少，家庭收入中（或总支出中）用来购买食物的支出所占的比例就越大；而随着家庭收入的增加，家庭收入中（或总支出中）用来购买食物的支出则会下降。推而广之，一个国家越穷，每个国民的平均收入中（或平均支出中）用于购买食物的支出所占的比例就越大；而随着国家的富裕，这个比例呈下降趋势，这就是恩格尔系数（Engel's coefficient）或恩格尔定律（Engel's law）。

联合国根据恩格尔系数的大小，对世界各国的生活水平有一个划分标准，即一个国家平均家庭恩格尔系数大于60%为贫穷，50%~60%为温饱，40%~50%为小康，30%~40%属于相对富裕，20%~30%为富裕，20%以下为极其富裕。

英国的《经济学人》杂志2013年公布了一份全球22国的恩格尔系数，如图2.22所示。其中美国恩格尔系数最低，人均每周食品饮料消费43美元，占人均收入的7%；英国人均每周食品饮料消费也是43美元，占人均收入的9%。中国人均每周食品饮料消费9美元，占人均收入的21%。

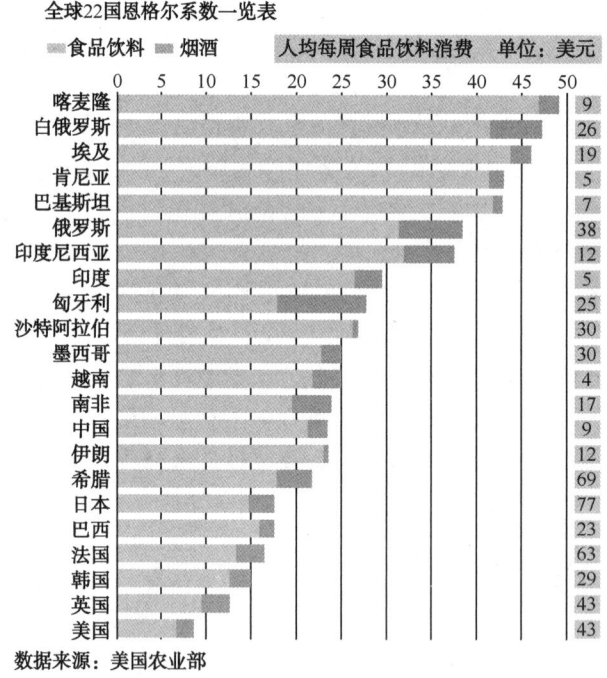

图2.22 全球22国恩格尔系数一览表

虽然恩格尔系数理论并不绝对严谨，但也可以从侧面来衡量一个家庭或一个国家的富裕程度。韩国人在1975年恩格尔系数约为30%，经过30多年的经济发展，到2013年恩格尔系数仅为12%，也就意味着韩国人88%的人均收入都用于吃喝以外的非刚性消费。匈牙利人则将其收入的10%贡献给了烟酒。

3. 谷贱伤农

"谷贱伤农"出自于《汉书》:"籴甚贵,伤民;甚贱,伤农。民伤则离散,农伤则国贫。"是指农业丰收,农民收入反而下降的现象。"谷贱"是指粮食丰收引起价格下降。粮食是生活必需品,需求缺乏弹性,这使得总收益减少。"伤农"则是指农民收入的减少。

例如,假设大米的需求弹性为0.5,当价格为每千克2元时,需求量为10万千克,总收益为2×10=20(万元),如果大米降价10%,即每千克1.8元,由于需求缺乏弹性,需求量仅增加5%,即增加至10.5万千克。这时总收益为1.8×10.5=18.9(万元)。这说明,需求缺乏弹性的物品降价所引起的需求量增加不多,从而降价会减少总收益。同理,也可以推出提价引起需求量的减少也不多,因而提价会增加总收益。

 案例欣赏 2.6

"倒奶"经济学

据中国之声报道,2015年年初,我国多个地区出现奶农"倒奶杀牛"事件。不仅是青海、山东、河北、内蒙古等主产区,就连江苏、广东等地区也出现了这种现象。现实是,在山东鲜牛奶价格最低的时候,1千克奶还不到1元钱,甚至还没超市里的矿泉水贵。

为什么会出现这种现象呢?原因是:自2012年以来,因为鼓励奶牛标准化、规模化养殖的政策推行,散养户大量退出,全国奶牛存栏量大幅减少,2013年曾发生"奶荒",原奶收购价格不断上涨。2014年年初,鲜奶价格曾升至5元/千克,是近年来的最高点。于是吸引很多奶农高价买牛,投入生产,产量增加,鲜奶价格一路下跌,倒奶现象就这样发生了。

而国内市场对国产奶制品的需求却在减少。在三聚氰胺事件后,无论是国内奶企还是消费者都对奶源质量存有担心,甚至奶企一直在逐步抛弃国内散户奶源,建立现代化牧场,甚至去海外建立生产基地。

面对多地出现的"倒奶杀牛"的情况,媒体开始介入。日前新华社评论呼吁,奶农"倒奶杀牛"政府岂能袖手旁观。在几乎相同的时间,农业部也下发了《关于协调处理卖奶难稳定奶业生产的紧急通知》,要求各级地方农牧部门在当地政府领导下,迅速行动起来,采取有效措施,全力以赴协调处理"卖奶难"问题。

这其实是延续罗斯福新政中政府主导收购农产品的政策,但是这些政策也可能导致错误的市场信号,诱使奶农继续过量生产,使牛奶场的规模反而违背市场现实继续扩张,被收购的奶制品因过量而产生浪费,而这种浪费的代价是由全社会来承担的。

(资料来源:作者根据相关资料编写)

2.4.3 需求收入弹性与恩格尔定律

如果具体研究消费者收入量的变动和用于购买食物的支出量的变动之间的关系,则可以得到食物支出的收入弹性,即

当需求弹性小时，则可考虑以提高价格的方式来达到增加销售收入的目的。

案例欣赏 2.5

旧帽换新帽一律八折

一家安全帽专卖店打出了这样的广告——"旧帽换新帽一律八折"。店家的意思是，如果你买安全帽时交一项旧安全帽的话，当场降两成的价格；如果直接买新帽，只能按原定价格购买。这种促销方式让人觉得好奇，是不是店家加入了什么基金会或是店家和供帽厂家有什么协定？这种以旧换新的促销活动，主要是针对不同消费者的需求弹性而采取的区别定价方法，即：给一定的价格变动比例，购买者需求数量变动较大称为需求弹性较大，变动较小称为弹性较小；对需求弹性较小的购买者制定较高价格，对需求弹性较大的顾客收取较低价格。而这家安全帽专卖店的促销做法正是这个理论的实际应用。实际上，店家拿到那顶脏脏旧旧的安全帽，并没有什么好处，常常是在顾客走后往垃圾桶一丢了事。

【案例点评】

店家以顾客是否拿旧安全帽，来区别顾客的需求弹性。简单地说，没拿旧安全帽来的顾客说明他没有安全帽。由于法令规定：驾驶摩托车必须要戴安全帽，故而无论价格的高低，购买摩托车的人一定要买顶安全帽，因此这种顾客的需求曲线较陡，弹性较小。相对地，拿旧安全帽来抵二折价款的顾客，表明他本来就有一顶安全帽，如果安全帽的价格便宜他有以旧换新的需求，如果价格太贵他也可以以后再买，因为已经有了一顶安全帽，对该商品的需求没有迫切性。因此，这类顾客需求曲线较平坦，弹性较大。综上所述，不难看出，该安全帽专卖店采用这种"旧帽换新帽一律八折"的促销活动，针对不同消费者的需求定价的方法，不仅不会使其减少营业收入，反而会吸引那些本不想购买新帽的消费者前来购买，增加了收益。因此，认真研究消费者心理，了解市场需求，针对本行业的特点，制定出适合自己的价格策略，一定会给公司带来丰厚的利润。

2. 薄利多销

虽然薄利多销这种现象我们都非常熟悉，但是你知道如何用经济学理论来解释这种现象吗？

对于需求富有弹性的商品，降价会使总收益增加。"薄利"是指降价后每单位产品的利润减少了，"多销"是指降价后销售量增加了。需求富有弹性的物品因降价所引起的销售量增加的比率大于因降价所引起利润减小的比率，所以在合理的降价范围内，总利润增加了。现实中以"跳楼价""出血价"实现薄利多销的产品均为需求富有弹性的物品。

例如，假设某化妆品的需求价格弹性为 2，当价格为 50 元/瓶时，需求量为 1 万瓶，总收益为 50×1=50（万元）。如果降价 10%，价格由 50 元/瓶降到 45 元/瓶，需求量增量 $\Delta Q = E_d \times \Delta P = 2 \times 10\% = 20\%$，即增加到 1.2 万瓶，这时总收益为 45×1.2=54（万元）。同理，可以推出提价引起的总需求量减少得更多，从而提价会减少收益。

医者实行严厉的惩罚。只要颁发的许可证数量少于非管制市场可能保证的开业者数量，就会影响市场的均衡。如图 2.20 所示，由于市场供给限制在 Q_1，它少于均衡数量 Q_e，所以市场的均衡价格由 P_e 上升为 P_1。

2.4.2 弹性理论的应用

1. 需求的价格弹性和厂商的销售收入

在实际的经济生活中，会发生这样一些现象：有的厂商降低自己的产品价格，能使自己的销售收入得到提高，而有的厂商降低自己的产品价格，却反而使自己的销售收入减少了。这意味着，以降价促销来增加销售收入的做法，对有的产品适用，对有的产品却不适用。为了解释这一现象，首先需要了解商品的需求价格弹性与厂商的销售收入两者之间的相互关系。

销售收入=$P \times Q$（商品销售量），假设厂商的销售量正好等于市场需求量，则

$$销售收入 = P \times Q_d$$

如图 2.21 所示，可以用图中矩形的面积来表示销售收入。在图 2.21（a）中，$E_d>1$，需求曲线较平坦，当价格为 P_1 时销售收入为图中 P_1OQ_1A 所形成的面积，当价格为 P_2 时销售收入为图中 P_2OQ_2B 所形成的面积，容易知道价格由 P_1 下降到 P_2 时销售收入增加，反之减少。同理，当 $E_d<1$ 和 $E_d=1$ 时的价格变化、弹性大小与销售收入变化的关系如表 2.8 所示。

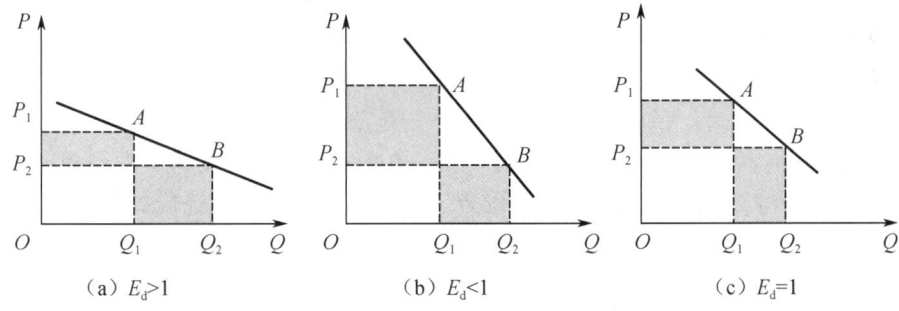

图 2.21 价格变化、弹性大小与销售收入变化的关系

表 2.8 价格变化、弹性大小与销售收入变化的关系

需求弹性的值	类 型	对销售收入的影响
$E_d>1$	富有弹性	价格上升，销售收入减少 价格下降，销售收入增加
$E_d=1$	单元弹性	价格上升，销售收入不变 价格下降，销售收入不变
$E_d<1$	缺乏弹性	价格上升，销售收入增加 价格下降，销售收入减少

由上述分析可知，在需求弹性大时，厂商宜采用薄利多销的方式来增加销售收入；

案例欣赏 2.4

限制最高价格——兰州拉面限价 2.5 元的争论

2007 年 6 月，由于兰州市西固区部分牛肉面馆"不约而同"地涨价，市民们意见较大，兰州市物价局联合四部门出台文件，根据经营环境、技术力量、服务水平和饭菜质量，把该市的拉面馆（店）划分为特级、一级、二级和普通级四个级别，并限制每个级别的最高售价。"限价令"中最引人注目的是对兰州普通牛肉面价格的规定："普通级大碗牛肉面不得超过 2.5 元，小碗和大碗的差价为每碗 0.2 元。"限价令一出，舆论哗然。

有人认为，牛肉拉面作为兰州最著名的风味小吃、最具特色的大众化经济小吃，是兰州市民每日必备的早餐，政府限制价格是关注民生的表现。但也有人认为，限价违背了市场经济规律，退回了"计划经济时代"，把兰州市物价局推到了舆论的"风口浪尖"。

从经营者的角度看，"涨价也是迫不得已。"兰州著名牛肉拉面连锁店"黄师傅"总部的负责人介绍，目前生牛肉已从原来的 4 元/千克涨到了 5 元/千克左右，拉面从 3.9 元/千克涨到了 4.5 元/千克，清油从原来的 1.9 元/千克涨到了 2.4 元/千克，员工的最低工资也在上涨，牛肉面涨价是必然的。

从消费者的角度看，在兰州，80%的市民早餐消费都是牛肉拉面。在他们看来，牛肉拉面价格上调的影响不亚于公交票价、水电费的价格调整。当地某媒体在兰州做的随机调查中就有显示，兰州拉面涨价引发了兰州人的"早餐革命"，许多人表示将选择豆浆、油条、牛奶等传统早餐。

从经济学的角度看，兰州拉面的"限价令"是政府对最高价格的限制，它的本意是控制价格虚高，有利于老百姓生活水平的提高。但政府对价格控制的不利影响也很明显：第一，政府对牛肉拉面进行限价后，面馆为了保证收益，有可能会偷工减料，这也相当于是变相涨价。第二，控制拉面价格而不控制其原料价格，会使一些小型的牛肉拉面馆因利润微薄而难以为继，最终导致破产。第三，对牛肉面馆进行分级，颁发证书，这种限价政策还会导致"一物多价"，质量相同的牛肉拉面价格却相差甚远，自然会导致权力寻租、滋生腐败的现象。

（资料来源：作者根据相关资料编写）

2. 数量管制：配额与许可证

政府除了进行价格控制，通常还采取规定配额和颁发许可证的形式进行数量方面的控制。在所有的这些场合，由于市场供给的一部分受到限制，其直接效应是导致供给曲线向左移动，从而使市场价格上升，数量控制如图 2.20 所示。

许可证具有与配额类似的效应。美国国家医学理事会拥有确认内科医生和外科医生资格的权利，并且对无照行

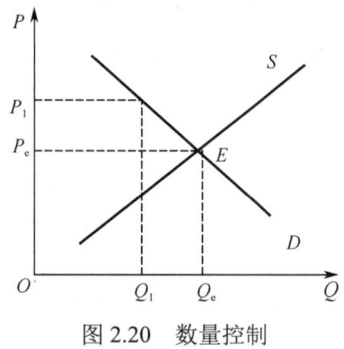

图 2.20　数量控制

产量增加可引起边际成本较大的提高，则意味着厂商的供给曲线比较陡峭，供给的价格弹性可能是比较小的。

（4）产品生产周期的长短。在一定时期内，对于生产周期较短的产品，厂商可以根据市场价格的变化及时调整产量，供给的价格弹性相应较大；相反，生产周期较长的产品，其供给的价格弹性就往往较小。

任务 2.4　均衡价格理论的应用

供求分析和弹性理论描述了商品的供求数量与价格之间的关系。在实际经济生活中，运用这些理论来解释许多经济现象，有助于经济问题的解决。

2.4.1　价格控制的影响

1. 最高限价与最低限价

政府根据不同的经济形势通常会采取两种价格政策：最高限价和最低限价。

（1）最高限价。最高限价（price ceiling）也称为限制价格，是政府所规定的某种产品的最高价格。由于最高价格总是低于市场的均衡价格，所以通常导致该种产品的供不应求。

图 2.18 表示政府对某种产品实行最高限价的情形。政府实行最高限价政策，规定该产品的市场最高价格为 P_0。由图 2.18 可见，最高限价 P_0 小于均衡价格 P_e；且在最高限价 P_0 的水平，市场需求量 Q_2 大于市场供给量 Q_1，因此市场上出现供不应求的情况。

政府实行最高限价的目的往往是为了抑制某些产品价格的上涨，特别是为了应对通货膨胀。当然为了限制某些行业，如一些垄断性很强的公用事业的价格，政府也会采取最高限价的做法。然而，政府实行最高限价的做法也会带来一些不良的影响。最高限价下的供不应求会导致市场上消费者的排队抢购和黑市交易的盛行。在这种情况下，政府往往又不得不采取配给的方法来分配产品。此外，生产者也可能粗制滥造，降低产品质量，形成变相涨价。

（2）最低限价。最低限价（price floor）也称为支持价格，是政府所规定的某种产品的最低价格。最低价格总是高于市场的均衡价格的，导致供给过剩。图 2.19 表示政府对某种产品实行最低限价的情形。政府实行最低限价所规定的市场价格为 P_0。由图 2.19 可见，最低限价 P_0 大于均衡价格 P_e，在最低限价 P_0 的水平，市场供给量 Q_2 大于市场需求量 Q_1，市场上出现产品过剩的情况。

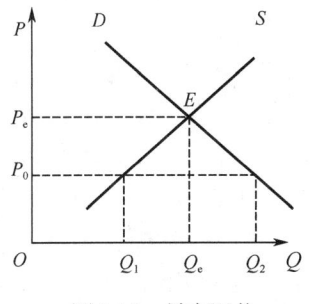

图 2.18　最高限价

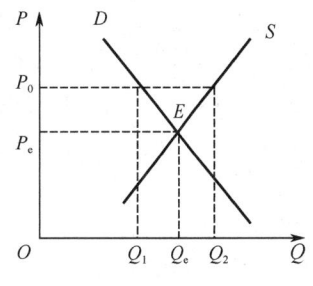

图 2.19　最低限价

2.3.5 供给价格弹性

1．供给价格弹性的含义及计算公式

供给价格弹性（price elasticity of supply）又称供给弹性，是指在一定时期内某一商品的供给量的相对变动对该商品的价格的相对变动的反应程度，即商品供给量变动率与价格变动率之比，其计算公式为

$$E_s = \frac{\Delta Q/Q}{\Delta P/P} = \frac{\Delta Q}{\Delta P} \cdot \frac{P}{Q}$$

式中，E_s 表示供给弹性系数；P 表示商品价格；ΔP 表示商品价格的变动量；ΔQ 表示供给的变动量；Q 表示商品的供给。

2．供给价格弹性的类型

供给价格弹性根据 E_s 值的大小可以分为五种类型，如表 2.7 所示。

表 2.7　供给价格弹性的五种类型

供给价格弹性系数	类　型	含　义	图　形
$E_s=0$	供给无弹性	无论价格上升还是降低，都不会改变供给量	此时供给曲线往往是一条垂直线
$E_s \to \infty$	供给完全弹性	只要价格有微小的上涨，供给量将从零变为无穷大	此时供给曲线往往是一条水平线
$E_s=1$	供给单元弹性	价格与供给量等比例变动	此时供给曲线通过原点
$0<E_s<1$	供给缺乏弹性	供给量变动的幅度小于价格变动的幅度	此时供给曲线与横轴的交点位于坐标原点右侧
$E_s>1$	供给富于弹性	供给量变动的幅度大于价格变动的幅度	此时供给曲线的延长线与横轴的交点位于坐标原点左侧

3．供给价格弹性的决定因素

（1）行业生产增加的程度。如果在现行市场价格下很容易购买到生产所需的投入品，如纺织行业，那么微小的价格上升，就会引起产量大幅度的增加，这意味着供给弹性相对较大；如果生产能力受到严重限制，如南非金矿开采，即使黄金价格急剧上升，南非的黄金产量也只会出现微小的反应。

（2）时间的长短。当商品的价格发生变化时，厂商对产量的调整需要一定的时间。在很短的时间内，厂商若要根据商品的涨价及时地增加产量，或者根据商品的降价及时地缩减产量，都存在不同程度的困难，这意味着短期内的供给价格弹性是比较小的。但是，从长期来看，生产规模的扩大与缩小，甚至转产，都是可以实现的，即在长期内供给量可以对价格变动做出充分的反应，这意味着长期内的供给价格弹性比较大。

（3）生产成本的变化。就生产成本来说，如果产量增加只是引起边际成本轻微的提高，则意味着厂商的供给曲线比较平坦，供给的价格弹性可能是比较大的。相反，如果

表2.5 需求收入弹性的类型

类型		弹性系数值	含义	实例
正常品 （Normal goods）	奢侈品 （Luxury goods）	$E_i>1$	说明收入发生相对变动时，需求量变动更大	金银首饰、世界名牌、旅游
	必需品 （Necessities）	$0<E_i<1$	说明收入发生相对变动时，需求量变动较小	米、油、盐、酱、醋、茶
劣等品（Inferior goods）		$E_i<0$	需求量随收入增加而减少	火柴、肥肉、胶鞋

2.3.4 需求交叉弹性

1. 需求交叉弹性的含义及计算公式

需求交叉弹性是需求交叉价格弹性（cross-price elasticity of demand）的简称，它表示一种商品的需求量变动对另一种商品的价格变动的反应程度。若以 X、Y 代表两种商品，E_{XY} 表示需求交叉弹性系数，P_Y 表示 Y 商品的价格，ΔP_Y 表示 Y 商品价格的变动量，Q_X 表示 X 商品原来的需求量，ΔQ_X 表示因 Y 商品价格的变动所引起的 X 商品需求量的变动量，则需求交叉弹性系数的一般表达式为

$$E_{XY}=\frac{\Delta Q_X/Q_X}{\Delta P_Y/P_Y}=\frac{\Delta Q_X}{\Delta P_Y}\cdot\frac{P_Y}{Q_X}$$

2. 需求交叉弹性的类型

需求交叉弹性系数可以大于 0、等于 0 或小于 0，它表明两种商品之间分别呈替代、不相关或互补关系，如表 2.6 所示。

表2.6 需求交叉弹性的类型

弹性系数值	两商品之间的关系	含义	实例
$E_{XY}<0$	互补商品	对于互补商品来说，由于一种商品的需求量与另一种商品的价格呈反方向变动，所以其需求交叉弹性系数为负值。在一般情况下，功能互补性越强的商品交叉弹性系数的绝对值越大	汽车与汽油等之间是功能互补性商品
$E_{XY}>0$	替代商品	对于替代商品来说，由于一种商品的需求量与另一种商品的价格呈同方向变动，所以其需求交叉弹性系数为正值。一般说来，两种商品之间的功能替代性越强，需求交叉弹性系数的值就越大	茶叶和咖啡、橘子和苹果等，这些商品的功能可以互相代替，其交叉弹性系数为正值
$E_{XY}=0$	其他商品（不相关商品）	若两种商品的交叉弹性系数为零，则说明 X 商品的需求量并不随 Y 商品的价格变动而发生变动，两种商品既不是替代品，也不是互补品	茶叶的价格不会随小汽车的价格变动而发生改变

4．影响需求弹性的因素

（1）商品的可替代度。一种商品的可替代品越多，相近程度越高，则该商品的需求价格弹性往往就越大；相反，该商品的需求价格弹性往往就越小。例如，若可口可乐价格上涨，人们就会转而多消费百事可乐。又如，对于食盐来说，没有很好的替代品，所以食盐价格的变化所引起的需求量的变化几乎为零，即它的需求价格弹性是极小的。

（2）商品用途的广泛性。一种商品的用途越是广泛，它的需求价格弹性就可能越大；相反，用途越是狭窄，它的需求价格弹性就可能越小。这是因为，如果一种商品具有多种用途，当它的价格较高时，消费者只购买较少的数量用于最重要的用途上。当它的价格逐步下降时，消费者的购买量就会逐渐增加，将商品越来越多地用于其他的各种用途上。例如，电的需求弹性远大于小麦的需求弹性，就是与两者用途的多少有关。

（3）商品对消费者生活的重要程度。通常，生活必需品的需求价格弹性较小，非必需品的需求价格弹性较大。例如，食盐和馒头的需求价格弹性较小，而电影票、高级香水和金银首饰的需求价格弹性则较大。

（4）商品在消费者消费支出中所占的比重。通常，消费者在某种商品上的消费支出在预算总支出中所占的比重越大，该商品的需求价格弹性可能越大；反之，则越小。例如，住房在消费者的总体支出中占据相当大的比重，这样它的价格变化就会明显影响需求。又如，打火机、铅笔、肥皂、食盐等在消费者的总支出中只占据很小的部分，因此它的价格变化不会对需求产生太大的影响。

（5）消费者调节需求量的时间。调节需求量需要一定的时间，时间越长，可调节的幅度也越大，越容易找到替代品，需求弹性就越大；时间越短，商品替代的可能性就越小，这种商品的需求弹性就越小。比如，当汽油价格上升时，在最初的几个月中汽油的需求量只略有减少。但随着时间的推移，人们购买更省油的汽车或电动汽车，转向公共交通，或迁移到离工作单位近的地方，汽油的需求量就会大幅度地减少。

2.3.3 需求收入弹性

1．需求收入弹性的含义及计算公式

需求的收入弹性（income elasticity of demand）表示在一定时期内消费者对某种商品的需求量的相对变动对于消费者收入的相对变动的反应程度。以 E_i 表示需求收入弹性，Q 表示需求量，ΔQ 表示需求量的变动量，I 表示收入，ΔI 表示收入的变动量，则需求收入弹性的一般表达式为

$$E_i = \frac{\Delta Q/Q}{\Delta I/I} = \frac{\Delta Q}{\Delta I} \cdot \frac{I}{Q}$$

2．需求收入弹性的类型

根据商品的需求收入弹性系数值，可以将所有商品分为两大类，如表2.5所示。

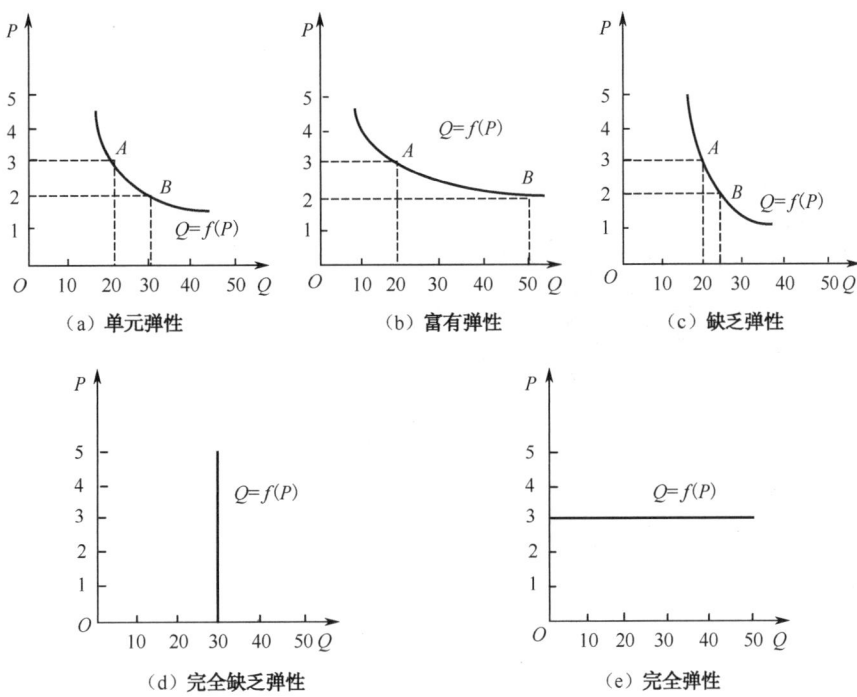

图 2.17 需求弹性的五种类型

 案例欣赏 2.3

从经济学角度分析"双 11"现象

如今的 11 月 11 日早已不是几年前网友用来调侃的"光棍节"。在以阿里巴巴旗下的淘宝网、天猫为主力军,京东、苏宁易购、当当、亚马逊等为配角的电商们的大力推广下,"光棍节"俨然成为全民公认的"消费节"。事实上,早在 2009 年,淘宝网就率先发起了所谓的"双 11 购物狂欢节",2009 年 11 月 11 日淘宝网当天的销售额达到 1 亿元,之后"双 11"淘宝网的销售额一路飙升,2010 年 9.36 亿元,2011 年 53 亿元。至 2017 年,天猫(淘宝网)又一次刷新了其历史记录,"双 11"当天总销售额达到 1 682 亿元,创造了开场 11 秒交易额超过 10 亿元、3 分 01 秒交易额破 100 亿元的奇迹。从经济学的角度,如何分析"双 11"快递爆仓的原因?

【案例分析】

"双 11"当天,很多网店的商品折扣低至五折、三折甚至一折,我们也许会感到疑惑:他们真的能赚钱吗?还是不惜亏本也要随促销的大流?当运用需求价格弹性这一工具进行分析之后,我们就会发现,在这场促销大战中,大部分卖家的收益是远远超过他们平日的收益的。卖家促销最多的是服装、饰品、化妆品、家电、家具等富有弹性的商品,采取适度的降价手段有利于提升销量,增加收益。

(资料来源: https://baike.baidu.com.)

（2）点弹性计算方法。需求的点弹性表示需求曲线上某点上的需求量无穷小的变动率对于价格无穷小的变动率的反应程度。根据数学中的极值原理，点弹性就是假设价格变量趋于零，即 ΔP 趋于 0 时的需求弹性。需求点弹性的计算公式为

$$E_d = \lim_{\Delta p \to 0} -\frac{\Delta Q/Q}{\Delta P/P} = -\frac{dQ}{dP} \cdot \frac{P}{Q}$$

式中，$\dfrac{dQ}{dP}$ 实际上是需求曲线上任意点切线斜率的倒数。

例如，某种商品的需求函数为 $Q=20-2P$，求当价格 $P=2$ 时的需求价格点弹性为多少？

$$E_d = -\frac{dQ}{dP} \cdot \frac{P}{Q} = -(-2) \cdot \frac{P}{Q}$$

当 $P=2$ 时，由需求函数可得 $Q=20-2\times 2=16$，将其带入上式，可得

$$E_d = -(-2) \cdot \frac{P}{Q} = 2 \times \frac{2}{16} = 0.25$$

3．需求弹性的类型

需求弹性可按商品弹性的大小进行分类，以说明不同商品对于价格反应程度的不同。习惯上，按需求弹性的绝对值大小可把需求弹性划分为五类，如表 2.4 所示。

表 2.4 需求的价格弹性的五种类型

类　型	具体含义	实　例
$\|E_d\|=1$	表示当价格每提高 1% 或降低 1%，需求量会相应地减少或增加 1%，这种情况称作需求单元弹性或单位弹性；其需求曲线是一条正双曲线，如图 2.17（a）所示	在实际生活中，完全为单位弹性的商品较少，比较接近单位弹性的有交通、住房等
$\|E_d\|>1$	表示价格每变动 1%，需求量的相应变动超过 1%，这种情况称作需求富有弹性；其需求曲线比较平坦，如图 2.17（b）所示	一般来说，奢侈品属于富有弹性的商品，如珠宝、国外旅游等
$\|E_d\|<1$	表示价格每变动 1%，需求量的相应变动小于 1%，这种情况称作需求缺乏弹性；其需求曲线比较陡峭，如图 2.17（c）所示	生活必需品一般属于缺乏弹性的一类商品，因为无论生活必需品的价格上升或下降，人们都要消费它们，如粮、油、蔬菜等
$\|E_d\|=0$	表示价格无论如何变化，需求量都不会变动，这种情况称作需求完全缺乏弹性或需求完全无弹性；其需求曲线是与纵轴平行的一条垂线，如图 2.17（d）所示	这种情况不多见，一般认为特殊药品、火葬费等必不可少的商品或劳务属于这种类型
$\|E_d\|\to\infty$	表示在既定价格水平下，需求量是无限的，这种情况称作需求完全弹性；其需求曲线表现为一条平行于横轴的水平线，如图 2.17（e）所示	这种情况亦不多见，一般认为银行以某种固定的价格收购金银、实行保护价的农产品、收藏名家字画、古玩等比较接近完全弹性商品

$$E = \frac{\Delta y / y}{\Delta x / x} = \frac{\Delta y}{\Delta x} \cdot \frac{x}{y}$$

商品需求量的大小受各种因素的影响,当影响因素发生变动时,需求量会随之发生变动。商品的种类不同,对各种影响因素变动的反应程度也不相同,商品需求量变动对影响因素变动的反应程度可以通过商品需求弹性来加以分析和说明。商品的需求弹性主要有三类:需求价格弹性、需求收入弹性和需求交叉弹性。

2.3.2 需求价格弹性

1. 需求价格弹性的含义与计算公式

需求价格弹性(price elasticity of demand)简称需求弹性。需求弹性表示某一商品的需求量对它本身的价格变化的反应程度,即商品需求量变动对其价格变动反应的敏感程度,其计算公式为

$$E_d = -\frac{\Delta Q / Q}{\Delta P / P} = -\frac{\Delta Q}{\Delta P} \cdot \frac{P}{Q}$$

式中,E_d 代表需求弹性系数;P 代表商品价格;ΔP 代表价格的变动量;Q 代表需求量;ΔQ 代表需求的变动量。

由于价格和需求量的变化方向相反,所以需求弹性系数一般为负值。但是,经济学中关心的只是变动程度的大小,所以一般取 E_d 的绝对值来比较商品需求价格弹性的大小。

2. 需求价格弹性计算方法

需求价格弹性的计算方法有两种,即弧弹性计算方法与点弹性计算方法。需求曲线上两点之间的一段弧线的弹性,称为弧弹性(arc elasticity),需求曲线上某一点的弹性,称为点弹性(point elasticity)。在具体的应用中,一般价格变化大的时候宜采用弧弹性计算方式,价格变化小的时候宜采用点弹性计算方法。

(1)弧弹性。需求的弧弹性表示需求曲线上两点之间的需求量的相对变动对价格的相对变动的反应程度,它表示的是需求曲线上两点之间的弹性。为了消除两点不同取值的差别,在计算弧弹性时,采取了折中的办法——中点公式。这是常用的一种方法,就是分别取两点的 P 和 Q 的平均数,实际上也就等于两点之间中点的点弹性。需求弧弹性计算公式为

$$E_d = -\frac{\Delta Q / Q}{\Delta P / P} = -\frac{\Delta Q}{\Delta P} \cdot \frac{(P_1 + P_2)/2}{(Q_1 + Q_2)/2}$$

例如,某商场销售的巧克力在价格为 30 元/千克时,每天能够销售出 50 千克,当价格调整为 36 元/千克时,每天销售 40 千克,计算这两个调整点之间的弧弹性。

$$E_d = -\frac{\Delta Q / Q}{\Delta P / P} = -\frac{40 - 50}{36 - 30} \cdot \frac{(36 + 30)/2}{(40 + 50)/2} = 1.22$$

3. 需求和供给同时发生变动时对均衡价格的影响

需求和供给同时发生变动时均衡价格的变动难以确定，需要结合需求和供给变化的具体情况来决定，如图 2.16 所示。

在图 2.16 中，假定消费者收入水平上升引起需求增加，使得需求曲线向右平移；同时，厂商的技术进步引起供给增加，使得供给曲线也向右平移。比较 S_1 曲线分别与 D_1 曲线和 D_2 曲线的交点 E_1 和 E_2 可见，收入水平上升引起的需求增加，使得均衡价格上升。再比较 D_1 曲线分别与 S_1 曲线和 S_2 曲线的交点 E_1 和 E_3 可见，技术进步引起的供给增加，又使得均衡价格下降。最后，这两种因素同时作用下的均衡价格，将取决于

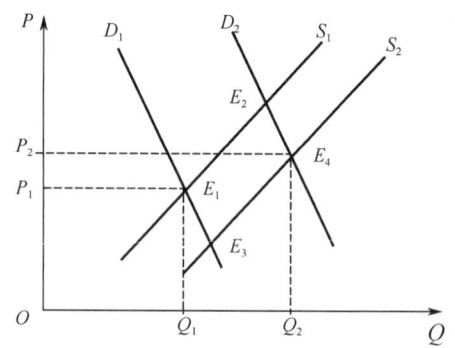

图 2.16　需求和供给同时变动对均衡价格的影响

需求和供给各自增长的幅度。由 D_2 曲线和 S_2 曲线的交点 E_4 可得：由于需求增长的幅度大于供给增加的幅度，所以，最终导致了均衡价格的上升。

综上所述，可以得出供求定理：在其他条件不变的情况下，需求变动分别引起均衡价格和均衡数量的同方向变动；供给变动分别引起均衡价格的反方向变动和均衡数量的同方向变动。

任务 2.3　弹性分析

需求定理和供给定理只是定性地说明了当价格发生变化时需求和供给的变化方向，而没有说明其变化数量，即它们只是定性地说明了需求和供给对价格变动的反应，而没有给出相应的定量说明。例如，假设计算机的市场价格由 10 000 元/台降到 8 000 元/台，结果某地每年计算机购买量由 8 000 台上升到 10 000 台；同时，微型汽车价格由 60 000 元/辆降到 50 000 元/辆，购买量由每年的 3 000 辆上升到 4 000 辆。两种商品价格下降都引发了需求量的上升，但怎样比较不同商品购买量变化对价格变化的灵敏度呢？这就需要利用弹性理论解决。弹性理论的意义在于，它可以超越不同商品的性质和计量单位的差异，去比较它们的需求对价格变动反应的灵敏程度。

2.3.1　弹性的含义与计算

弹性（elasticity）是一个物理学名词，它是指一种物体对外部力量的反应程度。在经济学中，弹性是指经济变量之间存在函数关系时，因变量变化对自变量变化的敏感程度。弹性的大小可用弹性系数来表示。若用 x 表示自变量，y 表示因变量，那么，可令 x 与 y 的函数关系表示为 $y=f(x)$。若令 Δx 表示自变量的变动量，Δy 表示因变量的变动量，E 表示弹性系数，则弹性系数公式可表示为

疯长,甚至已达5年来的历史高点。中国国家发展和改革委员会3月19日发布的数据显示,截至3月9日,全国生猪平均出厂价格为每千克18.62元人民币,同比上涨52.8%;猪粮比价为9.13∶1,已进入黄色预警区域。

对于此轮猪肉价格"超乎预期"的上涨,市场分析人士普遍认为,生猪供给减少是主要原因。2013年下半年以来,猪肉价格持续低迷,而饲料价格不断上升,利润微薄导致生猪养殖户纷纷减少养殖。中国农业部最新公布的数据显示,2016年2月,全国能繁母猪存栏量为3 760万头,同比下降8.5%;生猪存栏量为36 671万头,同比下降5.9%。

【案例分析】

在市场经济条件下,价格是调节经济活动与资源配置的一只"看不见的手",正是价格信号引导着资源的流向。而商品、劳务或生产要素价格的高低是由需求与供给这两方面相互作用决定的,即需求与供给是决定市场价格的两大基石。

(资料来源:http://finance.ifeng.com/a/20160324/14287193_0.shtml,2016-03-24。)

2.2.3 均衡价格的变动

一种商品的均衡价格是由该商品的市场需求曲线和供给曲线的交点所决定的。因此,需求曲线或供给曲线的位置移动都会使均衡价格发生变动。下面介绍这三种变动对均衡价格以及均衡数量的影响。

1. 需求变动对均衡价格的影响

在供给不变的情况下,需求增加会使需求曲线向右平移,从而使得均衡价格和均衡数量都增加;需求减少会使需求曲线向左平移,从而使得均衡价格和均衡数量都减少,如图 2.14 所示。

2. 供给变动对均衡价格的影响

在需求不变的情况下,供给增加会使供给曲线向右平移,从而使得均衡价格下降,均衡数量增加;供给减少会使供给曲线向左平移,从而使得均衡价格上升,均衡数量减少,如图 2.15 所示。

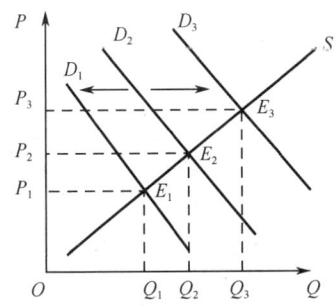

图 2.14 需求变动对均衡价格的影响

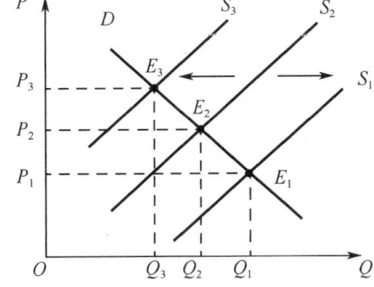

图 2.15 供给变动对均衡价格的影响

表 2.3 中的数据，把需求曲线和供给曲线结合在一起，用图 2.13 说明商品均衡价格的形成过程。

表 2.3　均衡价格数据列表

价　格	需　求　量	供　给　量	短缺与过剩	
1	9	0	−9	短缺
2	6	3	−3	
3	4	4	0	均衡
4	3	6	+2	过剩
5	2	6	+4	

在图 2.13 中，商品的均衡价格 P_e 表现为商品市场上需求和供给这两种相反的力量共同作用的结果，它是在市场的供求力量自发调节下形成的，E 为均衡点，P_e 为均衡价格，Q_e 为均衡数量。当市场价格偏离均衡价格时，市场上会出现需求量和供给量不相等的非均衡状态。一般说来，在市场机制的作用下，这种供求不相等的非均衡状态会逐步消失，实际的市场价格会自动地回复到均衡价格水平。

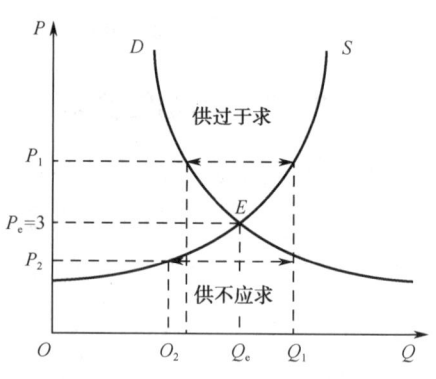

图 2.13　均衡价格的形成

当供求不平衡时，市场出现两种状态：过剩（P_1）与短缺（P_2）。当市场价格高于均衡价格时，市场出现供大于求的商品过剩或超额供给的状况。在市场自发调节下，一方面会使需求者压低价格来得到他要购买的商品量；另一方面，又会使供给者减少商品的供给量。这样，该商品的价格必然下降，一直下降到均衡价格的水平。当市场价格低于均衡价格时，市场出现供不应求的商品短缺或超额需求的状况。同样在市场自发调节下，一方面需求者提高价格来得到他所需要购买的商品量，另一方面，又使供给者增加商品的供给量。这样，该商品的价格必然上升，一直上升到均衡价格的水平。由此可见，当实际价格偏离均衡价格时，市场上总存在着变化的力量，最终达到市场均衡或市场出清。

 案例欣赏 2.2

对猪肉价格上涨的思考

中新社北京2016年3月24日电（陈溯）"去年这个时间猪肉进价还不到10块钱（每斤），今年都已经13块（每斤）了"，北京市增光路农贸市场一猪肉摊主对记者说。

按照以往的情况，中国的农历春节过去了一个多月，猪肉销售也应随之进入淡季。然而，今年与供需极不相符的现象却引发了人们的热议：春节后至3月份，国内猪肉价格

2.2.1 均衡价格的含义

1. 均衡的含义

均衡（equilibrium）原是物理学中的概念。经济学中的均衡，一般的意义是指经济事物中有关的变量，在一定条件的相互作用下所达到的一种相对静止的状态。经济事物之所以能够处于这样一种静止状态，是由于在这样的状态中有关该经济事物的各参与者的力量能够相互制约和相互抵消，也是由于在这样的状态中有关该经济事物的各方面的愿望都能得到满足。正因为如此，西方经济学家认为，经济学的研究往往在于寻找在一定条件下经济事物的变化最终趋于静止之点的均衡状态。

2. 均衡价格和均衡数量

一种商品的均衡价格（equilibrium price）是指该种商品的市场需求量和市场供给量相等时的同一价格。在均衡价格水平下的相等的供求数量被称为均衡数量（equilibrium quantity）。从几何意义上说，一种商品市场的均衡出现在该商品的市场需求曲线和市场供给曲线相交的交点上，而该交点则被称为均衡点。均衡点上对应的价格和对应的供求量分别被称为均衡价格和均衡数量。

将图2.1中的需求曲线和图2.6中的供给曲线绘制在同一个二维坐标系上，可以得到图2.12。在图2.12中，需求曲线Q_d和供给曲线Q_s相交于E点，故E点为均衡点。在均衡点E，均衡价格$P=4$，均衡数量$Q=400$。显然，在均衡价格为4的水平，消费者的购买数量和生产者的销售数量是相等的，都为400单位。因此，这样的一种状态便是使买卖双方都感到满意，并愿意持续下去的均衡状态。

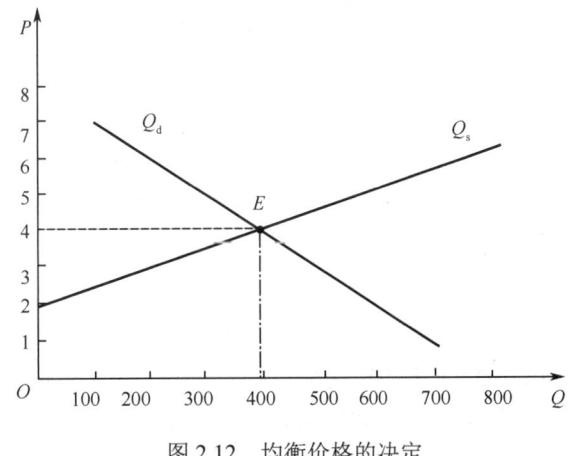

图2.12 均衡价格的决定

2.2.2 均衡价格的形成

前面了解了商品均衡价格的含义，但是商品的均衡价格是如何形成的呢？下面根据

4．供给量的变动与供给的变动

供给量的变动和供给的变动都是供给数量的变动，它们的区别在于引起这两种变动的因素是不相同的，而且，这两种变动在几何图形中的表示也是不相同的。

1）供给量的变动

供给量的变动（shift in the supply curve）是指在其他条件不变时，由某商品的价格变动所引起的该商品供给数量的变动。在几何图形中，这种变动表现为商品的价格—供给数量组合点沿着同一条既定的供给曲线的运动。例如，在图 2.6 中，随着价格上升引起供给数量逐步增加时，A 点沿着同一条供给曲线运动到 E 点。

2）供给的变动

供给的变动（shift of the supply curve）是指在商品价格不变的条件下，由于其他因素变动所引起的该商品供给数量的变动。这里的其他因素变动可以指生产成本的变动、生产技术水平的变动、相关商品价格的变动和生产者对未来的预期的变化等。在几何图形中，供给的变动表现为供给曲线的位置发生移动，如图 2.11 所示。

在图 2.11 中，原来的供给曲线为 S_1，在除商品价格以外的其他因素变动的影响下，供给增加，使供给曲线由 S_1 曲线的位置向右平移到 S_2 曲线的位置；供给减少，则使供给曲线由 S_1 曲线的位置向左平移到 S_3 曲线的位置。由供给的变化所引起的供给曲线位置的移动，表示在每一个既定的价格水平供给数量增加或减少了。

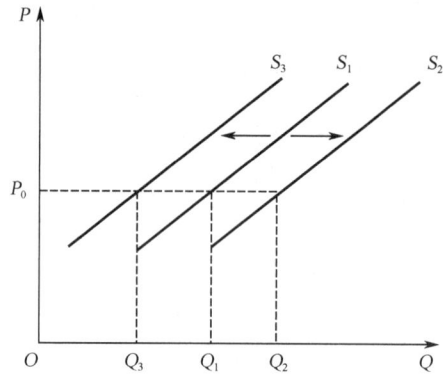

图 2.11　供给的变动和供给曲线的移动

例如，在既定的价格水平 P_0，供给增加，使供给数量由 S_1 曲线上的 Q_1 上升到 S_2 曲线上的 Q_2；相反，供给减少，则使供给数量由 S_1 曲线上的 Q_1 下降到 S_3 曲线上的 Q_3。这种在原有价格水平上所发生的供给增加量 Q_1Q_2 和减少量 Q_3Q_1，都是由其他因素的变化所引起的。例如，它们分别是由生产成本下降或上升所引起的。很清楚，供给的变动所引起的供给曲线位置的移动，表示整个供给状态的变化。

任务 2.2　均衡价格

需求曲线说明了消费者对某种商品在每一价格下的需求量是多少，供给曲线说明了生产者对某种商品在每一价格下的供给量是多少，但是，它们都没说明这种商品本身的价格究竟是如何决定的。那么，商品的价格是如何决定的呢？微观经济学中的商品价格是指商品的均衡价格。商品的均衡价格是在商品的市场需求和市场供给这两种相反力量的相互作用下形成的。本任务将需求曲线和供给曲线结合在一起，运用经济模型与均衡分析说明均衡价格的形成和决定以及变动的实质。

性函数，则相应的供给曲线就是曲线型的。直线型供给曲线上的每个点的斜率是相等的，曲线型供给曲线上的每个点的斜率则是不相等的。

2）供给定理

供给定理是指在其他条件不变的情况下，某商品的供给量与价格之间呈同方向的变动，即供给量随着商品本身价格的上升而增加，随商品本身价格的下降而减少。如表2.2所示，商品的供给量随着商品价格的上升而增加；相应的，在图2.6中的供给曲线表呈现向右上方倾斜的特征，即供给曲线的斜率为正值。

知识链接 2.2

供给曲线的特殊情形

供给曲线通常表现为一条从左下方向右上方倾斜的曲线，但是在某些产品市场上，供给曲线可以呈现以下几种特殊情况。

（1）某种商品的价格维持在某一水平上不变，个别厂商能够充分地供给市场需求，此时，供给曲线的斜率为零，如在某些市场销售啤酒、汽水等，如图2.7所示。

（2）某种无法多生产的商品或孤品，即使出价再高也无法增加供给数量，此时供给曲线的斜率为正无穷大，如古玩、古画的拍卖，如图2.8所示。

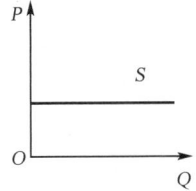 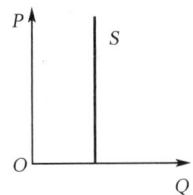

图2.7 斜率为零的供给曲线　　　图2.8 斜率为正无穷大的供给曲线

（3）某些厂商在大规模生产时取得规模效应，单位产品平均成本减少，这时商品的价格虽然下降，厂商仍然愿意供给更多的商品，如某品牌小汽车的生产，此时供给曲线的斜率为负值，如图2.9所示。

（4）某些商品价格开始提高时，供给量随着价格的上升而增加，但价格上升到一定范围后，生产者停止增加供给，甚至减少供给。比如劳动的供给，工资水平开始提高时，劳动的供给增加；但工资水平上升到一定水平后，劳动者感到对货币的需要并不迫切了，此时工资再上升，劳动的供给也不会增加，甚至还可能减少。这种情况下，供给曲线先是正态递增，继而垂直，最后向后弯曲或呈其他状态，如图2.10所示。

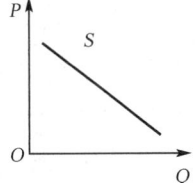 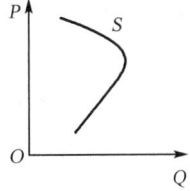

图2.9 斜率为负的供给曲线　　　图2.10 不规则供给曲线

3．供给函数与供给定理

1）供给函数

供给函数（supply function）是指一种商品的供给量是所有影响这种商品供给量的因素的函数。如果假定其他因素均不发生变化，仅考虑一种商品的价格变化对其供给量的影响，即把一种商品的供给量只看作这种商品价格的函数，则供给函数可以表示为

$$Q_S = \phi(P)$$

式中，P 为商品的价格；Q_S 为商品的供给量。

当供给函数为线性函数时，其形式为

$$Q_S = -\delta + \gamma(P)$$

式中，δ 和 γ 为常数，且 δ 和 γ 均大于 0。与该函数相对应的供给曲线为一条直线。

供给函数表示一种商品的供给量与商品价格之间存在着一一对应的关系，这种函数关系可以分别用供给表和供给曲线来表示。

（1）供给表。商品的供给表是一张表示某种商品的各种价格和与各种价格相对应的该商品的供给数量之间关系的数字序列表，如表 2.2 所示。

表 2.2 商品的供给表

价格—数量组合	A	B	C	D	E
价　格（元）	2	3	4	5	6
供给量（单位数）	0	200	400	600	800

表 2.2 清楚地表示了商品的价格和供给量之间的函数关系。例如，当价格为 6 元时，商品的供给量为 800 单位；当价格下降为 4 元时，商品的供给量减少为 400 单位；当价格进一步下降为 2 元时，商品的供给量减少为零。供给表实际上是用数字表格的形式来表示商品的价格和供给量之间的函数关系的。

（2）供给曲线。商品的供给曲线（supply curve）以几何图形表示了商品的价格和供给量之间的函数关系，供给曲线是根据供给表中的商品的价格—供给量组合在平面坐标图上所绘制的一条曲线。图 2.6 所示为根据表 2.2 所绘制的一条供给曲线。

在图 2.6 中，横轴表示商品数量，纵轴表示商品价格。在二维坐标系上，把根据供给表中商品的价格—供给量组合所得到的相应的坐标点 A、B、C、D、E 连接起来的线，就是该商品的供给曲线，它表示在不同的价格水平下生产者愿意而且能够提供出售的商品数量。和需求曲线一样，供给曲线也是一条光滑、连续的曲线，它是建立在商品的价格和相应的供给量的变化具有无限分割性的假设基础之上的。

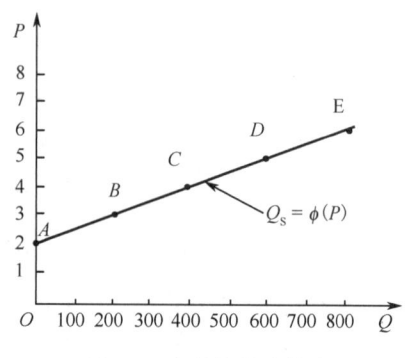

图 2.6 商品的供给曲线

如同需求曲线一样，供给曲线既可以是直线型的，也可以是曲线型的。如果供给函数是一元一次的线性函数，则相应的供给曲线为直线型，如图 2.6 中的供给曲线。如果供给函数是非线

色喷墨打印机还贵。由于打印机与墨盒是互补品，打印机价格下降，对墨盒的需求就会增加。因此，消费者才感到买得起打印机却买不起墨盒。

在企业经营方面，经营畅销产品的互补产品不失为一种很好的思路。有的中小企业，靠着生产汽车配套产品的思路，生产车用地毯、车灯、反光镜配件，结果取得了良好的经营业绩。珠海中富集团一开始是十几个农民建立的一家小企业，最初为可口可乐公司提供饮料吸管，后来生产塑料瓶和瓶盖。可口可乐在哪里建厂，中富就在哪里建配套产品厂。靠这种积极合作的策略，中富集团如今已发展成为年销量超过十几亿人民币的大公司。

2.1.2 供给分析

1．供给的定义

一种商品的供给（supply）是指生产者在一定时期内，在每一价格水平下，愿意而且能够提供的该商品或服务的数量。同样，供给是供给意愿与供给能力的统一，两者缺一不可。如果生产者对某种商品只有供给意愿而没有供给能力，或者有供给能力但没有供给愿望，都不能形成有效供给，也不能算作供给。

2．影响供给的因素

一种商品的供给数量受到多种因素的影响，其中主要的因素及它们对商品的供给量的具体影响如下。

（1）商品自身的价格。一般来说，在其他条件既定的情况下，一种商品的价格越高，生产者提供的产量就越大；相反，商品的价格越低，生产者提供的产量就越小。

（2）相关商品的价格。一种物品的供给还会受到相关商品价格的影响。例如，如果汽车装配线既可以生产跑车又可以生产轿车，那么轿车的供给也会受到跑车价格的影响。在生产中，这两种车是互相替代的，即互为替代品。一种替代品的价格上升，则另一种替代品的供给就会减少。两种商品如果是互补的，即这两种商品必须是同时生产的，那么一种商品的价格上升，另一种的供给也会增加。例如，人们在磨豆浆的过程中，豆浆和豆渣会同时生产出来，当豆浆的价格提高时，豆渣的供给也会增加。

（3）生产的成本。在商品自身价格不变的条件下，生产成本上升会减少利润，从而使得商品的供给量减少；相反，生产成本下降会增加利润，从而使得商品的供给量增加。

（4）生产的技术水平。在一般情况下，生产技术水平的提高可以提高劳动生产率，降低生产成本，增加生产者的利润，生产者会提供更多的产量。

（5）生产者对未来价格的预期。如果生产者预期未来某商品的价格会上涨，就会囤货，从而减少这种商品当前的供给量；相反，如果生产者预期未来某商品的价格会下降，则会大量抛售，增加这种商品现在的供给量。

（6）政府税收和扶持政策。政府提高税收，实际上会提高产品的成本，生产者的负担加重，供给就会减少，反之亦然。

商品的价格—需求数量组合由 A 点沿着既定的需求曲线 D，运动到 B 点。相反，当商品的价格发生变化，由 P_0 逐步下降为 P_2 时，它所引起的商品需求数量由 Q_0 逐步地增加为 Q_2，商品的价格—需求数量组合由 A 点沿着既定的需求曲线 D，运动到 C 点。这种变动虽然表示需求数量的变化，但是并不表示整个需求状态的变化。因为，这些变动的点都在同一条需求曲线上。

2）需求的变动

需求的变动（shift of the demand curve）是指在某商品价格不变的条件下，由于其他因素的变动所引起的该商品的需求数量的变动。这里的其他因素的变动是指消费者的收入水平变动、相关商品的价格变动、消费者偏好的变化和消费者对商品的价格预期的变动等。在几何图形中，需求的变动表现为需求曲线的位置发生移动，如图 2.5 所示。

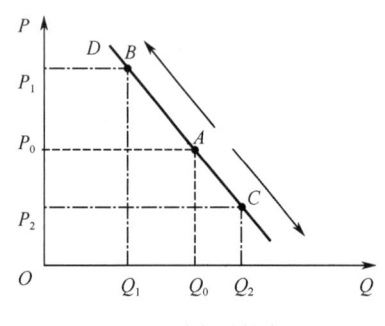

图 2.4　需求量的变动

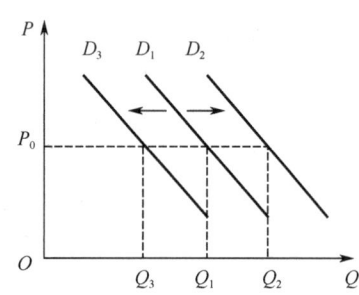

图 2.5　需求的变动

例如，在图 2.5 中，图中原有的曲线为 D_1 在商品价格不变的前提下，如果其他因素的变化使得需求增加，则需求曲线向右平移，如由图中的 D_1 曲线向右平移到 D_2 曲线的位置，如果其他因素的变化使得需求减少，则需求曲线向左平移。由需求变动所引起的这种需求曲线位置的移动，表示在每一个既定的价格水平需求数量都增加或减少了。例如，在既定的价格水平 P_0，原来的需求数量为 D_1 曲线上的 Q_1，需求增加后的需求数量为 D_2 曲线上的 Q_2，需求减少后的需求数量为 D_3 曲线上的 Q_3。而且，这种在原有价格水平上所发生的需求增加量 Q_1Q_2 和需求减少量 Q_3Q_1 都是由其他因素的变动所引起的。譬如，它们分别是由消费者收入水平的提高和下降所引起的。显然，需求的变动所引起的需求曲线的位置的移动，表示整个需求状态的变化。

 案例欣赏 2.1

为什么买得起打印机却买不起墨盒？

在打印机市场上，彩色喷墨打印机和墨盒的定价很反常，一台彩色喷墨打印机售价仅为 300 元人民币。价格低很诱人，使得很多有计算机的用户购买了一台这样的打印机。买到打印机后再考虑买墨盒，发现一个墨盒的价格是 200 元人民币。墨盒的消费量是很大的，消费者如果使用打印机，购买墨盒就是必需的。事实是这样，买下打印机后才发现一种色彩的油墨用完，不换墨盒就不能保证画面质量，而换四个墨盒的价格比一台彩

知识链接 2.1

需求曲线的特殊情形

需求曲线在一般情况下是一条负斜率曲线，但在某些商品市场上，需求曲线也可呈现多种不同的情形。

（1）自左下方向右上方倾斜的正斜率曲线，如图 2.2 所示。正斜率曲线表示这样两类商品：第一类是某些炫耀性消费品，如珠宝、项链、戒指之类的装饰品，价格高它的需求量反而会增加，因为价格高才能显示购买者的身份和地位；第二类是某些珍贵、稀缺性商品，如古董、古画、珍邮之类的珍品，往往是价格越高越显示它们的珍贵性，从而对它们的需求量就越大。

（2）不规则曲线，如图 2.3 所示。某些商品小幅度升价或降价，需求会按正常情况变动；然而当大幅度的升价或降价时，人们先是采取观望态度，需求将会出现不规则的变化。例如，证券、黄金、外汇市场的需求曲线往往在价格上升到某一点后，随着价格继续上升，曲线会向右弯回，有的会向左弯回。

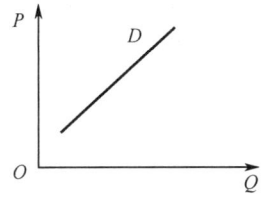 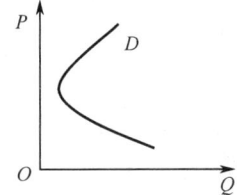

图 2.2　正斜率需求曲线　　　　　图 2.3　不规则需求曲线

2）需求定理

需求定理是指在其他条件不变的情况下，某商品的需求量与价格呈反方向变动，即需求量随着商品本身价格的上升而减少，随着商品本身价格的下降而增加。从表 2.1 中可见，商品的需求量随着商品价格的上升而减少。相应的，在图 2.1 中的需求曲线具有一个明显的特征，它是向右下方倾斜的，即它的斜率为负值。

4．需求量的变动与需求的变动

在经济分析中，特别要注意区分需求量的变动和需求的变动这两个概念。这两个概念都是反映需求数量的变动，它们的区别在于引起这两种变动的因素是不相同的，而且这两种变动在几何图形中的表示也是不相同的。

1）需求量的变动

需求量的变动（shift in the demand curve）是指在其他条件不变时，由某商品的价格变动所引起的该商品的需求数量的变动。在几何图形中，需求量的变动表现为商品的价格—需求数量组合点沿着同一条既定的需求曲线的运动。例如，在图 2.4 中，当商品的价格发生变化，由 P_0 逐步上升为 P_1 时，它所引起的商品需求数量由 Q_0 逐步地减少为 Q_1，

$$Q_d = f(P)$$

式中，P 为该商品的价格；Q_d 为该商品的需求量。

需求函数既可以是线性的，也可以是非线性的。为了更进一步简化分析，在不影响结论的前提下，大多使用线性需求函数，其形式为

$$Q_d = \alpha - \beta \cdot P$$

式中，α 和 β 为常数，且 α 和 β 均大于 0。

需求函数表示一种商品的需求量与价格之间存在着一一对应的关系。这种函数关系也可以分别用商品的需求表和需求曲线表示。

（1）需求表。商品的需求表是一张表示某种商品的各种价格水平和与各种价格水平相对应的该商品的需求数量之间关系的数字序列表。例如，某商品的需求表如表 2.1 所示。

表 2.1 某商品的需求表

价格—数量组合	A	B	C	D	E	F	G
价　格（元）	1	2	3	4	5	6	7
需求量（单位数）	700	600	500	400	300	200	100

从表 2.1 中可以清楚地看到商品价格与需求量之间的函数关系。当商品价格为 1 元时，商品的需求量为 700 单位；当价格上升为 2 元时，需求量下降为 600 单位；当价格进一步上升为 3 元时，需求量下降为更少的 500 单位，等等。需求表实际上就是用数字表格的形式来表示商品的价格和需求量之间的函数关系。

（2）需求曲线。需求曲线（demand curve）是指以几何图形来表示商品的价格和需求量之间的函数关系。商品的需求曲线是根据需求表中商品不同的价格—需求量的组合在二维坐标系上所绘制的一条曲线。在经济学分析中，与数学上的习惯相反，以横轴表示商品的数量 Q（因变量），纵轴表示商品的价格 P（自变量）建立直角坐标系。根据表 2.1 中的价格—需求量的组合点，在二维坐标系中描绘相应的各点 A、B、C、D、E、F、G。微观经济学在论述需求函数时，一般都是假设商品的价格和相应的需求量的变化具有无限分割性，这样就可以得到无数个类似于 A、B、C、D、E、F、G 这样的组合点，然后顺次连接这些点，便得到如图 2.1 所示的光滑连续的某商品的需求曲线 Q_d。

在图 2.1 中，需求曲线是一条直线。实际上，需求曲线既可以是直线型的，也可以是曲线型的。当需求函数为线性函数时，相应的需求曲线是一条直线，直线上各点的斜率是相等的。当需求函数为非线性函数时，相应的需求曲线是一条曲线，曲线上各点的斜率是不相等的。图 2.1 中的需求曲线具有一个明显的特征，它是向右下方倾斜的，即它的斜率为负值。它表示在一般情况下，商品的价格越高，对它的需求量就会越少，反之亦然。

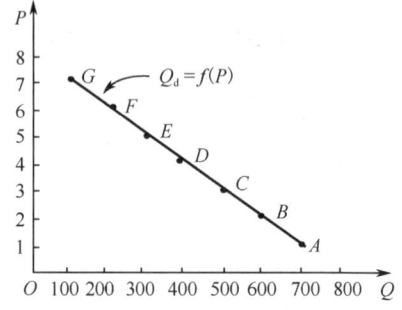

图 2.1 某商品的需求曲线

能买得起门票但不愿听音乐的人也没有这种需求,只有既想听又买得起门票的人才构成对音乐会的需求。

2. 影响需求的因素

一种商品的需求数量是由许多因素共同决定的。影响需求的主要因素及各自对商品需求数量的影响如下。

(1) 商品本身的价格。一般情况下,一种商品的价格越高,该商品的需求量就越小;相反,价格越低,需求量就会越大。

(2) 相关商品的价格。在其他条件不变时,对某种商品的需求还受其相关商品价格的影响。相关商品分为替代品和互补品。替代品是指可以相互替代满足消费者同样需求的商品,比如羊肉和牛肉,棉布和丝绸等,两种替代品之间价格与需求呈同方向变动。互补品是指互相配合使用才能满足消费者需要的商品,比如汽车和汽油,乒乓球和球拍等,两种互补品之间价格与需求呈反方向变动。

(3) 消费者的收入水平。消费者的收入水平是决定其购买能力的重要因素。就一般商品而言,在其他条件不变的情况下,需求会随收入的增加而增加,随收入的减少而减少。

(4) 消费者偏好。消费者偏好是一种心理因素,它更多地受到人们生活与社会环境,特别是当时当地的社会风俗习惯的影响。例如,攀比心理,"哈韩族"对韩国电视、韩国偶像等的狂热追求等。当消费者对某种商品的偏好程度增强时,该商品的需求量会增加;相反,偏好程度减弱,需求量就会减少。

(5) 消费者对商品未来价格的预期。当消费者预期某种商品的价格在将来某一时期会上升时,会增加对该商品的现期需求量;反之,当消费者预期某种商品的价格在将来某一时期会下降时,就会减少对该商品的现期需求量。

(6) 其他因素。时间变化、人口数量的变动、政府的消费政策、消费者对于自己未来收入的预期、天气的变化、历史传统、民族风俗、社会风尚、地理气候、文化习惯、经济开放程度等也都会影响需求数量。

3. 需求函数与需求定理

1) 需求函数

需求函数(demand function)用来表示一种商品的需求数量和影响该需求数量的各种因素之间的相互关系。在分析中,我们把影响需求数量的各个因素作为自变量,把需求数量作为因变量,这样可以得到如下的需求函数

$$Q_d = f(P, Q, N, S, \cdots)$$

式中,Q_d 为商品的需求量;P 为商品的价格;$Q, N, S, \cdots$ 表示其他影响需求数量的因素。

为了简单起见,假定其他因素保持不变,仅仅分析一种商品的价格对该商品需求量的影响,即把一种商品的需求量仅仅看作这种商品的价格的函数,于是,需求函数就可以用下式表示

导入案例

明星的高收入合理吗？

无论在国外还是国内，影视和体育明星们的收入都是天文数字。在美国，像泰格·伍兹和朱利娅·罗伯茨这样的大牌明星，年收入达几千万美元并不奇怪。在国内，"大腕"的年收入也不下几百万元，甚至几千万元。人们对明星有一种矛盾的心态。一方面，看着他们开着保时捷跑车飞驰而过时，心里颇不平衡；另一方面，不惜用高价弄到一张票去看他们的演出。

某歌星一场演唱会的出场费收入是几十万元人民币，是普通人几年或几十年的收入，老百姓难免有不平衡之感。其实，歌星的高收入是由歌星的供给和公众的需求决定的，这是市场机制作用的结果。既然对歌星的消费需求如此之大，而供给方又稀缺，也就是说在市场上少数著名歌星有完全的垄断地位。因此，从经济学理性的角度来看，他们的高收入不仅是合理的，也是公正的。

（资料来源：作者根据相关资料编写）

❖案例讨论❖

从需求来看，社会对明星的需求是巨大的。这种需求来自多方面，比如公众和企业等对明星的需求。公众通过看高水平的体育比赛或影视表演，得到一种极大的精神享受，他们愿意为此付出高价；企业同样对明星的需求也是很大的，因为企业通过这些影响力大的明星为他们的产品做广告，能够扩大产品的销路，带来更多的利润。从供给来看，明星的高收入更重要的原因在于明星是一种稀缺资源，其供给稀少。能够成为明星的是那种极富天才、极努力、极幸运的极少数人。可以说，明星是一种垄断性极高的稀缺资源。正是这种巨大的需求与极少的供给之间的矛盾，导致了明星们的高收入。

其实，我们生活中还有很多类似的现象，如情人节的玫瑰花价格高、春节年货价格上涨等都可以从经济学上得到解释。

任务2.1 需求与供给

需求与供给是经济学家最常用的两个词，是使市场经济运行的力量，它们决定了每种商品的产量以及出售的价格，如果你想知道一件事情或一项政策如何影响经济，你就应该先考虑它如何影响供给与需求。

2.1.1 需求分析

1. 需求的定义

一种商品的需求（demand）是指消费者在一定时期内，在每一价格水平下，愿意而且能够购买的该商品或服务的数量。需求是购买欲望和支付能力的统一，两者缺一不可。如果消费者对某种商品只有购买欲望而没有购买能力，或者有购买能力但没有购买欲望，都不能算作需求。例如，对于音乐会的需求，想听音乐而买不起门票的人没有这种需求，

项目导图

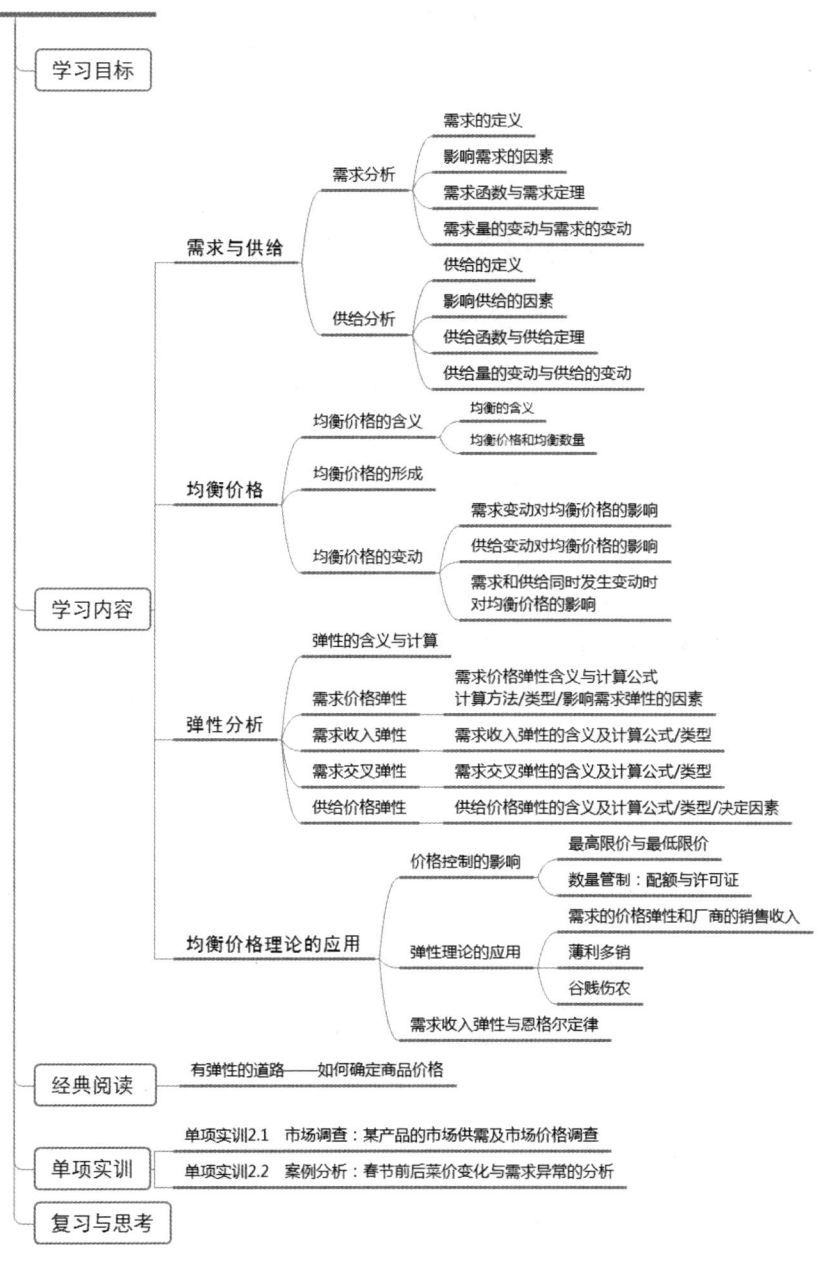

项目 2

正确把握价格脉搏

学习目标

知识目标：
▲ 理解需求与供给的概念、影响因素及需求定理、供给定理；
▲ 掌握均衡价格的形成及变动；
▲ 理解需求弹性的概念、分类、影响因素。

能力目标：
▲ 能够运用价格理论与弹性理论分析具体的经济现象。

重点难点：
▲ 均衡价格的形成及变动；
▲ 价格理论的实际应用；
▲ 弹性理论的实际应用。

（3）请分析下面案例中机会成本的大小，思考自己上大学的机会成本。

张晓丽今年28岁，担任一家事业单位的文员5年多了。最近，晓丽越来越觉得文员工作没有太大的发展前景，加上年龄逐渐增长，她对自己的职业发展方向产生了迷惑。她一直想转行，但是一想到自己在大学里学的是中文专业，也没什么特长，若要转行还真需要下一番苦功。她先去做了市场调查，根据市场需求和实际情况，决定转行做律师。一来自己这么多年一直对法律感兴趣；二来司法考试相对而言比较节省时间和金钱。当然还有最重要的一点，就是律师越老越值钱，再也不会为年龄发愁。然而真正面临转行时，张晓丽又犹豫了："28岁才谋划转行晚不晚呢？"

2．你如果不来上大学，还有一些什么选择？你上大学的机会成本有哪些？

3．讨论自己面临的大大小小的选择，你是如何进行选择的？如何考虑机会成本？

复习与思考

1．名词解释

稀缺性；理性人假设；机会成本；规范分析；实证分析；边际分析

2．选择题

（1）经济学研究的是（　　）。

    A．企业如何赚钱的问题　　　　B．如何实现稀缺资源的有效配置问题

    C．用数学方法建立理论模型　　D．政府如何管制的问题

（2）人们在进行决策时必须做出某种选择，这是因为（　　）。

    A．选择会导致短缺

    B．人们在决策时面临的资源是有限的

    C．人是自私的，所做出的选择会实现自身利益的最大化

    D．个人对市场的影响是微不足道的

（3）下列问题中不属于宏观经济学研究的是（　　）。

    A．橘子汁价格下降的原因　　　B．物价水平下降的原因

    C．政府预算赤字对通货膨胀的影响　D．国民生产总值的决定

（4）下列（　　）是属于规范经济学研究的范畴？

    A．电冰箱在夏季热销的原因分析

    B．失业人员的再就业问题研究

    C．对中国经济实现经济增长率超过 8% 的研究

    D．政府如何改变收入分配不均的现象

（5）下列（　　）属于边际分析。

    A．如果利润是正的，厂商将建立一个新工厂

    B．如果在没有新工厂时，厂商正承受货币损失，那么它将建一个新工厂

    C．如果新工厂增加的收益超过增加的成本，厂商将建立一个新工厂

    D．如果厂商能便宜地建立新工厂，它就会这样做

3．分析讨论题

（1）某地一造纸厂排出的污水污染了周围的农田，造成农产品减少。请分别用实证分析法和规范分析法进行分析。

（2）浏览中国环境资源网（http://www.ce65.com），分析全球资源稀缺及发展状况，并进一步分析经济学需要解决的问题。

一种半开玩笑的建议是，商业企业应该测量它们会议的机会成本，并将列出这些结果的记分牌放在会议室的角落里。当每个人进入会议室时，他就开始了他的小时工资，而记分牌就开始对每个人的成本进行累加。比如，如果一次会议有20位经理出席，他们平均每小时挣45美元，那么对每小时的会议，记分牌就会计入900美元。我们也可以在会议的机会成本中计入使用会议室的机会成本、需要回那些在开会期间打来的电话的机会成本，等等。可以肯定，当记分牌上显示下午的例会的机会成本已经升到四位数时，就在一定程度上激励他们尽快结束会议，让每个人回去做自己的工作。

（资料来源：[美]斯蒂格利茨. 经济学（第二版）. 中国人民大学出版社，2000.）

单项实训

实训目标

1. 对资源的稀缺性有一定的认识。
2. 分析资源稀缺性前提下人们的选择行为。
3. 理解机会成本的含义，并能分析现实生活中的问题。

实训背景与要求

单项实训1.1　案例分析："拼车"的经济学分析

有些城市的人群会建一个"拼车群"，发布拼车信息。对"拼车"这种方式，赞成者认为，花很少的钱享受到了方便快捷，更有利于资源的节约和解决交通拥堵问题；而反对者认为，它会损害合法车辆经营者的利益，也不利于国家税收，还存在一定的安全隐患。

实训要求：

1. 请分析拼车是在什么条件下产生的，如何看待这一现象？
2. 这一现象可以从经济学的哪些角度进行分析？

单项实训1.2　案例分析：比尔·盖茨和姚明的选择

比尔·盖茨于1973年进入哈佛大学法律系学习。他不喜欢法律，但对计算机十分感兴趣。19岁时他面临两种选择：是继续学习直至毕业，还是辍学创办软件公司。继续学习会失去创业的最佳时机，而辍学办公司又拿不到多少人向往的哈佛大学毕业文凭。盖茨义无反顾地放弃了学业，创办了自己的软件公司。他终于成功了，在1999年《福布斯》杂志评选中，比尔·盖茨以净资产850亿美元荣登世界亿万富翁榜首。

中国的体育明星姚明，在面临上大学和去美国NBA打篮球的选择时，他选择了后者。他与休斯敦火箭队签了5年7 000万美元的工作合同，加上做广告，据说年收入可突破1亿美元。如果他上了大学，这些收入都将失去。

实训要求：

1. 如果比尔·盖茨当初选择完成学业，姚明选择先上大学，请分析他们的机会成本。从经济学的角度来看，什么是明智的选择？

制度、社会等因素的分析作为基本方法。即使是个量分析，非均衡分析法也不强调各种力量相等时的均衡状态，而是强调力量不相等时的非均衡状态。

1.3.3 静态分析法与动态分析法

静态分析是指对经济运行的一种短期分析，在经济分析中把注意力集中于均衡位置的研究，旨在说明在一定经济条件下，什么是经济变量的均衡状态以及经济变量达到均衡状态所具备的条件。动态分析是指对经济运行的一种长期分析，旨在说明经济体系中各种变量的运动过程及变化动因。动态分析常常被用来研究经济增长与经济周期波动等方面的问题。

静态分析法与动态分析法的基本区别在于，前者不考虑时间因素，而后者考虑时间因素。换句话说，静态分析法考察的是一定时期内各种变量之间的相互关系，而动态分析法考察的是各种变量在不同时期的变动情况。

1.3.4 边际分析法

边际分析法是经济学家经常用来预测或评价决策后果的一种基本方法，被认为是了解和掌握经济理论的钥匙。"边际"是指"边缘、额外、追加"之意，"边际量"是指"增量"之意。因此，边际分析就是分析自变量每变动一个单位，会如何影响和决定因变量的量值。

边际分析法在经济学中应用极广。例如，微观经济学中的边际效用、边际收益、边际产量、边际成本等，宏观经济学中的边际消费倾向、边际储蓄倾向、资本边际效率等，都属于边际分析之列。现代经济学的产生与发展，与边际分析法的广泛运用是分不开的。

经典阅读

会议的机会成本

商业企业往往会忽视一种重要的机会成本：他们的高层雇员的时间。人事机构 Accountemps 通过对 1 000 家美国大公司中的 200 名经理进行调查，试图测量某些被浪费的时间。这些经理估计，他们平均每天 15 分钟在打电话；平均每天有 32 分钟在阅读或写那些不必要的备忘录；平均每天有 72 分钟在出席那些不必要的会议。现在将这些数乘以 48 周（假设这些经理每年有 4 周的假期），那么每位经理平均每年 60 个小时花在打电话上，128 个小时花在不必要的备忘录上，288 个小时出席不必要的会议！

当然，这类调查统计重要的是所说明的问题，而不是数据是否准确。另外，在开会之前，很可能不知道会议是否重要。毕竟，要开一个有用的会议的唯一途径，可能是冒着开一个没有用的会议的风险。但是，即使这些数字有一定的水分，许多公司在安排会议时似乎相信，既然额外增加一个人参加会议并不增加开支，因而会议增加的成本就等于零。他们忽视了机会成本，即他们忽视了那些领取高薪报酬的经理们可以用他们的时间干别的事情。

何才能符合这些标准。规范分析法通常回答"应该是什么"的问题,用规范方法分析经济问题被称为规范经济学。运用规范方法研究经济问题必然要判断经济事物的好坏,即从一定的价值判断出发来分析问题,因此要涉及是非善恶、应该与否、合理与否等问题。显然,由于人们的立场观点、伦理道德标准不同,对同一经济事物会有完全不同的看法,因此,规范分析所得出的结论可能是千差万别的。

实证分析法与规范分析法之间尽管存在着差异,但二者之间并不绝对地相互排斥。一般来说,越是具体的问题,实证分析的成分越多;越是高层次、带有决策性的问题,越具有规范性分析成分。在经济现象的分析过程中,应将这两种分析方法结合起来运用。

 案例欣赏 1.3

如何分析小轿车进入家庭问题

随着社会的发展和人民生活水平的提高,越来越多的家庭购买了小轿车。但随着环境污染的日益严重,很多城市对小轿车限牌、限购。因此,是否让小轿车进入家庭成为社会所面临的一个选择问题。经济学家认为,这个问题实际上包含两个不同的内容:一是小轿车能否进入家庭;二是小轿车是否应该进入家庭。对这两个不同的内容,运用经济学两种不同的分析方法进行分析。

针对第一个问题,主要涉及小轿车需求量和轿车价格、消费者收入水平等关系,这种关系是客观存在的。通过分析可以得出在收入达到什么水平以及小轿车价格为多少时,小轿车可以进入家庭。分析这个问题时,运用了经济学的实证分析法。

针对第二个问题,涉及人们的价值判断,即小轿车进入家庭是好事还是坏事。不同的人看法不同,得出的结论也完全不同。以某种价值判断为基础分析这一问题时,运用了经济学的规范分析法。

1.3.2 均衡分析法与非均衡分析法

1. 均衡分析法

英国经济学家马歇尔把"均衡"这一概念引入到了经济学中。均衡分析法是指在假定经济体系中的经济变量既定的条件下,考察体系达到均衡时所出现的情况以及实现均衡所需要的条件。均衡分析法又可以分为局部均衡分析法与一般均衡分析法。局部均衡分析法考察的是在其他条件不变时单个均衡的建立与变动;一般均衡分析法考察的是各个市场之间均衡的建立与变动,它是在各个市场的相互关系中来考察一个市场的均衡问题。

在经济学研究中,主要运用均衡分析法。

2. 非均衡分析法

非均衡是相对于均衡而言的。非均衡分析法认为,经济现象及其变化的原因是多方面的、复杂的,不能单纯用有关变量之间均衡与不均衡来加以解释,而主张通过对历史、

也称为个量分析或个体分析;宏观经济学以整个国民经济作为考察对象,它分析的是整个经济社会中的经济总量及其变化,因而也称为总量分析或总体分析。

2. 微观经济学与宏观经济学的联系

微观经济学与宏观经济学的联系主要表现在以下两个方面。

(1)宏观经济学研究的经济总量是由微观经济学研究的经济个量综合而成的。例如,社会总就业量由各个劳动市场的就业量组成,社会总产量由各个企业的产量组成。所以,微观经济分析是宏观经济分析的基础。

(2)微观经济学和宏观经济学的研究是互为条件的。例如,宏观经济学在研究总产量时,主要研究社会的储蓄、投资等经济总量对总产量的影响,至于各个企业的产量怎样受企业的成本、利润和消费者偏好的影响等微观经济学研究的问题,在分析中被当作已知的前提。

微观经济学与宏观经济学的比较如表 1.1 所示。

表 1.1 微观经济学与宏观经济学的比较

比较项目	微观经济学	宏观经济学
中心理论	价格理论	收入理论
研究方法	个量分析法	总量分析法
研究对象	以家庭、厂商等个体经济为主	以整体国民经济为主
主要目标	个体利益最大化	总体福利最大化

任务 1.3 经济学的主要研究方法

每门学科都有自己的研究方法,经济学自然也不例外。也就是说,经济学要运用一定的方法来研究资源配置与资源利用的问题。

1.3.1 实证分析法与规范分析法

1. 实证分析法

实证分析法在研究经济问题时超脱价值判断,只研究经济本身的内在规律,并根据这些规律分析和预测人们经济行为的后果。实证分析法通常回答"是什么"的问题,用实证方法分析经济问题被称为实证经济学。从对经济现象的观察出发得出经验性结论,然后再通过进一步观察,检验这些结论并发展或修改这些结论,这也是所有实证科学(物理学、生物学等自然科学)遵循的方法。

2. 规范分析法

规范分析法是以一定的价值判断为基础,提出分析处理经济问题的标准,并研究如

2. 宏观经济学的基本内容

（1）国民收入核算理论。国民收入核算理论主要研究国民收入的基本总量及其相互关系、国民收入核算的主要方法，说明国民收入核算中的恒等关系。

（2）国民收入决定理论。国民收入决定理论主要从总需求和总供给的角度出发，分析国民收入的决定因素及其变动规律。

（3）失业与通货膨胀理论。失业与通货膨胀是各国经济中最主要的问题。宏观经济学把失业与通货膨胀和国民收入联系起来进行考察，分析其原因和相互关系，以便找出解决这两个问题的途径。

（4）经济周期与经济增长理论。经济周期是指国民收入的短期波动，经济增长是指国民收入的长期增长趋势。这一理论主要分析国民收入短期波动的原因、长期增长的源泉等，以实现对经济增长的调节。

（5）宏观经济政策。宏观经济政策是国家干预经济的具体措施，宏观经济政策理论主要研究宏观调控的基本工具、政策目标和政策效果等。

知识链接 1.2

微观经济学与宏观经济学的分离

从亚当·斯密时期到20世纪30年代，许多经济学家都在致力于微观经济学领域理论的研究。经济学家们的研究范围涉及贸易和交换、理性且信息灵通的消费者与追求利润最大化的企业、垄断和新科技等问题。他们集中研究不同的市场是如何运作的。但是，1929—1933年发生了全球性的经济危机，世界各国的经济陷于瘫痪。从此，经济学家们转而研究是什么原因决定了像失业率和GDP这样的总和变量，也开始考虑如何来划分经济学的不同分析方法和分析范围。

首次使用"微观经济学"和"宏观经济学"这两个名词的，是一位在荷兰的统计研究所工作的不知名的经济学家彼得·沃尔夫。他在1941年的一篇文章中写道："微观经济学描述的是关于个人或家庭的经济关系，而宏观经济学是研究一个大的群体（例如国家或整个社会阶层）相互间的关系"。美国经济学家萨缪尔森在1948年出版的《经济学》中把这两种理论构建在一个经济学体系之内，这成为迄今为止几乎所有经济学初级教科书的标准模式。

1.2.3 微观经济学与宏观经济学的关系

微观经济学和宏观经济学既相互区别又相互联系。

1. 微观经济学与宏观经济学的区别

微观经济学与宏观经济学的区别主要表现为其考察对象的不同：微观经济学以单个经济单位作为考察对象，它分析的是个别市场的经济活动和单个主体的经济行为，因而

举个例子，如果某人有一个移动互联网的创业项目，想找两个老板进行风险投资：A 老板看了创业计划书之后，觉得这是一个有发展前景且投资回报率较高的项目，在商定了严密的利润分配和明确的权责关系后，给了 50 万元的投资，那么可以把 A 老板看作是"经济人"，因为他进行投资是因为有利可图；B 老板在与项目策划人洽谈过程中，觉得两人有共同爱好，小伙子能力强，有想法，日后一定大有作为，于是两人成了好朋友，爽快地给了 50 万元投资，并说："这次创业是否盈利关系不大，积累好经验，你总有一天会成功的！"那么，可以把 B 老板看作是一个"社会人"，因为他投资 50 万元主要不是为了盈利，而是觉得两人有缘，加强了两人之间的联系，这就是社会化的体现。

2．微观经济学的基本内容

（1）价格理论。价格理论主要研究在市场机制下，价格如何决定，以及价格如何调节整个经济的运行。价格理论是微观经济学的中心，其他内容都围绕着这一中心展开。

（2）消费者行为理论。消费者行为理论主要研究消费者如何把有限的收入分配到各种物品的消费上，以实现效用最大化。

（3）生产理论。生产理论研究生产者如何把有限的资源用于各种物品的生产而实现利润的最大化。生产理论包括生产要素与产量之间、成本与收益之间关系的研究，以及不同市场条件下厂商行为的研究。

（4）分配理论。分配理论主要研究产品按照什么原则分配给社会各利益集团，即工资、利息、地租与利润是如何决定的。

（5）市场失灵与微观经济政策。市场机制能使社会资源得到有效配置，但市场机制的作用并不是万能的，会出现市场失灵，这时需要政府采取相应的微观经济政策进行纠正。

1.2.2 宏观经济学

"宏观"的英文为"macro"，来源于希腊语，原意是"大"。现代宏观经济学的创立以 1936 年凯恩斯的名著《就业、利息和货币通论》的出版为标志。宏观经济学（macroeconomics）是以整个国民经济为研究对象，通过研究经济总量的决定与变化，来说明社会资源的充分利用问题。

1．宏观经济学的基本假设

（1）市场机制是不完善的。20 世纪 30 年代出现的空前严重的经济危机，使经济学家认识到，如果只靠市场经济的自动调节，经济就无法克服危机和保持充分就业，就会在资源稀缺的同时又产生资源的浪费。要使资源合理配置并得到充分利用，仅仅靠市场机制的作用是不够的。

（2）政府有能力调节经济。人类不仅能利用市场机制，而且还能在遵从基本经济规律的前提下，对经济进行调节，这就是政府的作用。宏观经济学就是建立在对政府调节经济能力信任的基础之上的。政府可以观察与研究经济运行的规律，并采取适当的手段进行调节。

为什么产量有时高有时低,即经济为什么具有周期性波动?与此相关的是,如何用既定的资源生产出更多的产品,即实现经济增长?这就是"经济波动与经济增长"问题。

(3)在现代经济社会中,有什么办法可以解决失业、通货膨胀等问题。现代社会是一个以货币为交换媒介的商品社会,货币购买力的变动对资源配置与利用所引起的各种问题的解决都影响甚大。这样,解决这些问题就必然涉及货币购买力的变动问题,这也就是"通货膨胀(或通货紧缩)"问题。

任务 1.2　经济学的主要内容

经济学的主要任务是资源的有效配置和充分利用,围绕这两大任务,经济学被划分为微观经济学和宏观经济学两大内容体系。资源配置研究形成微观经济学,资源利用研究形成宏观经济学。

1.2.1　微观经济学

"微观"的英文为"micro",来源于希腊语,原意是"小"。微观经济学(microeconomics)是以市场中单个家庭、厂商的经济行为为研究对象,通过研究单个经济单位的经济行为及相应的经济变量数值的决定,来说明社会资源配置的问题。

1. 微观经济学的基本假设

(1)理性人。理性人就是亚当·斯密的《国富论》中所说的"经济人",是指参与经济活动的每个经济主体都是有意识的和理性的,其经济行为都是完全合乎理性的,都是按照自身利益最大化的目标选择自己的行为。

(2)完全信息。完全信息是指参与经济活动的个体对自己所必需的信息都能够完全并且及时地掌握,以实现其行为的最优化。

(3)市场出清。市场出清是指价格能调节资源的配置和利用,使整个社会达到充分就业的供求均衡状态,不存在资源的闲置和浪费。

这些假设虽然并不完全符合现实,但经济分析必须以此为前提,否则就无法获得结论。

案例欣赏 1.2

"经济人"与"社会人"

"经济人"的概念是由英国经济学家亚当·斯密提出的,他认为人都是理性的,在做出任何行动前都是以利益最大化为标准,也就是说"经济人"只会做对自己有利的事情,无利可图的事情是不会做的。这个概念也是经济学最基本的假设之一。

与"经济人"相对的概念是"社会人",也称"道德人"。这一概念是美国的行为科学家梅奥提出的,他认为人通过一系列的社会化活动而投入到社会大集体中,从而获得满足感,强调的是社会整体以及社会中人与人之间的联系。

分。再后来，大家决定分别组成三人的分粥委员会和四人的监督委员会，这样公平的问题基本解决了，可是由于监督委员会提出多种议案，分粥委员会又屡屡据理力争，互相攻击扯皮下来，等分粥完毕时，粥早就凉了。

最后，他们总结经验教训，想出一个办法，就是每人轮流值日分粥，但分粥的那个人要等到其他人都挑完后再拿剩下的最后一碗。令人惊奇的是，按这种方法，7只碗的粥每次都几乎是一样多，就像用科学仪器量过一样。从此，和尚们都能够均等地吃上热粥了。可见，选择什么样的方法很重要。

1.1.3 经济学的主要任务

人们在面临资源的稀缺性进行选择时，会遇到两个方面的问题：一方面，人们需要对资源的用途做出合理、有效的配置，避免浪费；另一方面，人们要尽可能充分地利用资源，以获得最大的满足。从这层意义上来看，最优选择=有效的配置+充分的利用。因此，怎样最有效、最充分地进行资源配置和资源利用，就构成了经济学的两大基本任务。

1. 资源的有效配置

资源配置是指把资源合理、有效地分配到各种可供选择的用途，即要求人类应该理性地将资源按照欲望满足的主次先后和轻重缓急，合理、有效地予以配置。资源配置主要涉及以下内容。

（1）生产什么和生产多少。由于资源稀缺，人们的无限需求只能部分地被满足。有些产品可以被安排生产，有些产品却不能被安排生产。在这方面人们必须做出的选择是：为了实现满足程度最大化，要科学地确定生产项目构成及生产项目间资源配置的比例关系，以实现社会经济结构的合理化。

（2）如何生产。如何生产主要涉及对生产资源投入的组合方式与生产技术运用方式的选择问题。由于资源稀缺性的存在，人类社会为了增加产品与服务的有效供给，必须选择能够节约使用资源与提高生产效率的生产资源组合方式。

（3）为谁生产。为谁生产是指社会生产的产品和劳务如何在社会成员之间进行分配。例如，在生产过程中需要投入的各种生产资源，是由各自的所有者提供的；那么，产品生产出来以后，产品的销售收入如何在这部分人之间进行分配，社会就要做出选择。

2. 资源的充分利用

在现实中，人类社会往往面临这样一种矛盾：一方面资源是稀缺的，另一方面稀缺的资源却得不到充分利用。一个社会既定的生产资源是否被充分利用以及如何才能被充分利用，涉及以下三个方面。

（1）资源为什么得不到充分利用。资源得不到充分利用的主要原因，是经济萧条、体制低效，还是社会动荡？通过什么手段可以消除失业以及资本与土地的闲置？也就是说，如何能使稀缺的资源得到充分利用。这一问题在现实中最典型的表现就是大量失业的存在，经济学主要研究这种现象出现的原因与对策，即"充分就业"问题。

（2）经济水平为什么会波动。如何实现经济持续稳定的增长？在资源既定的情况下，

给孩子的物品是稀缺的。在资源的约束下，孩子从小就得学会"计算着过日子"，要考虑哪些是当前最需要的，哪些是暂时不能解决的。那些最难得到的满足因为来之不易，就会格外珍惜，格外感恩。

因此，承认了资源的稀缺性，我们就明白了：在任何一个时间点上，资源的供给与人们的需要都是矛盾的，我们更多的是要学会如何在资源稀缺的约束下正确地做事和做正确的事。同时，因为资源是稀缺的，所以我们应当珍惜、节约使用和有效地利用各种资源。

（资料来源：唐树伶.经济学基础.北京：高等教育出版社，2012.）

1.1.2　经济学的研究对象

经济学正是因稀缺性的存在而产生的，因为经济学要解决的主要问题就是人们欲望的无限性与资源的稀缺性之间的矛盾。"经济学的精髓之一在于承认稀缺性是现实存在的，并探究一个社会如何进行组织才能最有效地利用其资源。这一点，可以说是经济学伟大而独特的贡献。"所以，经济学要研究的对象是：针对资源的稀缺性，如何进行正确、合理地选择。也就是说，经济学的研究对象是个人和社会的各种"选择行为"。

在现代社会，解决人类的无穷欲望与资源的稀缺性，可以通过提高生产力，扩大进口，增加资源总量，以此来满足人的欲望，从而缓解资源的稀缺。但欲望是无限的，而资源又总是那么稀缺，无论怎样提高生产力，扩大进口，也不是所有的欲望都能得到满足。因此，人们就需要决定，让哪些欲望得到满足，哪些欲望得不到满足，或者哪些欲望暂时不能满足，这就是选择的过程。

人们在进行选择时，会涉及机会成本这一重要概念。所谓机会成本，是指把一种资源投入某一特定用途后，所放弃的在其他各种可能的用途中所能获得的最大收益。只要资源是稀缺的，而资源又有不同的用途，那么，在人们必须对稀缺资源的使用进行选择时，就存在一个取舍问题，也就必然会产生机会成本。例如，将一块土地用于修建住宅时，放弃的其他用途包括种小麦、建公共绿地和工厂等。假定在所有这些用途中建工厂的收益最高，种小麦次之，建公共绿地的收益最小，那么将这块土地用于修建住宅的机会成本就是建工厂所得到的收益量。需要注意的是，机会成本不同于实际成本，不是做出某项选择时实际支付的费用或损失，而是一种观念上的成本或损失，或者说是放弃的另一种可能性。

 案例欣赏1.1

和尚分粥的方法选择

有七个和尚共同生活，他们本来没有什么矛盾，但是在吃饭的问题上却渐起纠纷。原来他们的每顿饭就是分食一锅粥，起初由一个和尚专门负责分粥，很快大家就发现这个人给自己分的粥多，给别人分的粥少。于是便换了一个和尚，结果还是一样。后来大家不愿意一个和尚专门管分粥了，就改为轮流值日分粥，结果是每个人只有一天能吃饱，其余六天都吃不饱。于是大家又推选一个公认道德高尚的长者出来分粥。开始这位德高望重的人还能基本公平，但不久他就开始为自己和挖空心思讨好他的人多分，其他人少

盾。这一矛盾是人类经济中的永恒矛盾，也是经济学产生的前提。

1. 欲望的无限性

欲望是人们为了满足生理或心理上的需要而产生的渴望。人类欲望的满足只能是相对的，原有的欲望得到满足以后，会产生新的、更高层次的欲望。

美国著名心理学家马斯洛（1908—1970）在《动机与人格》一书中提出了需要层次论，他把人的需要（欲望）分为五个层次。第一是基本生理需要，这是人类维持自身生存的最基本的要求，包括衣、食、住、行等方面的生理需求；第二是安全需要，这是人类关于自身安全、摆脱失业和丧失财产威胁等方面得到保障的要求；第三是社交需要，这一层次的需要包括人们希望得到友爱和归属的需要，这种欲望产生于人的社会性；第四是尊重需要，这是指人们希望得到别人的尊重、信赖和高度评价；第五是自我实现需要，这是最高层次的需要，指将个人能力发挥到最大限度，实现个人理想、抱负的需要。这五个层次的需要从下至上，呈金字塔形状，不仅表明人的欲望是无止境的，也表明人首先要满足最基本的欲望，然后才会去追求其他欲望。

2. 资源的稀缺性

人的欲望要用各种物质产品或劳务来满足，而物质产品或劳务需要用各种资源来生产。众所周知，自然赋予我们的资源是有限的。一个社会无论有多少资源，相对于人们无穷的欲望而言，资源总是有限的、不足的，即资源具有稀缺性。资源的稀缺性是相对的，也是普遍的。资源的稀缺性是人类社会的一个永恒问题，只要人类社会存在，资源的稀缺性就会存在。

然而，稀缺性不等同于重要性。有的资源相对稀缺，但并不重要，比如说钻石资源等；有的资源很重要，但并不是特别稀缺，比如我国南方的水资源等。当然，也有既重要又特别稀缺的资源，比如高原地区的氧气等。因此，要正确认识和理解资源的稀缺性。

 知识链接 1.1

对资源稀缺性的解读

承认资源的稀缺性是非常重要的。马尔萨斯认识到地球资源的稀缺性，所以发表了悲观的《人口论》；马寅初看到了中国资源的稀缺性，所以最早提出了控制人口的理论。也正是看到了资源在需要方面的不足，所以我们对中国国情的认识从"地大物博、资源丰富"转变为"人口多、底子薄、人均耕地少"，更因为感受到资源的稀缺，我们才认识到建设资源节约型社会的重要意义。

中国的国有企业改革为什么步履维艰，进展不大，一个重要的原因就是没有"硬的"预算约束，国有企业在资源不够的时候就求助政府。政府在税收、就业和稳定的压力下，只好一次一次地"借用"银行资金注入。试想如果没有资源约束，管理层哪有动力去压缩成本、去技术革新和开拓市场呢？

中国有一句古话："家贫出孝子。"这也与资源的稀缺性有关。因为家贫，能够提供

导入案例

水资源短缺——资源的稀缺性与经济学

我国水资源短缺问题由来已久。据统计，我国人均水资源占有量约为 2 200 立方米，为全球人均占有量的 1/4，是世界上 13 个贫水国家之一。尤其在城市，水资源存在极其匮乏且涉及面广的问题，全国城市每年缺水 60 亿立方米，每年因缺水造成经济损失约 2 000 亿元。在我国，城市水资源的需求几乎涉及国民经济的方方面面，如工业、农业、建筑业、居民生活等，严重的缺水问题导致我国城镇现代化建设进程、GDP 的增长和居民生活水平的提高都受到了限制。

首都北京是一座人口密集、水资源短缺的特大城市，人均水资源占有量约 285 立方米，只有全国人均水资源占有量的 1/7，世界人均水资源占有量的 1/30。在世界 120 多个国家和地区的首都及主要城市中，北京的人均水资源占有量居百位之后，远远低于国际公认的人均 1 000 立方米的下限。

（资料来源：作者根据相关资料整理而成）

◆案例讨论◆

资源的稀缺性（scarcity）是经济学分析的前提。经济学的主要任务，就是在资源稀缺的前提下，如何对资源进行有效配置和充分利用。为了进一步解决水资源问题，李克强总理在 2017 年的政府工作报告中提出："今年将健全生态保护补偿机制，实施最严格的水资源管理制度，全面推行河长制。"这是打响实施最严格水资源管理的发令枪，回应了老百姓"天更蓝、水更清、山更绿"的期盼。在这一背景下，党中央、国务院从保障国家水安全战略的高度，部署实行最严格水资源管理制度，并对落实最严格水资源管理制度进行严格考核，以推动各项政策措施有效落地。

任务 1.1　经济学的研究对象与任务

关于经济学，经济学家们有多种定义：经济学是研究生产关系的科学；经济学是研究国民财富的科学；经济学是研究关于物品的生产和交换活动的科学；经济学是选择的科学，是研究"快乐与痛苦"的微积分……

目前，学者们比较认同的是美国经济学家保罗·萨缪尔森给经济学下的定义：经济学是研究人和社会如何进行选择，以利用具有多种用途的、稀缺的生产资源来生产各种商品，并将它们在不同的人群中间进行分配的科学。

1.1.1　经济学产生的前提

自人类社会诞生以来，个人或社会无不充斥着各种各样的经济矛盾和经济问题，如个人利益与集体利益的矛盾、经济失衡、贫富分化等。在众多矛盾中，唯有一个矛盾贯穿于人类社会经济生活的始终，这就是人类对物质和精神需要的无限欲望与资源相对稀缺的矛

项目导图

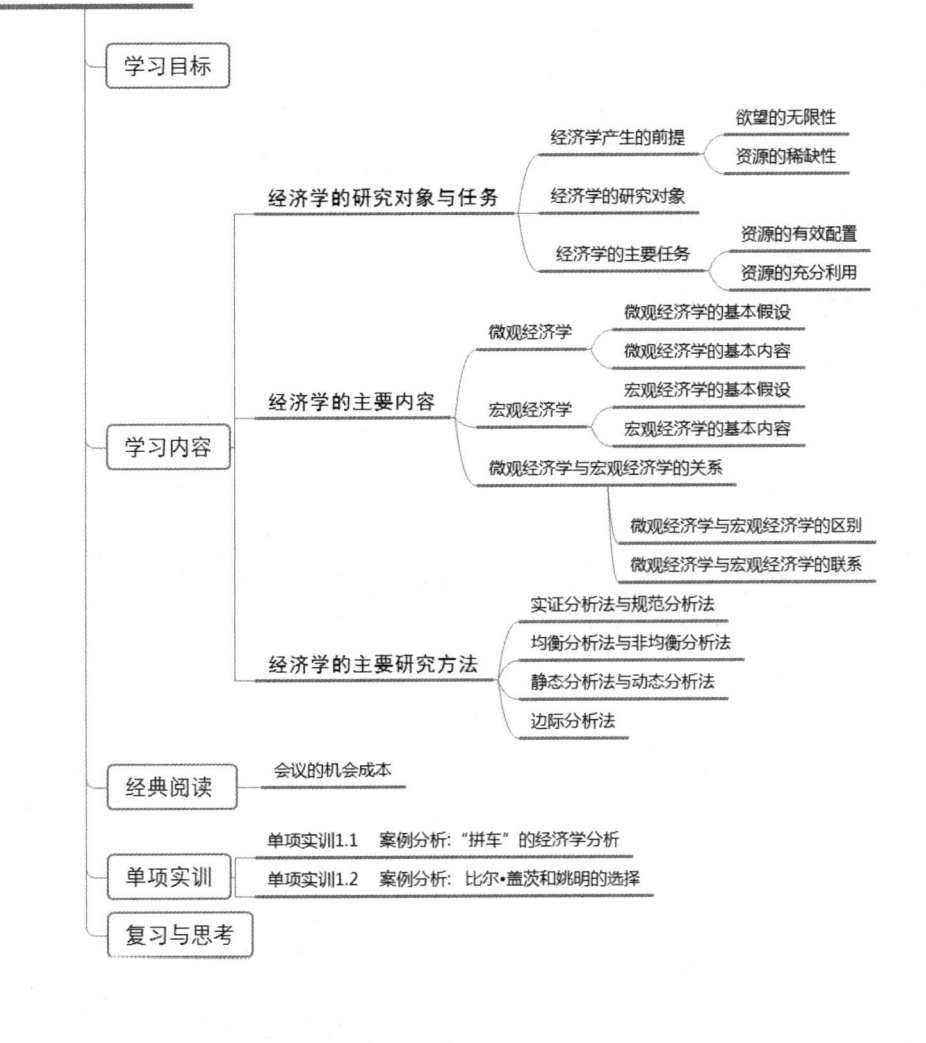

项目 1

认识经济学

学习目标

知识目标：
- ▲ 了解经济学的含义和研究对象；
- ▲ 理解微观经济学与宏观经济学关系；
- ▲ 掌握规范分析与实证分析方法。

能力目标：
- ▲ 对资源稀缺性、选择、机会成本的理解与应用；
- ▲ 对经济学总体框架的认识。

重点难点：
- ▲ 经济学的研究对象及体系构成；
- ▲ 机会成本；
- ▲ 边际分析法。

11.4.3　做出厂商的市场竞争策略 ……………………………………………（259）
任务11.5　宏观经济因素对产品决策的影响分析 ………………………………（259）
　　11.5.1　分析失业对产品供需的影响 ……………………………………（259）
　　11.5.2　分析通货膨胀对产品供需的影响 ………………………………（260）
　　11.5.3　分析经济增长对产品供需的影响 ………………………………（260）
　　11.5.4　分析宏观经济政策对产品供需的影响 …………………………（261）
附录A　常用经济学术语中英文对照表 …………………………………………（263）
参考文献 ………………………………………………………………………………（268）

  9.2.2 经济周期的阶段 ……………………………………………………………… (216)
  9.2.3 经济周期的类型 ……………………………………………………………… (217)
  9.2.4 经济周期的成因 ……………………………………………………………… (218)
 任务 9.3 经济周期与经济增长理论的运用 ……………………………………………… (221)
  9.3.1 改革开放以来我国经济增长的动力 ……………………………………… (221)
  9.3.2 2008 年国际金融危机与 1929 年经济大萧条对比分析 ……………… (222)
 单项实训 …………………………………………………………………………………… (226)
 复习与思考 ………………………………………………………………………………… (226)

项目 10 逆向行事的宏观经济政策 ………………………………………………………… (229)

 任务 10.1 宏观经济政策目标 …………………………………………………………… (232)
  10.1.1 宏观经济政策目标 ………………………………………………………… (232)
  10.1.2 宏观经济政策工具 ………………………………………………………… (233)
 任务 10.2 财政政策 ……………………………………………………………………… (234)
  10.2.1 国家财政的构成 …………………………………………………………… (234)
  10.2.2 财政政策工具的运用 ……………………………………………………… (236)
 任务 10.3 货币政策 ……………………………………………………………………… (238)
  10.3.1 货币政策工具 ……………………………………………………………… (239)
  10.3.2 货币政策工具的运用 ……………………………………………………… (242)
 任务 10.4 宏观经济政策的运用 ………………………………………………………… (243)
  10.4.1 宏观经济政策的协调运用 ………………………………………………… (244)
  10.4.2 宏观经济政策运用实例 …………………………………………………… (246)
 单项实训 …………………………………………………………………………………… (250)
 复习与思考 ………………………………………………………………………………… (251)

项目 11 综合实训 ………………………………………………………………………………… (253)

 任务 11.1 产品的市场需求分析 ………………………………………………………… (255)
  11.1.1 市场数据收集 ……………………………………………………………… (255)
  11.1.2 市场需求及影响因素分析 ………………………………………………… (255)
  11.1.3 市场需求弹性分析及预测 ………………………………………………… (256)
 任务 11.2 产品的产量决策分析 ………………………………………………………… (256)
  11.2.1 产品生产要素分析 ………………………………………………………… (256)
  11.2.2 产品的短期产量决策 ……………………………………………………… (256)
  11.2.3 产品的长期产量决策 ……………………………………………………… (257)
 任务 11.3 产品的成本分析 ……………………………………………………………… (257)
  11.3.1 生产成本的核算 …………………………………………………………… (257)
  11.3.2 短期成本及其曲线分析 …………………………………………………… (258)
  11.3.3 长期成本与规模报酬 ……………………………………………………… (258)
 任务 11.4 产品的市场竞争策略分析 …………………………………………………… (258)
  11.4.1 市场类型的判定 …………………………………………………………… (259)
  11.4.2 分析市场中其他厂商的市场行为 ………………………………………… (259)

7.1.3 国民收入核算的其他总量指标 (155)

　任务 7.2 国民收入的决定 (156)
　　　7.2.1 消费、储蓄与投资 (157)
　　　7.2.2 两部门经济中国民收入的决定 (161)
　　　7.2.3 投资乘数 (164)

　任务 7.3 国民收入的分配 (166)
　　　7.3.1 国民收入分配的层次 (166)
　　　7.3.2 国民收入的分配格局与国民收入分配的公平性 (167)
　　　7.3.3 收入分配均等程度的衡量 (169)
　　　7.3.4 收入分配政策与收入再分配政策 (170)

　任务 7.4 国民收入理论的运用 (172)
　　　7.4.1 增加国民收入的途径——科教兴国战略的确定及实施 (172)
　　　7.4.2 基尼系数与社会稳定 (173)

　单项实训 (176)
　复习与思考 (176)

项目 8 认识失业与通货膨胀 (179)

　任务 8.1 失业理论 (182)
　　　8.1.1 失业及其分类 (183)
　　　8.1.2 失业的影响与治理 (184)

　任务 8.2 通货膨胀 (186)
　　　8.2.1 通货膨胀及物价指数 (186)
　　　8.2.2 通货膨胀的成因 (188)
　　　8.2.3 通货膨胀的影响及治理 (193)

　任务 8.3 失业与通货膨胀的短期权衡取舍 (195)
　　　8.3.1 失业与通货膨胀的交替关系 (195)
　　　8.3.2 经济停滞与高通货膨胀的并存 (197)

　任务 8.4 失业与通货膨胀理论的运用 (198)
　　　8.4.1 我国历次通货膨胀成因分析及治理对策 (198)
　　　8.4.2 失业与通货膨胀的治理——西方发达国家的历史实践 (200)
　　　8.4.3 抵御通货膨胀——买房还是买金 (202)

　单项实训 (204)
　复习与思考 (205)

项目 9 认识经济增长与经济周期 (207)

　任务 9.1 经济增长 (210)
　　　9.1.1 经济增长的重要性 (210)
　　　9.1.2 经济增长的影响因素 (212)
　　　9.1.3 经济增长率的分解式 (214)

　任务 9.2 经济周期 (215)
　　　9.2.1 经济周期的含义 (215)

任务5.2　垄断竞争市场 …………………………………………………………………（104）
　　　　5.2.1　垄断竞争市场的特征 ……………………………………………………（104）
　　　　5.2.2　垄断竞争厂商的需求曲线和收益曲线 …………………………………（105）
　　　　5.2.3　垄断竞争厂商的决策 ……………………………………………………（106）
　　任务5.3　寡头垄断市场 …………………………………………………………………（108）
　　　　5.3.1　寡头垄断市场概述 ………………………………………………………（108）
　　　　5.3.2　古诺模型 …………………………………………………………………（110）
　　　　5.3.3　寡头垄断市场的经济效率 ………………………………………………（112）
　　任务5.4　完全垄断市场 …………………………………………………………………（112）
　　　　5.4.1　完全垄断市场的特征与产生原因 ………………………………………（112）
　　　　5.4.2　完全垄断厂商的收益 ……………………………………………………（114）
　　　　5.4.3　完全垄断厂商的决策 ……………………………………………………（115）
　　任务5.5　市场竞争策略的运用 …………………………………………………………（115）
　　　　5.5.1　垄断竞争市场的非价格竞争 ……………………………………………（115）
　　　　5.5.2　垄断厂商的价格歧视策略 ………………………………………………（117）
　　单项实训 ……………………………………………………………………………………（120）
　　复习与思考 …………………………………………………………………………………（120）

项目6　市场中政府的作用 ………………………………………………………………（123）

　　任务6.1　垄断的低效率与反垄断 ………………………………………………………（126）
　　　　6.1.1　垄断的低效率 ……………………………………………………………（126）
　　　　6.1.2　政府对垄断造成的市场失灵的干预 ……………………………………（126）
　　任务6.2　公共产品与政府供给 …………………………………………………………（129）
　　　　6.2.1　公共产品 …………………………………………………………………（129）
　　　　6.2.2　政府对公共产品造成的市场失灵的干预 ………………………………（130）
　　任务6.3　外部性与政府对策 ……………………………………………………………（133）
　　　　6.3.1　外部经济与外部不经济 …………………………………………………（133）
　　　　6.3.2　政府解决外部性的对策 …………………………………………………（134）
　　任务6.4　信息不对称与政府管理 ………………………………………………………（135）
　　　　6.4.1　信息不对称及其表现 ……………………………………………………（135）
　　　　6.4.2　政府对信息的管理和调控 ………………………………………………（137）
　　任务6.5　市场失灵理论的运用 …………………………………………………………（139）
　　　　6.5.1　逆向选择与"柠檬"理论 …………………………………………………（139）
　　　　6.5.2　外部性的私人解决办法——科斯定理 …………………………………（140）
　　单项实训 ……………………………………………………………………………………（142）
　　复习与思考 …………………………………………………………………………………（143）

项目7　开启宏观经济之门 ………………………………………………………………（145）

　　任务7.1　国民收入核算 …………………………………………………………………（148）
　　　　7.1.1　GDP的含义 ………………………………………………………………（148）
　　　　7.1.2　GDP的核算方法 …………………………………………………………（151）

单项实训 …………………………………………………………………………（44）
　　复习与思考 ………………………………………………………………………（45）
项目3　学会理性消费 ……………………………………………………………………（47）
　　任务3.1　基数效用论 ……………………………………………………………（49）
　　　　3.1.1　效用、总效用与边际效用 ……………………………………………（49）
　　　　3.1.2　边际效用递减规律 ……………………………………………………（52）
　　　　3.1.3　消费者均衡 ……………………………………………………………（53）
　　任务3.2　序数效用论 ……………………………………………………………（55）
　　　　3.2.1　无差异曲线 ……………………………………………………………（56）
　　　　3.2.2　消费可能线 ……………………………………………………………（57）
　　　　3.2.3　消费者均衡 ……………………………………………………………（59）
　　任务3.3　效用理论的应用 ………………………………………………………（59）
　　　　3.3.1　消费者剩余 ……………………………………………………………（59）
　　　　3.3.2　替代效应与收入效应 …………………………………………………（61）
　　单项实训 …………………………………………………………………………（65）
　　复习与思考 ………………………………………………………………………（66）
项目4　探知企业经营 ……………………………………………………………………（69）
　　任务4.1　短期生产决策 …………………………………………………………（71）
　　　　4.1.1　生产要素与生产函数 …………………………………………………（71）
　　　　4.1.2　短期生产函数 …………………………………………………………（72）
　　　　4.1.3　短期生产的决策阶段 …………………………………………………（75）
　　任务4.2　长期生产决策 …………………………………………………………（76）
　　　　4.2.1　等产量线 ………………………………………………………………（76）
　　　　4.2.2　等成本线 ………………………………………………………………（77）
　　　　4.2.3　长期生产均衡 …………………………………………………………（78）
　　任务4.3　成本决策 ………………………………………………………………（79）
　　　　4.3.1　成本概述 ………………………………………………………………（79）
　　　　4.3.2　短期成本分析 …………………………………………………………（81）
　　　　4.3.3　长期成本分析 …………………………………………………………（84）
　　任务4.4　生产与成本理论的应用 ………………………………………………（86）
　　　　4.4.1　规模经济与规模不经济 ………………………………………………（86）
　　　　4.4.2　范围经济与范围不经济 ………………………………………………（87）
　　单项实训 …………………………………………………………………………（88）
　　复习与思考 ………………………………………………………………………（89）
项目5　市场竞争策略 ……………………………………………………………………（93）
　　任务5.1　完全竞争市场 …………………………………………………………（95）
　　　　5.1.1　市场与市场结构 ………………………………………………………（95）
　　　　5.1.2　完全竞争市场的条件及收益规律 ……………………………………（96）
　　　　5.1.3　完全竞争厂商的决策 …………………………………………………（99）

目 录

项目1 认识经济学 (1)
任务1.1 经济学的研究对象与任务 (3)
1.1.1 经济学产生的前提 (3)
1.1.2 经济学的研究对象 (5)
1.1.3 经济学的主要任务 (6)
任务1.2 经济学的主要内容 (7)
1.2.1 微观经济学 (7)
1.2.2 宏观经济学 (8)
1.2.3 微观经济学与宏观经济学的关系 (9)
任务1.3 经济学的主要研究方法 (10)
1.3.1 实证分析法与规范分析法 (10)
1.3.2 均衡分析法与非均衡分析法 (11)
1.3.3 静态分析法与动态分析法 (12)
1.3.4 边际分析法 (12)
单项实训 (13)
复习与思考 (14)

项目2 正确把握价格脉搏 (17)
任务2.1 需求与供给 (19)
2.1.1 需求分析 (19)
2.1.2 供给分析 (24)
任务2.2 均衡价格 (27)
2.2.1 均衡价格的含义 (28)
2.2.2 均衡价格的形成 (28)
2.2.3 均衡价格的变动 (30)
任务2.3 弹性分析 (31)
2.3.1 弹性的含义与计算 (31)
2.3.2 需求价格弹性 (32)
2.3.3 需求收入弹性 (35)
2.3.4 需求交叉弹性 (36)
2.3.5 供给价格弹性 (37)
任务2.4 均衡价格理论的应用 (38)
2.4.1 价格控制的影响 (38)
2.4.2 弹性理论的应用 (40)
2.4.3 需求收入弹性与恩格尔定律 (42)

第2版前言

第2版在第1版的基础上做了较大幅度的修订，有些项目几乎是重新编写的，希望能给读者耳目一新的感觉。修订的地方不仅包括内容、扩展资料和实训习题，还包括结构上的调整。另外，第2版加强了基础实训、知识链接和习题中对基本知识的把握，删减部分偏难内容，这也是与同行交流和听取了部分读者建议后修订的结果。

经济学基础在高职高专商科类专业课程体系中的地位和作用是其他课程无法替代的。本书力图深入浅出地对经济学基本理论予以阐述，并尽可能地融入国内外的典型案例和应用性知识，不仅在每个项目中配备了单项实训，而且在最后还配备了综合实训，既可阐明经济学基本理论的精华，又可培养学生深入分析问题和实践实训的能力。

本书是在保留经济学理论基本框架结构的基础上编写的，知识性和理论性均较强的一本经济学基础教材，具有定位明确、体例新颖、突出能力、通俗实用等特色。全书分为11个项目，其中项目1是导论部分，项目2～项目6是微观部分，项目7～项目10是宏观部分，项目11是综合实训。除项目11的综合实训部分以外，其他项目都是按照学习任务提示（知识目标、能力目标、重点难点）→现实事件启发（导入案例、案例讨论）→相关知识阐述（其中穿插案例欣赏和知识链接）→知识拓展（经典阅读）→能力训练（单项实训）→知识巩固（复习与思考）的顺序展开，力图利用各种工具性栏目加强学生对经济学理论精髓的理解和把握。

本书改变了传统经济学教材以理论讲解为主的做法，突出实训环节和应用能力的培养。在内容的编排上，每个项目从案例导入着手，引入大量与经济生活息息相关的案例，每个项目最后一个任务安排的都是知识运用，突出培养学生的应用能力。不仅如此，本书在每个项目后专门设立了单项实训环节，在本书的最后还设立了综合实训项目，目的是希望通过具体实践，强化学生对经济学基本原理、基本规律以及分析方法的理解和运用，培养学生理论联系实际，运用原理分析问题、解决问题，以及职业的可持续发展的能力。

本书由长沙民政职业技术学院商学院院长方玲玉教授担任主审，长沙民政职业技术学院徐辉副教授和刘元发博士担任主编，刘春光副教授担任副主编。方玲玉教授多次参与本书的编写研讨，对教材的体例和编写内容提出了非常有益的建议；徐辉老师负责全书的整体设计和改稿、统稿，并编写项目1～项目3、项目6和项目11；刘春光老师编写项目4和项目5，刘元发老师编写项目7～项目10。

在本书的编写过程中，借鉴和参考了国内外经济学教材、专著以及网上的经济学资料，引用了有关的内容和研究成果，特附参考文献于后，在此向有关作者致以诚挚的谢意！

由于编者水平有限，不足乃至错误在所难免，敬请同行和读者批评指正。

编　者

高等职业教育财经商贸类规划教材
编 审 委 员 会

主 任：方玲玉

委 员：郑明望　谢雅琳　管有桥　陈建华　谭境佳　严　品

　　　　伍守意　刘意文　易　能　李忠华　吴桐华　孟迪云

　　　　刘国莲　邹　敏　罗　勇　彭连刚　张为民　李　军

　　　　王　宇　谢景文　王郁葱　黎云凤　刘明星　谢早春

　　　　单再成　涂　奇　王静平　王志凡　叶明初　杨载田

　　　　柳　志　肖全功　李　平　聂丽君

内 容 简 介

本书在阐明经济学基本理论精华和保留经济学基本框架结构的基础上，融入国内外典型案例和应用性知识，配有项目单项实训和课程综合实训，是一本好教易学的经济学基础类课程教材。

本书内容分为 11 个项目，前 10 个项目分别为认识经济学、正确把握价格脉搏、学会理性消费、探知企业经营、市场竞争策略、市场中政府的作用、开启宏观经济之门、认识失业与通货膨胀、认识经济增长与经济周期和逆向行事的宏观经济政策，第 11 个项目为综合实训。

本书既适合作为职业教育和应用型本科教育层次的经济学基础类课程教材，也适合作为企业管理人员和其他需要学习经济学基础知识人员的参考书。

未经许可，不得以任何方式复制或抄袭本书之部分或全部内容。
版权所有，侵权必究。

图书在版编目（CIP）数据

经济学基础："理论•案例•实训"一体化教程/徐辉，刘元发主编. —2 版. —北京：电子工业出版社，2018.11
ISBN 978-7-121-35524-0

Ⅰ.①经… Ⅱ.①徐… ②刘… Ⅲ.①经济学－高等学校－教材 Ⅳ.①F0

中国版本图书馆 CIP 数据核字（2018）第 252510 号

策划编辑：朱干支
责任编辑：张云怡
印　　刷：北京市大天乐投资管理有限公司
装　　订：北京市大天乐投资管理有限公司
出版发行：电子工业出版社
　　　　　北京市海淀区万寿路 173 信箱　邮编 100036
开　　本：787×1 092　1/16　印张：17.5　字数：448 千字
版　　次：2012 年 9 月第 1 版
　　　　　2018 年 11 月第 2 版
印　　次：2024 年 12 月第 15 次印刷
定　　价：46.00 元

凡所购买电子工业出版社图书有缺损问题，请向购买书店调换。若书店售缺，请与本社发行部联系，联系及邮购电话：（010）88254888，88258888。
质量投诉请发邮件至 zlts@phei.com.cn，盗版侵权举报请发邮件至 dbqq@phei.com.cn。
本书咨询联系方式：（010）88254573，zgz@phei.com.cn。

"十三五"职业教育国家规划教材

高等职业教育财经商贸类新编系列教材·经济管理基础课

经济学基础
——"理论·案例·实训"一体化教程
（第2版）

徐 辉　刘元发　主　编
　　　　刘春光　副主编
　　　　方玲玉　主　审

电子工业出版社
Publishing House of Electronics Industry
北京·BEIJING